Paul Kuff

Tragwerke als Elemente
der Gebäude- und
Innenraumgestaltung

Kohlhammer

Paul Kuff

Tragwerke als Elemente der Gebäude- und Innenraumgestaltung

Verlag W. Kohlhammer

Die Deutsche Bibliothek – CIP-Einheitsaufnahme

Kuff, Paul:
Tragwerke als Elemente der Gebäude- und Innenraumgestaltung /
Paul Kuff. – Stuttgart ; Berlin ; Köln : Kohlhammer, 2001
  ISBN 3-17-016006-0

Alle Rechte vorbehalten
© 2001 W. Kohlhammer GmbH
Stuttgart Berlin Köln
Verlagsort: Stuttgart
Umschlag: Data Images GmbH
Gesamtherstellung: W. Kohlhammer
Druckerei GmbH + Co. Stuttgart
Printed in Germany

Vorwort

oder vom

„Schrecken der Tragwerklehre"

Architektur zählt zu den Künsten. Gleichzeitig finden vielfache wissenschaftliche Erkenntnisse Anwendung, so dass Architektur gleichzeitig auch der Ingenieurwissenschaft zugerechnet wird.

Im Studium sind daher künstlerische Anlagen zu fördern und zu entwickeln wie auch wissenschaftliche Erkenntnisse zu erarbeiten. In der praktischen Tätigkeit sind die dualen Fähigkeiten anzuwenden.

Die Tragwerke sind für die Standfestigkeit der Gebäude unverzichtbar. Sie dienen den Architekten bei der künstlerischen Gestaltung und können von den Ingenieuren gleichzeitig wissenschaftlich behandelt werden. Die Anteile der künstlerischen und wissenschaftlichen Aspekte der Tragwerke für die Architektur werden auch im Zeitalter schneller Computersimulationen streitig bleiben. Sind doch vor den Computereingaben kreative gestalterische Entscheidungen zu treffen.

Gesichert ist jedoch die Erkenntnis, dass die Tragwerklehre in der Architektenausbildung keine ausreichende Eigenständigkeit und Abgrenzung gegenüber der „reinen" Ingenieurwissenschaft gefunden hat.

Für Studierende und Praktizierende wird daher ein andersartiger Einstieg in die Grundlagen der Tragwerklehre gesucht:

- abgesehen von wenigen Querverweisen beschränken sich die Grundlagen ausschließlich auf „statisch bestimmte" Systeme,
- die Gleichgewichtsbedingungen und die Untersuchungen von „äußeren" und „inneren" Gleichgewichtszuständen stehen stets im Zentrum der Betrachtungen,
- Last- und Kraftflüsse in den Tragwerken werden dadurch „mit den Augen der Architekten" betrachtet, dass die grundsätzlich erforderliche räumliche Vorstellungsfähigkeit darauf angewendet wird,
- über Verformungszustände der Tragwerke wird auf die spezifischen Beanspruchungen der einzelnen tragenden Bauteile oder des gesamten Tragsystems geschlossen,
- die Bedeutung der Form der Bauteile für die Tragfähigkeit wird der Dimensionierung, die nur zur Begründung in wenigen Beispielen angeführt wird, vorangestellt,
- der Bedeutung unterschiedlicher Materialien hinsichtlich der Festigkeiten und der Verarbeitbarkeit wird besondere Beachtung zuteil.

Neben dieser didaktischen Strukturierung und Quantifizierung werden die Tragsysteme in zwei Hauptgruppen dargestellt und durch Beispiele, die bewusst keinen Anspruch auf Vollständigkeit erheben, belegt. Vielmehr sollen sie bescheiden lediglich den Gestaltern zur Anregung der eigenen Kreativität und Erfindungsfähigkeit dienen, die sicherlich zu mehr Lösungen führt als die Fülle von Varianten, die ein Einzelner erfinden kann. Demselben Zweck dienen die eingestreuten Fotos.

Durch die beiden Hauptgruppen der Tragsysteme, den Stabsystemen und den Flächensystemen, ergeben sich einfache Ordnungen, auch wenn Kombinationen beider Gruppen nicht ausgeschlossen werden können. Die pneumatischen Konstruktionen werden in einem getrennten Kapitel behandelt.

Sollen die Behandlungen der Tragsysteme die Architekten motivieren, entwurfsspezifische Tragsysteme in einem ganzheitlichen und untrennbaren Entwurfsprozess zu entwickeln, so sollen die nach der oben beschriebenen Systematik vermittelten Grundlagen helfen, die unterschiedlichen Tragverhalten zu erkennen und Tragwerksformen weiter zu entwickeln.

Dabei wird vorrangig die räumliche Vorstellungsfähigkeit und die Kreativität der Architekten gefordert – für alle Fachbereiche unverzichtbare Grundqualifikationen. Kräfte oder Momente, bezogen auf Tragebenen, zu addieren (Gleichgewichtszustände) ist unvergleichbar einfacher als zu erkennen, welche Kräfte oder Momente bestimmten Systemachsen zugeordnet sind. Andererseits fördert das Erkennen der Zusammenhänge die Motivation und die Kreativität in der Gestaltung von Baukörpern und Innenräumen.

Darstellungen und Betrachtungen sind in verschiedenen Ebenen genau so möglich und genau so hilfreich wie die Darstellung von Gebäuden und Räumen in Grundrissen und Schnitten. Dann gelten die Gleichgewichtsbedingungen für die betrachtete und dargestellte (Trag-)Ebene.

Die physikalischen und mathematischen Grundlagen, die von Architekten und Innenarchitekten in der Tragwerklehre benötigt werden, sind in zwei Kapiteln kurz rekapituliert. Diese Abhandlungen machen deutlich, dass die erforderlichen Grundkenntnisse wahrlich elementar sind. Eigentlich sind (fast) alle Ansätze, wie die der Gleichgewichtsbedingungen, einfachste Gleichungen mit einer Unbekannten, die zu eliminieren ist.

In einem Kapitel über mathematische Modellbildungen soll motivierend an einfachen Beispielen dargelegt werden, dass verschiedenartige Problemstellungen in mathematischen Ansätzen wie in einem „Modell" erfassbar sind. Spannende Fragestellungen sind manchmal nur mit solchen „Modellbildungen" durch mathematische Ansätze lösbar.

Vorwort

Was also bleibt vom oft zitierten „Schrecken der Tragwerklehre"? Oft zeigt er Defizite in anderen Wissensgebieten, wie beispielsweise in der darstellenden Geometrie, auf, wenn sie etwa bei der grafischen Vektorrechnung bei räumlichen Problemstellungen Anwendung finden soll. Die Grundprobleme ergeben sich jedoch aus unzureichend ausgebildeten räumlichen Vorstellungsfähigkeiten, die allerdings in allen vielschichtigen Tätigkeitsfeldern der Architekten und Innenarchitekten unverzichtbar sind.

Doch Schuldverschiebungen sollen nicht von originären Erfordernissen in der Tragwerklehre ablenken. Es bleibt zu hinterfragen:

- Welche Aufgaben haben Architekten und Innenarchitekten bei der Entwicklung und Gestaltung von Tragwerken?
- Welche allgemeinen Qualifikationen benötigen sie dazu?
- Welches Fachwissen ist dazu erforderlich?
- Wie werden sie motiviert, kreativ Tragwerke zu gestalten?

Daran sind die didaktischen Konzeptionen auszurichten. Das vorliegende Buch wird als ein Versuch dazu vorgelegt, der durch kritische Reflexionen in der Praxis und während des Studiums weiter entwickelt werden kann. Für entsprechende fachliche Hinweise ist der Verfasser dankbar.

Düsseldorf, im Februar 2001

Inhaltsverzeichnis

Vorwort
oder vom „Schrecken der Tragwerklehre"   5

1	**Tragwerke in der Architektur und Innenarchitektur**	**11**
2	**Physikalische Grundlagen für die Tragwerklehre**	**19**
2.1	Gravitationsgesetz und das „Geheimnis" der Erdbeschleunigung	19
2.2	Kraft und Krafteinheiten	19
2.3	Hebelgesetz und Momente	20
2.4	Die Gleichgewichtsbedingungen mit drei Beispielen	21
3	**Mathematische Grundlagen für die Tragwerklehre**	**27**
3.1	Winkelfunktionen in der Trigonometrie	27
3.2	Grafische Vektoren	27
3.2.1	Resultierende und Reaktionskraft	28
3.2.2	Ermittlung der Resultierenden	29
3.2.3	Zerlegung einer Kraft in zwei Kraftkomponenten	33
3.3	Schwerpunkte	34
4	**Mathematische Modellbildungen mit vier Beispielen**	**37**
5	**Lastfluss in Tragelementen**	**45**
5.1	Systemzeichnungen	45
5.1.1	Auflagerbedingungen, Gelenke, biegesteife Verbindungen	48
5.1.2	Statisch bestimmte und statisch unbestimmte Systeme	50
5.2	Lasten und Kräfte	52
5.2.1	Wirkungsdauer	53
5.2.2	Wirkungsrichtungen	54
5.2.3	Verteilung der Lasten und ihre symbolische Darstellung	54
5.2.4	Abminderung vertikal wirkender Verkehrslasten	56
5.2.5	Ungünstigste Wirkungen von Verkehrslasten mit vier Beispielen	56
5.3	Kräfte als grafische Vektoren	61
5.3.1	Kraftvektoren im Raum	64
5.3.2	Praktische Anwendungen	66
5.4	Gleichgewichtszustände der äußeren Kräfte – Ermittlung der Auflagerkräfte mit fünf Beispielen	71
5.5	Kraftflüsse und Ermittlung der Belastungen mit vier Beispielen	78
6	**Verformungen und innere Kräfte**	**105**
6.1	Dehnungen aus Belastungen	105
6.1.1	Querdehnungen	106
6.2	Längenänderungen aus Temperaturdifferenzen	106
6.3	Biegeverformungen und kombinierte Verformungen	107
6.4	Andere Verformungen	109
6.5	Schnittkräfte	110
6.5.1	Schnittkräfte in gedrückten oder gezogenen Stäben	113
6.5.2	Schnittkräfte in Biegeträgern mit vier Beispielen	114

7	**Materialien und ihre Bedeutung für die Dimensionierung**	**127**
	Holz	127
	Naturstein und Ziegel	128
	Eisen und Stahl	131
	Beton und Stahlbeton	137
	Andere Materialien	141
	Zusammenfassung	142
8	**Dimensionierung stabförmiger Bauteile**	**145**
8.1	Die Bedeutung der Form eines Querschnittes für die Dimensionierung	145
	Das Trägheitsmoment	146
	Das Widerstandsmoment	147
	Der Trägheitsradius	148
8.2	Dimensionierung von Zugstäben mit zwei Beispielen	149
8.3	Dimensionierung von Druckstäben aus Holz und Stahl mit drei Beispielen	150
8.4	Dimensionierung von Wänden und Pfeilern aus Mauerwerk mit zwei Beispielen	154
8.5	Dimensionierung zentrisch belasteter Fundamente aus Beton mit vier Beispielen	156
8.6	Biegespannung bei homogenen Materialien	158
8.7	Dimensionierung von Biegeträgern aus Holz und Stahl mit verschiedenen Beispielen	160
9	**Dimensionierung von Stahlbetonkonstruktionen**	**169**
9.1	Stahlbetondecken mit fünf Beispielen	171
	Massivplatten	171
	Rippendecken	171
	Mehrfeldrige Stahlbetondecken	179
	Kreuzweise gespannte Stahlbetondecken	181
9.2	Stahlbetonträger mit drei Beispielen	182
9.3	Stahlbetonstützen	192
	Bügelbewehrte Stützen mit zwei Beispielen	192
	Spiralbewehrte Stützen mit zwei Beispielen	196
9.4	Stahlbetonfertigteile	200
10	**Tragsysteme**	**202**
10.1	Grundlagen zur Systematik	202
10.2	Systematik	205
11	**Stabsysteme**	**206**
11.1	Skelettbausysteme	207
11.1.1	Skelettbausysteme mit paralleler Anordnung der Balken	208
11.1.2	Skelettbausysteme mit kreuzweise angeordneten Balken	214
11.1.3	Skelettbausysteme mit 60°- Anordnung der Balken	216
11.1.4	Skelettbausysteme mit radialer Anordnung der Balken	217
11.1.5	Skelettbausysteme mit freier Anordnung der Balken	219
11.1.6	Weit gespannte Träger im Hallenbau	221
	Mehrfeldrige Konstruktionen	222
	Holzleimbinder	222
	Vorgespannte Stahlbetonbalken	222
	Unterspannte Träger in Holz und Stahl	223
	Fachwerkträger aus Holz oder Stahl	226
	Räumliche Fachwerkträger	235

11.2	Rahmenkonstruktionen	237
11.2.1	Einführung	237
11.2.2	Halbrahmen	239
11.2.3	Dreigelenkrahmen	240
11.2.4	Zweigelenkrahmen	240
11.2.5	Kombinationsformen	240
11.2.6	Besondere biegesteife Stabverbindungen	242
11.3	Seilsysteme	245
11.3.1	Allgemeines	245
11.3.2	Form und Last	246
11.3.3	Parabelform und Kettenlinie	251
11.3.4	Stabilisierung von Seiltragsystemen	253
11.4	Bogensysteme	257
11.4.1	Allgemeines	258
11.4.2	Tragverhalten der Bogensysteme	259
11.4.3	Zwei- und Dreigelenkbogen	261
11.4.4	Formale Gestaltungen und Anordnungen	262
12	**Flächensysteme**	**265**
12.1	Tragende Scheiben	265
12.1.1	Tragende Scheiben in paralleler Anordnung	266
12.1.2	Tragende Scheiben in kreuzweiser Anordnung	267
12.1.3	Tragende Scheiben in freier Anordnung	267
12.1.4	Tragende Scheiben in kurvierter Form und Anordnung	267
12.1.5	Scheiben und horizontale Kräfte	268
12.1.6	Aussteifung von Gebäuden	275
12.1.6.1	Anordnung aussteifender Elemente im Grundriss	276
12.2	Deckenplatten	281
12.2.1	Deckenplatten aus Stahlbeton	282
12.2.2	Deckenplatten aus Stahl	283
12.2.3	Deckenplatten aus Holz	284
12.2.4	Deckenplatten aus Glas	286
12.3	Faltwerke	287
12.4	Schalensysteme	294
12.4.1	Tragverhalten von einfach gekrümmten Schalensystemen	295
12.4.2	Das hyperbolische Paraboloid	298
12.4.3	Tragverhalten von HP-Schalen	301
12.4.4	Formen und Kombinationen der HP-Schalen	301
12.5	Netzsysteme	304
12.6	Flächensysteme aus Membranen	309
13	**Pneumatische Tragsysteme**	**313**
14	**Konstruktive Gestaltung von Details mit neun Beispielen**	**316**
15	**Literaturverzeichnis**	**326**
16	**Stichwortverzeichnis**	**329**

1 Tragwerke in der Architektur und Innenarchitektur

Tragwerke sind neben der Gestaltung von Raum- und Gebäudeformen, neben qualitativer Wegführung und Blickorientierung, neben Lichtführung und Lichtqualität sowie neben Farb- und Materialentscheidungen wesentliche Gestaltungselemente in der Architektur und Innenarchitektur.

Die in den Zeittafeln aufgenommenen Bauten sind exemplarisch.

Die Baugeschichte liefert in der Vielfalt der Stilperioden und Zeiträume eine Fülle von Beispielen für den besonderen Anteil der Tragwerke an den gestalterischen Erscheinungsbildern überlieferter Gebäude. Ja, oft sind die typischen Erscheinungsformen nur aus den Tragwerken erklärbar und verständlich. Dabei ist von nachrangiger Bedeutung, ob diese Bauwerke von hochqualifizierten Handwerkern, Baumeistern, Künstlern, Architekten oder Bauingenieuren geplant oder errichtet wurden.

Die Holzpfosten in Catal Hüyük sind nur noch als Hohlräume zwischen der Ausfachung mit Lehmziegeln erkennbar.

Holz und Natursteine waren über viele Jahrtausende die einzigen verwendeten Materialien für Gebäude und deren Konstruktionen. Die Konstruktionen, ohne die kein Gebäude errichtet werden kann, bestimmten das Erscheinungsbild der Gebäude und Innenräume. Auf dem Bild von den Ausgrabungen in Catal Hüyük sind deutlich die nach der Vermoderung verbliebenen Räume des ehemaligen Holzständerwerks, wie wir heute sagen, erkennbar und die Ausfachung durch Lehmziegel.

Urbane Konglomerationen, bedingt und geprägt von der Sozialstruktur, standen nach den bisherigen Erkenntnissen in der Frühzeit beginnender Sesshaftigkeit stärker im Vordergrund als gezielte architektonische Gestaltungen einzelner Gebäude. Dennoch prägte sich früh eine besondere Gestaltung kultischer Bauten heraus. Teils durch die Verwendung beständigerer Baustoffe (Naturstein), teils durch die Größe und die besondere Situierung dieser Objekte innerhalb der urbanen Struktur oder der gegebenen Topografie. Dadurch sind solche Objekte in einem besseren Zustand erhalten geblieben. Diese Gebäude sind wesentlich geprägt durch ihre konstruktive Gestaltung. Gleichviel ob frühägyptische oder frühgriechische Kapitelle die Erscheinungsbilder der Säulen bestimmten, sie dienten der Reduktion der Spannweiten der steinernen „Balken". Die Stein-„balken" bestimmten mit ihrer Tragfähigkeit den Abstand der Säulen, der oft nicht viel größer war als ihr Durchmesser. Zwei Bildbeispiele aus Luxor und Paestum mögen dies verdeutlichen. Lykische Felsengräber imitieren die Strukturen und Erscheinungsbilder der Wohnbauten.

War die Romanik noch durch die Verwendung einfacher Wölbtechniken in Form von Rundbogen geprägt, die ihre Lasten in dicke Pfeiler und Wände ableiteten, so beeinflusst in der Gotik das empirisch weiterentwickelte Wissen über die Kraftflüsse in den Bogenkonstruktionen die Gestaltung sakraler Bauten entscheidend. Über Schwippbögen werden die Gewölbeschübe in

1 Tragwerke in der Architektur und Innenarchitektur

Strebepfeiler abgeleitet, die durch Fialen zusätzlich vertikal belastet werden. Spitzbögen, Schwippbögen, Strebepfeiler und Fialen sind dominante Gestaltungselemente im äußeren Erscheinungsbild gotischer Kathedralen wie überhöhte Gewölbe, Gurte und Lisenen sowie in Spätformen Netzstrukturen der Gewölbe das innere Erscheinungsbild der Gebäude prägen.

Der Einfluss der Konstruktion auf die äußere und innere Gestaltung der Gebäude gilt auch für unsere Zeit, vereint mit einem detaillierteren Wissen über Kraftflüsse und Beanspruchungen traditioneller und neuer Baumaterialien.

Die Coalbrookdale Brücke über den Severn ist ein frühes Beispiel für den Einsatz von Gusseisen als neuem Baustoff. Während die Abmessungen der Bauteile bereits weitgehend die höheren Festigkeiten des neuen Baustoffes berücksichtigen, sind die Verbindungen der einzelnen Stäbe so ausgebildet, wie man es von Holzkonstruktionen kannte und wusste. Noch deutlicher wird die Anwendung dieses neuen Baustoffes in Form der kettenartigen Zugelemente bei der Clifton Brücke über das Tal des Avon. Deutlich größere Spannweiten werden mit einer filigranen Konstruktion überbrückt. Die Fahrbahn ist über schlanke Zugelemente an den gusseisernen Kettengliedern der Haupttrag-„seile" befestigt. Gegossene Tragteile werden heute noch als Verbindungselemente verwendet, die eigentlichen Tragwerke werden jedoch aus verschiedenartigen formoptimierten Walzprofilen aus Stahl oder aus Seilen hergestellt. Schlanke Turm- und Hochhausbauten werden wegen der günstigen Relation von Eigengewicht und Festigkeit in vorher unvorstellbaren Höhen realisierbar.

Der Stahlbeton, eine Kombination aus druckfestem Beton, den bereits die Römer in ähnlicher Form kannten und benutzten,[1] und zugfestem Stahl, ermöglichte andere Konstruktionen und Gestaltungsmöglichkeiten. Joseph Monier bewehrte seine Blumenkübel mit Stahleinlagen (Moniereisen) und regte damit die Entwicklung von Stahlbetonkonstruktionen an. Durch den neuen druck-, zug- und biegefesten Werkstoff, dessen Eigenschaften durch die Zusammensetzung des Betons und durch die Festigkeit und Menge des Betonstahls beeinflussbar sind, sowie durch seine Verarbeitbarkeit wurden nicht nur schlanke Schalenbauten und weitgespannte Brücken möglich. Eine vielfältige Welt neuer Gestaltungsformen öffnete sich für Architekten und Ingenieure.

Durch die Verwendung hochfester Materialien, besonders jedoch durch subtilere Kenntnisse der Kraftflüsse und der entsprechenden Ausformungen der Konstruktionen, werden bei geringerem

---

[1] H.-O. Lamprecht, Opus Caementitium, Bautechnik der Römer, Beton-Verlag

1 Tragwerke in der Architektur und Innenarchitektur

Materialeinsatz immer größere Spannweiten überbrückbar. Im Schalenbau wurden Wanddicken erreichbar, die in Verhältnis zu den Spannweiten dünner sind als die Schalendicke eines Hühnereies.

Bereits Antonio Gaudí y Cornet faszinierte die Weiterentwicklung der Wölbtechnik. In Kettenmodellen, an die er Gewichte für die Lasten der Gewölbeabschnitte hängte, verfolgte er den Kraftfluss, auf den sich die formativen Ketten einstellten. Aus der Kenntnis, dass die Kettenlinien den Stützlinien[2] gespiegelt entsprechen, entwickelte er die Form seiner Gewölbe und deren Unterstützungen. Die Gestaltung der Krypta für die Kirche in der Güell-Kolonie in Santa Coloma de Cervelló und 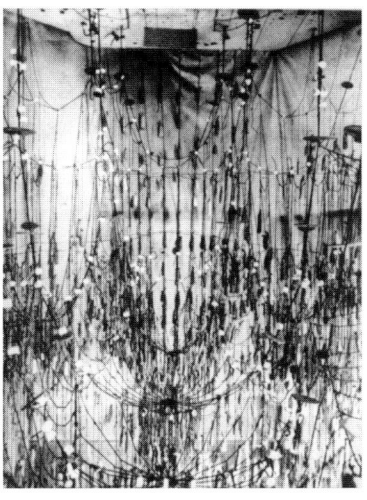  die Entwicklung des Querschnittes der Sagrada Familia in Barcelona mit den schräg zwischen Mittel- und Seitenschiff angeordneten Stützen sind hierfür beredte Zeugnisse.

 Die Verwendung von Hängekonstruktionen aus zugfesten Materialien blieb nicht lange auf Brückenbauten beschränkt und führte zu neuartigen Gebäudeformen oder ermöglichte erst die Herstellung solcher Gebäude. Dabei wurden die Konstruktionen so leicht, dass nicht die schwerkraftbedingten Lasten (Eigengewichte, vertikale Verkehrslasten[3] und Schnee[4]) ihre Ausformung allein bedingten, sondern die Aufnahme der Windlasten besondere Bedeutung erhielt. Die Seilnetzkonstruktion für die Olympiabauten in München und der Tanzpavillon aus textilen Baustoffen der Bundesgartenschau in Köln belegen dies durch ihre zweiachsige Krümmung[5]. Durch ihre Ausformung nehmen die Dachkonstruktionen zwischen den Pylonen alle Belastungen ausschließlich als Zugbeanspruchungen auf, gleichviel ob sie vertikal von oben nach unten (schwerkraftbedingt) wirken oder als Windkräfte die leichte Konstruktion horizontal oder als Windsog vertikal von unten nach oben beanspruchen. Dieses Tragverhalten ist nur durch entsprechende formale Gestaltungen möglich.

Noch leichter werden Bauwerke, die die Luft zur Vorspannung verwenden (Pneumatische Konstruktionen). Auch hier muss die Konfektionierung, also die Ausformung der Baukörper, den spezifischen Bedingungen entsprechen. Die Beanspruchung durch Windkräfte beeinflusst primär die formale Gestaltung durch entsprechende Überspannungen.

---

[2] vergl. Seite 251 und 259 ff.
[3] vergl. Seite 53
[4] vergl. Seite 53
[5] vergl. Seite 304 ff, 309 ff

1 Tragwerke in der Architektur und Innenarchitektur

Auch heute gehört die Aufgabe, sinnvolle Tragwerke zu entwickeln und in die Gesamtgestaltung einzubeziehen, zum Tätigkeitsfeld der Architekten und entsprechenden Aufgabenfeldern der Innenarchitekten. Bei spezifischen Bauaufgaben obliegt die Tragwerkplanung den Bauingenieuren oder ist in einem qualifizierten Zusammenspiel zu erarbeiten. Dies setzt gestalterische Fähigkeiten, Kreativität und eine entsprechende Ausbildung voraus.

Die Entwicklung von Tragwerken ist also abhängig von einer ganzheitlichen gestalterischen Qualifikation und einer angemessenen fachspezifischen Ausbildung.

Natürlich hat ein Tragwerk auch „dienende Aufgaben" zu erfüllen, nämlich Kräfte und Lasten in den Baugrund abzuleiten und dort sicher zu gründen. Das Tragwerk kann (oder sollte in bestimmten Fällen) auch andere bauphysikalische Aufgaben erfüllen wie Schallschutz, Wetterschutz (Wärme- und Kälteschutz) und Feuerschutz. Aber das Tragwerk wird stets, auch in den einfachsten Ausführungen, die Gestaltung des Bauwerks beeinflussen, sofern nicht aus ideologisch bedingten modischen Intentionen heraus dekorative Elemente verkleidend verwendet werden.

Da die Fähigkeit der Tragwerke, Lasten zu tragen und Kräfte weiter zu leiten, an die Festigkeiten der Materialien gebunden ist, sind auch die gestalterischen Erscheinungsformen der Tragwerke von den Materialien und ihrer Verarbeitbarkeit abhängig.

Wie ausgeführt, waren über Jahrtausende Hölzer mit ihrer Druck- und Zugfestigkeit und der damit verbundenen Biegefestigkeit sowie natürliche und künstliche Steine einschließlich gestampftem ungebrannten Lehm mit ihrer ausschließlichen Druckfestigkeit (wenn man von der vernachlässigbar geringen Zugfestigkeit absieht) die einzigen verwendbaren und verfügbaren Baumaterialien. Dies führte dazu, dass sich im Verlauf der mehrtausendjährigen Erfahrung – z.T. unabhängig in den verschiedenen Kulturen der Welt – ein profundes Wissen und eine gesicherte Überlieferung über den Umgang und die Einsatzmöglichkeiten dieser Materialien entwickelten.

Durch Reduzierungen der Abmessungen und Vergrößerungen der Spannweiten sowie durch Veränderungen und Verbesserungen der Be- und Verarbeitungen wurden empirisch die Grenzen der Leistungsfähigkeiten dieser Baustoffe ausgelotet und die daraus resultierenden Bauformen (Tragwerksformen) entwickelt. Damit verbundene, zu kühne Fehlversuche sind uns allenfalls in einigen historischen Beschreibungen überliefert – oft ohne den Grund für den Einsturz benennen zu können. Andererseits sind neben Tragwerken, die nach heutigen Vorgaben die erforderlichen Sicherheiten nicht erreichen, aber überdauerten, viele historische Bauwerke bekannt, deren Tragwerke überdimensioniert sind, wenn man von dieser Notwendigkeit bei Verteidigungsbauten absieht. Und dennoch überstanden sie Erdbebenbeanspruchungen oft nicht unbeschädigt.

1 Tragwerke in der Architektur und Innenarchitektur

Da empirische Versuche in Originalgröße aufwändig und Versuche an verkleinerten Modellen ohne Beachtung der eigenständigen Modellgesetzmäßigkeiten bei Tragwerken nur bedingt möglich sind, blieben die Konstruktionen und ihre formale Gestaltung über Jahrtausende auch in unabhängigen Kulturräumen prinzipiell unverändert.

Von Leonardo da Vinci, dem vielfältigen italienischen Künstler und Forscher, sind uns erste theoretisch-empirische Untersuchungen über das Tragverhalten von Bogenkonstruktionen und mehrstäbigen Tragwerken bekannt. Seine Skizzen zeigen die Trends ohne quantitative Aussagen[6]. Später begann im Zusammenhang mit naturwissenschaftlichen Forschungen die wissenschaftliche Auseinandersetzung mit Kräften, Massenanziehungen, Gleichgewichtszuständen, Festigkeiten und deren mathematische Erfassung – man kann sagen: mathematische Modellbildung. Galileo Galilei, italienischer Mathematiker, Physiker und Philosoph, widmete sich neben Fragen zum heliozentrischen System[7] auch der Festigkeitslehre und den Fallgesetzen und ihren mathematischen Erfassungen[8]. Der englische Naturforscher Robert Hooke formulierte erstmalig die lineare Proportionalität von Spannungen und elastischen Verformungen in elastischen Körpern. Der schweizer Mathematiker Johann Bernoulli befasste sich u.a. mit der Spannungsverteilung über den Querschnitt biegeverformter Profile und schuf die Basis der Elastizitätstheorie. Der französische Ingenieur Benoît Pierre Émile Clapeyron entwickelte die Dreimomentengleichungen zur Bestimmung von Auflagerkräften und Stützmomenten bei Durchlaufträgern (statisch unbestimmte Systeme). So wurde die Physik, insbesondere der Teilbereich Mechanik mit der mathematischen Modellbildung die Grundlage der Statik und der theoretischen Lehre der Tragwerke. Weitere bedeutende Wissenschaftler, die sich direkt oder indirekt mit Theorien des Tragverhaltens und ihrer mathematischen Erfassung beschäftigten, sind in der Zeittafel[9] aufgelistet.

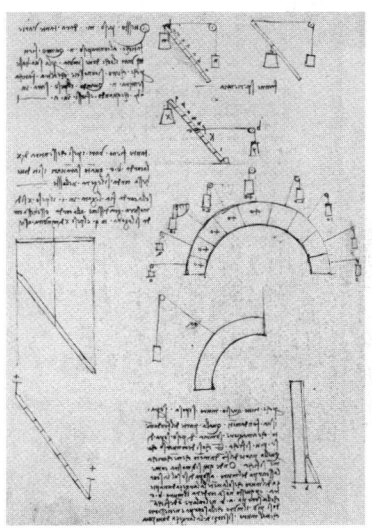

Der Einsatz von Stahl (zuerst Schmiedeeisen) und Stahlbeton als neue Baustoffe erfolgte, wie oben ausgeführt, erst Ende des 18. und zu Beginn des 19. Jahrhunderts. Seil- und Netzkonstruktionen, textile Konstruktionen und pneumatische Konstruktionen werden erst seit wenigen Jahrzehnten angewendet. Solche Materialien und Konstruktionen erweiterten sprunghaft und entscheidend die gestalterischen Möglichkeiten der Architekten und Innenarchitekten.

Der Begriff „Tragwerklehre" wurde in der Architektenausbildung um 1960 in den Sprachgebrauch eingeführt und ersetzte im Architekturstudium teilweise nur die Lehre der Statik durch die Lehre einer „abgespeckten" Statik, ohne dass eine eigenständige Lehre der Tragwerke begründet wurde. Bis heute ist es mehr oder weniger bei der begrifflichen Veränderung geblieben, ohne dass konsequent eine adäquate Systematik und eine entsprechende

---

[6] Codex Madrid I
[7] vergl. auch Nikolaus Kopernikus
[8] Discorsi e dimostrazioni matematiche
[9] vergl. Seite 17 ff

1 Tragwerke in der Architektur und Innenarchitektur

Didaktik für die Ausbildung von Architekten und Innenarchitekten entwickelt wurden. Ist es die Sorge, den wissenschaftlichen Anspruch zu verlieren, wenn die Tragwerklehre für Studierende, Architekten und Innenarchitekten verständlicher und nachvollziehbarer wird? Liegt es an verfügbarer Software und schnellen Simulationen von Varianten auf Computern, die eine systematische Strukturierung der Tragwerke unnötig erscheinen lässt? Sind hierin die Ursachen begründet, dass dieser Wissenschaftsbereich in der Architekturausbildung stets ein vorrangiges Sorgenkind war und ist – ja, dass viele Architekten gar schizophren vorgeben, stolz darauf zu sein, davon nichts zu verstehen?

Im Gegenteil, keine Baukörperplanung ist ohne gleichzeitige Tragwerkplanung durchführbar, denn dann wäre das Gebäude nicht realisierbar. Die Tragwerkplanung muss im Einklang mit der Gebäudeplanung stehen und entwickelt werden, wenn das Tragwerk nicht sogar das Erscheinungsbild dominant prägt. Dabei wird kein Architekt eine vollständige und detaillierte Berechnung der tragenden Bauteile durchführen. Dessen bedarf es auch nicht bei der Entwicklung von Tragwerken. Es können auch keine Varianten simuliert werden, wenn sie nicht vorher erdacht wurden. Vergleichbares gilt für Ausbauelemente, Möbel und Geräte.

Welche Grundlagenkenntnisse und welche Fähigkeiten sind also für die Tragwerkplanung notwendig und unverzichtbar?

1. ist eine ausgeprägte räumliche Vorstellungsfähigkeit (eine unverzichtbare Grundfähigkeit der Architekten) erforderlich und zu trainieren,

2. sind Grundkenntnisse aus der Mechanik, einem Teilbereich der Physik, notwendig bzw. zu erarbeiten,

3. sind elementare Grundkenntnisse über (räumliche) Kraftflüsse und die daraus resultierenden Beanspruchungen der tragenden Bauteile erforderlich,

4. und vor allem ist Kreativität (ebenfalls eine erforderliche Grundfähigkeit für das gesamte Berufsfeld der Architektur) nötig, um aus den Grundkenntnissen über Kraftflüsse und dem Tragverhalten der Tragsysteme adäquate Lösungen für das Tragwerk des eigenen Entwurfs zu entwickeln.

Solche Kenntnisse und Fähigkeiten versetzen dann auch die Architekten oder Innenarchitekten in die Lage, qualifizierte Partner der Bauingenieure zu sein, die den detaillierten Nachweis der Tragfähigkeit des Tragsystems erbringen.

Oft vorgeschützte und beklagte besondere Kenntnisse in der Mathematik sind nicht erforderlich. Die Beherrschung der vier Grundrechenarten (addieren, subtrahieren, multiplizieren und dividieren) reicht aus, die erforderlichen Berechnungen bei der kreativen Entwicklung der aufgabenspezifischen Gestaltung zu erstellen.

1 Tragwerke in der Architektur und Innenarchitektur

Zeittafel
7000 v. Chr. bis 2000 n. Chr.

- 7000 v. Chr. Hakilar
- 6500 v. Chr. Catal Hüyük 
- 6000 v. Chr. Jericho
- 5000 v. Chr.
- 4000 v. Chr. Susa
- 3500 v. Chr. Uruk
- 3000 v. Chr. Troja
- 2650 v. Chr. Stufenpyramide in Sakkara
- 2500 v. Chr. Grabanlage in Newgrange, Stonehenge 
- 2100 v. Chr. Palast in Knossos
- 2000 v. Chr. Babylon
- 1600 v. Chr. Schatzhaus des Atreus in Mykenae 
- 1400 v. Chr. Hatussa
- 1323 v. Chr. Tutenchamun gest.
- 1150 v. Chr. Ramesseum
- 1000 v. Chr. 
- 600 v. Chr. Heratempel I in Paestum
- 550 v. Chr. Parthenon in Athen
- 4. Jh. v. Chr. Lykische Felsengräber
- 300 v. Chr. Apollotempel in Didyma
- 174 v. Chr. Olympieion in Athen
- 120 n. Chr. Pantheon in Athen 
- 537 Hagia Sofia in Istambul
- 640 Grabmal Theoderichs in Ravenna
- 805 Pfalzkapelle in Aachen
- 1000
- 1200 Chichen Itza, Dom in Worms, Notre Dame in Paris
- 1330 Münster in Freiburg
- 1452 Leonardo da Vinci geb.
- 1779 Severnbrücke in Coalbrookdale
- 2000

Epochen (Zeitleisten): Ägypten (Altes Reich, Mittl.-, Neues-), Sumerisch Mesopotamien, Hethiter, Römisch, Romanisch, Gotisch, Griechisch, Mykenisch Minoisch, Chou-/Shang-Dynast., China

- 4. Jahrh. Porta Nigra in Trier
- 600 Maya-Tempel in Tikal
- 1033 St. Michael in Hildesheim
- 1200 Groß St. Martin in Köln
- 1553 Villa Rotonda in Vicenza
- 1972 Olympiabauten in München

1 Tragwerke in der Architektur und Innenarchitektur

Zeittafel 1400 bis 2000 n. Chr.

Epochen: Gotik · Renaissance · Barock · Klassizismus

Bauwerke:
- 1436 Dom in Florenz
- 1553 Villa Rotonda in Vincenza
- 1623 Rathaus in Augsburg
- 1648 Taj Mahal bei Agra
- 1772 Wallfahrtskirche in Vierzehnheiligen
- 1772 Walfahrtskirche in Vierzehnheiligen 
- 1779 Severnbrücke in Coalbrookdale
- 1836 Avonbrücke bei Bristol 
- 1859 Kristallpalast in London
- 1883 Beginn Sacrada Familia in Barcelona
- 1889 Maschinenhalle und Eiffelturm in Paris
- 1909 Turbinenhalle der AEG in Berlin
- 1913 Jahrhunderthalle in Breslau
- 1926 Bauhaus in Dessau
- 1929 Deutscher Pavillon in Barcelona
- 1930 Salginatobel-Brücke
- 1958 Pirelli Verwaltungsgebäude in Mailand
- 1960 Kirche in Monterray
- 1967 Deutscher Pavillon in Montreal
- 1972 Olympiabauten in München
- 1985 Bank of Honkong
- 1991 Airport in Stansted
- 1994 Satolas Airport Railway Station in Lyon

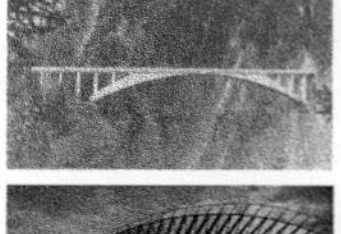

Personen:
- Leonardo da Vinci 1452-1519
- Nikolaus Kopernikus 1473-1543
- Simon Stevin 1548-1620
- Galileo Galilei 1564-1642
- Robert Hooke 1635-1703
- Johannes Bernoulli 1667-1748
- Isaak Newton 1643-1727
- Charles Auguste de Coulomb 1736-1806
- Siméon Denis Poisson 1781-1840
- George Stephenson 1781-1848
- Claude Louis Marie Henri Navier 1785-1836
- Jean Victor Poncelet 1788-1867
- Benoit Paul Émile Clapeyron 1799-1864
- Karl Culmann 1821-1881
- Joseph Monier 1823-1906
- Luigi Cremona 1830-1903
- Alexandre Gustave Eiffel 1832-1923
- Otto Mohr 1838-1918
- Wilhelm Ritter 1847-1906
- Heinrich Müller-Breslau 1851-1925
- Antonio Gaudi y Cornet 1852-1926
- Robert Maillart 1872-1940
- Piere Luigi Nervi 1891-1978
- Felix Candela Outerino, geb. 1910
- Frei Otto, geb. 1925
- Santiago Calatrava, geb. 1951

2 Physikalische Grundlagen für die Tragwerklehre

In der Tragwerklehre für Architekten bedarf es der Erinnerung weniger elementarer Schulkenntnisse aus der Physik.

2.1 Gravitationsgesetz und das „Geheimnis" der Erdbeschleunigung

Das allgemeine Gravitationsgesetz wurde 1665 von Isaak Newton erkannt und formuliert:

$$F_G = G \cdot \frac{m_1 \cdot m_2}{r^2}$$

Nach der Relativitätstheorie ist die Masse auch von der Geschwindigkeit abhängig. Der Einfluss ist jedoch bei kleinen Geschwindigkeiten vernachlässigbar gering.

Darin bedeuten:
F_G Gravitationskraft [N]
G Gravitationskonstante = $6{,}67 \cdot 10^{-11}$ m³kg⁻¹s⁻²
m_1 und m_2 Massen 1 und 2 [kg]
r   Entfernung der Massenschwerpunkte [m]
s   Sekunde [s]

Setzt man in das Gravitationsgesetz ein:
die Erdmasse mit $m_1 = 5{,}93 \cdot 10^{24}$ kg,
den Erdradius mit $r = 6{,}35 \cdot 10^6$ m
und vernachlässigt (wegen der geringen Größe) den Radius der Masse m_2, so erhält man:

$$F_G = 6{,}670 \cdot 10^{-11} \cdot \frac{5{,}93 \cdot 10^{24} \cdot m_2}{(6{,}35 \cdot 10^6)^2} = 9{,}81 \cdot m_2$$

wobei 9,81 die Einheit [m·s⁻²] erhält. Man bezeichnet diesen Wert als „Gravitationsbeschleunigung an der Erdoberfläche" oder kürzer als „Erdbeschleunigung g". Der genaue Wert der „Erdbeschleunigung" schwankt vom Äquator zu den Polen auf der Erde zwischen 9,78 und 9,84. In der Praxis der Tragwerklehre wird vereinfacht mit g = 10 m·s⁻² gerechnet. Daraus folgt:

Abgeleitet aus dem Gravitationsgesetz hat also die (Gewichts-)Kraft (auf der Erde !) den Betrag Masse mal Erdbeschleunigung.

2.2 Kraft und Krafteinheiten

In der Tragwerklehre interessieren uns die Kräfte, die aus den Massen resultieren. Die Grundeinheit wird nach dem Entdecker des Gesetzes der Gravitation mit Newton [N] bezeichnet. Die (Gewichts-)Kraft einer Masse von 1 kg ist betragsmäßig gleich dem Produkt ihrer Masse mit der Erdbeschleunigung „g". Für die Masse 1 kg gilt daher:

1 kg · 10 ms⁻² = 10 kgms⁻² = 10 N.

2 Physikalische Grundlagen für die Tragwerklehre

In der Regel arbeitet man mit der praxisgerechteren Größeneinheit kN (Kilonewton): 1 kN = 1000 N = 10^3 N oder bei größeren Kräften mit MN (Meganewton): 1 MN = 1000 kN.

Auch Windkräfte resultieren aus beschleunigten (Luft)-Massen und werden in kN gemessen.

In den einschlägigen Tabellen werden Kräfte und kraftbezogene Einheiten in der Regel unmittelbar in Krafteinheiten (N, kN, MN) oder entsprechenden kraftbezogenen Einheiten (z.B. MN/m²) angegeben.

Kräfte sind durch ihre Größe und ihre Richtung und oft durch ihre Lage im Raum oder auf einer Fläche gekennzeichnet. Kräfte sind daher, das muss einem Architekten gefallen, durch grafische Vektoren darstellbar[1]. Die Kraftvektoren sind auf ihrer so genannten Wirkungslinie verschiebbar.

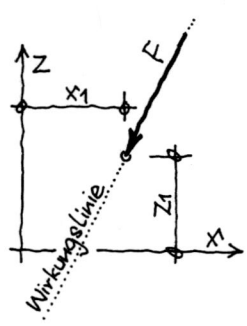

Einige Vergleichswerte: Ein Mensch von 100kg hat eine Gewichtskraft von 1000N = 1kN, 1 Auto von 1000kg eine Gewichtskraft von 10kN und 100 solcher Autos eine Gewichtskraft von 1MN.

In Tabellenwerken sind die verwendeten Einheiten zu beachten.

Daraus folgt auch, dass nur solche Kräfte addiert bzw. subtrahiert werden können, die dieselbe Wirkungslinie haben.

2.3 Hebelgesetz und Momente

Die Wirkung des Hebelgesetzes muss unseren Vorfahren in der praktischen Anwendung seit langer Zeit bekannt gewesen sein. Anders sind ihre Leistungen, wie das Bewegen schwerer Steinblöcke, nicht erklärbar.

Das Hebelgesetz definiert den Gleichgewichtszustand (Ruhezustand) der Momente bezogen auf einen gemeinsamen Drehpunkt. Mathematisch formuliert heißt das:

$$\Sigma M = 0.$$

Dabei wird ein Moment definiert als das Produkt aus Kraft „F" und Hebelarm „a" und hat folgerichtig die Einheit [kNm] oder entsprechende Produkte aus anderen Kraft- und Längeneinheiten.

$$M\ [kNm] = F\ [kN] \cdot a\ [m].$$

Der Hebelarm „a" ist der Abstand der Wirkungslinie der Kraft bezogen auf den Drehpunkt (gemessen vom Drehpunkt senkrecht auf die Wirkungslinie). Es ist also nach nebenstehender Skizze:

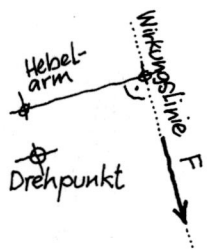

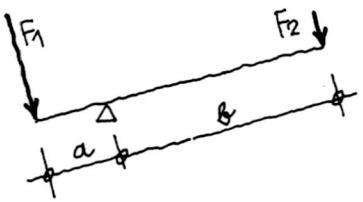

$$\Sigma M = 0$$
$$F_1 \cdot a - F_2 \cdot b = 0$$

und daraus:

$$F_1 = \frac{F_2 \cdot b}{a}.$$

Drehbestrebungen (Momente) müssen in Ihrer Summe = 0 sein, wenn ein Gleichgewichts- (Ruhe-) zustand gewährleistet sein soll.

Wirken Kräfte nicht unmittelbar auf einen Drehpunkt, sondern haben einen Abstand dazu, so verursachen sie eine Drehbestrebung (Moment).

Unterschiedliche Drehrichtungen werden durch die Vorzeichen berücksichtigt vergl. Seite 21)

---

[1] vergl. Seite 27 ff.

2 Physikalische Grundlagen für die Tragwerklehre

In der Tragwerklehre werden verschiedene Bezeichnungen für die Momente verwendet, die jedoch nur zur Unterscheidung ihrer Arten oder zur Kennzeichnung der Stellen dienen, an denen die Momente wirken. Neben dem allgemeinen Begriff Moment werden auch folgende Bezeichnungen verwendet:

- Biegemoment (Biegebeanspruchung durch ein Moment),
- Torsionsmoment (Torsionsbeanspruchung durch ein Moment),
- Kragmoment (Moment eines Kragarmes),
- Feldmoment (Moment im Feld eines Biegeträgers),
- Stützmoment (Moment an einer Unterstützung),
- M_x, M_y, M_z (Momente um die x-, y- oder z-Achsen),
- u.a.

Die oben angegebenen Definitionen und Formeln für Hebelarme und Momente gelten jedoch grundsätzlich und immer.

Die Anwendung einer Vorzeichenregelung ist im allgemeinen entbehrlich. Wichtig ist jedoch, dass bei Summenbildungen aus verschiedenen Momenten der Drehsinn durch die Vorzeichen „+" und „–" beachtet wird, d.h. dass die Momente addiert oder subtrahiert werden.

Es kann hilfreich sein, wenn man eine Drehrichtung im Uhrzeigersinn mit „+" und die gegensinnige Drehrichtung mit „–" bezeichnet.

Den Drehsinn (Drehrichtung) erkennt man, wenn man sich einen Zirkel, eingesetzt im Drehpunkt, vorstellt und ihn dann in der Wirkungsrichtung der Kraft gedreht denkt. Welche Drehrichtung man dann als positiv definiert ist gleichgültig.

Bei der Berechnung von Biegemomenten dagegen werden Feldmomente generell als positiv (konkave Verformung des Bauteils) und Kragmomente und Stützmomente als negativ (konvexe Verformung des Bauteils) gekennzeichnet.

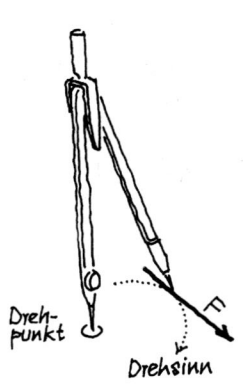

2.4 Die Gleichgewichtsbedingungen

Architekten entwerfen Tragsysteme. Um dies jedoch leisten zu können, sind eine komplexe räumliche Vorstellungsfähigkeit erforderlich, die Architekten grundsätzlich und in all ihren Arbeitsgebieten brauchen, sowie die Kenntnis einiger Grundlagen.

Die Grundlagenkenntnisse sollen jedoch nicht den Blick für das Wesentliche verstellen, sondern motivieren, einfache Konstruktionen zu verstehen und neue interessante Konstruktionen zu erfinden.

Um dies sicher zu stellen, reichen Kenntnisse über die Hebelgesetze der Physik und Vorstellungen über Gleichgewichtszustände (Ruhezustände) aus.

Die Gleichgewichtszustände

Um den statischen, d.h. ruhenden und unbeweglichen Zustand eines Gebäudes durch seine Konstruktion sicher zu stellen, müssen alle Beanspruchungen, die diesen Ruhezustand stören könnten, in einem Gleichgewicht sein. Beanspruchungen, die den Ruhezustand stören könnten, sind Kräfte und Drehbeanspruchungen (Momente). Der Gleichgewichtszustand (Ruhezustand) muss für jede mögliche Bewegungsrichtung und Drehrichtung gegeben sein.

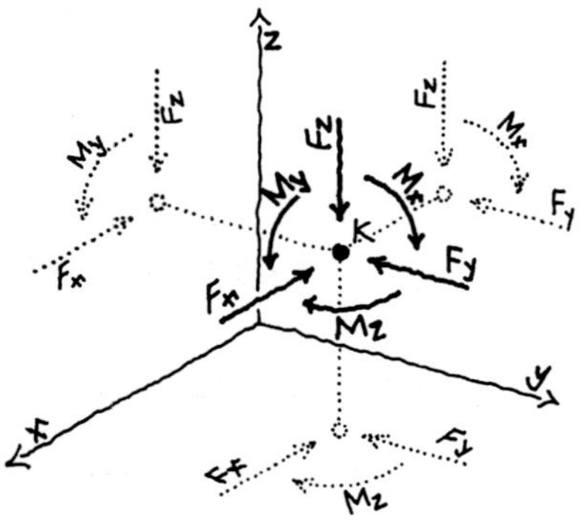

Ein Körper „K" in einem Raum – hier dargestellt in einem räumlichen Koordinatensystem x-y-z – ist dann in einem Ruhezustand (Gleichgewicht, statisch), wenn er sich im Zusammenspiel seiner Last- und Stützkräfte in keiner seiner Ebenen x - y, x - z und y - z bewegen kann d.h.:

$$\Sigma F_x = 0$$
$$\Sigma F_y = 0 \text{ und}$$
$$\Sigma F_z = 0$$

Die Indices kennzeichnen die Richtungen im räumlichen Koordinatensystem x-y-z.

und wenn er sich um keine der Achsen verdrehen kann d.h.:

$$\Sigma M_x = 0$$
$$\Sigma M_y = 0 \text{ und}$$
$$\Sigma M_z = 0$$

Diese sehr einfachen Formeln bilden eine Grundlage der gesamten Tragwerklehre und werden als die sechs Gleichgewichtsbedingungen (des Raumes) bezeichnet.

Da der Konstrukteur – wie der Architekt – räumliche Gegebenheiten auf ebenen Darstellungsflächen (Papier, Bildschirm) nur zweidimensional im Grundriss und zwei senkrecht dazu stehenden Ansichten oder Schnitten darstellen kann, werden Gleichgewichtszustände von Körpern auch in der Tragwerklehre in einzelnen Ebenen dargestellt und untersucht. Dann gelten z.B. für die y–z – Ebene die drei Gleichgewichtsbedingungen (in der Ebene)

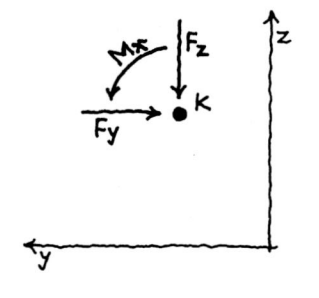

$\Sigma F_y = 0$	oder für eine	$\Sigma H = 0$
$\Sigma F_z = 0$	Ebene vereinfacht	$\Sigma V = 0$
$\Sigma M_x = 0$	geschrieben:	$\Sigma M = 0$

In der vereinfachten Schreibweise steht:

H für Horizontalkräfte (horizontal wirkende Kräfte),
V für Vertikalkräfte (vertikal wirkende Kräfte) und
M für Momente in der untersuchten Ebene um einen beliebigen Drehpunkt.

Die Gleichgewichtsbedingungen gelten ohne Einschränkungen. So gilt auch der Gleichgewichtszustand $\Sigma M=0$ für jeden beliebigen Drehpunkt auf der Fläche.

Kräfte und Momente werden also wie Körper und Räume in Architekturzeichnungen in einzelnen Ebenen dargestellt und untersucht. Für solche Ebenen gelten jeweils drei Gleichgewichtsbedingungen.

2 Physikalische Grundlagen für die Tragwerklehre

Was nun, wenn Kräfte nicht in Richtung der Achsen einer Ebene, also nicht vertikal oder horizontal wirken und Momente verdreht zur Ebene wirksam sind?

Hier hilft die Vektorrechnung[2], mit der schräg wirkende Kräfte in horizontale und vertikale Komponenten zerlegt werden können. Die so ermittelten vertikalen und horizontalen Kraftkomponenten können dann in der untersuchten Ebene weiter auf ihren Gleichgewichtszustand verfolgt werden, während die Komponenten in der Untersuchungsebene verdrehter Momente nach ihrer Zerlegung gleichzeitig in den zugeordneten Ebenen getrennt untersucht werden müssen.

Drei Beispiele mögen dies verdeutlichen:

Beispiel 1.

In einer Ebene mit den Koordinaten V (vertikal) und H (horizontal) wirkt die schräge Kraft „F" = 29,5 kN, die 34° gegen die Horizontale geneigt ist.

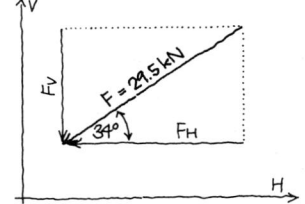

MdK : 1cm ≙ 10 kN

Man schreibt ≙ (entspricht), weil hier im Gegensatz zu Architektenzeichnungen Kräfte als Längen dargestellt werden.

Die Vektorenrechnung liefert grafisch die Kraftkomponenten „F_V" und „F_H", die dieselbe Wirkung hervorrufen wie die Ausgangskraft „F". Ihre Größen sind in Beachtung des Maßstabes (MdK) aus der Zeichnung ablesbar mit:

$$F_V = 1,6 \text{ cm} \triangleq 16 \text{ kN}$$
$$F_H = 2,5 \text{ cm} \triangleq 25 \text{ kN}$$

Die beiden Kraftkomponenten F_V in vertikaler und F_H in horizontaler Richtung verursachen dieselbe Wirkung wie die Ausgangskraft F.

Entsprechend der Vektorrechnung kann jedoch auch eine unmaßstäbliche Skizze als Vorlage für eine Berechnung der Kraftkomponenten mit den Winkelfunktionen[3] erstellt werden. Dann ist:

$$F_V = 29,5 \cdot \sin 34° = 16,496 \text{ kN}$$
$$F_H = 29,5 \cdot \cos 34° = 24,457 \text{ kN}$$

Diese Werte sind natürlich genauer, als sie aus einer noch so sorgfältigen oder großmaßstäblichen Zeichnung abgelesen werden können. Darüber hinaus ist ihre Bestimmung (einen Taschenrechner mit Winkelfunktionen vorausgesetzt) wesentlich schneller.

---

[2] vergl. Seite 34
[3] vergl. Seite 27

2 Physikalische Grundlagen für die Tragwerklehre

Beispiel 2

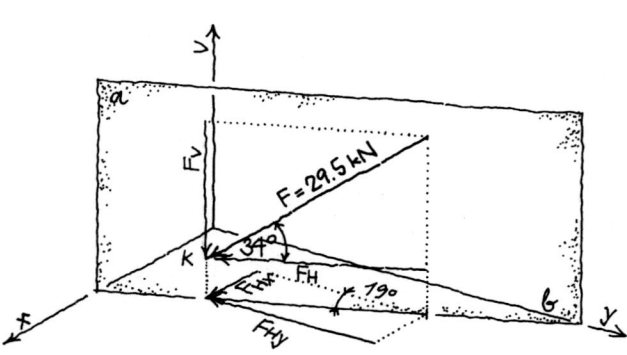

In einem Raum, hier isometrisch dargestellt durch ein x-y-v-Koordinatensystem, wirkt eine Kraft F = 29,5 kN, die gegen die Horizontale (Ebene x-y) um 34° geneigt und deren Projektion in der x-y-Ebene um 19° gegen die y-Achse verdreht ist.

Die grafische Lösung dieser Problematik ist auch bei guten Kenntnissen der Darstellenden Geometrie sehr zeitaufwändig.

Die Kräfte F_{Hx} und F_{Hy} sind wegen der Übersichtlichkeit in der Grundrissprojektion dargestellt. Sie wirken natürlich im Punkt K.

- Zuerst denkt man sich eine Ebene in der wahren Kraftrichtung (hier a-b-Ebene genannt).
- In der a-b-Ebene wird die vertikal (in v-Richtung) wirkende Kraftkomponente F_V und die horizontal (in der Ebene x-y) wirkende Kraftkomponente F_H bestimmt.
- Die horizontale Kraftkomponente wird schließlich, wie im Beispiel 1 beschrieben, in die endgültigen horizontalen Kraftkomponenten F_{Hx} und F_{Hy} zerlegt.

Zwar müssen für die rechnerische Lösung dieselben räumlichen Vorstellungen mit maßstabslosen Skizzen angestellt werden – was einem Architekten jedoch leicht fallen muss –, jedoch sind die Ergebnisse schneller und genauer erreichbar.

Die grafische Lösung über Kraftvektoren erfolgt sinngemäß wie im Beispiel 1. Zuerst wird die Ebene a-b mit der Kraft F, geneigt um 34°, maßstäblich dargestellt. Man erhält F_V und F_H. In einer zweiten Zeichnung der Ebene x-y wird F_H mit der Winkelverdrehung um 19° übertragen und in F_{Hx} und F_{Hy} zerlegt.

$$F_V = 29,5 \cdot \sin 34° = 16,496 \text{ kN}$$

$$F_H = 29,5 \cdot \cos 34° = 24,457 \text{ kN}$$

$$F_{Hx} = 24,457 \cdot \cos 19° = 23,125 \text{ kN}$$

$$F_{Hy} = 24,457 \cdot \sin 19° = 7,962 \text{ kN}.$$

2 Physikalische Grundlagen für die Tragwerklehre

Beispiel 3

Ein Stab von 3,20 m Länge wird vertikal durch sein Eigengewicht von 0,08 kN/m und horizontal quer dazu durch eine Windkraft von 1,2 kN beansprucht (denken Sie beispielsweise an eine entsprechend eingebaute Fahnenstange). Im Befestigungspunkt (Auflager) entstehen dadurch (von den vertikalen und horizontalen Auflagerkräften soll hier abgesehen werden) Momente in zwei verschiedenen Ebenen (hier x-y-Ebene und y-z-Ebene genannt).

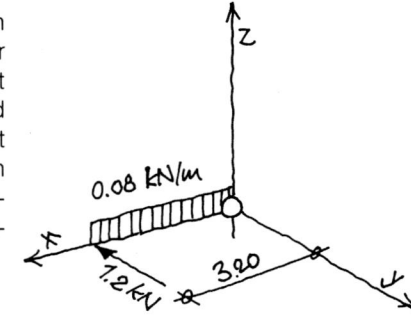

Die Streckenlast von 0,08 kN/m verursacht im Haltepunkt (hier Ursprung des Koordinatensystems) ein Moment um die y-Achse. Die Kraft 1,2 kN verursacht ein Moment um die z-Achse.

Die nicht addierbaren, weil in verschiedenen Ebenen wirksamen, Momente haben die Größen:

$$M_y = 0{,}08 \cdot \frac{3{,}20^2}{2} = 0{,}410 \text{ kNm}$$

$$M_z = 1{,}2 \cdot 3{,}20 = 3{,}840 \text{ kNm}.$$

2 Physikalische Grundlagen für die Tragwerklehre

3 Mathematische Grundlagen für die Tragwerklehre

3.1 Winkelfunktionen in der Trigonometrie

Neben den vier Grundrechenarten (addieren, subtrahieren, multiplizieren und dividieren) sind Kenntnisse über die Winkelfunktionen in rechtwinkligen Dreiecken zur Bestimmung von Winkelgrößen oder Seitenlängen hilfreich:

Die trigonometrischen Winkelfunktionen gelten nur für ebene rechtwinklige Dreiecke. Für nicht rechtwinklige ebene Dreiecke sind die Sinus-, Cosinus- oder Tangenssätze anwendbar.

$$\sin = \frac{\text{Gegenkathete}}{\text{Hypotenuse}}$$

$$\cos = \frac{\text{Ankathete}}{\text{Hypotenuse}}$$

$$\tan = \frac{\text{Gegenkathete}}{\text{Ankathete}}$$

$\sin \alpha = \frac{a}{c}$

$\sin \beta = \frac{b}{c}$

$\cos \alpha = \frac{b}{c}$

$\cos \beta = \frac{a}{c}$

$\tan \alpha = \frac{a}{b}$

$\tan \beta = \frac{b}{a}$

Zur Probe und zur Erinnerung sei festgehalten, dass die Winkelsumme $\alpha + \beta + \gamma$ in Dreiecken stets 180° ist.

Zur Berechnung von Seitenlängen sind die Winkelfunktionen und zur Berechnung von Winkelgrößen die Arcusfunktionen auf Taschenrechnern leicht feststellbar.

Beispiel:

$$\alpha = \operatorname{atan} \frac{1{,}20}{4{,}90} = 13{,}761°$$

Seitenlängen können in rechtwinkligen Dreiecken auch nach dem pythagoreischen Lehrsatz: $c^2 = a^2 + b^2$ bestimmt werden – nicht jedoch die Winkel.

3.2 Grafische Vektoren

Physikalische Größen können grafisch als Vektoren dargestellt werden. Durch die Vektoren können verschiedene Eigenschaften der physikalischen Größen grafisch dargestellt werden.

3 Mathematische Grundlagen für die Tragwerklehre

In vielen Fällen ist es für Architekten, die oft bildorientiert sind, hilfreich, Kräfte in der Ebene durch Vektoren darzustellen. Dabei gibt:

- die Länge des Vektors nach einem Maßstab (MdK – Maßstab der Kräfte) die Größe der Kraft,

- der Pfeil die Wirkungsrichtung der Kraft,

- der Pfeilschaft die Wirkungslinie der Kraft und

- die Anordnung des Vektors auf der Zeichenfläche die Lage der Kraft absolut oder im Bezug zu anderen Kräften

an.

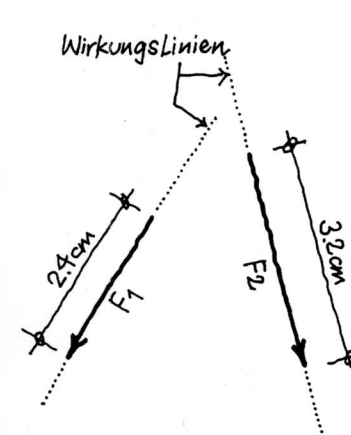

Kraftvektoren sind auf ihren Wirkungslinien verschiebbar, da sie dadurch ihre Wirkung auf einen Körper nicht verändern.

Beispiel:

$$\text{MdK } 1 \text{ cm} \triangleq 5 \text{ kN}$$
$$F_1 = 12 \text{ kN}$$
$$F_2 = 16 \text{ kN}$$

Aus mehreren Kräften ist eine resultierende Kraft (Resultierende) bestimmbar, die dieselbe statische Wirkung (Resultat) verursacht wie die einzelnen Kräfte.

Umgekehrt sind aus einer Kraft (Resultierenden) zwei andere Kräfte, die dieselbe statische Wirkung verursachen, bestimmbar, deren Wirkungslinien vorgegeben sind. Die vorgegebenen Wirkungslinien können Stabachsen sein oder die Vertikale und die Horizontale (zur Zerlegung einer Kraft bezogen auf die Richtungen eines Koordinatensystems).

3.2.1 Resultierende und Reaktionskraft

Als Resultierende bezeichnet man eine Kraft (oder einen Kraftvektor), die dieselbe Wirkung verursacht wie die Einzelkräfte (oder die einzelnen Kraftvektoren), aus denen sie bestimmt wurde.

Als Reaktionskraft bezeichnet man dagegen eine Kraft, die mit umgekehrtem Vorzeichen der Resultierenden gleich ist. Vektoriell formuliert: der Vektor der Reaktionskraft ist gleich dem Vektor der Resultierenden mit umgekehrter Pfeilrichtung.

Wenn, wie oben definiert, die Resultierende dieselbe Wirkung verursacht wie die Einzelkräfte, aus denen sie bestimmt wurde, und die Reaktionskraft entgegen gerichtet und genau so groß ist wie die Resultierende, dann stellt die Reaktionskraft einen Gleichgewichtszustand[1] her.

---

[1] vergl. Beispiel 2 in Kapitel 5.3 auf Seite 63 ff

3 Mathematische Grundlagen für die Tragwerklehre

3.2.2 Ermittlung der Resultierenden

An fünf Beispielen soll die grafische Bestimmung von Resultierenden verdeutlicht werden, wobei darauf zu achten ist, dass die Methodik stets gleich bleibend ist.

Beispiel 1.

MdK 1 cm ≙ 20 kN

Auf einer gemeinsamen Wirkungslinie wirken die beiden Kräfte F_1 = 20 kN und F_2 = 35 kN. Die Resultierende erhält man, indem man die Längen aneinander zeichnet. Sie ist 2,75 cm lang, was, umgerechnet über den MdK eine Kraftgröße von 55 kN für die Resultierende $R_{1,2}$ ergibt.

$R_{1,2}$ = 2,75 cm ≙ 55 kN

> Die Indices werden benutzt, um darzustellen, woraus die Resultierende bestimmt wurde.

Beispiel 2.

MdK 1 cm ≙ 20 kN

Nach derselben Methode ist die Resultierende aus zwei gegeneinander gerichteten Kräften F_1 = 45 kN und F_2 = 28 kN, die eine gemeinsame Wirkungslinie haben, zu bestimmen. Nacheinander werden die Vektoren (hier zur Verdeutlichung in einer getrennten Zeichnung) in Beachtung ihrer Wirkungsrichtung und des MdK aneinander gezeichnet und ergeben eine Resultierende:

$R_{1,2}$ = 0,85 cm ≙ 17 kN.

> Hierbei wird hypothetisch die Kraft einer Arbeit im physikalischen Sinn gleichgestellt.

Hilfsweise kann man sich einen Körper vorstellen, der (zeitgedehnt) zunächst von der ersten Kraft über die Länge des Vektors transportiert wird, dann von dem zweiten Vektor über seine Länge und so weiter. Dadurch würde der gedachte Körper eine Endposition erreichen. Dieselbe Wirkung verursacht der Vektor der Resultierenden, der den gedachten Körper direkt von der Ausgangsposition in dieselbe Endposition transportiert, also dieselbe Wirkung verursacht.

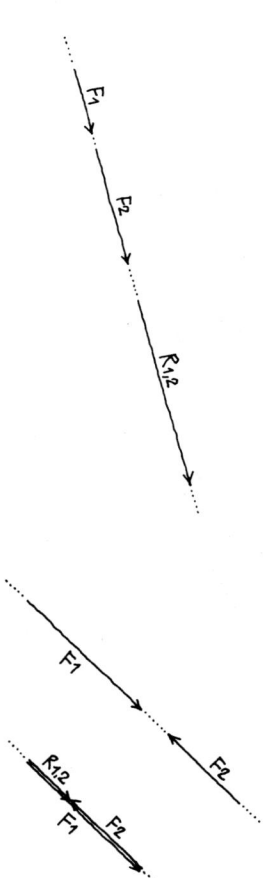

3 Mathematische Grundlagen für die Tragwerklehre

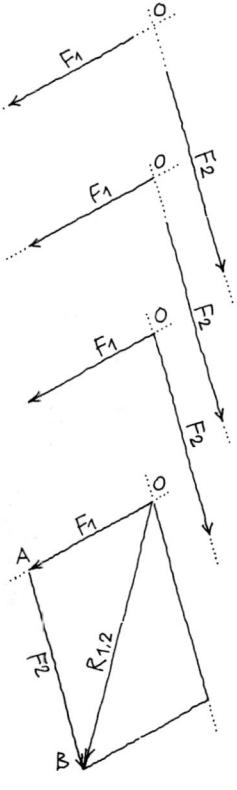

Beispiel 3.

MdK 1 cm ≙ 20 kN

Zwei Vektoren $F_1 = 40$ kN und $F_2 = 60$ kN haben verschiedene Wirkungslinien.

Die Lösung dieser Aufgabenstellung ist in vier getrennten Schritten dargestellt.

Zunächst wird der Vektor von F_1 auf seiner Wirkungslinie bis zum Schnittpunkt O mit der Wirkungslinie des zweiten Vektors F_2 verschoben (er wirkt ab diesem Schnittpunkt, nicht auf diesen Schnittpunkt!). Dann wird der zweite Vektor F_2 ebenfalls bis zum Schnittpunkt O verschoben. Nun wirkt (zeitgedehnt) zuerst der Vektor F_1 und transportiert einen gedachten Körper von O nach A. Danach wirkt der Vektor F_2 und transportiert den Körper von A nach B in die Endposition. Dasselbe bewirkt die Resultierende $R_{1,2}$, die den gedachten Körper direkt von O nach B transportiert, also dieselbe Wirkung verursacht.

Die Reihenfolge der Wirkungen der einzelnen Vektoren ist beliebig. Man kann die Überlegung auch mit dem Vektor F_2 beginnen.

Die Resultierende ist:

$R_{1,2} = 4$ cm ≙ 80 kN

Da bei diesem Gedankengang die Richtungen der Kräfte beibehalten werden müssen (parallel verschoben), entsteht ab dem Punkt O ein Parallelogramm, das man aus nahe liegenden Gründen als „Kräfte-Parallelogramm" bezeichnet. Eine vereinfachte Darstellung ist auch in einem „Kräfte-Dreieck", bestehend aus den Vektoren F_1, F_2 und $R_{1,2}$, möglich.

Durch die Verschiebung der Vektoren auf ihren Wirkungslinien bis in den Schnittpunkt O ist auch die Position der Resultierenden bestimmt worden. Sie verläuft mit der zeichnerisch ermittelten Richtung durch den Punkt O.

3 Mathematische Grundlagen für die Tragwerklehre

Beispiel 4.

MdK 1 cm ≙ 20 kN

Drei Vektoren $F_1 = 20$ kN, $F_2 = 30$ kN und $F_3 = 40$ kN haben unterschiedliche Wirkungslinien. Die Bestimmung der Resultierenden erfolgt nach derselben Methode wie oben beschrieben. Da die Wirkungslinien der Vektoren F_1 und F_2 fast parallel sind, ist der Schnittpunkt zeichnerisch nicht genau zu bestimmen und liegt hier zusätzlich außerhalb des Blattes. Es ist daher geschickt, mit den Vektoren F_1 und F_3 zu beginnen. In zwei, zeichnerisch getrennt dargestellten, Schritten wird zunächst die Resultierende $R_{1,3}$ (wie vorher) bestimmt; dann aus dieser Resultierenden $R_{1,3}$ und dem dritten Vektor F_2 (wie vorher) die endgültige Resultierende $R_{1,2,3}$. Sie hat eine Größe von:

$R_{1,2,3} = 3{,}85$ cm ≙ 77 kN

Bei mehr als zwei Ausgangsvektoren reihen sich also mehrfach dieselben Operationen aneinander, die für Beispiel 3 ausführlich beschrieben und erklärt wurden.

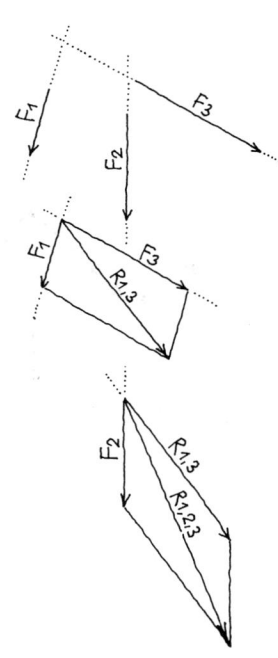

Um auch die Position der Resultierenden $R_{1,2,3}$ bestimmen zu können, müssen die einzelnen Kräfte-Parallelogramme ineinander gezeichnet werden.

Wenn man beide Lösungen miteinander vergleicht, ist festzustellen, dass Richtung und Größe der Resultierenden gleich sind. In der zweiten Lösung ist zusätzlich jedoch die Position der Resultierenden in Relation zu den Ausgangskräfte F_1 bis F_3 bestimmt.

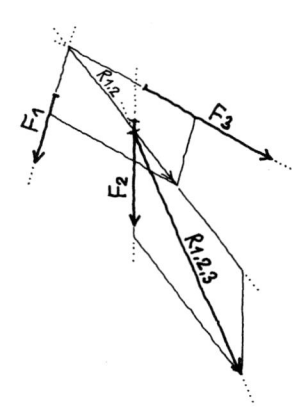

3 Mathematische Grundlagen für die Tragwerklehre

Beispiel 5.

MdK 1 cm ≙ 10 kN

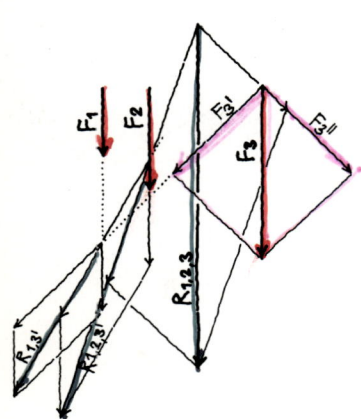

Drei Kräfte $F_1 = 10$ kN, $F_2 = 15$ kN und $F_3 = 25$ kN haben parallele Wirkungslinien, die auf der Fläche keinen Schnittpunkt haben. Bei der ersten Lösung wird eine Kraft (hier F_3) durch zwei beliebige andere Kraftkomponenten[2] (hier F_3' und F_3''), die dieselbe Wirkung haben müssen, ersetzt. Dann wird nacheinander dieselbe Methode, wie oben beschrieben, angewendet[3].

Man erhält zunächst aus F_3' und F_1 die Resultierende $R_{1,3}$. Aus $R_{1,3}$ und F_2 erhält man die Resultierende $R_{1,2,3'}$ und aus $R_{1,2,3'}$ und F_3'' schließlich $R_{1,2,3}$ mit:

$R_{1,2,3} = 5$ cm ≙ 50 kN.

Bei dieser Lösung ergibt sich ebenfalls wieder direkt die Positionierung der Resultierenden (zwischen F_2 und F_3).

In den Beispielen werden bewusst unterschiedliche Maßstäbe der Kräfte (MdK) gewählt. Sie sind abhängig von der verfügbaren Zeichenfläche und sollten, um genaue Ergebnisse zu erhalten, möglichst groß sein.

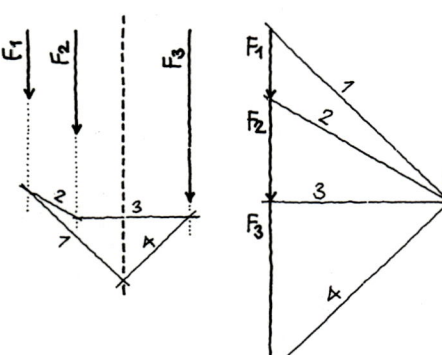

Diese Methode kann systematisiert werden (zumal bei mehreren Kräften die Schnittpunkte der Wirkungslinien nicht mehr genau genug bestimmbar sind), indem man alle Ausgangskräfte (hier F_1 bis F_3) durch Kraftkomponenten[4] ersetzt, die dieselbe Wirkung verursachen. In diesem Beispiel wird der Vektor der Kraft F_1 durch die Vektoren der Kraftkomponenten 1 und 2 ersetzt. Der Vektor der Kraft F_2 wird durch die Vektoren der Kraftkomponenten 2 (gleichgroß wie vorher aber umgekehrt gerichtet) und 3 ersetzt und so fort. Auf diese Weise gleichen sich alle Zwischenvektoren (hier 2 und 3) zu Null aus, und es verbleiben die Vektoren der ersten Kraftkomponente (hier 1) und der letzten Kraftkomponente (hier 4), die gleichzeitig Kraftkomponenten der Gesamtresultierenden sind. Zeichnet man diese Zerlegungen der Ausgangskräfte aneinander, so erhält man das dargestellte so genannte „Seileck" und bezeichnet darin die ersetzenden Kraftkomponenten als „Seilstrahlen"[5]. In der Folge arbeitet man nur noch mit den Seilstrahlen, die man, an beliebiger Stelle beginnend, auf die Wirkungslinien der Ausgangskräfte als Wirkungsrichtungen der Kraftkomponenten parallel überträgt, ohne die Größen der Kraftkomponenten selbst zu verwenden. Daraus erklärt sich, dass der Seilstrahl 1 (als Wirkungslinie der Kraftkomponenten 1) an die Wirkungslinie von F_1 angetragen wird. Der Seilstrahl 2 (als Wirkungslinie der Kraftkomponenten 2) wird von der zunächst beliebig gewählten Startstelle auf der Wirkungslinie der Kraft F_1 beginnend Richtung Wirkungslinie der Kraft F_2 (weil die Kraftkomponente 2 gleichzeitig eine Ersatzkraft für F_1 und, mit umgekehrter Richtung, für F_2 ist) angetragen. Diese Methodik wird konsequent solange fortgeführt, bis der vorletzte Seilstrahl (hier 3) die Wirkungslinie der letzten Kraft (hier F_3)

Die Seilstrahlen sind eigentlich jeweils zwei Kraftkomponenten, die die ursprüngliche Kraft ersetzen.

---

[2] vergl. Seite 33
[3] vergl. Beispiel 4 auf Seite 31
[4] vergl. Kapitel 3.2.3 Seite 33
[5] Es sind die Wirkungslinien der ersetzenden Kraftkomponenten.

3 Mathematische Grundlagen für die Tragwerklehre

schneidet. Von diesem Schnittpunkt aus wird der letzte Seilstrahl (hier 4) durch Parallelverschiebung aus dem Seileck so angetragen, dass er einen Schnittpunkt mit dem ersten Seilstrahl (hier 1) findet. Da der erste und letzte Seilstrahl die Wirkungslinien der Kraftkomponenten der Resultierenden sind, liegt an ihrem Schnittpunkt die Resultierende, die in gleicher Weise parallel verläuft wie die Ausgangskräfte (hier vertikal). Die Größe der Resultierenden ist gleich der Summe der parallel verlaufenden Kräfte[6].

Bei der Bestimmung der Schwerpunkte von komplexen Flächen oder Körpern werden die Flächengrößen oder die Volumina elementarer Flächen oder Körper in ihren jeweiligen Schwerpunkten vertikal und horizontal wirksam angenommen und eine Resultierende bestimmt.

Die Methode der Arbeit mit dem Seileck, die für alle Richtungen parallel verlaufender Kräfte (oder bei der Bestimmung von Flächen- oder Körperschwerpunkten auch für Querschnitts- und Volumengrößen einzelner Flächen- oder Volumenteile) gilt, ist einfacher und oft grafisch genauer als die zuvor dargestellte Methode. Um die Seilstrahlen jedoch richtig auf die Wirkungslinien der Ausgangskräfte zu übertragen, ist eine subtile Kenntnis im Umgang mit Ersatzkräften erforderlich.

3.2.3 Zerlegung einer Kraft in zwei Kraftkomponenten

So, wie es möglich ist, eine Resultierende aus zwei (Ausgangs-)Kräften zu bestimmen, die dieselbe Wirkung verursacht, ist es auch umgekehrt möglich, eine Kraft in zwei Kraftkomponenten zu zerlegen, die dieselbe Wirkung verursachen. Dies kann

1. sich aus vorgegebenen Wirkungslinien (Stabachsen) ergeben oder

2. thematisiert sein durch die Ermittlung einer Horizontal- und einer Vertikalkomponente aus einer schräg wirkenden Kraft oder

3. geschickt willkürlich erfolgen[7].

Eine Kraft kann durch eine direkte Kraftzerlegung nur in zwei andere Kräfte mit derselben Gesamtwirkung zerlegt werden.

Wirken mehrere Ausgangskräfte, die in zwei bestimmte Kraftkomponenten zerlegt werden sollen, die dieselbe Wirkung verursachen, so ist aus diesen Ausgangskräften gemäß Kapitel 3.2.2 zunächst eine einzelne Ausgangskraft (Resultierende) zu bestimmen.

Solche Problemstellungen, die eigentlich nur eine Umkehrung der im Kapitel 3.2.2 beschriebenen Aufgabenstellungen darstellen (wenn man unter der Ausgangskraft die Resultierende versteht), sollen an zwei Beispielen erläutert werden:

---

[6] vergl. Beispiel 1 auf Seite 29
[7] vergl. Seileck, wo Pol und Seilstrahlen (Kompensationskräfte) beliebig gewählt werden können, Seite 32 ff

3 Mathematische Grundlagen für die Tragwerklehre

Beispiel 1.

MdK 1 cm ≙ 2,5 kN

Eine Kraft F = 5 kN soll nach den vorgegebenen Wirkungslinien 1 und 2, die sich beispielsweise aus den Achsen eines asymmetrischen Sprengwerkes ergeben könnten, in zwei Kräfte zerlegt werden, die dieselbe Wirkung verursachen.

Erinnern wir uns an die Erklärungen zu Beispiel 3 des Kapitels 3.2.2[8], so würde durch die Ausgangskraft ein gedachter Körper von O nach B transportiert. Dasselbe bewirken (zeitgedehnt) die Kräfte F_1 und F_2, die den gedachten Körper von O über A nach B transportieren würden.

Wir finden also ein ähnliches Vektorenbild (Kräfteparallelogramm) vor. Die Kräfte haben folgende Größen:

F_1 = 1,05 cm ≙ 2,625 kN

F_2 = 1,45 cm ≙ 3,625 kN

Beispiel 2.

MdK 1 cm ≙ 4 kN

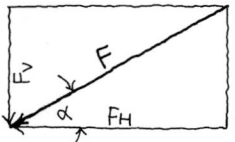

Eine unter α = 30° geneigte Kraft F = 14 kN soll in eine horizontale Kraftkomponente F_H und eine vertikale Kraftkomponente F_V zerlegt werden, die zusammen dieselbe Wirkung verursachen. Dies ist eine in der Praxis häufig vorkommende Problematik[9].

Das Kräfteparallelogramm verwandelt sich wegen der orthogonalen Vorgaben in ein Kräfterechteck und liefert folgende Ergebnisse[10]:

F_V = 1,8 cm ≙ 7,2 kN

F_H = 3,1 cm ≙ 12,4 kN

3.3 Schwerpunkte

Mit Vektoren (hier Vektoren zur Darstellung von Flächengrößen oder Volumina) können auch Schwerpunkte von Flächen oder Körpern komplexeren Zuschnitts bestimmt werden. Die Resultierende kennzeichnet dann jeweils eine Schwerachse. Dazu werden die Vektoren einzelner Flächen oder Körper, deren Schwer-

Eine Fläche oder einen Körper kann man also durch Unterstützung seines Schwerpunktes balancieren.

---

[8] siehe Seite 29
[9] vergl. auch Seite 68
[10] vergl. auch Seite 67 ff

3 Mathematische Grundlagen für die Tragwerklehre

punkte bekannt sind, in x- und y-Richtung in einem Koordinatensystem wirksam angenommen, woraus eine Resultierende für jede Richtung (eine Schwerachse) bestimmt wird. Der Schnittpunkt der Schwerachsen ist der Schwerpunkt.

Die Kenntnis über die Lage eines Schwerpunktes kann in der Tragwerklehre bedeutungsvoll sein, wenn das Gewicht eines „Lastpaketes" oder eines Körpers, konzentriert im Schwerpunkt als punktförmig wirkende Kraft, zu berücksichtigen ist.

Die Bestimmung von Schwerpunkten anderer Flächen können entsprechenden Tabellenwerken entnommen werden.

Die Schwerpunkte häufig vorkommender Lastverteilungen sind wie folgt zu ermitteln.

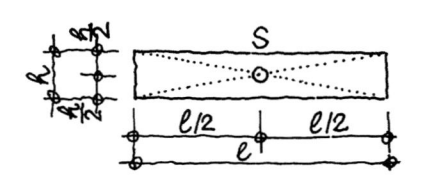

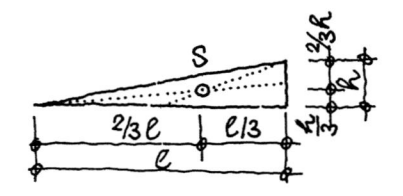

Lastkombinationen daraus können in ihre Grundelemente zerlegt und additiv berücksichtigt werden.

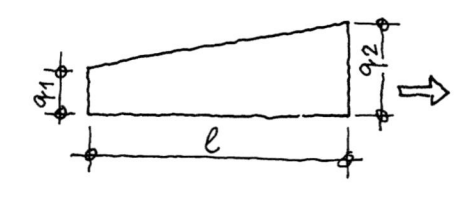

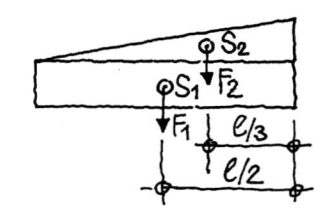

Darin sind die Flächenvektoren (wirksam in den Schwerpunkten S_1 und S_2):

$$F_1 = q_1 \cdot l$$
$$F_2 = (q_1 - q_2) \cdot \frac{l}{2}$$

3 Mathematische Grundlagen für die Tragwerklehre

4 Mathematische Modellbildungen

In der Architektur gibt es im eigentlichen Sinn keine Versuchsbauten oder 0-Serien wie bei vielen multiplen Industrieprodukten. Alle Bauten sind Unikate. Daher sind Voruntersuchungen an Modellen besonders bedeutungsvoll.

Die üblicherweise in der Architekturplanung verwendeten Modelle in Form verkleinerter räumlicher Abbildungen von Baukörpern oder Innenräumen haben nur eine begrenzte Aussagefähigkeit, die sich vornehmlich auf die Abmessungen und Proportionen beschränkt. Simulationen von Farb- und Materialwirkungen, von Belichtungen und Beleuchtungen, des Tragverhaltens oder akustischer Probleme sind mit diesen Modellen nur bedingt oder gar nicht möglich. Solche Modelle stoßen jedoch immer an ihre Leistungsgrenzen, wenn es gilt, nichtlineare Prozesse zu simulieren. Dabei versteht man unter nichtlinearen Prozessen Vorgänge, bei denen mindestens eine Einflussgröße einen anderen Exponenten als 1 hat wie beispielsweise die Lichtstärke, die mit dem Quadrat der Entfernung von der Lichtquelle abnimmt.

Für solche und ähnliche Problemstellungen bietet die Mathematik selbst und in ihrer Anwendung in Computerprogrammen ein leistungsfähiges Instrumentarium, indem Situationen in Gleichungen abgebildet werden, die allgemein gültige Aussagen beinhalten und Variantensimulationen zulassen.

Beginnen wir die Annäherung an faszinierende Modellbildungen durch mathematische Gleichungen mit zwei einfachen (linearen) Beispielen. Hier hilft die Mathematik, sich ungewohnt große oder kleine Zahlen vorzustellen oder die Zahl π „fassbar" zu machen.

Beispiel 1.

Man stelle sich vor, die Weltbevölkerung (angenommen mit 6 Milliarden = $6 \cdot 10^9$ Personen) würde mit 4 Personen je Quadratmeter eng zusammengestellt. Welche Fläche „A" wäre für alle diese Menschen erforderlich?

$$A_{erf.} = \frac{6 \cdot 10^9}{4} = 1,5 \cdot 10^9 \text{ m}^2 = 1.500.000.000 \text{ m}^2 = 1.500 \text{ km}^2$$

Das wäre ein Quadrat mit einer Seitenlänge „s" von:

$$s = \sqrt{1500} = 38,73 \text{ km}.$$

Auf einen Globus mit 30 cm Durchmesser (Maßstab 1:42,3 $\cdot 10^6$) übertragen (umgerechnet), würde das einem Quadrat mit 0,9 mm Kantenlänge entsprechen, das also gerade durch eine Bleistiftspitze abdeckbar wäre.

4 Mathematische Modellbildungen

Beispiel 2.

Man denke sich je eine Schnur gleichmäßig um eine Euromünze und den Erdäquator gelegt. Dann sollen beide Schnüre (Umfänge) jeweils um einen Meter (100 cm) verlängert und wieder gleichmäßig um die Objekte gelegt werden. Welchen Abstand „d" haben die Schnüre von den Umfängen des Euro und der Erde?

Wir bilden diese Problemstellung „allgemein" mathematisch ab und bezeichnen den Radius des Objektes (gleichviel ob Euro oder Erde) mit „r". Dann ist:

$$2 \cdot (r + d) \cdot \pi = 2 \cdot r \cdot \pi + 100$$

Daraus folgt für <u>jedes</u> runde Objekt:

$$d = \frac{100}{2 \cdot \pi} = 15{,}92 \, cm.$$

Diese allgemein gültige Feststellung bedeutet, dass der Abstand „d" einer um 100 cm verlängerten Schnur zu jedem beliebigen runden Körper ≈ 15,9 cm beträgt!

Es gibt viele weitere Beispiele für den Umgang mit sehr großen (und sehr kleinen) Zahlen oder mit seltener gebräuchlichen Werten, wie π, die durch mathematische Abbildungen (Modellbildungen) in einfachen Gleichungen zu überraschenden Ergebnissen und Erkenntnissen führen.

Die folgenden vier Beispiele mit nichtlinearen Bezugsgrößen sollen zeigen, dass mathematische Modellbildungen auch und insbesondere kompliziertere Zusammenhänge verdeutlichen und „verständlich machen" können. Hier ist ein schnelles Kopfrechnen, was wir zur Lösung linearer Zusammenhänge häufig (und oft unbewusst) anwenden, nicht mehr so einfach möglich.

Das Beispiel ist natürlich auch mit realen Zahlen zu berechnen. Einen allgemeinen Beweis für den stets gleich bleibenden Abstand der verlängerten „Schnur" liefert jedoch nur die Arbeit mit allgemeinen Zahlen.

Beispiel 1.

Wir wollen annehmen, dass ein Mensch von der Größe h = 1,80 m 70 kg wiegt (Gewichtskraft „F" = 700 N = 0,7 kN) und einen Oberschenkelknochen mit dem Durchmesser d = 4 cm hat.

Vergrößern wir diesen Menschen in einem Denkmodell auf das 10-fache, also auf eine Größe h = 18,0 m, so wächst sein Volumen „V" und damit auch sein Gewicht „F" auf das 1.000-fache, weil sich damit auch die Breite und die Tiefe verzehnfacht.
(V = alte Höhe · 10 · alte Breite · 10 · alte Tiefe · 10
= 1.000 · alte Höhe · alte Breite · alte Tiefe).
Er würde 70.000 kg = 70 t wiegen.

Entsprechend verändern sich das Volumen und das Gewicht eines „gedachten" Menschen mit 1/10-tel der Ausgangsgröße. Er hätte dann eine Größe „h" von 18 cm und ein Gewicht „F" von 1/1.000-tel von 70 kg, also: 0,07 kg = 70 g.

Zu Massen und Kräften vergl. Seite 19

4 Mathematische Modellbildungen

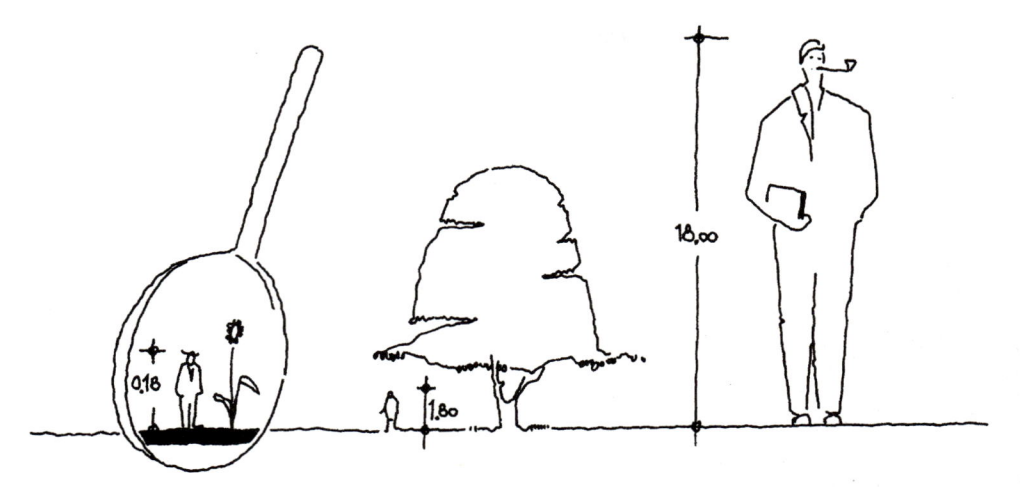

Will man nun die Durchmesser „d" der Oberschenkelknochen vergleichen, so kann dies (vereinfacht und ohne Berücksichtigung des Ausknickens der Oberschenkelknochen) nach folgender mathematischer Simulation bei einer konstant angenommenen Festigkeit „σ" des Knochens in Berücksichtigung seines Querschnittes „A" mit folgenden Gleichungen durchgeführt werden.

$$A = \frac{\pi \cdot d^2}{4}$$ (Querschnitt des kreisrund angenommenen Oberschenkelknochens)

$$\sigma = \frac{F}{A}$$

Setzt man die erste Gleichung in die zweite Gleichung ein und aus den oben definierten Annahmen für

$$\sigma = \frac{0{,}7 \cdot 4}{\pi \cdot 4^2} = 0{,}056\text{, so folgt:}$$

$$0{,}056 = \frac{4 \cdot F}{\pi \cdot d^2}$$

und daraus

$$d = 2 \cdot \sqrt{\frac{F}{\pi \cdot 0{,}056}}$$

Mit der mathematischen Abbildung der angenommenen Situationen ergeben sich aus dieser Formel die nachfolgend aufgeführten Vergleichswerte.

4 Mathematische Modellbildungen

„Mutationen des Menschen"

Größe:	h=18 cm	h=1,80 m	h=18 m
Gewicht:	0,07 kg	70 kg	70.000 kg

Durchmesser des Oberschenkelknochens:

d	0,126 cm	4 cm	126,2 cm
entspricht:	$\frac{1}{143} \cdot h$	$\frac{1}{45} \cdot h$	$\frac{1}{14} \cdot h$
oder:	$0,007 \cdot h$	$0,022 \cdot h$	$0,07 \cdot h$

Daraus wird erkennbar, dass die Proportionen der gedacht vergrößerten oder verkleinerten „Menschen" mit den sich nicht proportional ändernden Durchmessern des Oberschenkelknochens „d" keineswegs erhalten bleiben. Der Vergleich der Proportionen einer Mücke mit denen eines Elefanten zeigt dies deutlich. Übrigens erklärt sich ähnlich auch, warum ein Floh (im Verhältnis zu seiner Körpergröße) höher springen kann als ein Elefant.

Verfolgen wir nun eine andere Disproportionalität und nähern wir uns damit weitergehend einigen „Alltagsproblemen" der Architektur durch die mathematische Modellbildung nicht linearer Bezüge.

Beispiel 2.

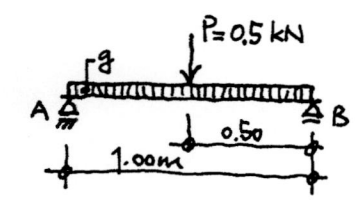

Legt man ein Holzbrett aus Nadelholz Sortierklasse 10 von 10 cm Breite und 3 cm Dicke flach über einen kleinen Bach (1,0 m Spannweite), so kann ein 50 kg ($\cong$ 0,5 kN) schwerer Mensch darübergehen, wie folgender Nachweis ergibt[1]:

$E = 10.000 \, N/mm^2 = 1.000 \, kN/cm^2$

$g = 0,10 \cdot 0,03 \cdot 6 = 0.018 \, kN/m = 0,00018 \, kN/cm$

$W_{vorh} = \frac{10 \cdot 3}{6} = 15 \, cm^3$

$I_{vorh} = \frac{10 \cdot 3^3}{12} = 22,5 \, cm^4$

$M_{max} = \frac{0,018 \cdot 1,0^2}{8} + \frac{0,500 \cdot 1,0}{4} = 0,127 \, kNm$

Zur Dimensionierung vergl. auch Kapitel 8.7.

---

[1] Zum detaillierten Nachvollzug sind Kenntnisse aus dem Kapitel 5 erforderlich.

4 Mathematische Modellbildungen

$$\sigma_{vorh} = \frac{12{,}7}{15} = 0{,}847 \, kN/cm^2 < \sigma_{zul} = 1{,}0 \, kN/cm^2$$

Die Durchbiegung „f" [cm] beträgt:

Formel vergl. einschlägige Tabellenwerke

$$f_{vorh} = \frac{5 \cdot 0{,}00018 \cdot 100^4}{384 \cdot 1000 \cdot 22{,}5} + \frac{0{,}500 \cdot 100^3}{48 \cdot 1000 \cdot 22{,}5} = 0{,}473 \, cm$$

$$< f_{zul} = \frac{100}{200} = 0{,}500 \, cm$$

Damit ist nachgewiesen, dass die 50 kg schwere Person den Bach über die kleine „Brücke" gefahrlos überschreiten kann.

Nimmt man nun an (vergleichbar der Betrachtung über die „Mutation" des Menschen), dass alle Abmessungen der „Brücke" auf das 100-fache vergrößert werden (proportionale Veränderung), so ergeben sich für die Tragfestigkeit und die Durchbiegung folgende Ergebnisse:

$$E = 10.000 \, N/mm^2 = 10.000.000 \, kN/m^2$$

$$g = 10{,}0 \cdot 3{,}0 \cdot 6 = 180 \, kN/m$$

$$W_{vorh} = \frac{10{,}0 \cdot 3{,}0^2}{6} = 15{,}0 \, m^3$$

$$I_{vorh} = \frac{10{,}0 \cdot 3{,}0^3}{12} = 22{,}5 \, m^4$$

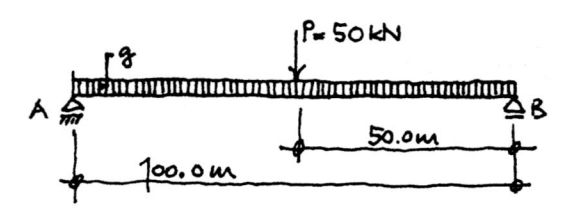

Mit denselben Formeln wie vor und den oben ermittelten Werten errechnen sich:

$$M_{max} = \frac{180 \cdot 100{,}0^2}{8} + \frac{50 \cdot 100{,}0}{4} = 226.250{,}0 \, kNm$$

$$\sigma_{vorh} = \frac{226.250{,}0}{15} = 15.083{,}3 \, kN/m^2 = 1{,}5 \, kN/cm^2$$
$$> \sigma_{zul} = 1{,}0 \, kN/cm^2$$

$$f_{vorh} = \frac{5 \cdot 180{,}0 \cdot 100{,}0^4}{384 \cdot 10.000.000 \cdot 22{,}5} + \frac{50 \cdot 100{,}0^3}{48 \cdot 10.000.000 \cdot 22{,}5} = 1{,}046 \, m$$
$$> f_{zul} = \frac{100{,}0}{200} = 0{,}5 \, m$$

d.h. die vorhandenen Spannungen und Durchbiegungen sind etwa doppelt zu groß wie bei der kleinen „Brücke" und liegen außerhalb der zulässigen Werte. Die linear proportional vergrößerte Konstruktion kann nicht einmal ihr Eigengewicht tragen. Das nicht lineare Verhalten resultiert daraus, dass in den zu verwendenden Formeln, die die Realität mathematisch modellieren, einige Größen in der 2., andere gar in der 3. Potenz vorkommen.

4 Mathematische Modellbildungen

Beispiel 3.

Das folgende Beispiel baut auf den grundlegenden Erkenntnissen der „Brücke" auf. Die verbale Begründung wird daher ohne weitere Zahlenansätze grundsätzlich verständlich sein.

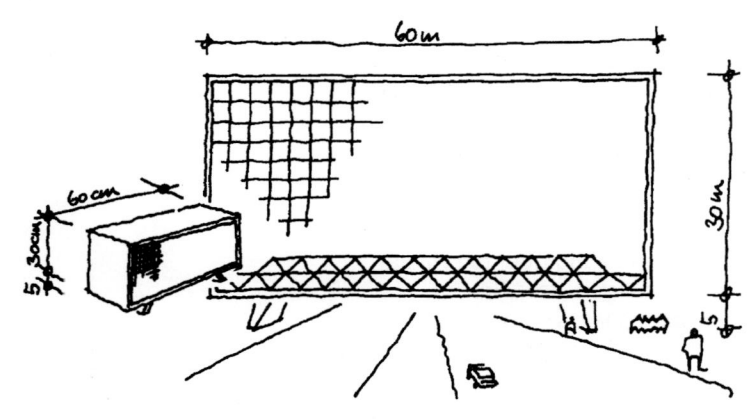

Ein Radiogerät, ausgezeichnet für gutes Design, hat die dargestellten Abmessungen von 60 cm Breite und 30 cm Höhe. Sein Rahmen steht auf 5 cm hohen Beinen. Tragen hierbei die Beine und der Holzrahmen das Gerät, so wird es absurd, ein Gebäude mit 100-fach vergrößerten Abmessungen in einem vergleichbaren Erscheinungsbild (gleiche Proportionen) zu bauen. Hinter dem unteren Teil des Rahmens verbirgt sich ein Fachwerkträger, der zwei Geschosse hoch (ca. 7,0 m) ist und auf den „Beinen" aufliegt. Der obere Rahmenteil kann sich ebenfalls nicht wie beim Radiogehäuse selbst tragen. Er liegt auf den Stützen der Fassade auf.

Diese Beispiele mögen zeigen, dass übliche Modellbauten lediglich die Proportionen darstellen und damit nur bedingt geeignet sind, die Realitäten zu simulieren.

Zwar werden mit wachsender Komplexität der Problemstellungen auch die mathematischen Abbilder und Modelle (Formeln) komplizierter und schwieriger erstell- und auswertbar, bleiben jedoch ein verlässliches Hilfsmittel bis an die Grenzen der mathematischen Simulation so genannter „chaotischer Zustände".

Die Darstellungen komplexer Problemstellungen durch entsprechende Computerprogramme stellt für architektonische Planungen ein Werkzeug und eine Visualisierungsmöglichkeit dar, deren Grenzen bisher nicht ausgelotet sind. Akustikmodelle werden das akustische Verhalten von Innenräumen und die Schallausbreitung äußerer Schallquellen (Autos, Eisenbahn u.a.) ebenso simulieren und analysieren können wie Windmodelle die Durchlüftung städtischer Straßen und die Untersuchung von Zugerscheinungen in Innenräumen oder wie Beleuchtungsmodelle und Besonnungsmodelle die Beleuchtungsqualitäten, die Verschattungszonen und die Energiegewinnung durch die Analyse besonnter Gebäudeteile. Bezogen auf Probleme der Tragwerke soll dies mit folgendem Beispiel verdeutlicht werden.

Hierzu sind komplexere Kenntnisse der Physik erforderlich als für die Tragwerklehre.

4 Mathematische Modellbildungen

Beispiel 4.

Kehlbalkendach.

Die Höhenlage des Kehlbalkens in einer Dachkonstruktion beeinflusst die Beanspruchung aller Elemente dieser Konstruktion und die Größe der Auflagerkräfte. Die folgenden Bilder[2] zeigen für zwei alternative Lagen der Kehlbalken die Verformungslinien und sollen eine andere Möglichkeit des Umgangs mit mathematischen Abbildungen (Modellen) beispielhaft belegen – die durch heute verfügbare höhere Rechnerleistungen bedingte schnelle Herstellung und Auswertung von Alternativen.

Darstellung der Verformungen [mm] in 20-facher Vergrößerung. Das Tragwerk ist belastet[3] mit Eigengewicht, Verkehrslast, Schnee und halber Windkraft von links.

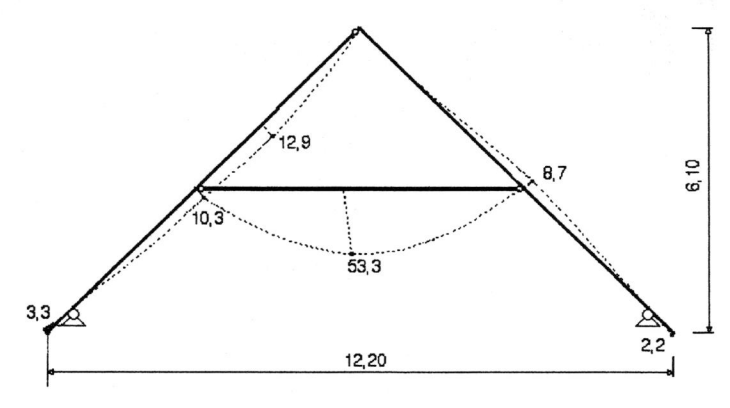

Darstellung der Verformungen [mm] in 50-facher Vergrößerung. Das Tragwerk ist wie vor belastet mit Eigengewicht, Verkehrslast, Schnee und halber Windkraft von links.

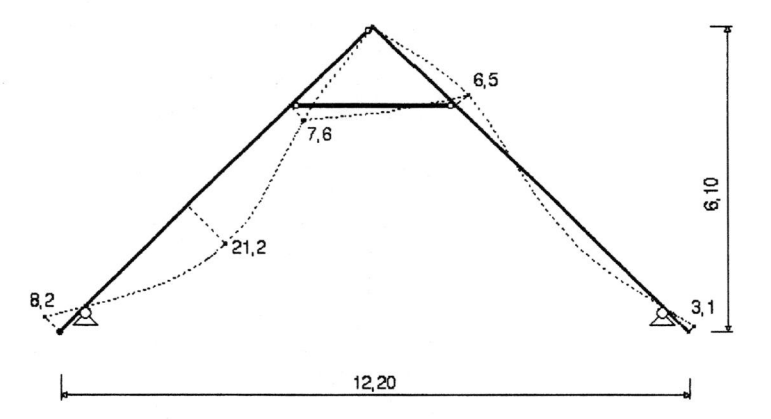

---

[2] Erstellt und berechnet mit der Software „R-Stab".
[3] vergl. Kapitel 5.2

4 Mathematische Modellbildungen

5 Lastfluss in Tragelementen

Zusatzaufgaben können zu größeren Abmessungen tragender Bauteile führen, als sie durch ihre Kraftbeanspruchung erforderlich wären.

Als tragende Bauteile werden diejenigen Elemente bezeichnet, die Lasten aufnehmen und als Teile ganzheitlicher Tragsysteme weiter leiten bis in den Baugrund. Sie können daneben auch andere Aufgaben erfüllen. Beispielsweise können tragende Außenwände auch den Witterungsschutz, Schallschutz und die Wärmedämmung übernehmen oder Deckenkonstruktionen gleichzeitig Schallschutz- und Feuerschutzaufgaben wahrnehmen.

5.1 Systemzeichnungen

Achsabmessungen werden in diesen Beispielen mit
l für Feldlängen,
l_k für Kragarmlängen
h für Höhen
f für Seildurchhänge und
s für Druckstablängen
bezeichnet.

Die Belastungen (Lasten und Kräfte) der Tragwerke werden mit Angabe ihrer Größen in Systemzeichnungen dargestellt. Dabei bilden die Achsen der Tragwerke die Systemlinien. Die Systemzeichnungen enthalten daher auch die Achsabmessungen neben der Kennzeichnung der Auflagertypen[1]. Über die jeweiligen Auflager überträgt ein Tragelement die Lasten auf das nächste Tragelement.

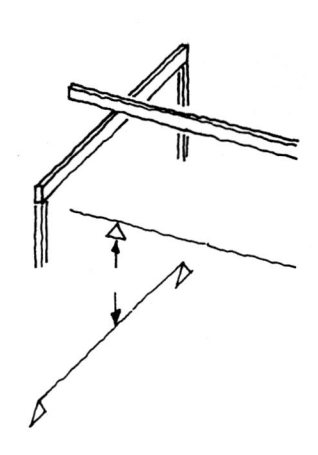

---

[1] vergl. Seite 48 ff

5 Lastfluss in Tragelementen

Häufig vorkommende Systeme und ihre Darstellungen sind:

Träger[2] auf zwei Stützen / Einfeldträger

Träger auf zwei Stützen mit einem Kragarm

Alle hier mit allgemeinen Zahlen angegebenen Abmessungen sind Achsmaße.

Geknickter Träger auf zwei Stützen mit zwei Kragarmen

Die Systemlinien können in allen anderen Systemen auch schräg verlaufen.

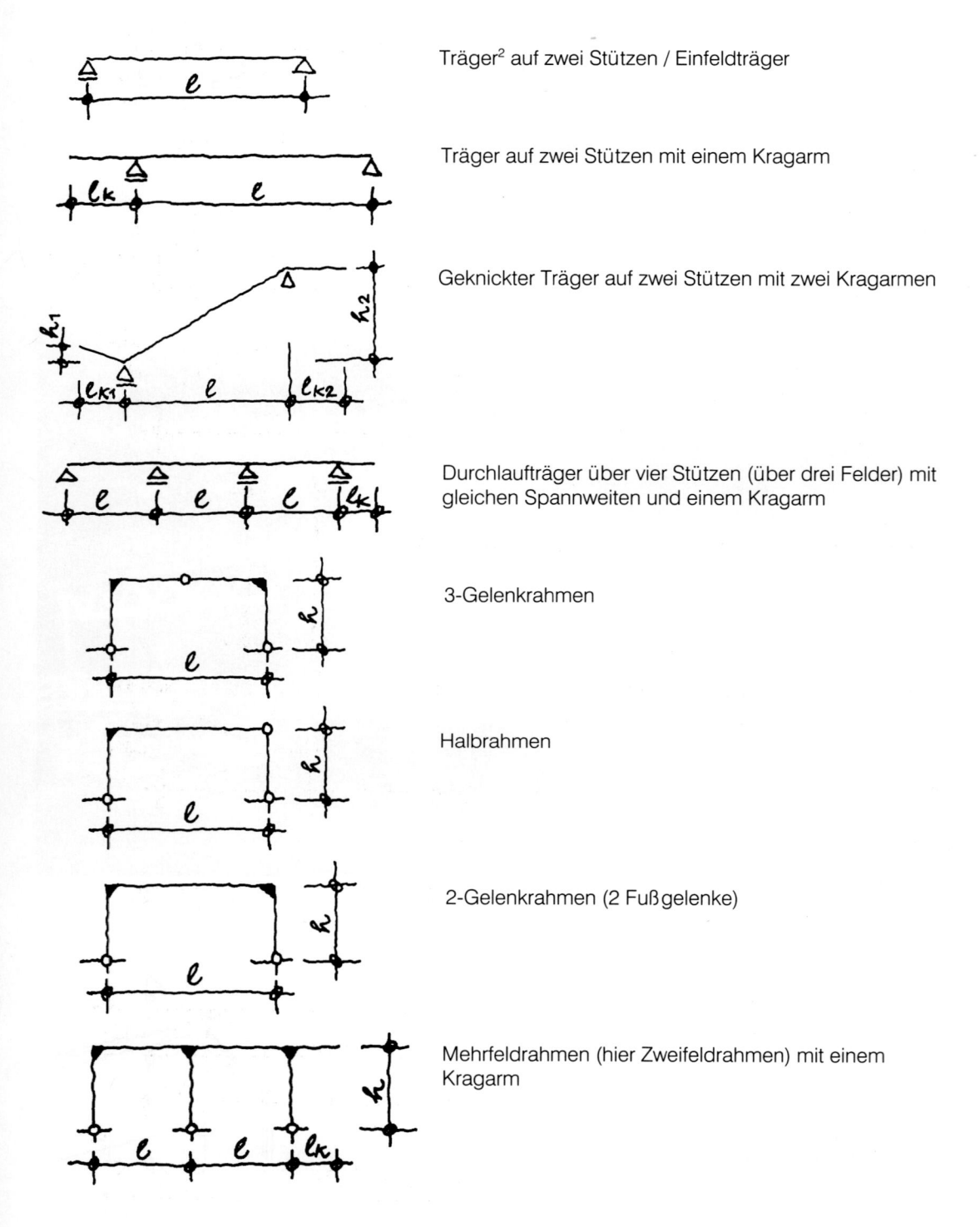

Durchlaufträger über vier Stützen (über drei Felder) mit gleichen Spannweiten und einem Kragarm

3-Gelenkrahmen

Halbrahmen

2-Gelenkrahmen (2 Fußgelenke)

Mehrfeldrahmen (hier Zweifeldrahmen) mit einem Kragarm

---

[2] Träger werden oft und auch dann als „Balken" bezeichnet, selbst, wenn sie nicht aus Holz sind.

5 Lastfluss in Tragelementen

Stockwerksrahmen

3-Gelenkbogen

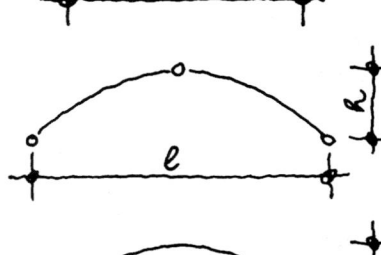

2-Gelenkbogen

Auch die Achsen von Stützen können schräg verlaufen.

gelenkig gelagerte Stütze (Knicklänge $s_K = s$)
(Dieselbe Darstellung wird auch für ein gelenkig befestigtes Zugseil verwendet.)

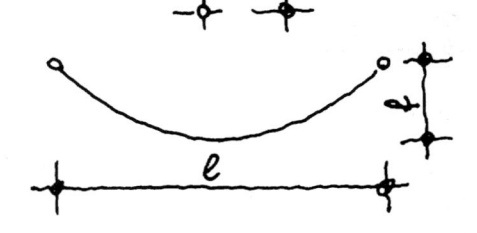

Seilkonstruktion (gleichmäßig verteilt belastet)

Unterspannter Träger

parallelgurtiger Fachwerkträger mit einem Kragarm

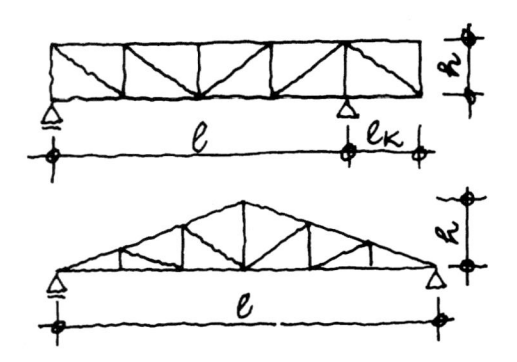

dreiecksförmiger Fachwerkträger

5 Lastfluss in Tragelementen

5.1.1 Auflagerbedingungen, Gelenke, biegesteife Verbindungen

Entsprechend der Ausbildung der Auflager von Tragwerken und deren Fähigkeit, Kräfte zu übernehmen, unterscheidet man zwischen drei Auflagerbedingungen in der Untersuchungsebene und stellt sie durch entsprechende Symbole dar:

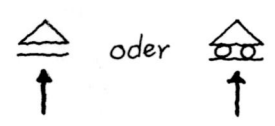

„Einwertige Auflager" können nur Kräfte in einer Richtung (senkrecht zur Grundebene des Auflagers) aufnehmen. Bei diesem Auflagertyp ist besonders zu beachten, dass er auch schräg liegend angeordnet sein kann. Auch dann wird nur eine Auflagerkraft aufgenommen, die dann schräg gerichtet ist[3].

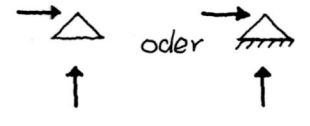

„Zweiwertige Auflager" können Kräfte in allen Richtungen aufnehmen, somit in orthogonalen Darstellungen auch vertikale und horizontale Kräfte (daher „zweiwertig").

Diese Auflagertypen werden auch als „Schneidenauflager" bezeichnet. Das Tragwerk liegt wie auf einer (Messer-)Schneide auf.

Ein „dreiwertiges Auflager" ist ein eingespanntes Auflager (wie ein Stab in einem Schraubstock). Es kann, wie ein zweiwertiges Auflager, Kräfte in allen Richtungen aufnehmen und zusätzlich ein Moment in der Untersuchungsebene.

---

[3] vergl. Halbrahmen auf Seite 50

5 Lastfluss in Tragelementen

Die jeweils rechts dargestellten Symbole ⌂ und ⌂ sind eigentlich besonders eindeutig. Zeigt doch das erste Symbol durch seine Rollen, dass es keine Kräfte parallel zu seiner Grundebene aufnehmen kann, ohne wegzurollen. Das zweite Symbol zeigt eine „Verkrallung" mit der Grundebene und verdeutlicht damit die Fähigkeit, Kräfte auch parallel zu seiner Grundebene aufnehmen zu können. Dennoch werden in der Praxis die links dargestellten Symbole △ und △ verwendet. Bei der Darstellung des einwertigen Auflagers kann man an eine Gleitfolie denken, die zwischen dem Dreieckssymbol und der dargestellten Grundebene liegt und eine ähnliche Wirkung hat wie die Rollen. Fehlt die Darstellung der Grundebene, so handelt es sich um ein zweiwertiges Auflager, das Kräfte in allen Richtungen[4] aufnehmen kann.

In der Regel sind die Auflagerbedingungen in der dargestellten Ebene und einer dazu senkrecht stehenden Ebene gleich. Sind jedoch in den Ebenen unterschiedliche Bedingungen zu erfüllen, so können sie auch unterschiedlich sein.

Die Stütze im Erdgeschoss der UNESCO-Verwaltung in Paris von Zehrfuss, Breuer und Nervi ist in einer Richtung gelenkig und senkrecht dazu eingespannt gelagert.

Ein Tragwerk kann nicht ausschließlich auf einwertigen (Schneiden-)Auflagern gelagert werden, auch wenn es nicht von horizontalen Kraftkomponenten belastet wird. Es befände ich in einem so genannten labilen Gleichgewichtszustand. Eine unvorhergesehene kleine Horizontalkraft (z.B. das Abbremsen eines Fußgängers) würde keine Gegenkraft finden.

Gelenke werden durch Kreissymbole dargestellt. Sie sind wie zweiwertige Schneidenauflager befähigt, Kräfte in allen Richtungen aufzunehmen. Dieses Symbol wird bei Rahmenkonstruktionen mit Gelenken, bei Stützen und bei Stabverbindungen in Fachwerkträgern verwendet[5]. Also immer dann, wenn Stäbe wie beim menschlichen Armgelenk durch Gelenke verbunden sind.

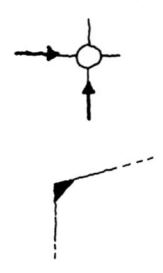

---

[4] Jede Kraft kann in eine horizontale und vertikale Komponente zerlegt werden. Vergl. Seite 34 und 68
[5] vergl. Seite 226 ff

5 Lastfluss in Tragelementen

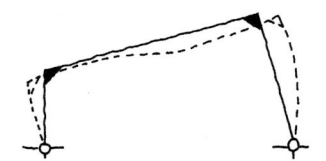

Die „biegesteife Verbindung" von Stäben innerhalb eines Tragsystems wird durch ein ausgefülltes Dreieck dargestellt. Ein gegenseitiges Verdrehen der zusammengefügten Stäbe ist nicht möglich und der Winkel zwischen den angeschlossenen Stäben bleibt bei Verformungen des Systems unverändert[6]. Das Symbol biegesteifer Verbindungen wird vorrangig in Rahmenkonstruktionen zur Darstellung der Verbindungsart von Riegel und Stielen verwendet.

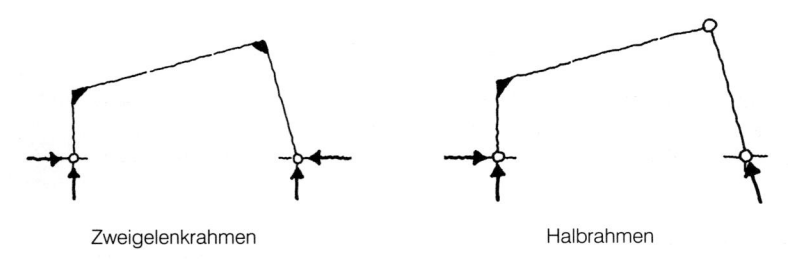

Zweigelenkrahmen

Halbrahmen

5.1.2 Statisch bestimmte und statisch unbestimmte Systeme

Man ermittelt die „statische Bestimmtheit" oder die „statische Unbestimmtheit" für eine Untersuchungsebene aus der Differenz der unbekannten Auflagerkräfte und der Anzahl der verfügbaren Gleichgewichtsbedingungen. Da in einer Untersuchungsebene drei Gleichgewichtsbedingungen[7] gelten, dürfen für ein „statisch bestimmtes System" nicht mehr als drei Auflagerkräfte unbekannt sein, denn dann ist:

---

[6] vergl. Seite 49 und Seite 237 ff
[7] vergl. Seite 21 ff

5 Lastfluss in Tragelementen

3 unbekannte Auflagerkräfte − 3 Gleichgewichtsbedingungen = 0.

Für die Bestimmung von n Unbekannten sind n Gleichungen erforderlich.

Ist die Differenz zwischen der Anzahl unbekannter Auflagerkräfte und den drei Gleichgewichtsbedingungen = n > 0, so spricht man von einem n-fach „statisch unbestimmtem System".

Der oben dargestellte Zweigelenkrahmen hat vier unbekannte Auflagerkräfte. Also ist:

4 (Auflagerkräfte) − 3 (Gleichgewichtsbedingungen) = 1

Tabellenwerke enthalten auch Formeln zur Lösung statisch unbestimmter Systeme.

Der Zweigelenkrahmen ist 1-fach statisch unbestimmt. Seine Auflagerkräfte können nicht mit einfachen Rechenoperationen, die auf den Gleichgewichtsbedingungen basieren, bestimmt werden.

Der Halbrahmen dagegen hat drei unbekannte Auflagerkräfte, weil, bedingt durch das obere und untere Gelenk, die rechte Stütze aus der Rahmenbelastung nur eine Kraft in ihrer Achsrichtung aufnehmen kann. Der Halbrahmen ist also:

3 (Auflagerkräfte) − 3 (Gleichgewichtsbedingungen) = 0

statisch bestimmt[8].

In allen statisch bestimmten Systemen sind also die Auflagerkräfte direkt über die drei Gleichgewichtsbedingungen (in einer Ebene) bestimmbar. Bei statisch unbestimmten Systemen ist das elastische Verformungsverhalten zu berücksichtigen.

Um eindeutige und konstante Kraftflüsse zu sichern, werden auch noch im Zeitalter schneller Rechner vielfach statisch bestimmte Systeme entwickelt, wenngleich der umfangreiche Rechenaufwand durch Computereinsatz seine abschreckende Wirkung verloren hat.

Es reichen bei vielen statisch unbestimmten Systemen vereinfachend angenommene, statisch bestimmte Lagerungen für die überschläglichen Bestimmungen von Abmessungen durch Architekten und Innenarchitekten zur Gestaltung des Tragsystems aus.

Von wenigen Ausnahmen abgesehen werden in dieser Dokumentation daher nur statisch bestimmte Systeme behandelt.

---

[8] Überprüfen Sie die statische Bestimmtheit oder statische Unbestimmtheit für die dargestellten Symbole ab Seite 46 in Beachtung der Auflagerwertigkeiten.

5 Lastfluss in Tragelementen

5.2 Lasten und Kräfte

Die Begriffe "Kraft" und "Last" werden in ihrer Anwendung oft nicht scharf getrennt und gemischt verwendet. In der Regel werden Beanspruchungen aus den Eigengewichten und Beanspruchungen durch Kräfte von außen (z.B. Windlasten, Verkehrslasten, Schneelasten) gemäß DIN 1055 als Lasten[9] und die daraus folgenden Kräfte innerhalb der tragenden Bauteile als Kräfte bezeichnet.

Für Lasten und Kräfte wird einheitlich die Krafteinheit Newton [N], meist in der größeren Einheit Kilonewton [1 kN = 1000 N], verwendet. Daher sollte die unterschiedliche und vermischte Verwendung der Begriffe Last und Kraft nicht irritieren.

Lasten, die tragende Bauteile beanspruchen, werden unterschieden nach:

1. ihrer Einwirkungsdauer
   (ständig wirkende Lasten, nicht ständig wirkende Lasten)

2. ihrer Wirkungsrichtung
   (horizontal oder vertikal) und

3. ihrer Verteilung
   (Punktlasten, Streckenlasten, gleichmäßig verteilte Lasten).

---

[9] vergl. auch DIN 1080

5.2.1 Wirkungsdauer

Ständig wirkende (ruhende) Lasten

Ständig wirkende Lasten sind, wie der Name sagt, ständig vorhanden. So sind die Lasten aus den Eigengewichten der tragenden Bauteile selbst und die Lasten aus unveränderlichen Bauteilen (z.B. Fußbodenaufbauten, Dachdeckungen oder Verputz[10]) ständig wirkende Lasten. Sie werden im Allgemeinen mit „g" bezeichnet.

Nicht ständig wirkende (veränderliche) Lasten

Dazu werden gerechnet:

Alle DIN-Hinweise sind in einschlägigen Bautabellen nachlesbar.

- Verkehrslasten nach DIN 1055, Teil 3, die sich aus der Nutzung der Geschosse eines Gebäudes ergeben, z.B. Wohnungen 1,5 bis 2,0 kN/m², Büros 3,5 kN/m². Sie werden im Allgemeinen mit „p" bezeichnet.

- Windlasten nach DIN 1055, Teil 4, abhängig von der Gebäudehöhe und Gebäudeform. In einer 1. Näherung kann bei Gebäuden von einer Windbeanspruchung je m² Außenfläche (ohne Trennung in Druck- und Sogkräfte) von:
  0,65 kN/m² bei einer Höhe von 0 bis 8 m über Gelände,
  1,04 kN/m² bei einer Höhe von 8 bis 20 m über Gelände,
  1,43 kN/m² bei einer Höhe von 20 bis 100 m über Gelände ausgegangen werden.

Sie werden im Allgemeinen mit „w" bezeichnet. Windlasten wirken grundsätzlich normal zur Fläche (senkrecht auf die Fläche).

Bei geneigten tragenden Bauteilen sind die Windlasten im Bedarfsfall den Tabellen aus DIN 1055, Teil 4, zu entnehmen.

- Schneelasten nach DIN 1055, Teil 5, abhängig von den Schneezonen, Geländehöhen über NN und der Neigung der tragenden Bauteile gegen die Horizontale. Sie betragen mindestens 0,75 kN/m². Schneelasten wirken stets senkrecht bezogen auf die Grundrissprojektion der Fläche.

- Beanspruchungen aus nichttragenden oder demontablen Wänden, wenn ihr Eigengewicht $\leq$ 0,15 kN je m² Wandfläche und die Verkehrslast $\leq$ 5 kN/m² beträgt,

- Erd- und Wasserdrücke.

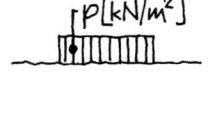

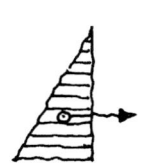

---

[10] vergl. DIN 1055, Teil 1

5 Lastfluss in Tragelementen

Besondere nicht ständig wirkende Lasten können weiterhin sein:

- Beanspruchungen aus Temperaturänderungen, Trocknen, Kriechen oder Schwinden,

- Sonstige außergewöhnliche dynamische Belastungen wie Bremskräfte, Anpralllasten, Kräfte aus Schwingungen und Erdbeben.

5.2.2 Wirkungsrichtungen

Lasten (Kräfte) können, abhängig von ihrer Verursachung, in allen Richtungen wirken. Bedingt durch die Untersuchung des Tragverhaltens in Ebenen und durch die Möglichkeit der Zerlegung schräg wirkender Kräfte in vertikale und horizontale Komponenten[11] sind in der Praxis häufig vertikale (Eigengewichte, Verkehrslasten, Schneelasten) und horizontale Belastungen zu untersuchen. Die wichtigsten horizontalen Lasten sind Windkräfte, die besonders auf die aussteifenden Konstruktionen eines Gebäudes[12] Einfluss haben, sowie Horizontallasten auf Brüstungen oder Geländer, die oft bei der Entwicklung und Detaillierung solcher Bauteile nicht ausreichend beachtet werden. Diese "Holmendrücke" betragen in Holmenhöhe in Wohnhäusern 0,5 kN/m und in anderen Gebäuden 1,0 kN/m. Auch Einbauten wie Tribünen, Gerüste oder Messestände im Inneren von Gebäuden sind ausreichend in Längs- und Querrichtung (x- und y-Richtung) auszusteifen. Hierfür sind Horizontallasten in Abhängigkeit von den Verkehrslasten zu berücksichtigen. Dies gilt vergleichsweise auch für Möbel.

Zu beachten ist, dass nur Lasten addiert werden können, die eine gemeinsame Wirkungslinie haben. Vergleichen Sie die unterschiedlichen Wirkungsrichtungen z.B. der Eigengewichte, der Windlasten oder der Erddrücke.

5.2.3 Verteilung der Lasten und ihre symbolische Darstellung

Die Lasten können unterschiedlich auf die tragenden Bauteile wirken. Es ist zu unterscheiden zwischen:

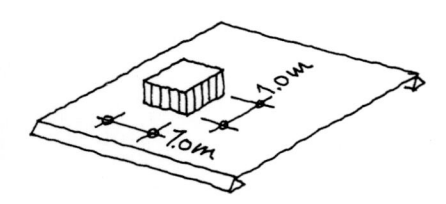

- Flächenlasten
wirken auf flächenförmige Bauteile (z.B. Bretter, Stahlbetonplatten, Trapezbleche oder als Windlast auf Außenwände). Flächenlasten sind meistens die originären Ansätze aus ruhenden und veränderlichen Belastungen. Die Einheit der Flächenlasten ist kN/m².

---

[11] vergl. Seite 34 und 68
[12] vergl. Seite 268 ff

5 Lastfluss in Tragelementen

Da der Lastfluss und die Untersuchung des Tragverhaltens in der Regel in Schnittebenen erfolgt, stellen sich die Flächenlasten dann als Strecken- oder gleichmäßig verteilte Lasten auf 1,0 m breiten untersuchten Streifen (insbesondere bei der Berechnung von Stahlbetonkonstruktionen) dar.

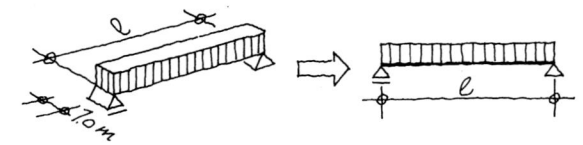

Punktlasten werden durch Pfeile dargestellt und mit „F" (ggf. mit Indices) bezeichnet.

- Punktlasten,
  die in einem Punkt wirksam sind. Dies gilt auch für Lasten, die über einen kleinen Querschnitt (z.B. Stützen) eingeleitet werden. Die Einheit der Punktlasten ist kN. Punktlasten können Druck- (Stützen), Zug- (Seile) und Biegebeanspruchung (Balken) verursachen.

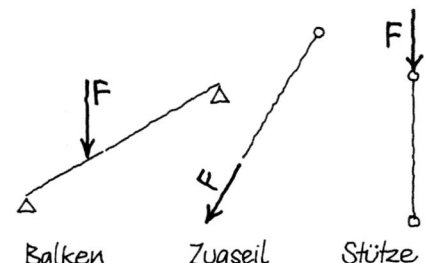

*Gleichmäßig verteilte Lasten, Streckenlasten und dreiecksförmige Belastungen werden als „Lastpakete" mit einer Schraffur dargestellt. Die Richtung der Schraffur kennzeichnet die Wirkungsrichtung dieser Lasten. In besonderen Fällen (z.B. Grundwasserdruck auf eine Bodenplatte – d.h. Kraftrichtung von unten nach oben - oder zur Kennzeichnung von Winddruck oder Windsog) kann die Kraftrichtung zusätzlich durch einen Pfeil gekennzeichnet werden.
Zu beachten ist auch, dass Lasten auf schräge Längen bezogen sein können.*

- gleichmäßig verteilte Lasten
  sind Lasten je Längeneinheit, die über die gesamte Länge eines tragenden Bauteils wirken und gleichgroß sind. Die Einheit der gleichmäßigen Belastung ist kN/m. Sie verursachen vornehmlich Biegebeanspruchungen.

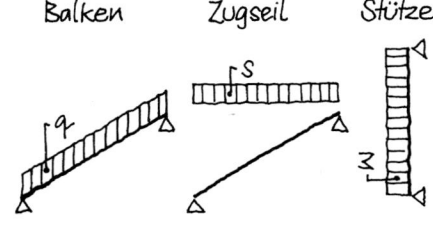

- Streckenlasten
  sind gleichmäßig verteilte Lasten, die auf einer Strecke wirksam sind, die kleiner als die Länge des tragenden Bauteils ist. Die Einheit der Streckenlast ist kN/m. Sie verursachen vornehmlich Biegebeanspruchungen.

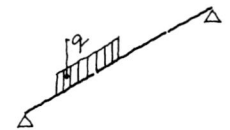

- dreiecksförmige Belastungen
  sind gleichmäßig verteilte Belastungen mit linear zunehmender Größe (z.B. Lasten aus Giebelflächen). Sie können auch als ein Teil einer trapezförmigen Belastung verstanden werden (gleichmäßig verteilte Belastung plus dreiecksförmige Belastung). Die Einheit des Größtwertes der dreiecksförmigen Belastung ist kN/m. Sie verursachen vornehmlich Biegebeanspruchungen.

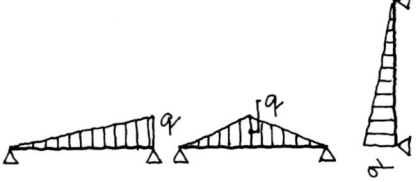

*Die entstehenden Einheiten sind über Rechnungen mit Ausgangseinheiten nachvollziehbar. Die Dimensionen können dadurch überprüft werden. Zu beachten ist auch, dass beispielsweise Multiplikationen mit 1 m den Zahlenwert nicht, die Einheit jedoch verändern, z.B.
n kN/m · 1 m = n kN.*

Flächenlasten wirken auf Flächen, wie der Name sagt. Zur Untersuchung der Tragfähigkeit von Flächen werden in der Regel 1,0 m breite Streifen repräsentativ für das gesamte Flächentragwerk untersucht. Voraussetzung ist, dass auf der gesamten Fläche dieselbe Belastung wirkt. Dadurch wird die Flächenlast [kN/m²] zur gleichmäßig verteilten Belastung [kN/m], bezogen auf einen 1 m breiten untersuchten Streifen.

5 Lastfluss in Tragelementen

Gleichmäßig verteilte Lasten, Streckenlasten und dreiecksförmige Belastungen sind dagegen Linienlasten, die auf die Achsen der stabförmigen[13] Bauteile berechnet und wirksam angenommen werden.

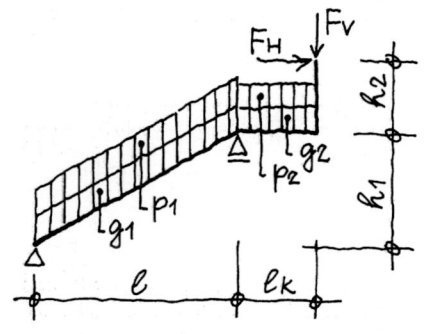

Wie bei der dreiecksförmigen Belastung beispielhaft genannt, können alle oben genannten Belastungen je nach der Beanspruchung des tragenden Bauteils kombiniert vorkommen. Ihre rechnerische Berücksichtigung erfolgt dann durch die Addition der einzelnen Kraftwirkungen.

Bei gleichmäßig verteilten Belastungen, bei Streckenlasten oder bei dreiecksförmigen Belastungen wird zur Bestimmung der Auflagerreaktionen (Lastfluss) die Gesamtlast dieser "Lastpakete" im jeweiligen Schwerpunkt als Kraft angenommen. Die Schwerpunkte liegen bei gleichmäßig verteilten Belastungen und Streckenlasten in der Hälfte der Länge, über die sie wirksam sind. Bei dreiecksförmigen Belastungen liegt der Schwerpunkt bei 1/3 der Länge oder der Höhe, über der die dreiecksförmige Belastung wirksam ist, gemessen ab dem Größtwert[14].

5.2.4 Abminderung vertikal wirksamer Verkehrslasten

In Abhängigkeit von den Nutzungen der Gebäude und der Geschosszahl können die Verkehrslasten (nur diese!) auf Stützen, Abfangträger und Fundamente bei mehr als 3 Geschossen abgemindert werden: bei Wohn- und Bürogebäuden bis auf 60% bzw. bei Werkstätten und Warenhäusern bis auf 80%.

5.2.5 Ungünstigste Wirkungen von Verkehrslasten, Lastfälle

In der Regel liefert die Addition der Wirkungen aller Lasten bzw. Kräfte – also neben den ständig wirkenden Lasten "g" und, sofern wirksam, Schneelasten "s" die gleichzeitige Berücksichtigung der Wirkungen von veränderlichen Lasten "p" und, soweit wirksam, Wind "w" – die ungünstigsten Beanspruchungen des Bauteils und seiner Auflager.

Es gibt jedoch Fälle, wo andere Kombinationen der ständig wirkenden Belastungen mit den veränderlichen Lasten ungünstigere (extremere) Beanspruchungen des Tragwerks und seiner Auflager ergeben. Hierzu vier Beispiele:

---

[13] Als stabförmig bezeichnet man solche Bauteile, deren Querschnitt im Verhältnis zu ihrer Länge klein ist.
[14] vergl. Seite 35

5 Lastfluss in Tragelementen

Mit den Kennzeichnungen max werden in dieser Dokumentation grundsätzlich Größtwerte bezeichnet. Die Kennzeichnung min bezeichnet grundsätzlich Kleinstwerte – also auch größte negative Werte (z.B. bei Momenten in Unterstützungspunkten).

Die kleinsten Auflagerkräfte können auch negativ sein. Dann ist eine Verankerung der Auflager (Auflast oder angehängte Lasten) erforderlich.

Beispiel 1: Einfeldträger mit einem Kragarm

Lastfall 1 (Volllast)
Da keine horizontalen Belastungen wirksam sind, ist $F_{AH} = 0$ kN.
ergibt: max F_{BV}

Lastfall 2 (Verkehrslast nur im Feld)
ergibt: max F_{AV}
          max M_{Feld}[15]   max f_{Feld}
          max M_B

Lastfall 3 (Verkehrslast nur auf dem Kragarm)
ergibt: min F_{AV}
          min M_{Feld}
          min M_B max $f_{Kragarm}$

Beispiel 2: Einfeldträger mit zwei Kragarmen.

Hier treten ähnliche Auswirkungen wie im Beispiel 1 bei ungünstigsten Anordnungen der veränderlichen Belastung "p" auf. In allen nachfolgend dargestellten Lastfällen sind die genannten Größen extremer (d.h. kleiner oder größer) als im Volllastfall. Da auch in diesem Beispiel keine horizontale Belastung wirksam ist, ist $F_{AH} = 0$ kN.

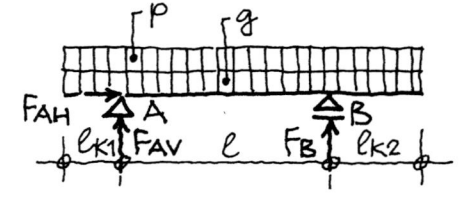

Lastfall 1 (Verkehrslast im Feld und auf dem Kragarm beim Auflager A)
ergibt: max F_{AV}

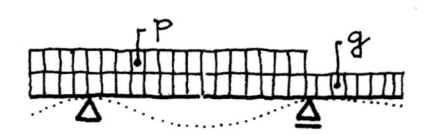

Lastfall 2 (Verkehrslast im Feld und auf dem Kragarm beim Auflager B)
ergibt: max F_B

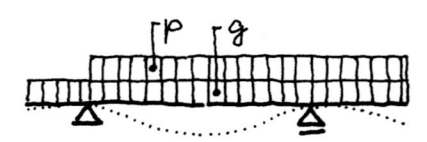

Lastfall 3 (Verkehrslast nur im Feld)
ergibt: max M_{Feld}

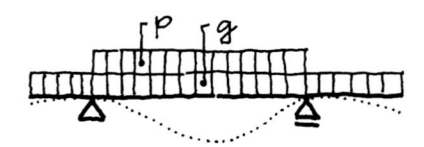

---

[15] Zu Angaben über Momente vergl. Seite 20

5 Lastfluss in Tragelementen

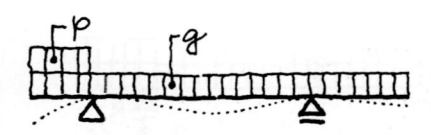

Lastfall 4 (Verkehrslast nur auf dem Kragarm beim Auflager A)
ergibt: min F_B
          min M_A

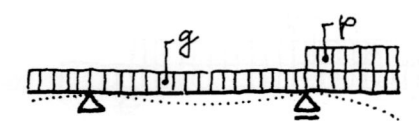

Lastfall 5 (Verkehrslast nur auf dem Kragarm beim Auflager B)
ergibt: min F_A
          min M_B

Die kleinsten Auflagerkräfte können auch negativ sein. Dann ist eine Verankerung der Auflager (Auflast oder angehängte Lasten) erforderlich.

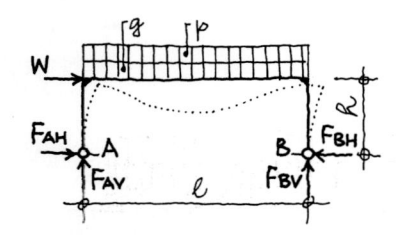

Beispiel 3: Zweigelenkrahmen mit Windlast "W"

Lastfall 1 (Volllast)
ergibt: max F_{BV}
          max F_{BH}
          min M_2

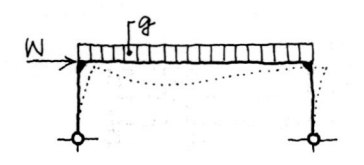

Lastfall 2 (Wind ohne Verkehrslast auf dem Riegel)
ergibt: min F_{AV}

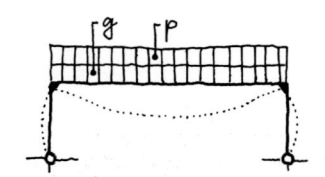

Lastfall 3 (Verkehrslast auf dem Riegel ohne Wind)
ergibt: max F_{AV}
          max F_{AH}
          max M_{Feld}
          min M_1

5 Lastfluss in Tragelementen

Beispiel 4: Fünffeldriger Durchlaufträger

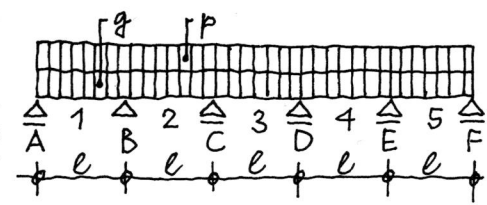

Auch bei diesem Beispiel liefern die nachfolgend dargestellten Lastfälle extremere Werte als der Volllastfall. Wegen fehlender horizontaler Belastung ist $F_{BH} = 0$.

Über dem Auflager B entsteht die größte (konvexe) Verformung.

Lastfall 1 (Verkehrslast in den angrenzenden Feldern des Auflagers B und im übernächsten Feld)
ergibt: max F_B = max F_E [16]
min M_B = min M_E [17]

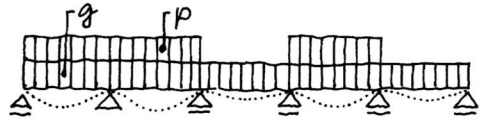

Über dem Auflager C entsteht die größte (konvexe) Verformung.

Lastfall 2 (Verkehrslast in den angrenzenden Feldern des Auflagers C und im übernächsten Feld)
ergibt: max F_C = max F_D [18]
min M_C = min M_D [19]

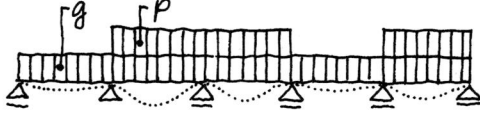

In den Feldern 1, 3 und 5 entstehen die größten (konkaven) Verformungen.

Lastfall 3 (Verkehrslast in den ungradzahligen Feldern)
ergibt: max F_A = max F_F
max M_1 = max M_5
max M_3
min M_2 = min M_4

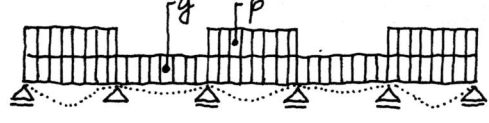

In den Feldern 2 und 4 entstehen die größten (konkaven) Verformungen.

Lastfall 4 (Verkehrslast in den gradzahligen Feldern)
ergibt: min F_A = min F_F
max M_2 = max M_4
min M_1 = min M_5
min M_3

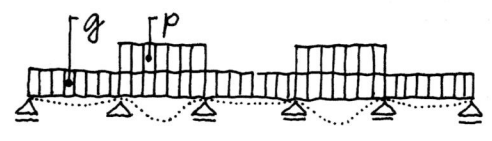

Die ständig wirksamen Lasten "g" werden also nicht verändert (daher die Bezeichnung), während die veränderlichen Lasten "w" oder "p" jeweils so wirksam gemacht werden, dass ungünstigste (größte oder kleinste) Auflagerkräfte und Biegemomente[20] im Tragwerk entstehen.

---

[16] bei Spiegelung des Lastbildes um die vertikale Mittelachse
[17] bei Spiegelung des Lastbildes um die vertikale Mittelachse
[18] bei Spiegelung des Lastbildes um die vertikale Mittelachse
[19] bei Spiegelung des Lastbildes um die vertikale Mittelachse
[20] vergl. Seite 20

5 Lastfluss in Tragelementen

Die Auswirkungen der verschiedenen Lastfälle sind im Beispiel 1 (Einfeldträger mit einem Kragarm) leicht erfahrbar, indem man ein Lineal auf den Fingern (spürbar) lagert und eine Kraft (Last) abwechselnd im Feld, auf dem Kragarm sowie im Feld und auf dem Kragarm einleitet. Man wird dann deutlich die unterschiedlichen Größen der Auflagerkräfte – bis zum Abheben des Lineals an dem Finger, der dem Kragarm gegenüber liegt (minimale Auflagerkraft / negative Auflagerkraft) – erspüren. Gleichzeitig wird man die Veränderungen der Verformung des Lineals durch die unterschiedliche Lasteinleitung erkennen können.

Die anderen aufgeführten Beispiele sind experimentell nicht so einfach nachzuprüfen. Jedoch ist es leicht und hilfreich, sich die Verformungen vorzustellen. Da an einer starken Verformung (konvex → positive Momente und konkav → negative Momente) auch Extremwerte für die Biegemomente und die Auflagerkräfte erkennbar werden, kann hieraus ohne Berechnung auf ungünstige Verteilungen der Verkehrslasten "p" oder "w" geschlossen werden. In den beispielhaft dargestellten und in der Praxis häufig vorkommenden Konstruktionen, bei denen Lastfälle für die Ermittlung ungünstigster Beanspruchungen zu untersuchen sind, sind die Verformungslinien[21] überhöht dargestellt.

---

[21] vergl. Seite 57 ff

5.3 Kräfte als grafische Vektoren

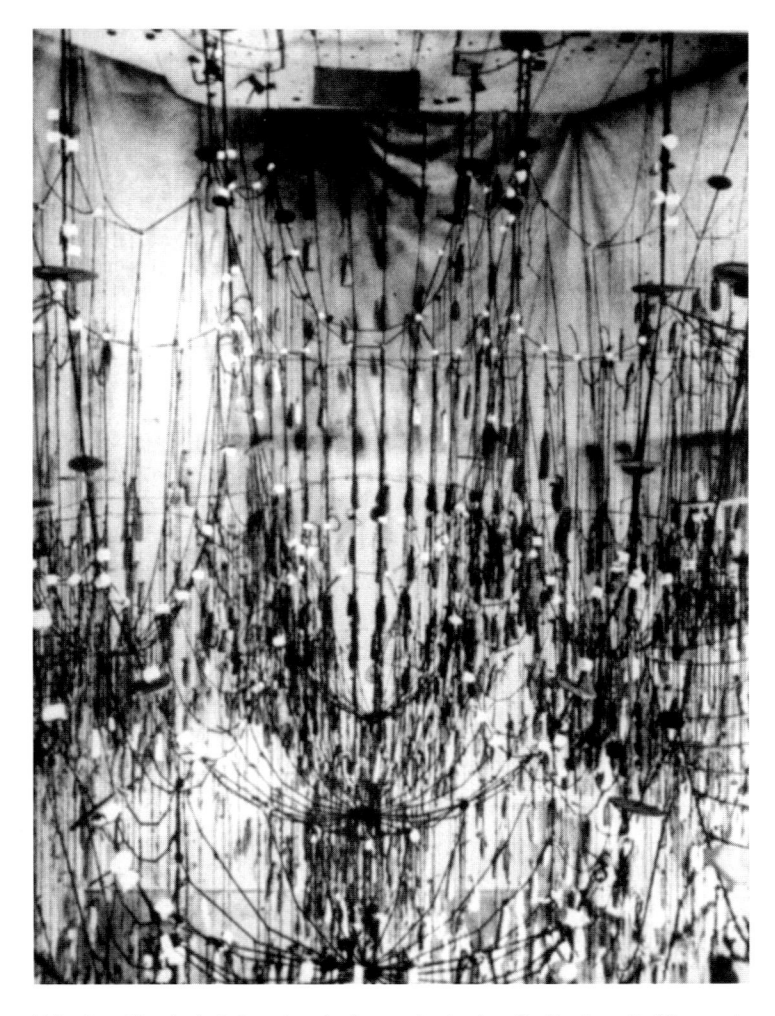

Wie im Kapitel 3.2 rekapituliert, sind physikalische Größen als grafische Vektoren darstellbar. Dies trifft auch für Kräfte zu und findet vielfältige Anwendung in der Tragwerklehre.

Mit Kraftvektoren sind gleichzeitig darstellbar:

1. die Größe der Kraft
   durch die Länge des Vektors nach einem Maßstab der Kräfte (MdK),

2. die Richtung der Kraft
   durch den Pfeil am Vektor,

3. die Positionierung der Kraft
   durch die Anordnung des Vektors auf der Zeichenebene absolut oder relativ in Bezug zu anderen Kräften,

4. die Wirkungslinie der Kraft
   durch den Pfeilschaft des Vektors.

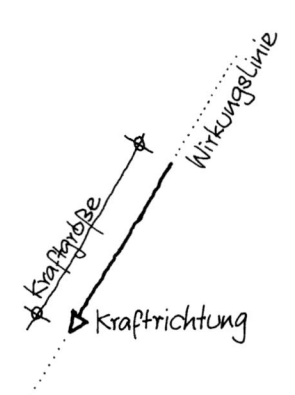

5 Lastfluss in Tragelementen

Wirkungslinien

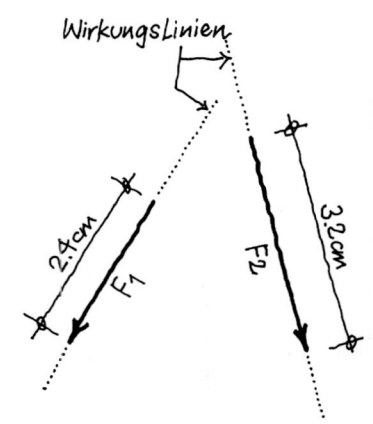

Kraftvektoren sind auf ihren Wirkungslinien verschiebbar, da sie dadurch ihre Wirkung auf einen Körper nicht verändern. Sie verändern dabei ihre Eigenschaften (Größe, Richtung, Position) nicht.

Ebenfalls folgert daraus, dass nur Kräfte arithmetisch addierbar sind, die dieselbe Wirkungslinie (und natürlich dieselbe Krafteinheit) haben.

In der Tragwerklehre wird das Arbeiten mit Kraftvektoren vornehmlich zur Lösung von zwei Problemstellungen angewendet, wobei der zweite Themenbereich lediglich die Umkehrung des Lösungsweges zum ersten Themenbereich erfordert.

1. Aus zwei oder mehreren Vektoren ist eine Resultierende zu bestimmen, die dieselbe Wirkung verursacht.

2. Aus einer Ausgangskraft (Resultierenden) sind zwei Vektoren (Kraftkomponenten) zu bestimmen, deren Richtungen (Wirkungslinien) vorgegeben sind, die dieselbe Wirkung verursachen.

Diese Differenzierung soll lediglich hilfreich sein, die vielfältigen Anwendungen (einschließlich dem Seileck oder der Benutzung bei dreidimensionalen Problemen) zwei komplementären Gruppen zuzuordnen.

Ergänzend zur allgemeinen Behandlung im Kapitel 3 sollen nachfolgend einige Anwendungen der Vektorenrechnung durch Beispiele belegt werden.

Beispiel 1

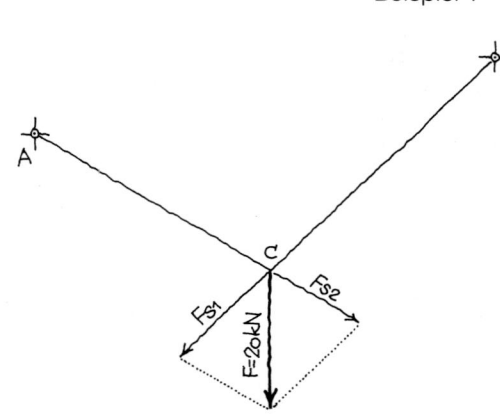

MdK 1 cm ≙ 10 kN

In ein Seiltragwerk[22], das von "A" nach "B" spannt, wird in "C" eine vertikale Punktlast von 20 kN eingeleitet. Die Seilkräfte "F_{S1}" und "F_{S2}" sind zu bestimmen.

Es sind eine Kraft "F" vorgegeben und durch die Seilrichtungen zwei Wirkungslinien.

Die grafische Lösung liefert folgende Ergebnisse:

F_{S1} = 1,80 cm ≙ 18,0 kN
F_{S2} = 1,45 cm ≙ 14,5 kN

Die Kraftzerlegung kann auch in einer Hälfte des Kräfteparallelogramms, das man als „Kräftedreieck" bezeichnet, erfolgen.

---

[22] vergl. dazu auch die räumliche Kraftzerlegung aus Seite 64 ff.

5 Lastfluss in Tragelementen

Beispiel 2

1 cm ≙ 2 kN

Für den in der Skizze dargestellten Träger auf zwei Stützen und die angegebenen Belastungen sollen die Auflagerkräfte F_A und F_B grafisch bestimmt werden.

Die Belastungen wirken ausschließlich vertikal. Also sind auch nur vertikale Auflagerkräfte zu erwarten. Es treten also nur parallel wirkende (vertikale) Kräfte auf. Ein Thema für das Seileck – hier in umgekehrter Anwendung, indem aus einer Kraft (der Resultierenden aus allen Lasten) und ihrer Position zwei Kräfte (die vertikalen Auflagerkräfte) als Reaktionskräfte[23] zu bestimmen sind.

Die Summe aller Aktionen und die Summe aller Reaktionskräfte (Auflagerkräfte) haben eine gemeinsame Schwerachse (Resultierende).

Zunächst ist aus der Streckenlast q die (im Schwerpunkt[24] wirkende) Kraft Q zu bestimmen:

$Q = 3{,}0 \cdot 3{,}00 = 9{,}0$ kN.

Im Seileck werden die Kräfte P und Q in Beachtung des MdK angetragen und die Seilstrahlen 1, 2 und 3 festgelegt. Diese werden, wie im Beispiel 5 des Kapitels 5.5.2 detailliert beschrieben, durch Parallelverschiebungen auf die Wirkungslinien der belastenden Kräfte übertragen, indem man mit dem Seilstrahl 1 an einer beliebigen Stelle auf der Wirkungslinie von P beginnt. Die Bestimmung der Lage der Resultierenden wird hier übersprungen (sie läge an der Stelle, wo sich die Seilstrahlen 1 und 3 schneiden). Zur Bestimmung der Auflagerreaktionen werden der erste Seilstrahl (hier 1) und der letzte Seilstrahl (hier 3) bis zu Schnittpunkten mit den Wirkungslinien der Auflagerreaktionen verlängert. Die so gefundenen Schnittpunkte werden mit einer Schlusslinie s verbunden, die vom Pol aus in das Seileck durch Parallelverschiebung übertragen wird. Die Schlusslinie teilt im Seileck die Strecke der Resultierenden (die gleich P plus Q ist) in eine obere und eine untere Teilstrecke. Wendet man wieder die oben detailliert dargestellten Überlegungen über ersetzende Kraftkomponenten für Ausgangskräfte an, stellt man fest, dass sich die Seilstrahlen 1 und s auf der Wirkungslinie von F_A schneiden. Somit sind 1 und s die Wirkungslinien der Ersatzkräfte für F_A und die obere Teilstrecke der Resultierenden im Seileck entspricht F_A. Entsprechend sind s und 3 die Wirkungslinien der Ersatzkräfte für F_B. Sie begrenzen im Seileck die untere Teilstrecke der Resultierenden, die damit F_B entspricht. Wir messen aus der Zeichnung:

---

[23] vergl. Seite 28
[24] vergl. Seite 35

5 Lastfluss in Tragelementen

$F_A = 2,8$ cm $\triangleq$ 5,6 kN
$F_B = 3,4$ cm $\triangleq$ 6,8 kN.

Da Auflagerreaktionen[25] bestimmt wurden (keine Resultierenden), sind die Pfeile dieser Kräfte im Seileck entgegengesetzt gerichtet wie die der belastenden Kräfte P und Q, die auch „Aktionen" genannt werden.

5.3.1 Kraftvektoren im Raum

Bei der Arbeit mit Vektoren in dreidimensionalen Systemen ist die räumliche Vorstellungsfähigkeit der Architekten und Innenarchitekten in besonderer Weise gefordert. Die oben beschriebene Methodik für zweidimensionale Zustände gilt hier gleich bleibend und kann daher keine Probleme bereiten. Oft werden die fehlende Vorstellungsfähigkeit und / oder die ungenügenden Kenntnisse der geometrischen Darstellung verdrängt und unberechtigt als Problem der Tragwerklehre zugerechnet. Die räumliche Vorstellungsfähigkeit und die Fähigkeit zur geometrischen Darstellung sind jedoch für alle Arbeitsfelder der Architekten und Innenarchitekten unverzichtbare Qualifikationen.

Die Bemühungen müssen dahin gerichtet sein, die relevanten Untersuchungsebenen in räumlichen Situationen zu erkennen und darzustellen. Dann gelten die obigen Erläuterungen und Beispiele für eine Ebene sinngemäß.

Zur Erfassung und vollständigen Darstellung räumlicher Problemstellungen sind in der Regel drei Risse: ein Grundriss und zwei Schnitte oder Ansichten, die senkrecht zueinander stehen, erforderlich.

Das folgende Beispiel dient zur Erläuterung und Einübung der Arbeit mit räumlichen Kraftvektoren. Rechnerische Lösungen sind für solche Aufgabenstellungen schwieriger und meist ohne die Anwendung der Sinus- und Cosinus-Sätze (für nicht rechtwinklige Dreiecke) nicht durchführbar.

Eine Verkehrsampel mit einer (vertikal wirkenden) Gewichtskraft von 1,2 kN soll im Punkt A mit drei Seilen an den Gebäudekanten B, C und D befestigt werden. Alle Abmessungen sind aus dem Grundriss und den beiden Ansichten ablesbar. Die Seile werden (hinreichend genau) als Gerade angenommen.

MdK 1 cm $\triangleq$ 0,75 kN
M: 1:300

In keiner der dargestellten Ebenen (Grundriss und Ansichten) stellen sich die Seile (Wirkungslinien der Kräfte) in wahrer Größe und Neigung dar. Zur Ermittlung der Kräfte in den Seilen sind

---

[25] vergl. Seite 28

5 Lastfluss in Tragelementen

jedoch Risse (Untersuchungsebenen) mit den wahren Längen und Neigungen der Seile erforderlich. Der nachfolgend beschriebene Lösungsweg ist durch die Wahl anderer Schnittebenen modifizierbar, die zu gleichen Ergebnissen führen.

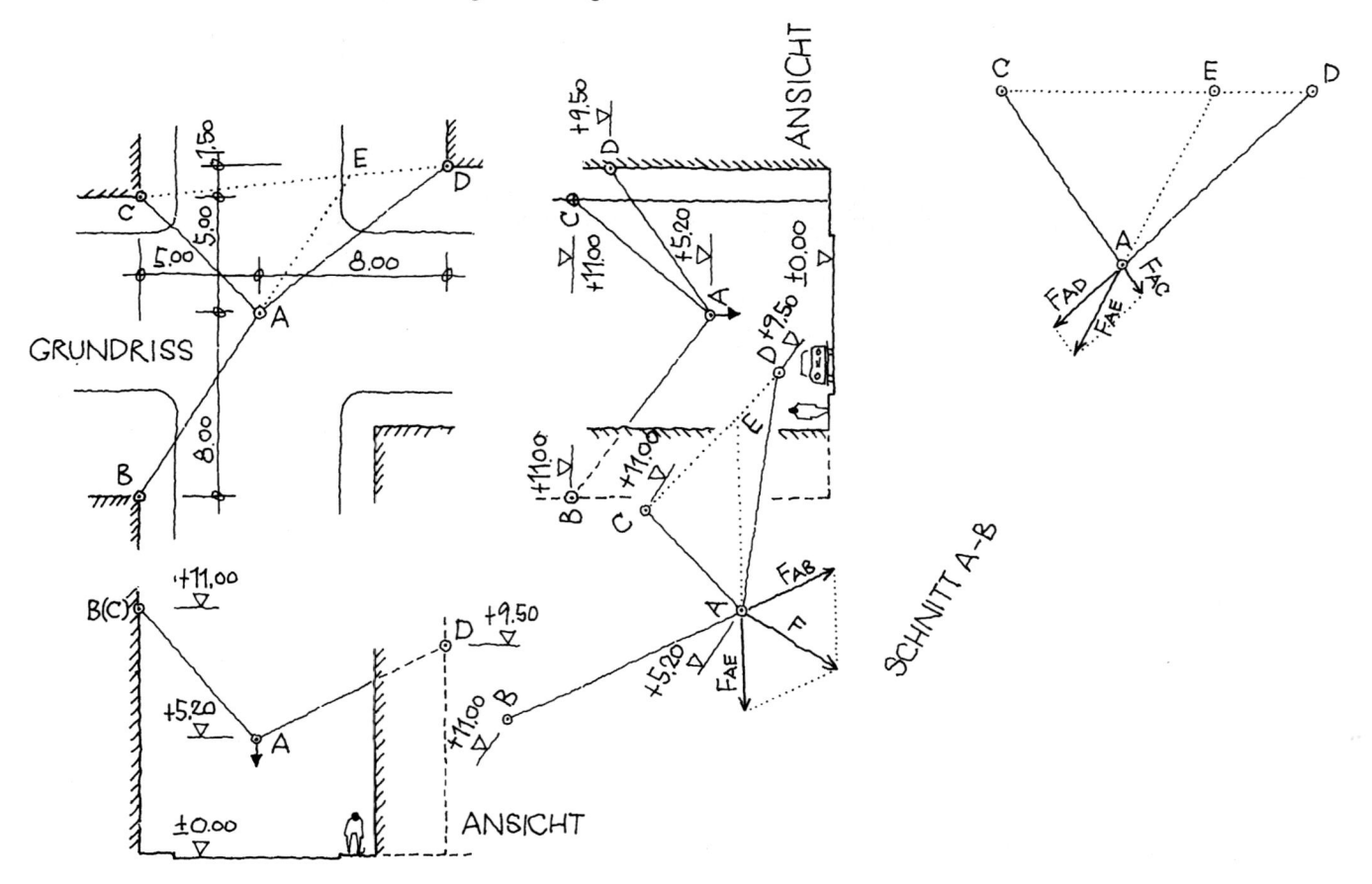

Durch eine Seilebene (hier durch das Seil A-B) wird eine Schnittebene (Schnitt A-B) gelegt und dargestellt. In diesem Schnitt bildet sich das Seil A-B (und nur dieses) in wahrer Größe und Neigung ab. Ebenso ist die vertikal wirkende Gewichtskraft der Ampel in diesem Schnitt in Beachtung des MdK als Vektor in wahrer Größe darstellbar. Dieser Schnitt schneidet das Dreieck A-C-D auf der Linie A-E.

Nach der Lösung dieser geometrischen Problematik stellt sich die Aufteilung der Gewichtskraft F = 1,2 kN in zwei Kraftkomponenten, die dieselbe Wirkung verursachen, als bekannte Aufgabenstellung für eine Ebene dar[26]. Die durch die Konstruktion vorgegebenen Wirkungslinien sind die Richtung des Seiles A-B und in der Ebene A-C-D die Richtung A-E (wahre Größe und Neigung). In Beachtung der dadurch definierten Wirkungslinien wird die Gewichtskraft F im Schnitt A-B in die Kraftkomponenten F_{AB} und F_{AE} zerlegt. Während die Kraft F_{AB} unmittelbar das Seil A-B bela-

---

[26] vergl. Beispiel 1 auf Seite 33 ff.

stet, wirkt die Kraft F_{AE} in der Schnittlinie A-E des Dreieckes A-C-D. Die Kraft F_{AE} ist in einem zweiten Arbeitsschritt in der Ebene A-C-D in die Seilkraftkomponenten F_{AC} und F_{AD} zu zerlegen. Dafür ist zunächst das Dreieck A-C-D in wahrer Größe zu zeichnen (Herstellung dieser Untersuchungsebene). Das Dreieck A-C-D mit dem Punkt E auf der Strecke C-D ist bei diesem Beispiel rechts getrennt herausgezeichnet (ein Problem der darstellenden Geometrie !). In diesem Dreieck wird der zuvor bestimmte Vektor der Kraft F_{AE} in Beachtung seiner Richtung (er wirkt von E nach A) und des MdK angetragen. Dann erfolgt (in dieser wahren Ebene) wieder die hinlänglich bekannte Zerlegung einer Kraft (hier F_{AE}) in Beachtung der durch die Konstruktion vorgegebenen Wirkungsrichtungen (Richtungen der Seile A-C und A-D) in die Kraftkomponenten F_{AC} (im Seil A-C) und F_{AD} (im Seil A-D).

Damit sind die Kräfte (Zugkräfte) in den Seilen wie folgt ermittelt:

F_{AB} = 1,47 cm ≙ 1,103 kN

F_{AC} = 0,52 cm ≙ 0,390 kN und

F_{AD} = 1,30 cm ≙ 0,975 kN.

5.3.2 Praktische Anwendungen

Es gibt Beispiele für die praktische Anwendung der grafischen Vektorenrechnung, die zu hinreichend genauen Ergebnissen führen und Kraftzusammenhänge und -flüsse nachvollziehbar anschaulich machen. Dies gilt besonders für die exemplarisch behandelte Problemstellung im Kapitel 5.3.1. Rechnungen über die Winkelfunktionen und komplizierte Berechnungen unter Anwendung der Sinus- und Cosinussätze (die Kraftecke sind hier keine rechtwinkligen Dreiecke) würden zur mathematischen Bestimmung der Seilkräfte erforderlich werden. Und die räumliche Vorstellungsfähigkeit, wohl ein vergleichbar großes Problem, bleibt als Voraussetzung für entsprechende mathematische Ansätze gleich.

Für die grafische Lösung von Aufgabenstellungen sind umfangreiche Arbeitsmittel erforderlich: Papier, Reißschiene, Winkelmesser, Lineal, Zeichenwinkel, Zirkel im traditionellen Arbeitsbereich oder ein Computer mit entsprechender Zeichensoftware, Bildschirm und Drucker aus der modernen Arbeitswelt der Architekten und Innenarchitekten, in jedem Fall ein umfangreiches Equipment, das nicht jederzeit zur Hand ist.

Es gibt aber auch eine Fülle von praktischen Anwendungen, wo die grafischen Vektoren lediglich zur Erstellung unmaßstäblicher Skizzen, die jedoch in den Proportionen möglichst stimmig sein sollten und Maße und Lastangaben enthalten müssen, verwendet werden. Dies trifft insbesondere für zwei Arbeitsbereiche zu:

1. wenn die Vektorenskizzen als Grundlagen (oder zur Erläuterung) rechnerischer Ansätze dienen, die oft schneller und unkomplizierter zu Ergebnissen führen,

5 Lastfluss in Tragelementen

2. wenn mit Vektoren Verhaltenstrends verdeutlicht werden sollen.

Drei Beispiele sollen den ersten Anwendungsbereich verdeutlichen:

Beispiel 1

Für einen Träger auf zwei Stützen sind die Auflagerkräfte (Reaktionskräfte) zu bestimmen (Anwendung der Gleichgewichtsbedingungen für die skizzenmäßige Systemdarstellung[27]).

Aus $\Sigma V = 0$ sind keine Ergebnisse zu erhalten, da der entsprechende Gleichungsansatz für diese Problemstellung zwei Unbekannte (F_{AV} und F_{BV}) enthalten würde.

Aus $\Sigma H = 0$ ergibt sich:

$F_{BH} = 0$ kN

Aus $\Sigma M = 0$ ergeben sich mit angenommenen Drehpunkten in B und A:

Die Kraft Q wird hier innerhalb des Gleichungsansatzes bestimmt.

$$F_{AV} \cdot (1{,}10 + 0{,}40 + 3{,}00) - 3{,}5 \cdot (0{,}40 + 3{,}00) - (3{,}0 \cdot 3{,}00) \cdot \frac{3{,}00}{2} = 0$$

$F_{AV} = 5{,}644$ kN

$$F_{BV} \cdot (3{,}00 + 0{,}40 + 1{,}10) - 3{,}5 \cdot 1{,}10 - (3{,}0 \cdot 3{,}00) \cdot \left(\frac{3{,}00}{2} + 0{,}40 + 1{,}10\right) = 0$$

$F_{BV} = 6{,}856$ kN

Beispiel 2

Aus einer horizontal wirkenden Kraft, $F = 3{,}05$ kN, sind eine unter 30° gegen die Vertikale geneigte Schrägkraftkomponente F_{ST} und eine vertikale Kraftkomponente F_{PF} zu bestimmen, die dieselbe Wirkung verursachen[28].

In Anwendung der Winkelfunktionen (rechtwinkliges Dreieck) folgt:

$$F_{PF} = \frac{F}{\tan 30°} = \frac{3{,}05}{\tan 30°} = 5{,}283 \text{ kN}$$

$$F_{ST} = \frac{F}{\sin 30°} = \frac{3{,}05}{\sin 30°} = 6{,}100 \text{ kN}$$

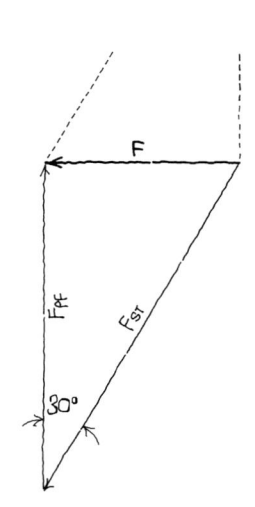

---

[27] vergl. Seite 21 ff und 63
[28] vergl. Seite 34 und 68

5 Lastfluss in Tragelementen

Mit Hilfe der Winkelfunktionen können alle in der Untersuchungsebene schräg verlaufenden Kräfte in horizontale und vertikale Kraftkomponenten zerlegt werden, die dieselbe Wirkung verursachen. Der Vorteil liegt darin, dass horizontale und vertikale Kräfte sich organischer in das orthogonale System mit den entsprechenden Vermaßungen einfügen und rechnerisch leichter erfassbar sind.

Beispiel 3

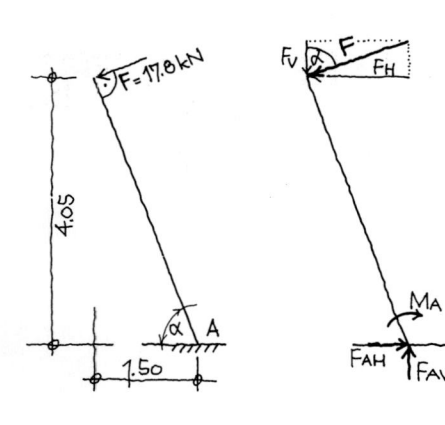

In diesem Beispiel sollen nach der Systemskizze die drei Auflagerkräfte F_{AV}, F_{AH} und M_A (Reaktionskräfte, wie die Skizze ausweist) bestimmt werden.

Die Kraft $F = 17,8$ kN wirkt senkrecht auf die Stabachse. Daher ist zunächst der Winkel α zu bestimmen, der nach der Vektorenskizze auch im Kräfteparallelogramm (hier sich als Kräfterechteck darstellend) vorkommt und zur Bestimmung der horizontalen (F_H) und der vertikalen (F_V) Kraftkomponenten, die dieselbe Wirkung wie die Ausgangskraft F verursachen, benötigt wird. Dann können in Anwendung der Gleichgewichtsbedingungen die unbekannten Auflagerreaktionskräfte bestimmt werden.

Der Stab ist bei A eingespannt gelagert und hat daher drei Auflagerbedingungen.

$$\alpha = \text{atan}\frac{4,05}{1,50} = 69,677°$$

$F_H = 17,8 \cdot \sin 69,677° = 16,692$ kN
$F_V = 17,8 \cdot \cos 69,677° = 6,182$ kN

aus den Gleichgewichtsbedingungen folgt:

$\Sigma H = 0$
$F_{AH} = F_H = 16,692$ kN

$\Sigma V = 0$
$F_{AV} = F_V = 6,182$ kN

$\Sigma M = 0 \qquad (F_V \cdot 1,5 + F_H \cdot 4,05 - M_A = 0)$
$M_A = 6,182 \cdot 1,50 + 16,692 \cdot 4,05 = 76,876$ kNm

Zu beachten ist, dass in der Skizze die Auflagerbedingungen als Reaktionen dargestellt sind.

5 Lastfluss in Tragelementen

Drei andere Beispiele sollen den zweiten praktischen Anwendungsbereich, Trends der Kräfteverteilung durch konstruktiv-gestalterische Entscheidungen, verdeutlichen:

Beispiel 1

Eine Einzellast beansprucht mittig eine Seilkonstruktion. Bei den Trendalternativen bleibt in diesem Beispiel das Eigengewicht des Seils unberücksichtigt, da es verhältnismäßig klein ist und die grundsätzliche Erkenntnis nicht beeinflusst.

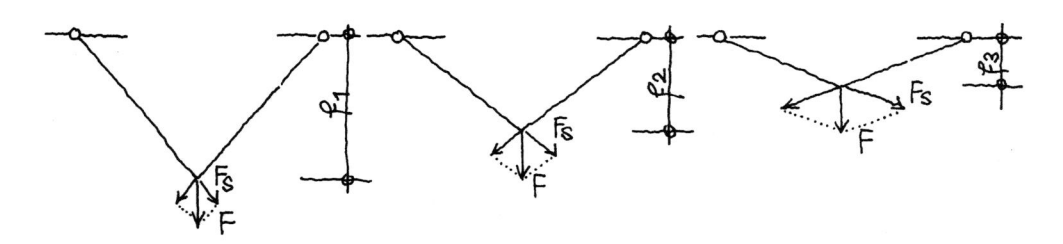

Je flacher das Seil gespannt ist, um so größer werden die Kräfte F_S in den Seilen.

Bei gleicher Spannweite und gleicher Belastung mit F nehmen die Seilkräfte F_S umgekehrt zum Durchhang f_1 bis f_3 zu. Für die Grenzbereiche kann daraus gefolgert werden:

Ist der Durchhang ∞ m groß, so sind die Seilkräfte $F_S = \dfrac{F}{2}$ kN.

Ist der Durchhang 0 m groß, so sind die Seilkräfte $F_S = \infty$ kN.

Beispiel 2

Eine Lampe soll mit einem kleinen Stabwerk an der Wand befestigt werden. Der Gestalter schlägt zwei Alternativen vor. Einmal wird die Lampe (Gewichtskraft F) und ihr horizontaler Abstandshalter (Stab) durch einen Stab schräg nach oben aufgehängt und einmal durch einem Stab schräg nach unten abgestützt.

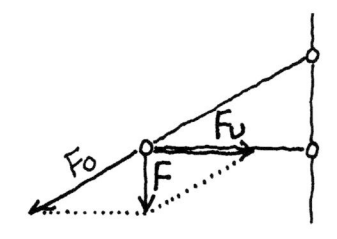

Die Kraftzerlegung von F erfolgt, wie in allen Beispielen dieser Gruppe, nach vorgegebenen Systemlinien (Stabachsen).

Ist der Winkel an der Spitze in beiden Alternativen gleich groß, so entstehen in den beiden Stäben bei beiden Alternativen jeweils gleichgroße Kräfte. Analysiert man die Wirkung dieser Kräfte, so stellt man fest, dass in den oberen Stäben jeweils Zugkräfte F_O wirken und in den unteren Stäben Druckkräfte F_U. Bei der zweiten Alternative ist der Druckstab jedoch länger, was zu einem ungünstigeren Knickverhalten und in Verbindung damit, dass diese Last aus der Kraftverteilung am größten ist, zu einer größeren Abmessung führt als im ersten Beispiel, wo die größte Kraft den oberen Stab auf Zug beansprucht, wobei die Stablänge bei der Dimensionierung keinen Einfluss hat.

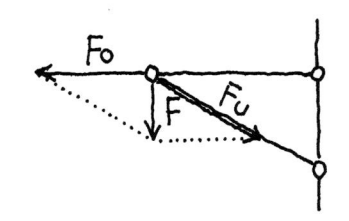

Die erste Alternative wird also, wenn dies Absicht des Gestalters ist, durch kleinere Abmessungen zu einer eleganteren Lösung führen.

Beispiel 3

In diesem Beispiel soll der Einfluss der Neigung eines Pylons im Hinblick auf die Verteilung der Kräfte durch Vektorskizzen analysiert werden. Um ausschließlich den Einfluss der Neigung des Pylons A-B zu erfassen, bleiben die anderen Parameter (Größe und Neigung der Kraft F, die Höhe A des Pylons und Neigung (α)) des Abspannseiles A-C unverändert.

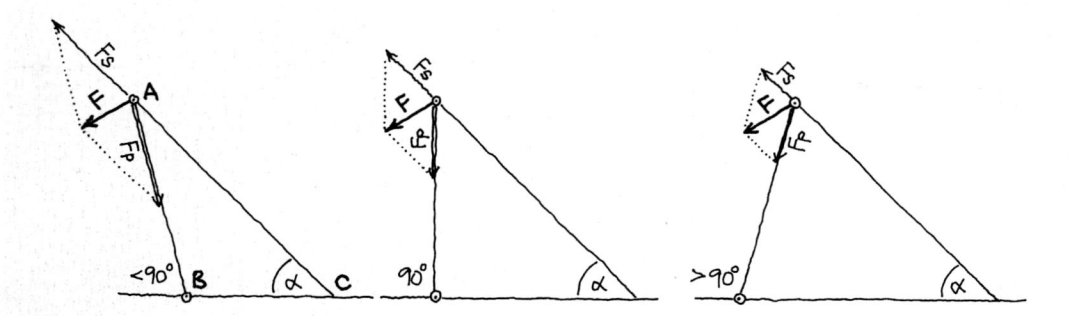

Gegenüber der vertikalen Pylonstellung (90°) werden die Kräfte im Seil (F_S) und im Pylon F_P größer bei einer Pylonneigung <90° und kleiner bei einer Pylonneigung >90°. Die optimiertere Lösung im Hinblick auf elegantere und schlankere Abmessungen ist also bei einer Neigung des Pylons >90° zu erwarten.

5 Lastfluss in Tragelementen

5.4 Gleichgewichtszustände der äußeren Kräfte, Ermittlung der Auflagerkräfte

Jedes tragende Bauteil (Tragwerk) muss sich in einem Ruhezustand (Gleichgewichtszustand) befinden. Dies ist nur dann gegeben, wenn sich alle, von außen auf das Tragwerk einwirkenden Kräfte (äußere Kräfte) im Gleichgewichtszustand befinden. Hierzu zählen auch die Auflagerkräfte (als Reaktionskräfte), die die nachfolgenden Bauteile (Tragwerke) im Sinne des Kraftflusses aufbringen müssen[29].

Da die Auflagerkräfte zunächst stets unbekannt sind, müssen sie (in statisch bestimmten Systemen) über die Gleichgewichtsbedingungen[30] bestimmt werden, um den erforderlichen Ruhezustand herzustellen.

---

[29] vergl. Seite 28
[30] vergl. Kapitel 2.4 auf Seite 21

5 Lastfluss in Tragelementen

Da weiterhin alle Untersuchungen der Tragwerke in der Regel in einer Ebene (der jeweiligen Tragebene) erfolgen, gelten die drei Gleichgewichtsbedingungen:

$\Sigma V = 0$
(Summe aller vertikalen Kräfte = 0)

$\Sigma H = 0$
(Summe aller horizontalen Kräfte = 0) und

$\Sigma M = 0$
(Summe aller Momente = 0).

Jede schräg gerichtete Kraft ist in eine vertikale und eine horizontale Kraftkomponente, die dieselbe Wirkung verursachen, zerlegbar.

Die Gleichgewichtsbedingung $\Sigma M=0$ gilt für jeden beliebigen Drehpunkt in der Untersuchungsebene.

Die Aufgabenstellung, Auflagerreaktionen eines Tragwerks zu bestimmen, ist also eine Anwendung der Gleichgewichtsbedingungen. Die Untersuchungen erfolgen in einzelnen Tragebenen[31].

Die Methodik ist stets gleich, solange es sich um „statisch bestimmte"[32] Tragwerke handelt.

1. zuerst wird die Größe der Auflagerreaktion des einwertigen[33] Auflagers mit der Gleichgewichtsbedingung $\Sigma M = 0$ bestimmt,

2. dann wird die Größe einer Auflagerreaktion des zweiwertigen[34] Auflagers bestimmt (in der Regel die horizontale Auflagerkraft über $\Sigma H = 0$),

3. danach wird die Größe der anderen Auflagerkraft des zweiwertigen Auflagers über $\Sigma M = 0$ bestimmt.

4. Bei dreiwertigen[35] Auflagern ist auch das (Einspannungs-)Moment[36] im Auflager zu bestimmen.

Welches der Auflager ein- oder zweiwertig ist hängt von der Bauart der Auflager ab.

Mir der „unverbrauchten" Gleichgewichtsbedingung $\Sigma V = 0$ kann dann eine Probe durchgeführt werden, denn auch diese Gleichgewichtsbedingung muss (in der Ebene) erfüllt werden.

Dies soll an einem Beispiel mit allgemeinen Zahlen und an verschiedenen Zahlenbeispielen belegt werden:

In den vier Schritten der oben beschriebenen Methodik wurde die Gleichgewichtsbedingung $\Sigma V=0$ nicht verwendet.

---

[31] vergl. Seite 22
[32] vergl. Seite 50
[33] vergl. Seite 48
[34] vergl. Seite 48
[35] vergl. Seite 48
[36] vergl. Beispiel 3 auf Seite 68

5 Lastfluss in Tragelementen

Beispiel 1

Nach den in Kapitel 5.1.1 beschriebenen Auflagertypen sind hier nach den verwendeten Symbolen F_{AV}, F_{AH} und F_B die (unbekannten) Auflagerreaktionen.

Ein (eigengewichtsfrei angenommener) Träger auf zwei Stützen wird im Abstand a vom Auflager A mit einer Punktlast (Einzellast) F belastet.

Die drei (zunächst unbekannten) Auflagerreaktionen F_{AV}, F_{AH} und F_B[37] müssen den Gleichgewichtszustand (Ruhezustand) herstellen.

Die Gleichgewichtsbedingung $\Sigma M=0$ gilt für jeden beliebigen Drehpunkt. Wählt man (geschickt) den Drehpunkt in einem Auflager, so erhalten die Kräfte in diesem Auflager einen Hebelarm der Größe null und die Momente der Auflagerkräfte dieses Auflagers sind null (Moment = Kraft · Hebelarm).

Nach der oben beschriebenen Methode bestimmen wir zunächst F_B aus der Gleichgewichtsbedingung $\Sigma M = 0$ mit Drehpunkt im Auflager A:

$$F_B \cdot l - F \cdot a = 0 \qquad \text{daraus folgt:}$$

$$F_B = \frac{F \cdot a}{l}$$

Für das Auflager A bestimmt man zunächst die Unbekannte F_{AH} über die Gleichgewichtsbedingung $\Sigma H = 0$. Aus dieser Gleichgewichtsbedingung folgt unmittelbar:

$$F_{AH} = 0 \text{ kN}$$

Das Ergebnis für F_{AH} war zu erwarten, da keine horizontalen Kräfte (Belastungen, Aktionen) auf das Tragwerk wirken.

Nunmehr kann, wieder über $\Sigma M = 0$ mit Drehpunkt im Auflager B, F_{AV} bestimmt werden:

$$F_{AV} \cdot l - F \cdot (l-a) = 0 \qquad \text{daraus folgt:}$$

$$F_{AV} = \frac{F \cdot (l-a)}{l}$$

Da die Gleichgewichtsbedingung $\Sigma V = 0$ bisher nicht zur Anwendung gekommen ist, steht sie zur Durchführung einer Probe zur Verfügung:

$$\Sigma V = 0$$

$$F_{AV} - F + F_B = 0$$

$$\frac{F \cdot (l-a)}{l} - F + \frac{F \cdot a}{l} = 0$$

$$F - \frac{F \cdot a}{l} - F + \frac{F \cdot a}{l} = 0$$

$$0 = 0$$

Dieselbe Methode ist stets, also auch für komplexere Belastungen, anwendbar. Es werden dann die Kräfte und Momente, wie es die Gleichgewichtsbedingungen definieren, in Beachtung der Kraftrichtungen oder des Drehsinns der Momente addiert oder subtrahiert, um die Summe Σ zu bilden!

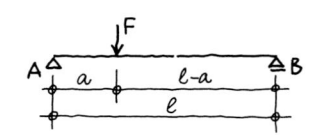

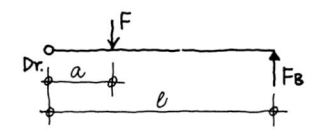

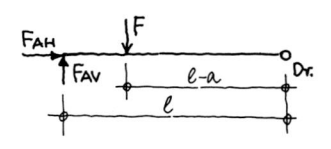

---

[37] vergl. Wertigkeit der Auflagersymbole auf Seite 48

5 Lastfluss in Tragelementen

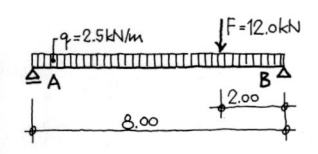

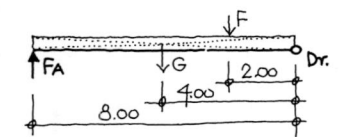

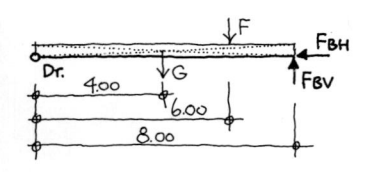

Beispiel 2

Ein Träger auf zwei Stützen wird durch eine Streckenlast q = 2,5 kN/m und eine Einzellast F = 12 kN in 2,00 m Abstand vom Auflager B beansprucht.

$G = 2{,}500 \cdot 8{,}00 = 20{,}000 \text{ kN}$

Aus ΣM = 0 mit Drehpunkt im Auflager B folgt:

$$F_A \cdot 8{,}00 - 20{,}000 \cdot \frac{8{,}00}{2} - 12{,}000 \cdot 2{,}00 = 0$$

$F_A = 13{,}000 \text{ kN}$

Aus ΣH = 0 folgt:

$F_{BH} = 0 \text{ kN}$

Aus ΣM = 0 mit Drehpunkt im Auflager A folgt:

$$F_{BV} \cdot 8{,}00 - 20{,}000 \cdot \frac{8{,}00}{2} - 12{,}000 \cdot 6{,}00 = 0$$

$F_{BV} = 19{,}000 \text{ kN}$

Führen Sie eine Probe über ΣV = 0 durch!

Nach den in Kapitel 5.1.1 beschriebenen Auflagertypen sind hier nach den verwendeten Symbolen F_A, F_{BV} und F_{BH} die (unbekannten) Auflagerreaktionen.

G ist die Kraft aus der Streckenlast und wirkt im Schwerpunkt der Streckenlastfläche.

In den Beispielen werden zur Unterscheidung die Längen in der Regel mit zwei und die Belastungen und Kräfte mit drei Dezimalstellen dargestellt.

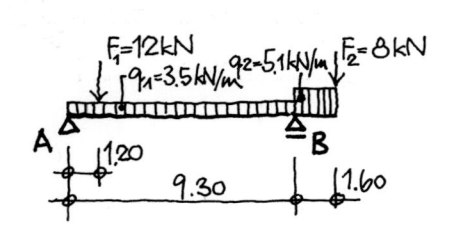

Beispiel 3

Ein Träger auf zwei Stützen hat die in der Skizze dargestellte komplexe Belastung.

Dieses Beispiel soll gleichzeitig zeigen, dass die Kräfte aus den Streckenlasten unmittelbar innerhalb der Gleichungsansätze für die Gleichgewichtsbedingungen in Ansatz gebracht werden können.

Lastfälle[38] sollen hier nicht untersucht werden!

Aus ΣM = 0 mit Drehpunkt im Auflager A folgt:

$$F_B \cdot 9{,}30 - 8{,}000 \cdot (9{,}30 + 1{,}60) - 5{,}100 \cdot 1{,}60 \cdot \left(\frac{1{,}60}{2} + 9{,}30\right)$$
$$- 3{,}500 \cdot 9{,}30 \cdot \frac{9{,}30}{2} - 12{,}000 \cdot 1{,}20 = 0$$

$F_B = 36{,}062 \text{ kN}$

---

[38] vergl. Seite 56 ff

5 Lastfluss in Tragelementen

Aus $\Sigma H = 0$ folgt:

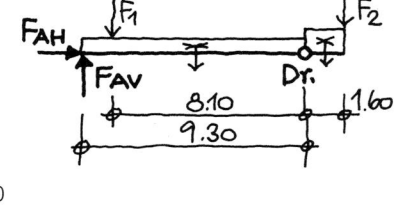

$F_{AH} = 0$ kN

Aus $\Sigma M = 0$ mit Drehpunkt im Auflager B folgt:

$$F_{AV} \cdot 9{,}3 - 3{,}500 \cdot 9{,}30 \cdot \frac{9{,}30}{2} - 12{,}000 \cdot 8{,}10 + 5{,}100 \cdot 1{,}60 \cdot \frac{1{,}60}{2} + 8{,}000 \cdot 1{,}60 = 0$$

Solche Ansätze lassen sich auch kürzer, jedoch oft nicht so übersichtlich, schreiben. So kann man für die obige Gleichgewichtsbedingung auch schreiben:

$$F_{AV} \cdot 9{,}30 - 3{,}500 \cdot \frac{9{,}30^2}{2} - 12{,}000 \cdot 8{,}10 + 5{,}100 \cdot \frac{1{,}60^2}{2} + 8{,}000 \cdot 1{,}60 = 0$$

$F_{AV} = 24{,}648$ kN

Machen Sie wieder eine Probe über die Gleichgewichtsbedingung $\Sigma V = 0$ und berücksichtigen Sie dabei die Kraftrichtungen durch die Vorzeichen „+" oder „−" !

Beispiel 4

Nach den in Kapitel 5.1.1 beschriebenen Auflagertypen sind hier nach den verwendeten Symbolen F_A, F_{BV} und F_{BH} die (unbekannten) Auflagerreaktionen.

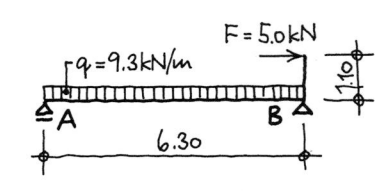

In dem in der Skizze dargestellten Träger ist neben der aus vorangegangenen Beispielen bekannten vertikalen Belastung eine horizontale Belastung (z.B. Holmendruck) gegeben. Die Arbeitsmethodik bleibt unverändert. Es entsteht hier jedoch eine horizontale Auflagerreaktion F_{BH} im Auflager B.

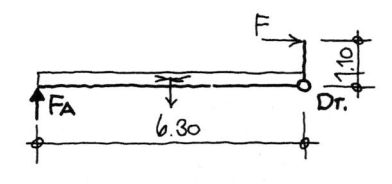

Aus $\Sigma M = 0$ mit Drehpunkt im Auflager B folgt:

$$F_A \cdot 6{,}30 + 5{,}000 \cdot 1{,}10 - 9{,}300 \cdot \frac{6{,}30^2}{2} = 0$$

$F_A = 28{,}422$ kN

Aus $\Sigma H = 0$ folgt:

$5{,}000 - F_{BH} = 0$

Wäre das Ergebnis negativ, so hieße dies, dass die Auflagerreaktion umgekehrt gerichtet wäre, als in der Skizze dargestellt.

$F_{BH} = 5{,}000$ kN

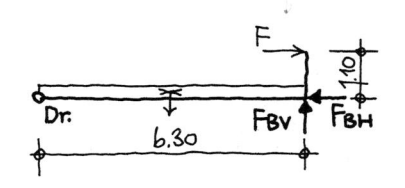

Aus $\Sigma M = 0$ mit Drehpunkt im Auflager A folgt:

$$F_{BV} \cdot 6{,}30 - 5{,}000 \cdot 1{,}10 - 9{,}300 \cdot \frac{6{,}30^2}{2} = 0$$

$F_{BV} = 30{,}168$ kN

Probe über $\Sigma V = 0$

Er werden (natürlich) nur vertikal gerichtete Kräfte berücksichtigt.

$28{,}422 - 9{,}300 \cdot 6{,}30 + 30{,}168 = 0$
$0 = 0$

5 Lastfluss in Tragelementen

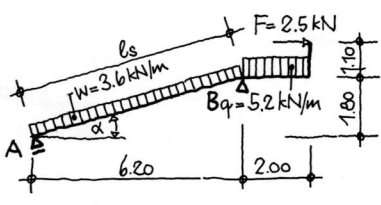

Beispiel 5

An diesem schwierigeren Beispiel (geknickte Stabachse des Tragwerks, schräg wirkende Last „w" und nicht orthogonales Auflager in A) soll dargestellt werden, dass die oben beschriebene Methodik grundsätzlich immer anwendbar ist, sofern das Tragwerk „statisch bestimmt"[39] ist. Es sind jedoch einige Vor- und Zwischenberechnungen erforderlich, die zur Abgrenzung hier *kursiv* gedruckt sind.

$$\alpha = atan\ \frac{1,80}{6,20} = 16,189°$$

Schräge Länge l_s von A nach B:

$$l_s = \frac{6,20}{cos\ 16,189°} = 6,456\ m$$

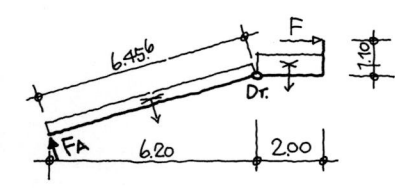

Aus $\Sigma M = 0$ mit Drehpunkt im Auflager B folgt:

$$F_A \cdot 6,456 - 3,600 \cdot \frac{6,456^2}{2} + 5,200 \cdot \frac{2,00^2}{2} + 2,500 \cdot 1,10 = 0$$

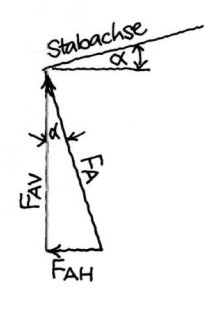

$$F_A = 9,584\ kN$$

Umrechnung von F_A in F_{AV} und F_{AH} nach der dargestellten Vektorenskizze:

$$F_{AV} = 9,584 \cdot cos\ 16,189° = 9,204\ kN$$

$$F_{AH} = 9,584 \cdot sin\ 16,189° = 2,672\ kN$$

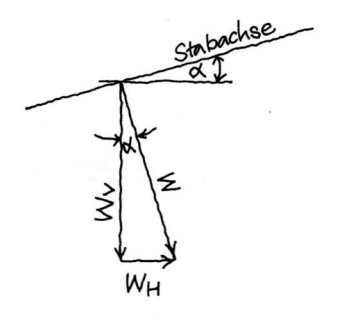

Entsprechend werden aus der schräg gerichteten Wind-Streckenlast die vertikalen und horizontalen Windkraftkomponenten bestimmt

$$W = 3,600 \cdot 6,456 = 23,242\ kN$$

$$W_V = 3,600 \cdot 6,456 \cdot cos\ 16,189° = 22,320\ kN$$

$$W_H = 3,600 \cdot 6,456 \cdot sin\ 16,189° = 6,480\ kN$$

---

[39] vergl. Seite 50 ff.

5 Lastfluss in Tragelementen

Aus $\Sigma H = 0$ erhält man:

$$F_{BH} - W_H + F_{AH} - F = 0$$

$$F_{BH} - 6{,}480 + 2{,}672 - 2{,}500 = 0$$

$$F_{BH} = 6{,}308 \text{ kN}$$

Zu beachten ist, dass F_{BH} hier $\neq 0$ ist und einen Hebelarm $\neq 0$ hat (1,80 m).

Aus $\Sigma M = 0$ mit Drehpunkt in A folgt:

$$F_{BV} \cdot 6{,}20 - 3{,}600 \cdot \frac{6{,}456^2}{2} + 6{,}308 \cdot 1{,}80 - 5{,}200 \cdot 2{,}00 \cdot \left(\frac{2{,}00}{2} + 6{,}20\right) - 2{,}500 \cdot (1{,}10 + 1{,}80) = 0$$

$$F_{BV} = 23{,}516 \text{ kN}$$

Auch bei diesem Beispiel wurde die Gleichgewichtsbedingung $\Sigma V = 0$ bisher nicht verwendet und steht für eine Probe zur Verfügung.

Er werden (natürlich) nur vertikal gerichtete Kräfte berücksichtigt.

$$9{,}204 - 22{,}320 + 23{,}516 - 5{,}200 \cdot 2{,}00 = 0$$
$$0 = 0$$

5 Lastfluss in Tragelementen

5.5 Kraftflüsse und Ermittlung der Belastungen

Die räumliche Vorstellungsfähigkeit, die jeder Architekt oder Innenarchitekt haben oder entwickeln muss, ist auch für das Verstehen von Kraftflüssen in tragenden Bauteilen und ganzheitlichen Tragsystemen unerlässlich. Sie ist für Architekten oder Innenarchitekten wichtiger als eine Berechnung der Bauteile bis in die letzten Einzelheiten der Bewehrungen bei Stahlbetonkonstruktionen oder der Verbindungen bei Stahl- und Holzkonstruktionen. Geringfügige Abweichungen von überschläglich oder vereinfacht bestimmten Abmessungen ändern nichts an einem kreativ entwickelten Tragsystem, an seiner Sinnfälligkeit und seinem gestalterischen Reiz.

Candela[40] hat dazu ausgeführt: „Die imposanten Steingewölbe gotischer Kathedralen und die kühnen Kuppeln der Renaissance wurden ohne die Hilfe der Differenzialrechnung gebaut, stattdessen aber mit einem großen Gleichgewichtsgefühl und einer gesunden Kenntnis des Kräftespiels. Diese Eigenschaften sind wichtiger für einen wirklichen Baumeister als das verwickeltste mathematische Wissen."

---

[40] Quelle: „Candela und seine Schalen", Colin Faber / Callwey

5 Lastfluss in Tragelementen

Die Analyse oder die Konzeption von Lastflüssen lässt sich in einer Methodik zusammenfassen:

1. Lasten resultieren originär aus der Benutzung[41] oder den Aufgaben der Konstruktion. Die Tragwerke haben daneben ihr Eigengewicht und Lasten aus dem Ausbau (z.B. Decken- und Dachaufbau, leichte nichttragende Wände u.ä.) zu tragen. Es sind häufig Flächenlasten mit der Dimension kN/m^2. Daraus leiten sich für die Untersuchung 1,0 m breiter Tragstreifen gleichmäßig verteilte Lasten mit der Dimension kN/m ab.

2. Von den primären Tragwerken fließen die Lasten in der Regel zu Tragwerken, die die Primärtragwerke unterstützen. Das können ein- und mehrstäbige Träger, Rahmen, Bögen, Tragseile oder auch direkt wandförmige Unterstützungen sein. Auch diese Tragwerke haben daneben ihr Eigengewicht und eventuelle zusätzliche Ausbaulasten zu tragen.

3. Von den sekundären Tragwerken fließen die Lasten in der Regel auf Stützen oder tragende Wände, die ebenfalls zusätzlich ihr Eigengewicht tragen müssen. Es sind in der Regel Punktlasten mit der Dimension kN.

4. Die Stützen oder die tragenden Wände leiten die Lasten über Fundamente (hierzu können auch spezielle Tiefgründungen gezählt werden) in einen tragfähigen Baugrund, sofern diese Tragwerke nicht aus besonderen Gründen (z.B. großflächige stützenfreie Nutzung des Erdgeschosses) abgefangen werden sollen. Über die Fundamente verteilen sich die Lasten auf die Gründungsfläche und haben die Dimension kN/m^2.

Der Lastfluss wird also vom Ursprung bis in die Gründung über die einzelnen erforderlichen Tragwerke verfolgt. Dabei erhalten die einzelnen Tragwerke Positionsnummern im Sinne des Kraftflusses.

Plattenförmige und balkenförmige Tragwerke können bei mehrgeschossigen Gebäuden mehrfach vorkommen.

Bei mehrgeschossigen Bauwerken können bei gleicher Nutzung einzelne Tragwerke wiederkehrend gleiche Lasten zu tragen haben. In den Stützen oder den tragenden Wänden addieren sich jedoch die Lasten auf[42].

Bei mehrgeschossigen Gebäuden können die Verkehrslasten in Stützen, Wänden und Fundamenten abgemindert werden, vergl. Seite 56.

Vergleichbare und in der Methodik gleiche Kraftflussüberlegungen können oder müssen auch für horizontale Belastungen[43] angestellt werden. An einigen Beispielen elementarer Tragwerke soll die Methodik dargelegt werden. Alle Beispiele sind isometrisch dargestellt, da die Kraftflüsse in der Regel über Tragwerke fließen, die in verschiedenen (Trag-)Ebenen an-geordnet sind. In den folgenden elementaren Beispielen sind die Tragebenen mit x und y gekennzeichnet und stehen orthogonal zueinander (was nicht immer der Fall sein muss).

---

[41] vergl. Verkehrslasten auf Seite 53 ff.
[42] vergl. Abminderung der Verkehrslasten, Seite 56
[43] vergl. Seite 54

5 Lastfluss in Tragelementen

Das Bildbeispiel lässt sich auf den im Beispiel 1 beschriebenen Grundtyp zurückführen. Anders formuliert: das Bildbeispiel ist in der Horizontalen und der Vertikalen eine Addition des unten beschriebenen Grundelementes.

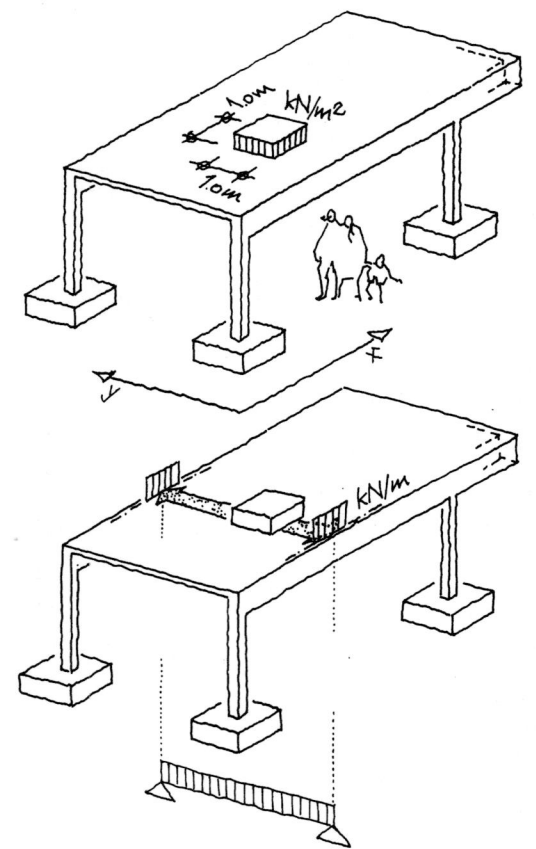

Beispiel 1

Die Belastung wirkt zunächst auf das flächige tragende Bauteil. Sie wird für eine Grundflächeneinheit von 1 m² als Flächenlast[44] bestimmt und hat damit die Dimension kN/m².

Das flächenförmige primäre Tragwerk spannt in der y-Richtung, wie aus der Anordnung der unterstützenden Träger erkannt werden kann. Für die gesamte Fläche wird repräsentativ ein 1,0 m breiter Streifen betrachtet, der seine Last dann je Meter Länge auf den unterstützenden Träger, gespannt in der x-Richtung, weiterleitet. Ist das primäre Tragwerk aus einer dichten Folge von Holzbalken oder Stahlträgern mit geringem Abstand ($\leq$ 1 m) gebildet, so wird die Flächenlast zunächst durch Multiplikation mit dem Trägerabstand (Einzugsfläche[45]) in eine gleichmäßig verteilte Belastung des Stahl- oder Holzträgers umgerechnet. Die ermittelte Auflast auf den unterstützenden Träger wird durch den Trägerabstand dividiert. Dadurch ist der unterstützende und in x-Richtung spannende Träger stets mit einer gleichmäßig verteilten Belastung[46] mit der Dimension kN/m belastet. Dass dieser Träger zusätzlich sein Eigengewicht zu tragen hat, kann nicht oft genug wiederholt werden.

Zu beachten sind die unterschiedlichen Tragebenen (Spannrichtungen) entsprechend den Längs- oder Querschnittdarstellungen in der Architektur.

---

[44] vergl. Seite 52
[45] vergl. Seite 97
[46] vergl. Seite 52

5 Lastfluss in Tragelementen

Der Träger überträgt seine Belastung auf die Stützen als Punktlasten[47] mit der Dimension kN.

Durch die Stütze fließen die Punktlasten (Eigengewicht der Stütze nicht vergessen!).

Aus den Konstruktionen werden also die Systemzeichnungen abgeleitet[48].

Über die Fundamente verteilen sich die Punktlasten auf die so genannte Bodenfuge (Fuge zwischen Fundament und Gründungsebene). Die Belastung der Bodenfuge hat daher die Dimension kN/m².

Generell ist zu beachten, dass die Lastflüsse stets auf die Achsen (dargestellt als strich-punktierte Linie) bezogen werden.

Kreuzweise oder dreiseitig gelagerte Stahlbetonplatten oder Trägerroste.

Alternativ kann das flächige tragende Primärbauteil (Platte) auch mehrseitig unterstützt sein. Die Überlegungen zum Kraftfluss zu den unterstützenden Trägern sind ähnlich in Berücksichtigung der Tatsache, dass die Flächenlasten dann in der x- und der y-Richtung fließen. Die unterstützenden Träger werden dadurch mit dreiecks- oder trapezförmigen Lastfeldern belastet.

Beispiel 2

Ein einzelner Träger leitet aus seiner gleichmäßig verteilten Belastung[49] in seinem Auflager eine Punktlast [kN] in eine Wand ein. Der Träger ist in der y-Richtung gespannt.

Die Tragebene der Wand liegt in der x-Ebene. Die punktförmige Auflagerkraft [kN] verteilt sich in der Wand unter einem Winkel, der für Mauerwerk mit 60°, gemessen gegen die Horizontale, angenommen werden kann. Die Punktlast verändert sich auf ihrem Lastfluss durch die Wand bis zur Fundamentfuge (Fuge zwischen Wand und Streifenfundament) in eine Streckenlast mit der Dimension kN/m. Das zusätzlich zu tragende Eigengewicht der Wand ist nicht zu vergessen. Die Bezugslänge l_1 kann über Winkelfunktionen[50] aus der Wandhöhe h_1 bestimmt werden.

$$l_1 = \frac{2 \cdot h_1}{\tan 60°}$$

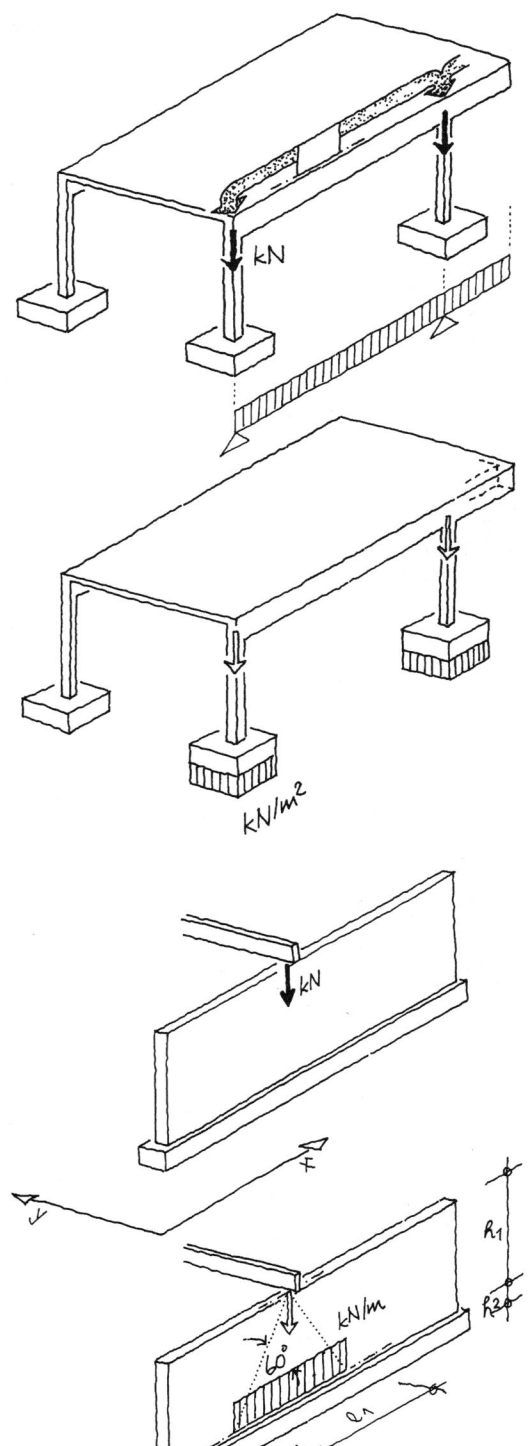

---

[47] vergl. Seite 52
[48] vergl. Seite 45 ff
[49] vergl. Beispiel 1 dieses Kapitels
[50] vergl. Seite 27

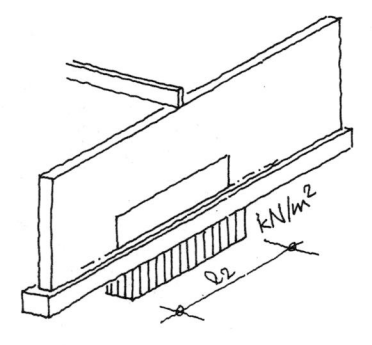

Über die Fundamenthöhe h_2 verteilt sich die Streckenlast unter Einbeziehung des Eigengewichtes des Fundamentes und bei Annahme desselben Winkels für die Lastverteilung auf die Länge von

$$l_2 = l_1 + \frac{2 \cdot h_2}{\tan 60°}$$

auf die Bodenfuge (Fuge zwischen Fundament und Baugrund) und wandelt sich bei diesem Lastfluss unter Einbeziehung der Fundamentbreite in eine Flächenlast mit der Dimension kN/m².

Beispiel 3

Eine Reihe von Deckenbalken (in y-Richtung gespannt) ist mit einer gleichmäßig verteilten Belastung beansprucht, die aus einer Flächenlast resultiert, wie im Beispiel 1 detailliert beschrieben.

5 Lastfluss in Tragelementen

Jeder Balken trägt im engen Abstand a Einzellasten (Punktlasten) [kN] in eine unterstützende Wand (in x-Richtung gespannt) ein.

In Beton- oder Stahlbetonwänden und -fundamenten kann eine Lastverteilung bis 45° angenommen werden.

In der Wand fließt die Last bis zur Fundamentfuge (Fuge zwischen Wand und Fundament) und verteilt sich dabei unter einem Winkel von $\leq 60°$ [51]. Da die Punktlasten in dichter Folge in die Wand eingeleitet werden, kann die Lastverteilung jedoch nur bis auf das Maß des Balkenabstandes a erfolgen. In der Fundamentfuge wirkt daher (unter Einbeziehung des Eigengewichtes der Wand) eine Streckenlast [kN/m].

Über das Streifenfundament fließt die Streckenlast in die Bodenfuge und verteilt sich bis dahin auch über die Fundamentbreite auf die Gründungsfläche. Das Eigengewicht des Fundamentes muss auch getragen werden und ist daher mit der Streckenlast in der Fundamentfuge zu addieren. Die Flächenlast in der Bodenfuge hat die Dimension kN/m².

Beispiel 4

Eine horizontale gleichmäßig verteilte Belastung [kN/m] beansprucht eine Wand in ihrer Längsrichtung. Das Eigengewicht der Wand und des Fundamentes (G) beansprucht die Bodenfuge mit einer gleichmäßigen Flächenlast [kN/m²]. Durch die horizontale Belastung (z.B. durch Wind) will die Wandscheibe um die Achse A-A kippen, was zur Vergrößerung der Flächenlast [kN/m²] in der Bodenfuge an der Kipplinie A-A und zu einer entsprechenden Verringerung am gegenüberliegende Ende des Fundamentes führt. Es entsteht eine trapezförmige Flächenlast in der Gründungsfuge mit Größt- und Kleinstwerten.

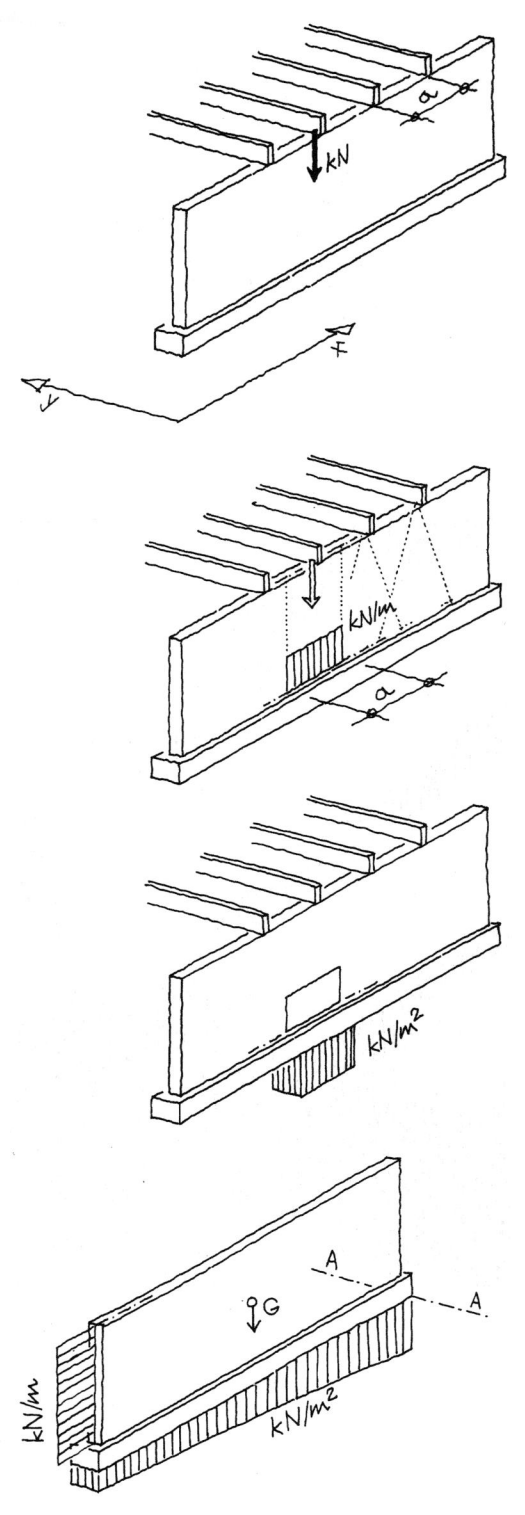

---

[51] vergl. Beispiel 2 dieses Kapitels

5 Lastfluss in Tragelementen

Beispiel 5

Bei einem Sparrendach belastet die Dachhaut die einzelnen Sparren mit einer gleichmäßig verteilten Belastung [kN/m]. Die Belastung wirkt vertikal.

In den Skizzen ist nur der Lastfluss in einer Dachhälfte dargestellt. Der Lastfluss auf der Gegenseite erfolgt gespiegelt gleich. Bei der ganzheitlichen Verfolgung des Lastflusses sind beide Seiten zu berücksichtigen.

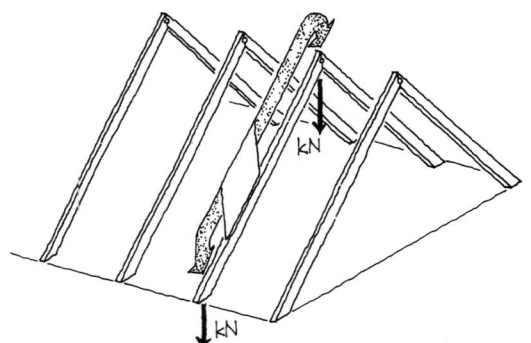

Die gleichmäßig verteilte Belastung fließt in Unterstützungspunkte der Sparren am First und an der Traufe und nimmt die Form von Punktlasten [kN] an.

Am First muss eine gelenkige Verbindung der Sparren die Aufteilung der Last ermöglichen, sonst entsteht eine rahmenartige Wirkung (vergl. Kehlbalkendach auf Seite 43).

5 Lastfluss in Tragelementen

Am Firstpunkt ist keine direkte Unterstützung vorhanden. Die Punktlast am First verteilt sich daher auf die dort zusammenstoßenden Sparren[52]. Die daraus resultierenden Kraftkomponenten fließen im Sparren zum Traufpunkt, wo sie in eine horizontale und eine vertikale Komponente[53] zerlegt werden können.

Die vertikalen Punktlasten im Traufpunkt werden addiert und fließen in die Unterstützung (z.B. Wand). Die horizontale Kraftkomponente kann bei gleichmäßiger Belastung und symmetrischer Ausbildung des Sparrendaches durch Zugelemente (z.B. Deckenbalken, Zugstange, Stahlbetondecke) mit der Horizontalkraft ausgeglichen werden, die am Traufpunkt des gegenüber liegenden Sparrens entgegengesetzt gerichtet auftritt[54]. Asymmetrische Belastungen (z.B. Wind) oder Kräfte aus asymmetrischen Konstruktionen können jedoch auf diese Weise nicht ausgeglichen werden. Die Ausbildung eines zweiwertigen Auflagers oder eines Gelenkes[55] im Traufpunkt ist in jedem Fall unverzichtbar.

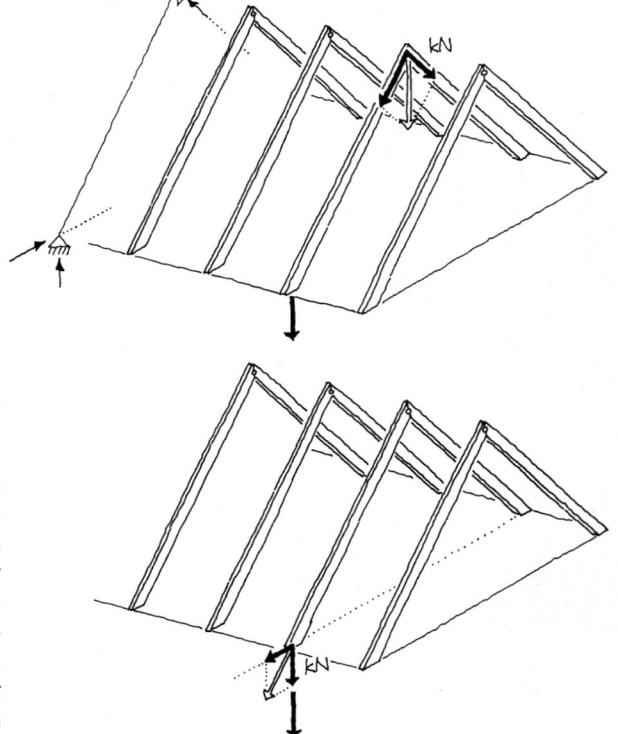

---

[52] vergl. Seite 34
[53] vergl. Seite 34
[54] vergl. punktierte Linie in der untersten Skizze
[55] vergl. Seite 48 und 49

5 Lastfluss in Tragelementen

Beispiel 6

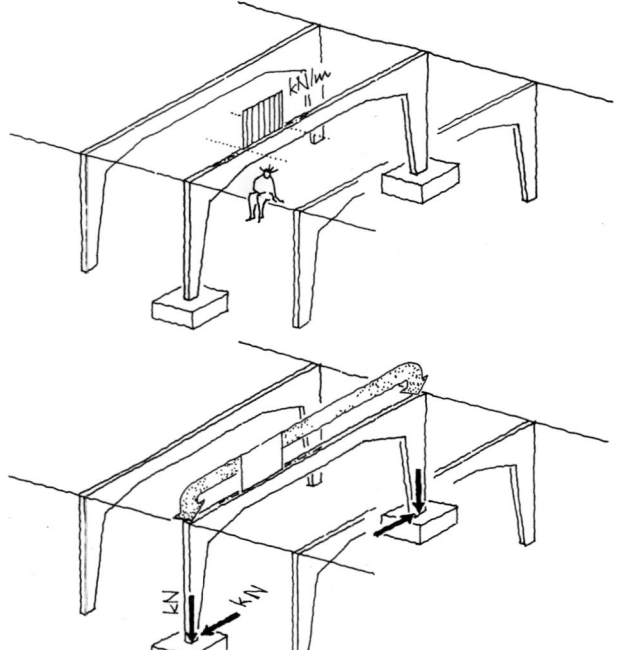

Über eine Deckenplatte wird, ähnlich wie im Beispiel 1 beschrieben, ein Rahmenriegel mit einer gleichmäßig verteilten Belastung [kN/m] beansprucht.

Bei Rahmentragwerken werden die „Träger" oder „Balken" als „Riegel" und die „Stützen" als „Stiele" bezeichnet.

Als Beispiel wurde ein Zweigelenk-Rahmen gewählt. Vergl. auch S. 46 und 240.

Über den Riegel wird die Belastung in die Stiele geleitet. Da Riegel und Stiel bei dieser Rahmenkonstruktion biegesteif[56] miteinander verbunden sind, will der Fuß des Stiels bei einer Biegeverformung des Riegels[57] nach außen ausweichen. Es entsteht daher am Fußpunkt des Stieles neben der vertikalen Punktlast [kN] aus der (vertikalen) Belastung des Riegels auch eine horizontale Punktlast [kN].

---

[56] vergl. Seite 50
[57] vergl. Seite 237

5 Lastfluss in Tragelementen

Das Fundament muss die vertikalen und die horizontalen Auflagerkräfte des Rahmens aufnehmen. Es entstehen vertikale und horizontale Flächenkräfte [kN/m^2]. Die horizontalen Auflagerkräfte sind bei symmetrischer Belastung und symmetrischer Ausbildung der Konstruktion gleichgroß, aber entgegengesetzt gerichtet. Durch eine Verbindung der Fußpunkte[58] können solche Kräfte gegeneinander ausgeglichen werden. Da jedoch asymmetrische Kräfte nicht ausgeschlossen werden können, sind an den Fußpunkten in jedem Fall zweiwertige Auflager oder Gelenke[59] auszubilden. In der Regel werden horizontale Kräfte bei Fundamenten nicht (wie hier zur Verdeutlichung dargestellt) über horizontale Bodenpressungen, sondern über die Reibung in die Bodenfuge abgeleitet.

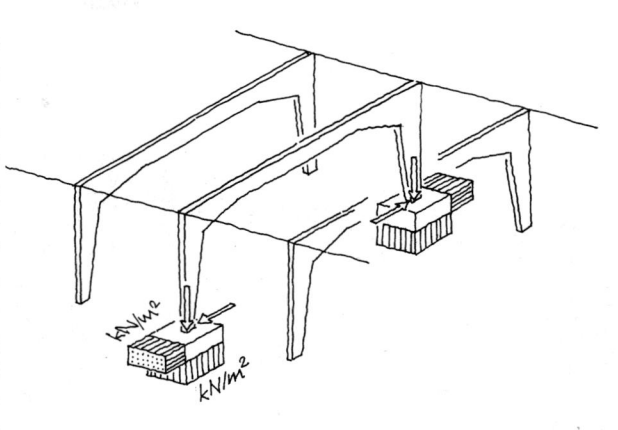

Nach dem Aushub der Fundamentgruben hat der Baugrund auch bei einer Verdichtung während der Verfüllung keine ausreichende seitliche Festigkeit (Ausnahme: gewachsener Fels).

---

[58] vergl. Beispiel 5 dieses Kapitels
[59] vergl. Seite 48

5 Lastfluss in Tragelementen

Beispiel 7

Bogenförmige Konstruktionen werden in der Regel aus in dichter Folge aufliegenden Balken mit Punktlasten belastet, die über ihren Abstand in eine gleichmäßig verteilte Belastung umgerechnet werden können[60]. Die Bögen können aber auch durch einach-

---

[60] vergl. Beispiele 1 und 3 dieses Kapitels

5 Lastfluss in Tragelementen

Solange die Druckkräfte im so genannten „Kern" des Bogenquerschnitts verlaufen, was bei Bögen aus ausschließlich druckfesten Materialien (künstliche und natürliche Steine) unverzichtbar ist, entstehen im Bogen ausschließlich Druckkräfte. Form und Größe des „Kerns" sind abhängig von der Form und den Abmessungen des Bogenquerschnitts.

Die Stützlinie ist bei gleichmäßig verteilter vertikaler Belastung parabelförmig. Der gotische Spitzbogen entspricht daher dem Kraftfluss genauer als der romanische Rundbogen

sig gekrümmte Schalen direkt mit einer gleichmäßig verteilten Belastung belastet werden. Die Dimension ist [kN/m].

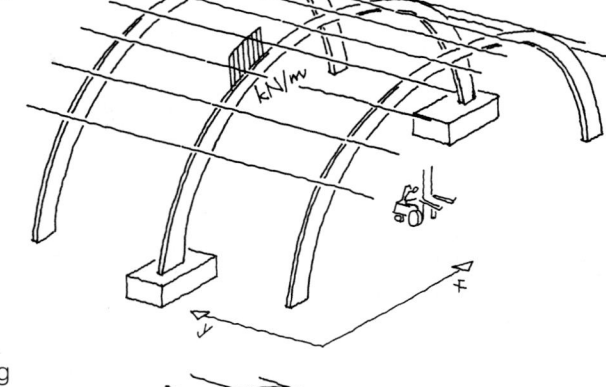

Diese Belastung fließt im Bogen als stetig wachsende Punktlasten [kN] zu den Auflagern. Die Punktlasten fließen auf einer so genannten „Stützlinie"[61], die im Idealfall bei einer entsprechenden Ausformung des Bogens mit der Bogenachse zusammen fällt. In einem solchen Fall wird der Bogen ausschließlich durch Druckkräfte beansprucht. Bei symmetrischer, gleichmäßig verteilter vertikaler Belastung ist die Stützlinie etwa parabelförmig.

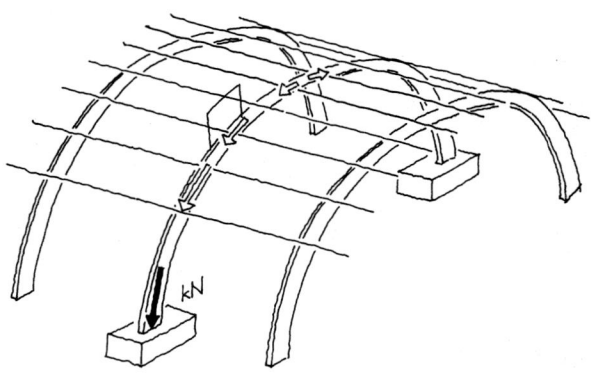

Die schräg wirkende Kraft im Auflager ist in eine vertikale und eine horizontale Komponente zerlegbar[62] und führt zu vertikalen und horizontalen Flächenlasten in der Gründungsfuge[63].

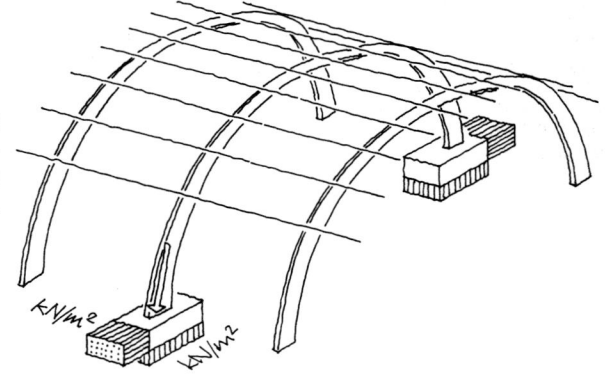

---

[61] vergl. auch Beispiel 8 dieses Kapitels
[62] vergl. auch Beispiel 5 dieses Kapitels
[63] vergl. dazu Ausführungen zu Beispiel 6 in diesem Kapitel

5 Lastfluss in Tragelementen

Beispiel 8

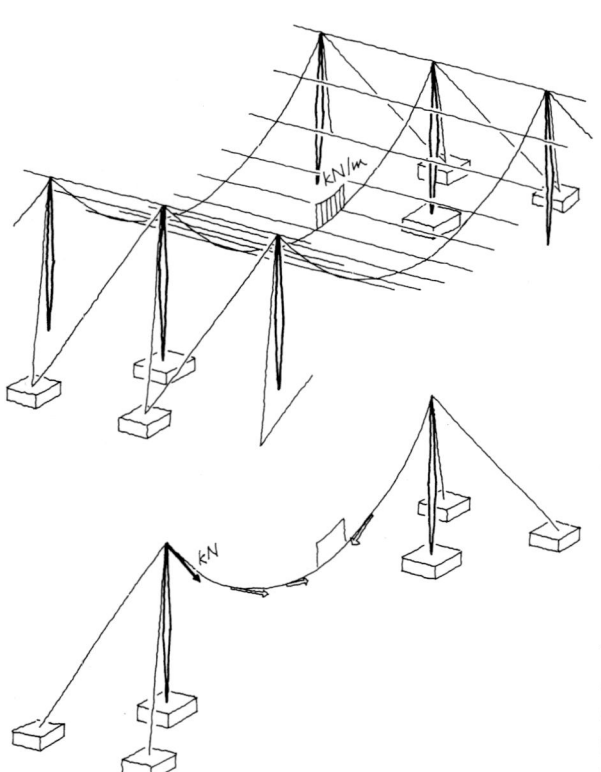

Seilkonstruktionen sind in der Regel leichte Konstruktionen und stellen ihre Form nach der Belastung ein. Sie sind daher anfällig gegen Lastwechsel (z.B. aus Wind) und reagieren darauf mit großen Formveränderungen. In diesem einfachen Beispiel einachsig gespannter Tragseile wird angenommen, dass die Dachhaut größere Lasten, vertikal nach unten wirkend, in das Tragseil einleitet als Windsogkräfte, die in der Feldmitte vertikal nach oben wirken.

Seile können wie Ketten nur Zugkräfte aufnehmen.

Aus der Konstruktion der Dachhaut wird, ähnlich wie im Beispiel 7 beschrieben, eine gleichmäßig verteilte Belastung [kN/m] in das Tragseil eingeleitet.

Die gleichmäßig verteilte Belastung fließt in Form zunehmender Zugkräfte bis zur Lagerung des Tragseiles auf der Pylonspitze. Diese Punktlast [kN] wirkt, abhängig von der Belastung und dem Durchhang des Tragseiles, schräg auf die Spitze des Pylons. Der Lastfluss erfolgt im Tragseil auf der so genannten „Hänge- oder Kettenlinie", die stets identisch mit der Seilachse ist.

Die „Hänge-" oder „Kettenlinie" ist die Spiegelung einer „Stützlinie" aus derselben Belastung, also auch etwa parabelförmig. Antonio Gaudi y Cornet hat diese Zusammenhänge sorgfältig studiert und nach Modellstudien bei seinen Bauplanungen angewendet (vergl. schräg zum Mittelschiff geneigte Stützen in der Sacrada Familia oder die Ausformung der Stützmauer im Park Guell).

5 Lastfluss in Tragelementen

An der Spitze des Pylons fließt die schräg wirkende Kraft mit entsprechenden Kraftkomponenten [kN] in die stabilisierende Doppelabspannung und in den Pylon[64].

Die Kraftkomponente des Pylons fließt über das Fundament in die Gründungsfläche und erhält dadurch die Dimension [kN/m^2].

Die Zugkräfte in den Abspannseilen vereinigen sich mit den entsprechenden Kräften in den Abspannseilen der benachbarten Tragseile (sie haben ein gemeinsames Fundament) und beanspruchen die Gründungsflächen mit einer negativen Flächenlast [kN/m^2], was durch eine vertikale Schraffur oberhalb der Fundamentfläche dargestellt ist. Die Aufnahme der horizontalen Lastkomponenten in der Gründungsfläche erfolgt wie in den vorangegangenen Beispielen erläutert. Die von unten nach oben wirkende vertikale Kraftkomponente muss durch das Eigengewicht des Fundamentes oder durch entsprechende Erdanker aufgenommen werden (Gleichgewichtszustand).

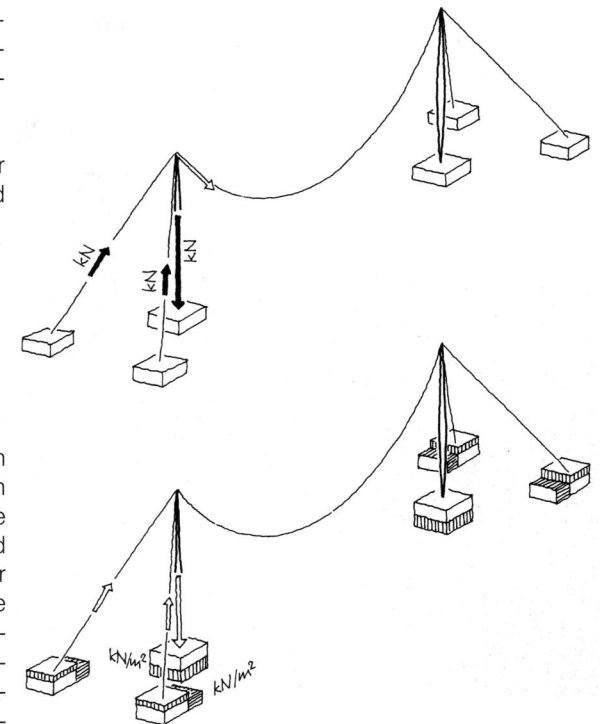

---

[64] vergl. Seite 34

5 Lastfluss in Tragelementen

Beispiel 9

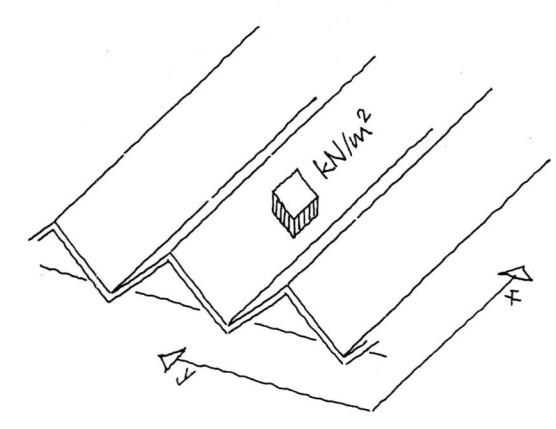

Faltwerke bestehen aus geknickten ebenen Flächen. Sie können hergestellt werden als Stahlbetonplatten oder als Fachwerkverbände aus Stahl- oder Holzprofilen.

In dem hier dargestellten einfachen Faltwerk wirkt eine Flächenlast [kN/m^2] sinngemäß wie im Beispiel 1 und Beispiel 5 beschrieben vertikal.

Faltwerke können vielfältige Formvarianten annehmen.

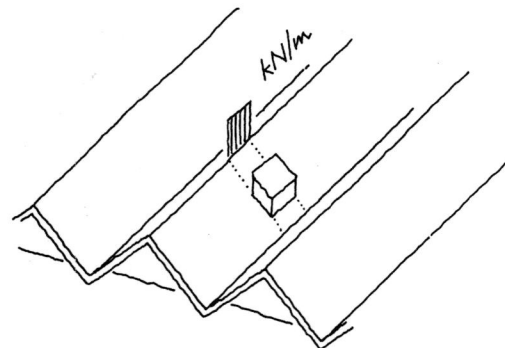

Diese Belastung fließt über die Fläche in der y-Richtung zu den Hoch- und Tiefpunkten des Faltwerkes und tritt dort als vertikal wirkende gleichmäßig verteilte Belastung [kN/m] auf.

5 Lastfluss in Tragelementen

Die vertikale Belastung wird in Komponenten in den Ebenen der Platten zerlegt [kN/m].

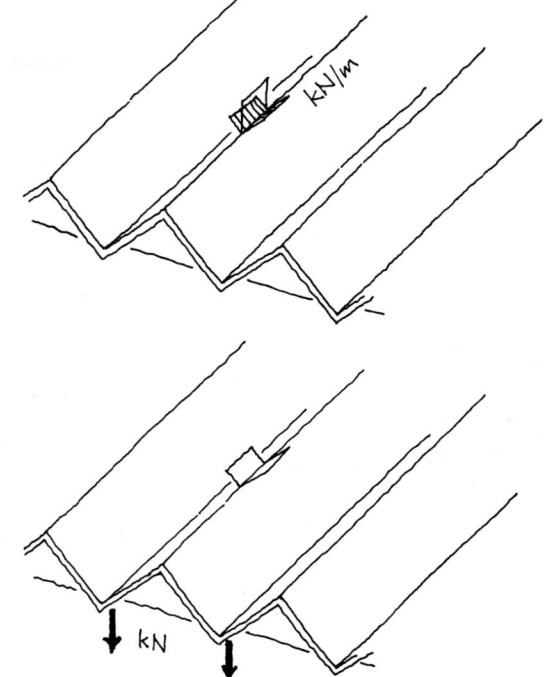

Die schräg stehenden ebenen Platten wirken in der x-Richtung wie Träger, die diese schrägen Belastungkomponenten zu den Unterstützungen transportieren, wo sie als Punktlasten [kN] in Stützen[65] oder Wände[66] eingeleitet werden.

In den Stützen oder Wänden verläuft der weitergehende Kraftfluss, wie zuvor beschrieben, bis in die Gründungsflächen.

---

[65] vergl. dazu weitergehend Beispiel 1 dieses Kapitels
[66] vergl. dazu weitergehend Beispiel 2 und 3 dieses Kapitels

5 Lastfluss in Tragelementen

Kraftflussüberlegungen fördern die räumliche Vorstellungsfähigkeit und sind bei der Entwicklung von Tragsystemen hilfreich. Ohne die Kenntnis der damit verbundenen Lastgrößen sind sie jedoch nur von bedingter Aussagekraft.

An drei Beispielen soll die Systematik der Aufstellung von Belastungen mit der Darstellung des Kraftflusses exemplarisch dargestellt werden. Dabei ist insbesondere Folgendes zu beachten:

1. Für die Aufstellung einer Lastenermittlung sind detaillierte Kenntnisse über den Ausbau erforderlich oder festzulegen,

2. die Abmessungen (Dimensionen) des Tragwerks sind zu schätzen, um das Eigengewicht berücksichtigen zu können,

3. die Nutzung des Tragwerks muss im Hinblick auf die Festlegung und Berücksichtigung der veränderlichen (Verkehrs-) Lasten bekannt sein,

4. zur eindeutigen Darstellung eines Konstruktionssystems und der daraus abzuleitenden statischen Systemskizzen sind mindestens drei Risse (Grundriss und 2 Schnitte oder Ansichten) erforderlich. Zusätzlich ggf. Detailzeichnungen (vergl. Punkt 1.),

5. die einzelnen tragenden Bauteile werden im Sinne des Kraftflusses nummeriert (Positionen),

6. die Systemabmessungen[67] resultieren aus den Achsmaßen der Konstruktion.

In den Tragwerkplänen, oft auch Positionspläne genannt, werden – abweichend von den Grundrissdarstellungen der Architekten – die Deckenkonstruktionen dargestellt. Im Erdgeschossgrundriss wird beispielsweise die Decke über dem Erdgeschoss dargestellt.

Der Berechnung eines Tragwerkes – hier zunächst dessen Lastenaufstellung – geht also eine detaillierte und durchdachte baukonstruktive Lösungsfindung voraus oder ist mit ihrer Entwicklung oder effizienteren Modifikation verzahnt.

Die in den Beispielen benutzten Werte für die Eigengewichte der einzelnen Materialien und die Größen der veränderlichen (Verkehrs-) Lasten können DIN 1055 oder allen entsprechenden Tabellenwerken entnommen werden.

Die Nachweise für die Richtigkeit der zunächst geschätzten Abmessungen (s. oben Punkt 2) kann erst nach der Erarbeitung weiterer Kenntnisse über die Dimensionierung der Tragwerke erfolgen.

Zur Bestimmung der Auflagerkräfte bei der Verfolgung des Lastflusses sei auf das Kapitel 5.5 verwiesen.

---

[67] vergl. Seite 45 ff

5 Lastfluss in Tragelementen

Beispiel 1

In Göppingen[68] soll ein freistehender Carport errichtet werden. Die Dachdeckung wird als extensive Begrünung auf entsprechenden Unterschichten nach den Vorgaben der Firma AAA mit Wasserspeiern ausgeführt. Dieses Dachbegrünungs- und -dichtungssystem wiegt 2,0 kN/m². Die Unterseite der Betonplatte erhält einen Kalkzementputz. Unterzüge und Stützen sollen in Sichtbeton ausgeführt werden. Die zulässige Bodenpressung beträgt (nach einem Bodengutachten) 1,0 m unter Terrain (Frosttiefe) 150 kN/m². Die Windkräfte sollen in diesem Beispiel unberücksichtigt bleiben. Die Aussteifung von Gebäuden wird in einem gesonderten Kapitel behandelt.

„h" kennzeichnet hier die >statische Höhe< und wird von der Achse des Betonstahls bis zur gegenüber liegenden Kante (gedrückter Rand) des Stahlbetonbauteils gemessen. Die Dicke des Stahlbetonteils „d" ergibt sich aus „h", dem halben Durchmesser der Bewehrungseisen und der so genannten Betondeckung (vergl. Bewehrungsrichtlinien in DIN 1045).

B25 ist die Qualitätsbezeichnung für üblichen Ortbeton.
BSt 500 ist die Qualitätsbezeichnung für üblichen Betonstahl.
In diesem Beispiel bildet Schnee die Verkehrslast. Da die Decke waagerecht ist und Schneelasten auf die Horizontale bezogen werden, sind „g" und „s" hier addierbar zu „q" (gleiche Wirkungsrichtung und gleiche Bezugslänge!). Schneelasten werden wie ständig wirkende Lasten behandelt, daher keine Untersuchung von Lastfällen.

Pos. 1

Stahlbetonplatte B25 BSt 500
geschätzt[69]:
h = 4,20/35 = 0,12 m, d = h+0,03 = 0,15 m
Begrünungssystem und Dachdichtung
nach Angabe der Firma AAA   2,000 kN/m²
Stahlbetonplatte 0,15 · 25   3,750 kN/m²
Kalkzementmörtel-Putz 2 cm   0,400 kN/m²
                                          g = 6,150 kN/m²
Schnee (Verkehrslast)   s = 1,250 kN/m²

                                          q = 7,400 kN/m²

---

[68] Die Ortsangabe ist in Verbindung mit der Höhenkote des Standortes wichtig für die Festlegung der Schneebelastung der Dachfläche.
[69] vergl. Seite 171

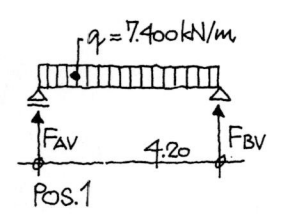

5 Lastfluss in Tragelementen

Pos 2

Randträger Stahlbeton B25 BSt 500
geschätzt: 20 / 40 cm
Belastung aus Pos. 1 ($F_A = F_{BV}$)

$$\frac{7{,}400 \cdot 4{,}20}{2} = 15{,}540 \text{ kN/m}$$

Eigengewicht Randträger
$0{,}20 \cdot 0{,}40 \cdot 25 = 2{,}000$ kN/m
Betonaufkantung $0{,}20 \cdot 0{,}12 \cdot 25 = 0{,}600$ kN/m

$q = 18{,}140$ kN/m

Bei der Berechnung der Lastgrößen im Lastfluss werden stets die Achsmaße der tragenden Bauteile in Ansatz gebracht (vergl. Zeichnung). Für die Stahlbetonplatte (Pos. 1) wird mit einem 1,0 m breiten Streifen gerechnet. Dadurch wird aus 7,4 kN/m² · 1,0 m = 7,4 kN/m.

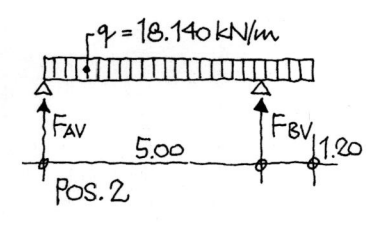

Pos 3

Stütze Stahlbeton B25 BSt 500
Geschätzt: 20 / 20 cm
Belastung aus Pos. 2 (F_A)

$$\frac{18{,}140 \cdot 5{,}0^2}{5{,}0 \cdot 2} - \frac{18{,}140 \cdot 1{,}2^2}{5{,}0 \cdot 2} = 42{,}738 \text{ kN}$$

Eigengewicht $0{,}20 \cdot 0{,}20 \cdot 2{,}60 \cdot 25 = 2{,}600$ kN

$F = 45{,}338$ kN

Die Mindestabmessung für Stützen aus Ortbeton ist 20 / 20 cm.

Das Eigengewicht von Stützen baut sich von oben nach unten kontinuierlich auf. In der Praxis wird trotz Bemessung der Stütze (in der Regel) in der Mitte ihrer Länge mit dem Eigengewicht für die volle Länge der Stütze gerechnet.

Pos. 4

Stütze Stahlbeton B25 BSt 500
geschätzt: 20 / 20 cm
Belastung aus Pos. 2 (F_{BV})

$$\frac{18{,}140 \cdot (5{,}00 + 1{,}20)^2}{2 \cdot 5{,}00} = 69{,}730 \text{ kN}$$

Eigengewicht wie Pos. 3   2,600 kN

$F = 72{,}330$ kN

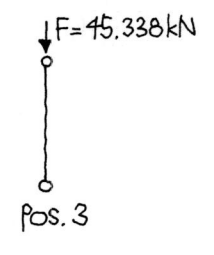

Pos. 5

Fundament unter Stütze Pos. 3
in B25 (unbewehrt)
geschätzt: 60 / 60 / 50 cm
Belastung aus Pos. 3   45,338 kN
Eigengewicht $0{,}60 \cdot 0{,}60 \cdot 0{,}50 \cdot 24 = 4{,}320$ kN

$F = 49{,}658$ kN

Das auflastende Erdreich wird bei geringen Gründungstiefen in der Regel nicht berücksichtigt.

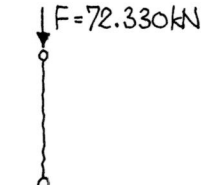

Pos. 6

Fundament unter Stütze Pos. 4
in B25 (unbewehrt)
geschätzt: 80 / 80 / 50 cm
Belastung aus Pos. 4   72,330 kN
Eigengewicht $0{,}80 \cdot 0{,}80 \cdot 0{,}50 \cdot 24 = 7{,}680$ kN

$F = 80{,}010$ kN

Um ungleichmäßige Setzungen des Bauwerks zu verhindern, sollten Abmessungen von Fundamenten unterschiedlich so festgelegt werden, dass gleiche Bodenpressungen entstehen.

5 Lastfluss in Tragelementen

Beispiel 2

In der Eifel bei Münstereifel (westlich von Köln) soll an einem Steilhang eine Aussichtsplattform mit den angegebenen (geschätzten) Abmessungen in Holz ausgeführt werden. Windlasten und Holmendrücke (Geländer vergl. Beispiel 3) sollen unberücksichtigt bleiben. Die zulässige Bodenpressung beträgt 1,10 m (Frosttiefe) unter Terrain 300 kN/m².

Die Kragarmlänge wurde so gewählt, dass ein Abheben (negative Auflagerkraft) im gegenüber liegenden Auflager nicht auftritt.

Balkenabstand in der Regel <1,0 m. Hier gewählt:
$$\frac{6,10 - 0,08}{10} = 0,602 \text{ m}.$$

Dielung wegen Abrieb und Feuchtigkeitsbeanspruchung überdimensioniert.

NH (Nadelholz) Sortierklasse S10 = normales Bauholz.

Mit $\frac{12}{13,5}$ wird die Fuge in der Dielung berücksichtigt: 12 cm Breite je 13,5 cm.

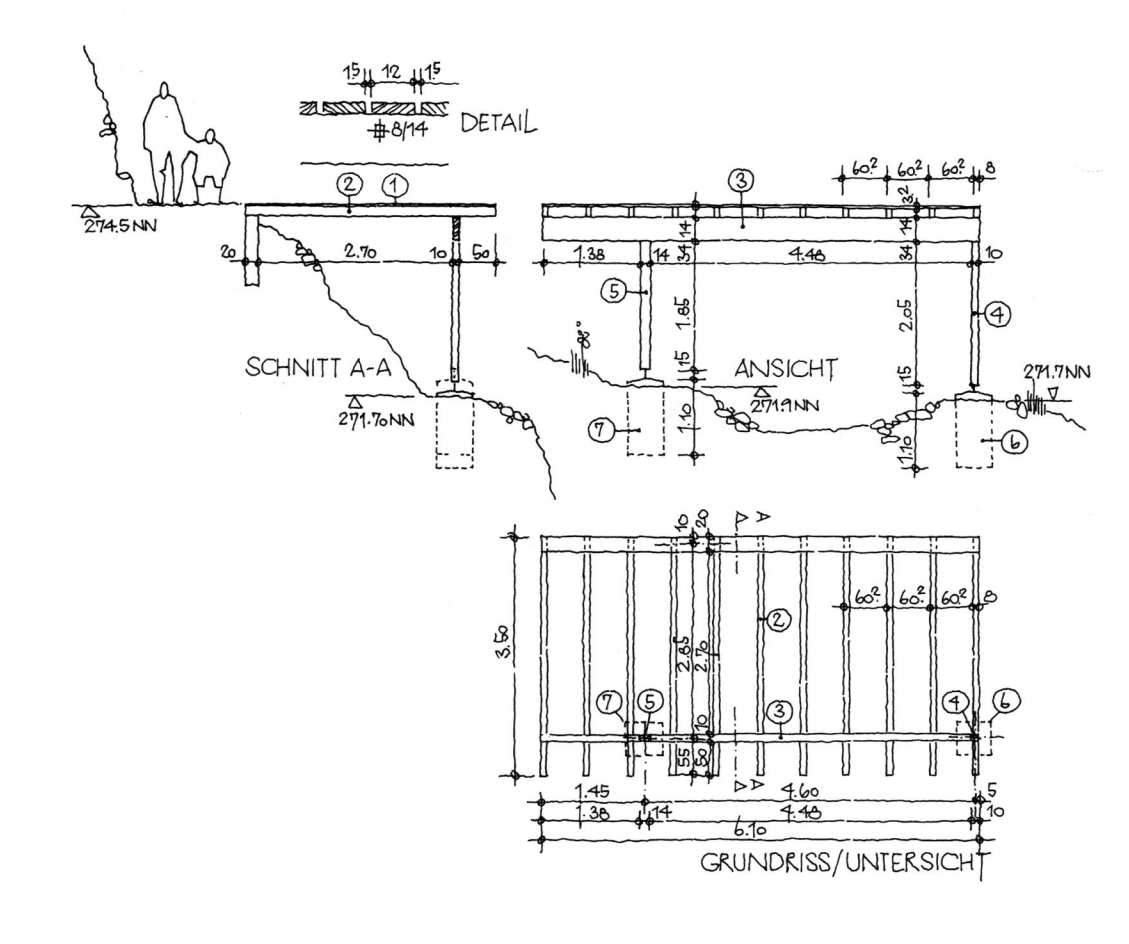

Wegen der größeren Verkehrslast und Sommernutzung werden keine Schneelasten zusätzlich berücksichtigt.

Pos. 1

Dielung NH / S10
gewählt konstruktiv: 32 / 120 mm mit 1,5 cm Fuge.

Eigengewicht: $0,032 \cdot 6,0 \cdot \frac{12}{13,5}$ $\quad g = 0,171$ kN/m²

Verkehrslast $\quad\quad\quad\quad\quad\quad\quad\quad\quad\quad p = 3,500$ kN/m²

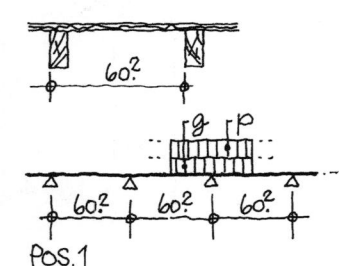

5 Lastfluss in Tragelementen

Pos. 2

Deckenbalken NH / S 10
geschätzt: 8 / 14 cm
Belastung aus g Pos. 1

$0{,}171 \cdot 0{,}602$	$= 0{,}103$ kN/m
Eigengewicht: $0{,}08 \cdot 0{,}14 \cdot 6{,}0$	$= 0{,}067$ kN/m
	$g = 0{,}170$ kN/m

Belastung aus p Pos. 1
$3{,}500 \cdot 0{,}602$ $p = 2{,}107$ kN/m

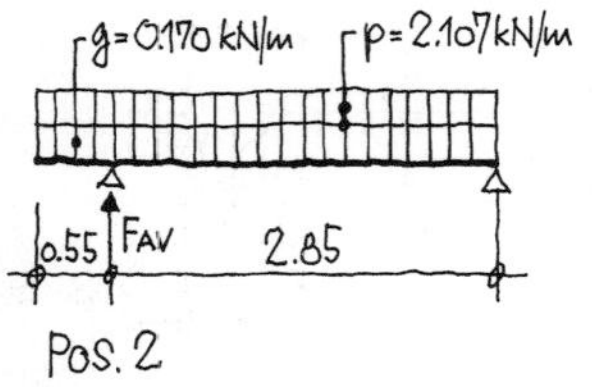

Pos. 3

Längsträger BSH / S10
geschätzt: 10 / 34 cm
Belastung aus g Pos. 2 (F_{AV} aus g)

$$F_{Avg} = \frac{0{,}170 \cdot (2{,}85 + 0{,}55)^2}{2 \cdot 2{,}85} = 0{,}345 \text{ kN}$$

$\dfrac{0{,}345}{0{,}602} =$ $0{,}573$ kN/m

Eigengewicht: $0{,}10 \cdot 0{,}34 \cdot 5{,}0 =$ $0{,}170$ kN/m

$g = 0{,}743$ kN/m

Belastung aus p Pos. 2 (F_{AV} aus p)

$$F_{Avp} = \frac{2{,}107 \cdot (2{,}85 + 0{,}55)^2}{2 \cdot 2{,}85} = 4{,}273 \text{ kN}$$

$P = \dfrac{4{,}273}{0{,}602} =$ $p = 7{,}098$ kN/m

Mit der Division durch 0,602 m (Balkenabstand) wird die punktförmige Auflagerkraft [kN] in eine gleichmäßig verteilte Belastung [kN/m] umgerechnet. Diese, in der Praxis übliche, Vereinfachung ist bei einer dichten Folge mehrerer Einzellasten mit kleinem Abstand (< 1,0 m) zulässig.

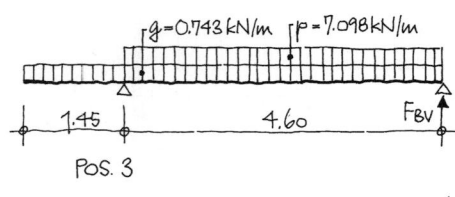

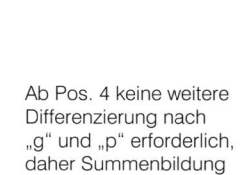

Pos. 4

Stütze NH S 10
geschätzt: 10 / 10 cm
aus g und p der Pos. 3 (Maximalwert F_{BV})

$$\frac{(0{,}743 + 7{,}098) \cdot 4{,}60^2}{2 \cdot 4{,}60} - \frac{0{,}743 \cdot 1{,}45^2}{2 \cdot 4{,}60} = \quad 17{,}865 \text{ kN}$$

Eigengewicht: $0{,}10 \cdot 0{,}10 \cdot 2{,}05 \cdot 6{,}0 =$ $0{,}123$ kN

$F = 17{,}988$ kN

Ab Pos. 4 keine weitere Differenzierung nach „g" und „p" erforderlich, daher Summenbildung zu F !

Beim Lastfall „Verkehrslast nur auf dem Kragarm" entsteht im Auflager B eine geringe negative Auflagerkraft, die durch eine zugfeste Verbindung von Pos. 3 und Pos. 4 aufgenommen werden kann.

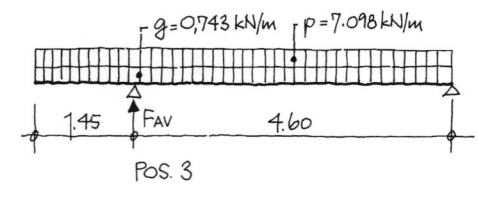

Pos. 5

Stütze NH S 10
geschätzt: 10 / 14 cm
aus g und p der Pos. 3 (Maximalwert)

$$\frac{(0{,}743 + 7{,}098) \cdot (1{,}45 + 4{,}60)^2}{2 \cdot 4{,}60} = \quad 31{,}196 \text{ kN}$$

Eigengewicht: $0{,}10 \cdot 0{,}14 \cdot 1{,}85 \cdot 6{,}0 =$ $0{,}155$ kN

$F = 31{,}351$ kN

Die Abmessung des Stabes ist wegen des Drucks quer zur Faserrichtung des Balkens der Position 3 erforderlich.

5 Lastfluss in Tragelementen

Pos. 6

Einzelfundamente mit einer Seitenlänge <50 cm sind in der Regel baulich nicht herstellbar.

Fundament B 25 (unbewehrt) unter Pos. 4
geschätzt: 0,5 · 0,5 · 1,1 m
aus Pos: 4   17,988 kN
Zuschlag für Stützenfuß   0,020 kN
Eigengewicht: 0,50 · 0,50 · 1,10 · 24 =   6,600 kN
                                         _____
                                         F = 24,608 kN

Pos. 7

Fundament B 25 (unbewehrt) unter Pos. 5
geschätzt wie Pos. 6
aus Pos: 5   31,351 kN
Zuschlag für Stützenfuß   0,020 kN
Eigengewicht: wie Pos. 6 =   6,600 kN
                                         _____
                                         F = 37,971 kN

Die Auflagerkraft eines Balkens (kN) wird bei geringem Balkenabstand (<1,0 m) durch Division durch den Balkenabstand in eine Streckenlast (kN/m) umgerechnet (s. oben).

Pos. 8

Streifenfundament B25 (unbewehrt)
Fundamentbreite geschätzt: 20 cm.
Belastung aus g und p Pos. 2

$$\left[(2{,}107 + 0{,}170)\frac{2{,}85}{2} - \frac{0{,}170 \cdot 0{,}55^2}{2 \cdot 2{,}85}\right] \cdot \frac{1}{0{,}602}$$

                                         = 5,375 kN/m
Eigengewicht: 0,20 · 1,00 · 24   4,800 kN/m
                                         _____
                                            10,175 kN/m

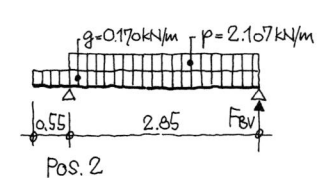

5 Lastfluss in Tragelementen

Beispiel 3:

Für die in Beispiel 2 behandelte Aussichtsplattform sollen die tragenden Bauteile des vorderen Teils der Umwehrung beispielhaft entwickelt werden. Es sind verschiedene Lösungen möglich. Die Füllungen der Felder können individuell in Beachtung der Bauordnung gestaltet werden.

Möglichkeit a:

Über einen Handlauf auf Doppelstützen, die seitlich an jedem zweiten Balken mit Bolzen befestigt werden sollen, soll der Holmendruck in die Balken der Plattform eingeleitet werden. Die (geringen) Vertikallasten sollen hier unberücksichtigt bleiben.

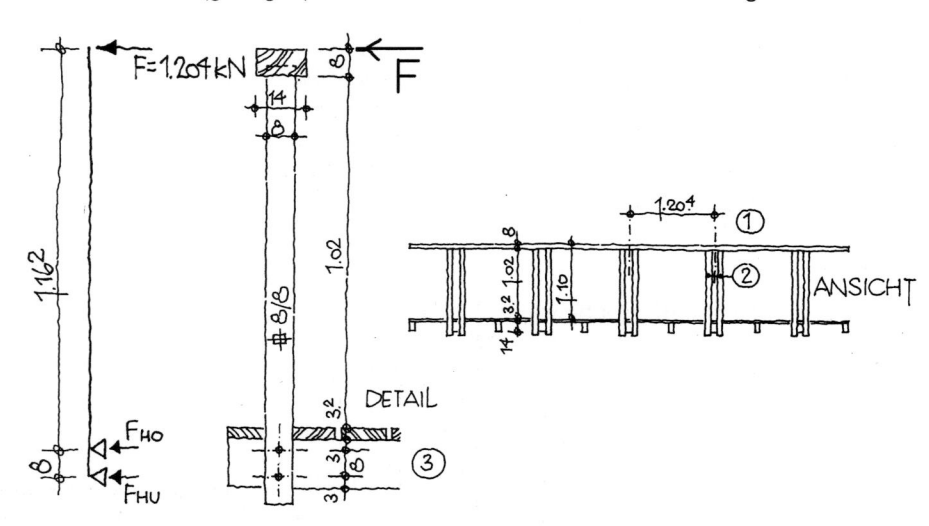

Maßbezüge vergl. Beispiel 2 dieses Kapitels.

Die Geländerstützen sind aus verarbeitungstechnischen Gründen nicht kleiner als 8 / 8 cm zu wählen.

Die Füllungen der Zwischenräume sind in Beachtung der Bauordnung beliebig ausführbar.

Pos. 1

    Handlauf NH S 10
    geschätzt: (konstruktiv) 8 / 14 cm
    Holmendruck $p = 1{,}000$ kN/m

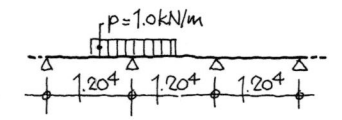

Pos. 2

    Geländerstützen NH S 10
    geschätzt: jeweils 8 / 8 cm
    Belastung aus dem Handlauf
    $1{,}000 \cdot 1{,}204$ $F = 1{,}204$ kN

5 Lastfluss in Tragelementen

Pos. 3

Belastung der Bolzen
$1{,}204 \cdot 1{,}162 - F_{HU} \cdot 0{,}08 = 0$
$F_{HU} = 17{,}488$ kN
$1{,}204 \cdot (1{,}162 + 0{,}08) + F_{HO} \cdot 0{,}08 = 0$
$F_{HO} = 18{,}692$ kN

Erf. Randabstand der Bolzen ≥ 3cm.

Der kleine Abstand der Bolzen am Fuß der Geländerstäbe (8 cm), bedingt durch die geringe Balkenhöhe (14 cm) und die erforderlichen Seitenabstände der Bolzen, führt zu so großen Scherkräften (F_{HU} und F_{HO}), dass sie nicht im Holz aufgenommen werden können. Daher ist diese Lösung hier nicht möglich.

Möglichkeit b:

Wie könnte das Geländer für die Querseite der Plattform konstruktiv ausgebildet werden?

Eine traditionelle Ausbildung für Holzkonstruktionen bietet sich daher als realisierbare Lösung an. Nur zwischen den äußeren Geländerstützen soll je eine Strebe angeordnet werden. Die beiden zugehörigen Plattformbalken 10 / 14 cm müssen entsprechend verlängert werden (vergl. Detailschnitt durch die Brüstung).

Das Brüstungsfeld kann mit Stützen (zur Aufnahme vertikaler Lasten) und beliebigen Füllungen in Beachtung der Bauordnung geschlossen werden.

Vorholzlänge ≥ 20 cm.

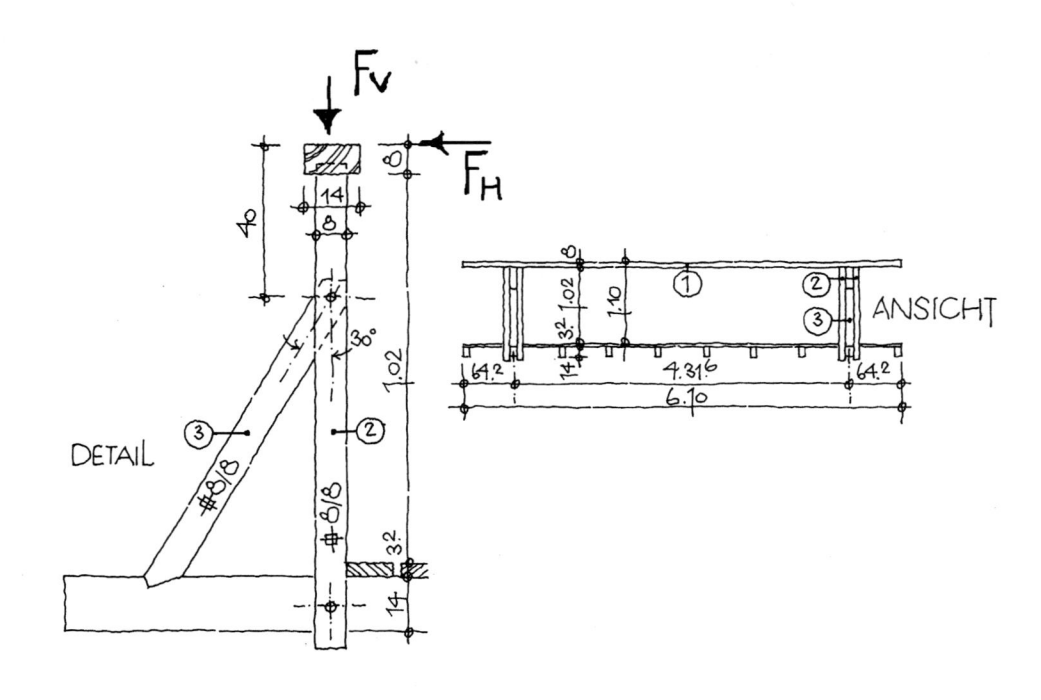

Pos. 1

Handlauf NH S 10
geschätzt: 8 / 14 cm
Holmendruck $p = 1{,}000$ kN/m

5 Lastfluss in Tragelementen

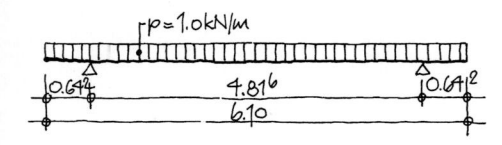

Pos. 2 (Belastung F_H auf Pfosten)

Geländerstützen NH S 10
geschätzt: jeweils 8 / 8 cm
Belastung aus dem Handlauf

$$1{,}000 \cdot \frac{6{,}10}{2} \qquad F_H = 3{,}050 \text{ kN}$$

Belastung des Pfosten vertikal

$$F_V = 1{,}020 \text{ kN}$$

F_V ist angenommen aus Eigengewicht und „Verkehrslast" durch Personen, die auf dem Geländer sitzen.

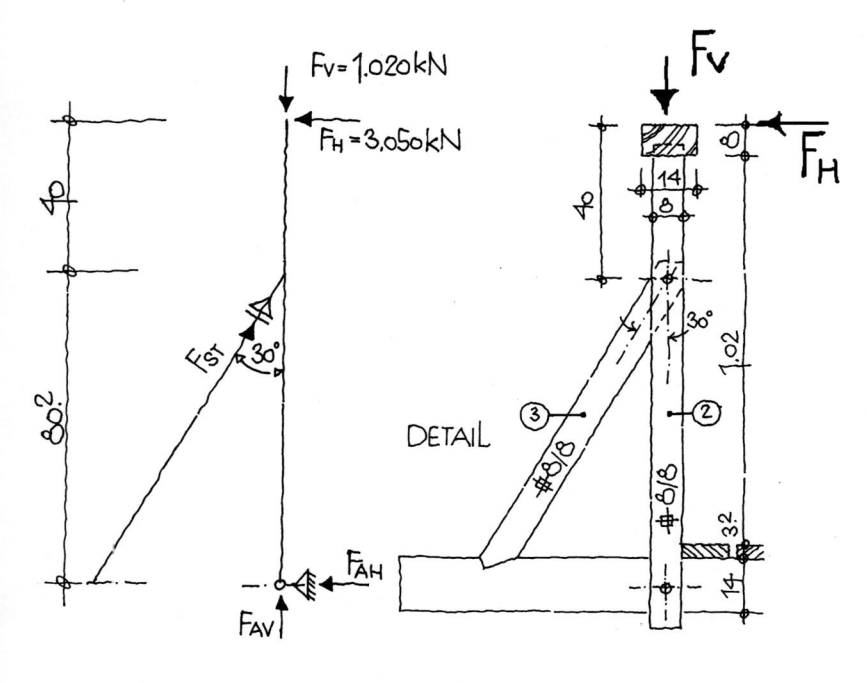

Zu beachten ist die links dargestellte Systemzeichnung, die aus den Achsen der Detailzeichnung entwickelt wird.

Hebelarm der Kraft F_{ST} in der Strebe zum Bolzen der Stütze:

$$h = 0{,}802 \cdot \sin 30° = 0{,}401 \text{ m}$$

aus $\Sigma M = 0$ mit Drehpunkt im Bolzen folgt:

$$3{,}050 \cdot (0{,}802 + 0{,}40) - F_{ST} \cdot 0{,}401 = 0$$

$$F_{ST} = 9{,}142 \text{ kN}$$

$$F_{STH} = 9{,}142 \cdot \sin 30° = 4{,}571 \text{ kN}$$

$$F_{STV} = 9{,}142 \cdot \cos 30° = 7{,}917 \text{ kN}$$

Der Geländerstiel ist mit seinen Auflagerkräften F_{AV}, F_{AH} und F_{ST} ein statisch bestimmtes System.
Die Strebe übernimmt die Kraft F_{ST}.

Die Kraft F_{ST} wird in horizontale und vertikale Kraftkomponenten zerlegt, um mit den Gleichgewichtsbedingungen $\Sigma V = 0$ und $\Sigma H = 0$ im Folgenden weiter rechnen zu können.

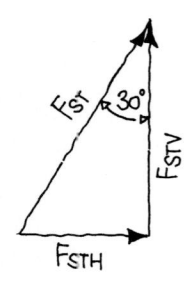

5 Lastfluss in Tragelementen

Die Belastung des Bolzens lässt sich bestimmen über die Gleichgewichtsbedingungen $\Sigma H = 0$ und $\Sigma V = 0$.

Aus $\Sigma H = 0$ ergibt sich:

$$3{,}050 - 4{,}571 + F_{AH} = 0$$

$$F_{AH} = 1{,}521 \text{ kN}$$

und aus $\Sigma V = 0$ ergibt sich:

$$1{,}020 - 7{,}917 - F_{AV} = 0$$

$$F_{AV} = 6{,}897 \text{ kN}$$

Bei dieser Lösung muss über den Bolzen im Holzbalken in der Faserachse die Kraft F_{AH} und quer zur Faserachse die Kraft F_{AV} aufgenommen werden. Im Holzstiel wirkt F_{AV} in der Faserachse und F_{AH} quer zur Faserachse[70].

Der weitere Nachweis über die Richtigkeit der geschätzten Abmessungen würde hier, wie bei ähnlichen Konstruktionen, vorrangig über die Verbindungen der Stäbe erfolgen (Zapfengröße zwischen Geländerpfosten und Handlauf, Bolzengrößen, Versatzabmessungen und Vorholzlänge).

---

[70] vergl. Zulässige Spannungen bei Holz in einschlägigen Tabellenwerken.

5 Lastfluss in Tragelementen

6 Verformungen und innere Kräfte

6.1 Dehnungen aus Belastungen

Jedes Bauteil verformt sich, wenn es durch äußere Kräfte beansprucht wird, entsprechend dem elastischen Verhalten seines Baustoffes. Jedes Material hat sein eigenständiges elastisches Verhalten, das durch den Elastizitätsmodul E, meist angegeben in der Dimension N/mm², gekennzeichnet wird.

Man unterscheidet die Bereiche der elastischen und der plastischen Verformung von Materialien. Tragende Bauteile dürfen nur im Bereich der elastischen Verformung beansprucht werden. In diesem Bereich werden die Verformungen nach Wegnahme der Last wieder auf null abgebaut.

Als Dehnung ε bezeichnet man das Verhältnis der Längenänderung Δl zur ursprünglichen Länge l_0.

ε ist ein dimensionsloser Wert.

$$\varepsilon = \pm \frac{\Delta l}{l_0}$$

Eine Dehnung entsteht aus einer Verlängerung (durch Zugbeanspruchung) oder einer Verkürzung (durch Druckbeanspruchung) der ursprünglichen Stablänge l_0.

Für weitere Betrachtungen sei vereinbart, Verlängerungen positiv und Verkürzungen negativ zu bezeichnen und die Dehnungen mit entsprechenden Vorzeichen zu kennzeichnen.

Innerhalb des Bereichs elastischer Verformungen sind nach dem Hooke'schen Gesetz[1] die Spannungen σ[2] den Dehnungen ε proportional.

$$\varepsilon = \alpha \cdot \sigma$$

Da die Dehnzahl α sehr klein ist, benutzt man den Reziprokwert $\frac{1}{\alpha}$ und nennt ihn Elastizitätsmodul E. Daraus folgt:

$$\varepsilon = \frac{\sigma}{E}.$$

Um eine Vorstellung von den Größen und Verhältnissen der Elastizitätsmoduli zu erhalten, einige Werte:

ST 37 (üblicher Baustahl)	E = 210.000 N/mm²
Nadelholz S 10 II[3]	E = 7.400 bis 11.000 N/mm²
Nadelholz S 10$\perp$[4]	E = 250 bis 370 N/mm²
Beton	E = 20.000 bis 40.000 N/mm²
Ziegelmauerwerk	E = 2.000 bis 20.000 N/mm²

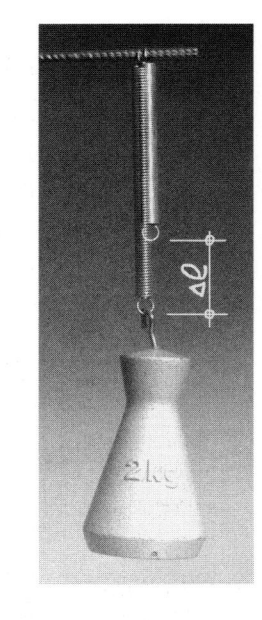

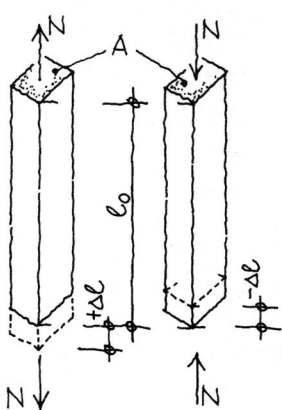

---

[1] Benannt nach dem englischen Physiker Robert Hooke, vergl. Seite 18
[2] vergl. Seite 142 ff.
[3] S10 II bedeutet Sortierklasse 10 (übliches Bauholz) parallel zur Faserrichtung
[4] $\perp$ bedeutet quer zur Faserrichtung

6 Verformungen und innere Kräfte

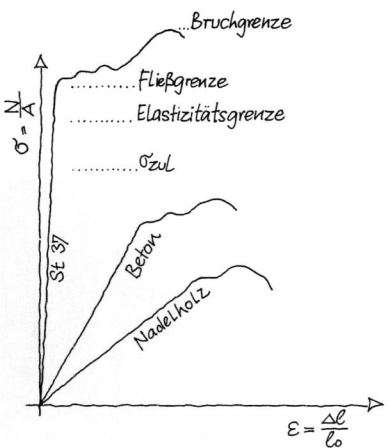

Das Spannungs-Dehnungsdiagramm zeigt die Proportionalität zwischen Spannungen (σ) und Dehnungen (ε) bis zur Elastizitätsgrenze. Die rechnerisch zulässige Festigkeit (σ_{zul}) wird mit einer Sicherheitsmarge darunter festgelegt. Die für ST 37 in der Skizze gekennzeichneten Grenzzonen sind, auf niedrigerem Niveau, auf die anderen Materialien zu übertragen.

6.1.1 Querdehnungen

Verbunden mit einer Längendehnung ε ist stets auch eine Querdehnung ε_q. Das Verhältnis von Quer- zu Längsdehnung ist im Bereich elastischer Verformungen wiederum materialspezifisch konstant und wird die Poisson'sche Zahl[5] μ genannt.

$$\mu = \frac{\varepsilon_q}{\varepsilon}$$

μ ist ein dimensionsloser Wert.

Zum Vergleich seien die Poisson'schen Zahlen μ für die folgenden Materialien genannt:

ST 37 Baustahl   μ = 0,25 bis 0,33
Beton   μ = 0,13 bis 0,25.

6.2 Längenänderungen aus Temperaturdifferenzen

Verformungen können aber auch durch Temperaturdifferenzen Δt verursacht werden. Die damit verbundene Längenänderung Δl_t ist abhängig von der ursprünglichen Länge l_0, der Temperaturdifferenz Δt und einem materialspezifischen Wärmedehnungskoeffizienten α_t.

Materialien dehnen sich bei Erwärmung aus und ziehen sich bei Abkühlung zusammen.

$$\Delta l_t = \pm \alpha_t \cdot \Delta t \cdot l_0$$

Um eine Vorstellung von den Größen und Verhältnissen der Wärmedehnungskoeffizienten zu erhalten, einige Werte [mm/mm·°C]:

ST 37 Baustahl $\alpha_t = 0{,}000012 = 12 \cdot 10^{-6}$
Nadelholz S 10 II $\alpha_t = 0{,}000003$ bis $0{,}000009$
     $= 3 \cdot 10^{-6}$ bis $9 \cdot 10^{-6}$
Ziegelmauerwerk $\alpha_t = 0{,}000005 = 5 \cdot 10^{-6}$

Auch wenn die Wärmedehnungskoeffizienten α_t sehr klein erscheinen, können die Auswirkungen beim Zusammenspiel ver-

---

[5] Benannt nach dem französischen Naturwissenschaftler Siméon Denis Poisson, vergl. Seite 18

schiedenartiger Materialien sehr groß sein und zu baukonstruktiven Problemen führen. Dafür folgendes („ausgefallenes") Beispiel:

An einem 200 m hohen Gebäude sind die Balkone außen auf Stahlstützen gelagert. Nimmt man eine ausreichende Wärmedämmung des Gebäudes an, so kann dessen Temperaturdehnung gleich Null gesetzt werden. Die Stahlstützen verlängern sich zwischen Winter (-12° C) und Sommer (+40° C), was einer Temperaturdifferenz von $\Delta t = 52°$ C entspricht, um:

$$\Delta l_t = 12 \cdot 10^{-6} \cdot 52 \cdot 200 = 0,125 \text{ m} = 12,5 \text{ cm}$$

Das ist sicher ein ausgefallenes Beispiel, doch können bereits wesentlich kleinere Dehnungen (z.B. 5 mm) große bauphysikalische Schäden verursachen. Zu beachten sind insbesondere die Anordnung von Dehnfugen in einem Abstand von $\leq 50,0$ m in größeren Gebäuden, in Metallfassaden, bei langen Geländern, Dachrinnen oder sonstigen Metallabdeckungen sowie in Flachdächern aus Stahlbeton.

6.3 Biegeverformungen und kombinierte Verformungen

Bei den bisher betrachteten Dehnungen durch Kräfte und Temperaturdifferenzen werden die Stäbe in ihrer Längsrichtung vergrößert oder verkürzt.

An den konkaven Seiten eines biegebeanspruchten Bauteils treten negative – an den konvexen Seiten treten positive Dehnungen auf.

Wird ein tragendes Bauteil (Stab) mit einer Kraft quer zu seiner Längsrichtung beansprucht, so verbiegt es sich – anders formuliert „es biegt sich durch" oder es erfährt eine „Durchbiegung f" – auf Grund des elastischen Verhaltens des Materials. Diese Durchbiegung resultiert aus einer Längenverkürzung (negative Dehnung) im Bereich der konkaven Verformung und einer Längenvergrößerung (positive Dehnung) im Bereich der konvexen Verformung.

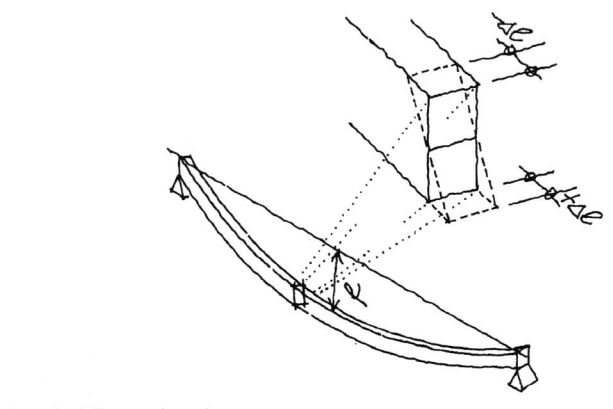

Denkt man sich einen derartig durchgebogenen Stab quer zu seiner Längsachse geschnitten, so sind die positiven und negativen Dehnungen über diese Querschnittfläche dreidimensional antragbar. Bei homogenen Materialien gehen die positiven Dehnungen kontinuierlich (gradlinig) in die negativen Dehnungen über.

So, wie in einem auf Durchbiegung beanspruchten Stab verlängernde (positive) und verkürzende (negative) Dehnungen gleichzeitig vorkommen, können diese Dehnungen auch mit Dehnungen aus anderen Beanspruchungen der Stäbe gleichzeitig auftreten. In solchen Fällen werden die Dehnungen aus den einzelnen Beanspruchungen in Beachtung ihrer Wirkungsrichtungen (Vorzeichen) auf der Querschnittfläche addiert.

6 Verformungen und innere Kräfte

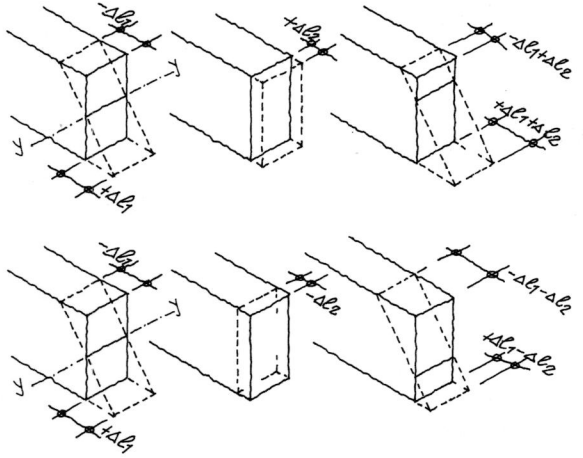

- Ein Stab wird neben der Durchbiegung über die y-Achse von einer ziehenden Kraft (Zugkraft) verformt,

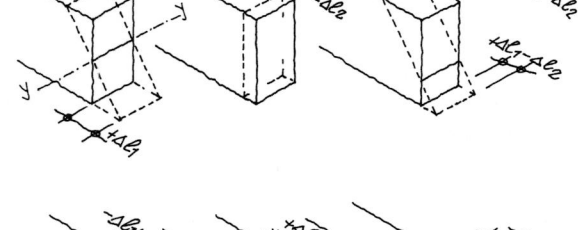

- Ein Stab wird neben der Durchbiegung von einer drückenden Kraft (Druckkraft) verformt,

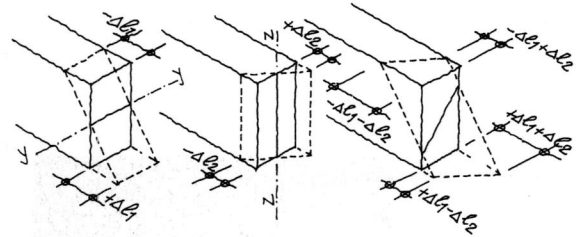

- Ein Stab wird gleichzeitig über beide Hauptachsen y-y und z-z durchgebogen,

- auch zweiachsige Durchbiegungen sind in Kombination mit Dehnungen aus Zug- oder Druckkräften denkbar.

Wie sehen die Dehnungsbilder aus?

Stets werden die Längenänderungen aus den Dehnungen in Berücksichtigung der Vorzeichen addiert.

Für das Verständnis der Wirkungsweise und des Verhaltens von Tragsystemen ist es hilfreich, Vorstellungen über die Verformungen zu entwickeln. Dies gilt besonders für Konstruktionen, die auf Biegung[6] (Durchbiegung) beansprucht werden.

Die Grenzwerte für zulässige Durchbiegungen sind den einschlägigen DIN-Vorschriften zu entnehmen. Für eine erste Annäherung und als Orientierungswerte sollen die Durchbiegungen

$$\text{für Holz } f \leq \frac{1}{200} \cdot l$$

$$\text{für Stahl } f \leq \frac{1}{300} \cdot l$$

betragen. Die Formeln für die Durchbiegungen sind nur über die Integralrechnung ableitbar. Für gängige Konstruktionen und Belastungen sind sie jedoch im Bedarfsfall einschlägigen Tabellenwerken zu entnehmen. Bei der Anwendung solcher Formeln ist auf die Übereinstimmung mit dem Tragsystem und mit der Belas-

Tabellenwerke enthalten Formeln für häufig vorkommende Konstruktions- und Belastungsarten zur Bestimmung der Durchbiegung f. Zu beachten ist, dass die Tabellenformeln häufig die Durchbiegung in Feldmitte oder an der Kragarmspitze berechnen.
In den Tabellenwerken vorgeschriebene Mindestdurchbiegungen sind einzuhalten.

---

[6] vergl. Seite 114

tungsart zu achten und besonderes Augenmerk einem dimensionsrichtigen Ansatz zu widmen.

Die Überprüfung der vorhandenen Durchbiegung[7] ist für biegebeanspruchte Tragwerke von besonderer Bedeutung, wenn:

- bei großen Spannweiten kleine Belastungen wirken

und

- die Durchbiegungen zu baukonstruktiven Problemen führen,

wie beispielsweise:
Durchhänge in Flachdächern (Entwässerung) oder wenn Durchhänge sich auf nicht tragfähige Bauteile (Glaswand o.ä.) abstützen.

6.4 Andere Verformungen

Neben diesen Dehnungen aus Lasten und Temperaturdifferenzen in einzelnen stabförmigen tragenden Bauteilen können in Tragsystemen auch Verformungen auftreten durch:

- Setzungen des Baugrundes, die im Verhalten des Baugrundes oder in unterschiedlichen Bodenpressungen unter den Fundamenten (z.B. unterschiedlich hohe Gebäudeteile) begründet sind. In der Regel wird solchen Setzungen durch die Anordnung von Setzfugen zwischen unterschiedlich hohen Gebäudeteilen entsprochen,

- dynamische Belastungen (z.B. in Glockentürmen oder bei Kranbahnanlagen)

- Kriechen und Schwinden bei Holz und Stahlbeton

- Erdbeben oder durch

- Belastungen, die im Tragelement zu Torsionsverformungen führen.

---

[7] vergl. Beispiel auf Seite 114

6 Verformungen und innere Kräfte

6.5 Schnittkräfte

Durch ihre Materialfestigkeiten und durch entsprechende Abmessungen (Dimensionen) müssen die tragenden Bauteile in der Lage sein, die Beanspruchungen durch die „äußeren Kräfte" sicher aufzunehmen.

Als Beanspruchungen aus den „äußeren Kräften" entstehen innerhalb der tragenden Bauteile „innere Kräfte", für deren Aufnahme der Querschnitt entsprechend dimensioniert sein muss. Diese „inneren Kräfte" werden auch als „Schnittkräfte" bezeichnet, weil sie an einem gedachten Schnitt durch das tragende Bauteil (Stab) als Ausgleich für den durch die Schnittführung gestörten Gleichgewichtszustand auftreten.
An einem Beispiel mit entsprechender Modelluntersuchung sollen diese Zusammenhänge anschaulich verdeutlicht werden.

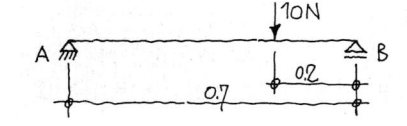

Um für eine Punktbelastung (das Eigengewicht des Trägers soll hier unberücksichtigt bleiben) gemäß nebenstehender Skizze einen „äußeren" Gleichgewichtszustand herzustellen sind Auflagerreaktionen in den Auflagern A und B erforderlich:

$\Sigma M = 0$

$F_{AV} \cdot 0{,}7 - 10 \cdot 0{,}2 = 0$. Daraus ist:

$F_{AV} = 2{,}857 \text{ N} \cong 2{,}9 \text{ N}$

$\Sigma H = 0$

$F_H \pm 0 = 0$. Daraus ist:

$F_H = 0 \text{ N}$

$\Sigma M = 0$

$F_B \cdot 0{,}7 - 10 \cdot 0{,}5 = 0$. Daraus folgt:

$F_B = 7{,}143 \text{ N} \cong 7{,}1 \text{ N}$.

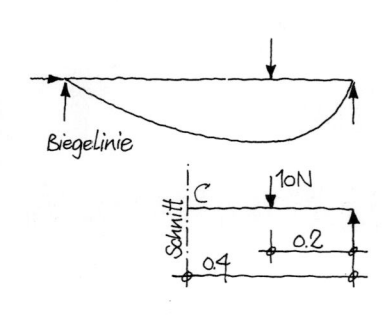

Im äußeren Gleichgewichtszustand wird im Biegeträger eine Biegelinie erzeugt, die, überhöht dargestellt, die skizzierte Form hat.

Schneidet man den Träger an einer Stelle (z.B. bei C, 0,4 m neben dem Auflager B), so wird ein Ruhezustand (Gleichgewichtszustand) für den verbliebenen Trägerteil hergestellt durch die Einfügung einer (Quer-)Kraft und eines Momentes.

Dabei gewährleistet die (Quer-)Kraft, dass $\Sigma V = 0$ ist. Also:
$Q_C - 10 + 7{,}1 = 0$ ergibt: $Q_C = 2{,}9 \text{ N}$.

Das Moment stellt die Biegelinie wieder her und verhindert eine Verdrehung um den Schnittpunkt. Also:
$M_C = 10 \cdot 0{,}2 - 7{,}1 \cdot 0{,}4 = M = -0{,}84 \text{ N} \cong -0{,}9 \text{ N}$

Wird das Tragwerk auch mit einer Horizontallast belastet, so ist zusätzlich in Beachtung von $\Sigma H = 0$ auch eine (Längs-)Kraft einzufügen.

6 Verformungen und innere Kräfte

Die Gleichgewichtsbedingungen gelten also auch am Schnitt durch ein tragendes Bauteil. Mit den Gleichgewichtsbedingungen sind daher die Schnittkräfte bestimmbar, die durch die Querschnittgröße und Querschnittsform sowie die Festigkeit des Materials aufgenommen werden müssen.

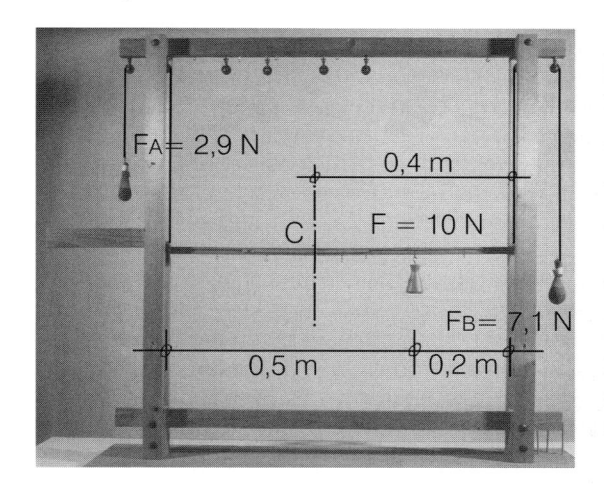

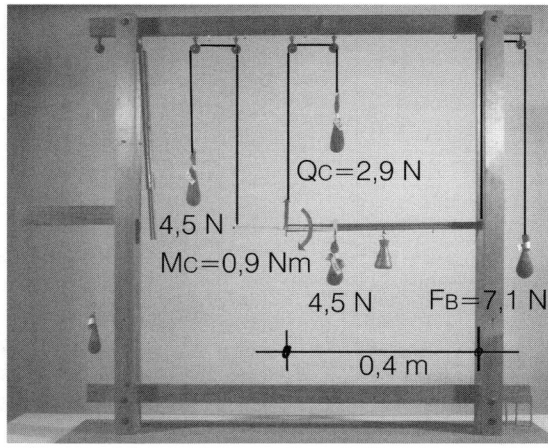

Das Moment wird durch ein Kräftepaar (4,5 N) mit entgegengesetzten Wirkungsrichtungen und Hebelarmen von 0,1 m gebildet.

[Abbildungen: Demonstrationsmodell mit $F_A = 2{,}9\,N$, $F = 10\,N$, $F_B = 7{,}1\,N$, Maße 0,4 m, 0,5 m, 0,2 m; rechts: $Q_C = 2{,}9\,N$, 4,5 N, $M_C = 0{,}9\,Nm$, 4,5 N, $F_B = 7{,}1\,N$, 0,4 m]

Wie die Bilder des Demonstrationsmodells zeigen, kann ein solcher Schnitt tatsächlich durch einen tragenden Stab geführt werden. Dadurch geht zunächst der äußere Gleichgewichtszustand (Ruhezustand), der durch beide Auflagerkräfte gebildet wurde, verloren. Fügt man an der Schnittstelle jedoch die rechnerisch bestimmten Schnittkräfte (innere Kräfte) wirksam ein, so stellt sich der Gleichgewichtszustand wieder ein. Die Schnittkräfte ersetzen dadurch die Wirkung des anderen abgeschnittenen Trägerteils.

Um eine ausreichende Tragfähigkeit zu erreichen, d.h. einen Gleichgewichtszustand zu schaffen, müssen durch entsprechende Dimensionierung die erforderlichen inneren Kräfte aus der Materialfestigkeit gewonnen werden. Es handelt sich also wiederum lediglich um die Herstellung eines Gleichgewichtszustandes – bezogen auf den Untersuchungsschnitt (Schnittstelle).

Die Untersuchung erfolgt wiederum in einer Ebene, d.h. es gelten drei Gleichgewichtsbedingungen.

Die an einem solchen Untersuchungsschnitt wirksamen Schnittkräfte werden in ihrer Bezeichnung auf die Stabachse des tragenden Bauteils bezogen. Sie werden bezeichnet als:

Querkräfte,
soweit sie quer (senkrecht) zur Stabachse wirksam sind, oder als

Bei horizontalen oder vertikalen Stabachsen dürfen die inneren Schnittkräfte nicht mit den von außen wirkenden Belastungen verwechselt werden, wenngleich beide Kraftarten dann vertikal bzw. horizontal wirksam sind.

Längskräfte oder Normalkräfte,
soweit sie in der Stabachse wirksam sind, oder als

Momente,
wenn in Tragwerken, die auf Biegung beansprucht werden, ein Verdrehen des Untersuchungsschnittes verhindert werden soll (Herstellung des Ruhezustandes).

6 Verformungen und innere Kräfte

Kenntnisse über die Größe und Verteilung von Schnittkräften in einem Tragwerk vermitteln, genauer als Erkenntnisse über den Kraftfluss[8] und die Belastungen[9], ein Verständnis für die Abmessungen und Ausformungen der Tragwerke.

Die Schnittkräfte an der Untersuchungsstelle (Schnitt) bilden zusammen mit den verbliebenen äußeren Kräften einen Gleichgewichtszustand für das Restsystem. Die Schnittkräfte sind also aus den Gleichgewichtsbedingungen für die jeweilige Schnittstelle (Schnittpunkt) zu bestimmen. Dabei ist es gleichgültig, welcher restliche Teil des Tragwerks für den Zahlenansatz herangezogen wird. In der Regel wird man den Restteil wählen, der am übersichtlichsten ist und einen einfachen Zahlenansatz ermöglicht[10].

Die Fotos des geschnittenen Biegträgers zeigen nach Einfügung der Schnittkräfte anschaulich den wieder hergestellten Gleichgewichtszustand.

Diagramme der Schnittkräfte vermitteln am anschaulichsten die Verteilung der Schnittkräfte über die Länge des Tragwerks und damit die Beanspruchung des Tragwerks durch die Schnittkräfte. Die Schnittkraftdiagramme verdeutlichen das erforderliche Tragverhalten des Bauteils anschaulicher als eine Fülle einzelner Schnittkraftbestimmungen. Die Diagramme werden über der Stabachse des Systems dargestellt. Entsprechend den drei Arten von Schnittkräften (in der Ebene) gibt es grundsätzlich drei Schnittkraftdiagramme:

die Querkraftfläche
zur Darstellung der Querkräfte. Die Querkraftfläche wird quer zur Stabachse schraffiert,

die Längskraftfläche
zur Darstellung der Längskräfte. Die (in der Längsachse der Stäbe wirkenden) Längskräfte werden dazu in die Zeichenebene gedreht und quer zur Stabachse angetragen. Die Längskraftfläche wird parallel zur Stabachse schraffiert und

die Momentenfläche
zur Darstellung der (Biege-) Momente. Die Momente werden quer zur Stabachse an deren gezogenem Rand[11] angetragen. Die Momentenfläche wird quer zur Stabachse schraffiert.

Um Längskräfte in der Darstellungsebene, die der Untersuchungsebene entspricht, in einem Diagramm darstellen zu können, müssen sie um 90° in die Darstellungsebene gedreht werden. Es kann beliebig festgelegt werden, auf welcher Seite drückende Kräfte dargestellt werden. Ziehende Kräfte werden dann auf der gegenüber liegenden Seite angetragen.

Oft reicht für Architekten und Innenarchitekten eine skizzenmäßige qualitativ richtige Darstellung der Schnittkräfte in Diagrammen aus. Für genaue Zeichnungen sind Maßstäbe (der Kräfte) festzulegen.

---

[8] vergl. Seite 78 ff
[9] vergl. Seite 94 ff
[10] vergl. Beispiel auf Seite 110
[11] vergl. Dehnungen in Biegeträgern Seite 105 ff

6.5.1 Schnittkräfte in gedrückten oder gezogenen Stäben

Die Längskräfte / Normalkräfte

Stäbe, die zentrisch mit Druck- oder mit Zugkräften beansprucht werden, haben als Schnittkräfte ausschließlich Längskräfte, die mit gleicher Größe[12] über die gesamte Länge des Stabes wirken. Typische Vertreter derartig beanspruchter Bauteile sind Stützen, Wände und Seile.

In besonderen Fällen werden die belastenden Längskräfte durch das Eigengewicht der Stäbe verändert.

Die für diese einfache und übersichtliche Beanspruchung folgende Beschreibung der gedanklichen Schritte gilt allgemein als Methode zur Bestimmung aller Schnittkraftgrößen. Dabei ist es gleichgültig, ob man von links nach rechts oder von unten nach oben oder jeweils umgekehrt die Reihenfolge der Untersuchungsschritte wählt.

"Unmittelbar" hat hier die Bedeutung von "unendlich nah" oder "ein Abstand, der gegen Null geht".

Der erste Schnitt wird (gedanklich) unmittelbar unterhalb Punkt A (also vor dem Beginn des Stabes) geführt. Hier ist noch keine Kraft wirksam geworden und die Längskraft N_{Au} hat die Größe null [kN]. Danach wird ein Schnitt unmittelbar oberhalb Punkt A geführt. Jetzt ist die Punktlast wirksam geworden und die Längskraft N_{Ao} erhält „sprunghaft" die Größe F_D. Nun können verschiedene Schnitte gedacht werden bis unmittelbar vor (unterhalb) Punkt B, ohne dass eine die Längskraft verändernde Kraft wirksam wird. Die Längskraft $N_{Bu} = N_{Ao} = F_D$ bleibt also unverändert. Der nächste Schnitt wird abschließend unmittelbar oberhalb von Punkt B (außerhalb des Stabes) geführt. Es ist wiederum Kraft $-F_D$ wirksam geworden und schließt die Längskraftfläche (wieder) zu null, $N_{Bo} = F_D - F_D = 0$ kN.

Ohne viele zwischengeschaltete Erklärungen schreibt man:

$N_{Au} = 0$ kN
$N_{Ao} = N_{Au} + F_D = F_D$ kN
$N_{Bu} = N_{Ao} \pm 0 = N_{Ao} = F_D$ kN
$N_{Bo} = N_{Bu} - F_D = F_D - F_D = 0$ kN.

Daraus lassen sich neben der erläuterten Methodik folgende Grunderkenntnisse formulieren:

In vergleichbarer Weise führen punktförmig quer zur Stabachse angreifende Lasten zu sprunghaften Veränderungen der Querkraft.

1. An Stellen von Einzellasten, die längs zur Stabachse wirken, ändert die Längskraft sprunghaft ihre Größe. Daher sind Schnittuntersuchungen vor und hinter den Einzellasten zu führen.

2. In Bereichen, wo keine äußeren Kräfte längs zur Stabachse wirken, ändert sich die Längskraft nicht.

Längskraftfläche

---

[12] vergl. Seite 19 und 52

6 Verformungen und innere Kräfte

6.5.2 Schnittkräfte in Biegeträgern

An drei einfachen Beispielen mit allgemeinen Zahlen sollen weitere Grunderkenntnisse vermittelt werden, die in einem vierten Beispiel mit realen Zahlen angewendet und überprüft werden.

Beispiel 1

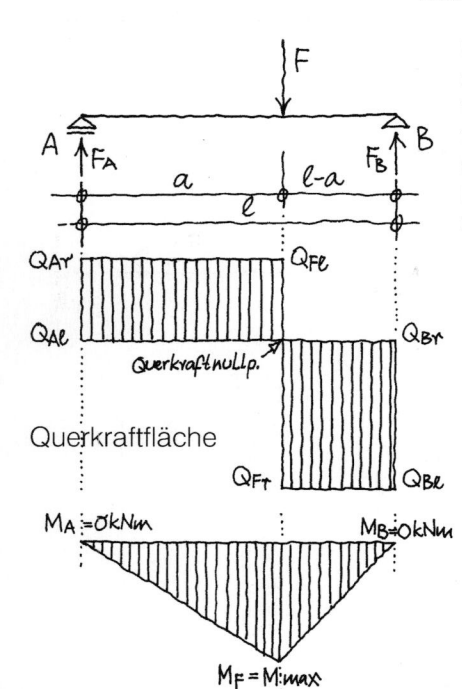

Die Achse des (Biege-) Trägers verläuft horizontal. Es wirken nur Kräfte quer zur Stabachse, dadurch sind über die gesamte Länge des Systems die Längskräfte gleich null. Dagegen treten Querkräfte und (Biege-) Momente auf. Die in Kapitel 6.5.1 beschriebene Methode soll hierauf angewendet werden. Doch, um alle äußeren Kräfte zu kennen, sind zunächst F_A und F_B zu bestimmen[13]:

Neben der Belastung F wirken auch die Auflagerkräfte F_A und F_B nur quer zur Stabachse.

$$F_A = \frac{F \cdot (l - a)}{l} \qquad F_B = \frac{F \cdot a}{l} = F - F_A$$

Als Folge der Gleichgewichtsbedingungen sind die positiven und negativen Flächeninhalte gleich.

Querkraftfläche

Momentenfläche

Die Querkräfte

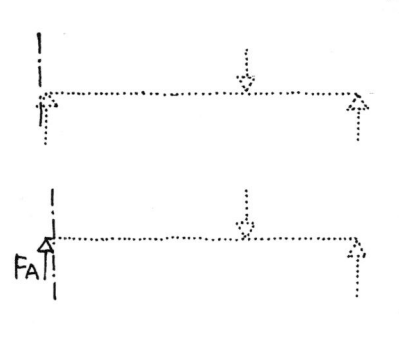

Wir schneiden unmittelbar links vom Auflager A (Punktlast F_A) und betrachten das linke „Restsystem". Es ist nur in der Größe Null vorhanden und wird nicht mit Kräften beaufschlagt. Also ist die Querkraft
$Q_{Al} = 0$ kN.

Der nächste Schnitt wird unmittelbar rechts vom Auflager A geführt. Die Länge des linken Restsystems ist immer noch null, aber die Punktlast F_A ist sprunghaft wirksam geworden. Rechts vom Auflager A hat die Querkraft daher die Größe:

$$Q_{Ar} = Q_{Al} + F_A = \frac{F \cdot (l - a)}{l} \text{ kN angenommen.}$$

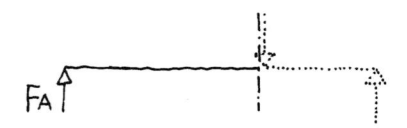

Über die Strecke a bis unmittelbar vor der Punktlast F erfolgen keine Änderungen, da keine quer zur Stabachse wirksamen Kräfte vorhanden sind. Also ist:
$Q_{Fl} = Q_{Ar}$.

Einzellasten wirken punktförmig. Daher die verbale Formulierung „unmittelbar" links oder rechts der Einzellast. Unmittelbar meint hier eine Strecke, die mathematisch null ist.

---

[13] vergl. Seite 71 ff

6 Verformungen und innere Kräfte

Dann jedoch, wenn wir nur ein unendlich kleines Stück weiter nach rechts gehen und uns unmittelbar rechts der Einzellast F befinden, ist die Punktlast F (umgekehrt wirkend wie F_A daher negativ) wirksam geworden und verändert die Querkraft zu:

$$Q_{Fr} = Q_{Fl} - F = \frac{F \cdot (l-a)}{l} - F = -\frac{F \cdot a}{l} \text{ kN}.$$

Über die folgende Strecke (l-a) erfolgt bis unmittelbar vor dem Auflager B keine Korrektur. Also ist:

$$Q_{Bl} = Q_{Fr} = -\frac{F \cdot a}{l} \text{ kN}.$$

Gehen wir einen unendlich kleinen Schritt weiter nach rechts (Punktlast), so ist

$F_B = \frac{F \cdot a}{l}$ wirksam geworden. Es folgt:

$$Q_{Br} = Q_{Bl} + \frac{F \cdot a}{l} = -\frac{F \cdot a}{l} + \frac{F \cdot a}{l} = 0 \text{ kN}.$$

Die Querkraftfläche hat sich zu null geschlossen.

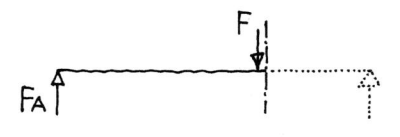

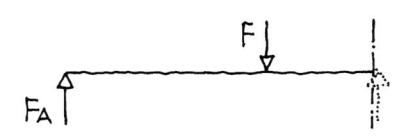

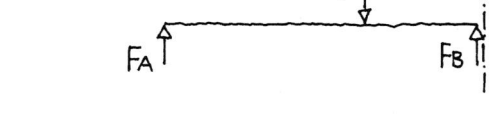

Die gewonnenen Grunderkenntnisse lassen sich wie folgt formulieren:

1. An Stellen von Einzellasten, die quer zur Stabachse wirken, ändert die Querkraft sprunghaft ihre Größe. Daher sind Schnittuntersuchungen vor und hinter den Einzellasten zu führen.

2. In Bereichen, wo keine äußeren Kräfte quer zur Stabachse wirken, ändert sich die Querkraft nicht.

3. Die Querkraftlinie hat Null-Punkte im Feld (hier unter F) und an den Schneiden-Endauflagern.

Die Momente / Biegemomente

Um den Verlauf der Momente[14] zu bestimmen, sind (ebenfalls) sinnvolle Schnitte zu führen. Jeder Schnitt liefert hier einen neuen Drehpunkt. Da unendlich kleine Abstände von den Wirkungslinien die Hebelarme nicht verändern, sind die für Quer- und Längskräfte typischen Betrachtungen hier nicht erforderlich.

Es empfiehlt sich, für mathematische Ansätze stets Skizzen anzufertigen. Sie helfen, Drehsinn oder Kraftrichtungen richtig zu erfassen.

Den ersten Schnitt führen wir daher bei A und betrachten den linken verbleibenden Trägerteil. Er hat die Länge null und damit auch das Moment $M_A = F_A \cdot 0 = 0$ kNm.

Über die Strecke a nehmen die Momente kontinuierlich (gradlinig) zu, weil der Hebelarm kontinuierlich von 0 bis a wächst (wir betrachten weitergehend den jeweils links verbleibenden Restträger)

---

[14] vergl. Seite 20

6 Verformungen und innere Kräfte

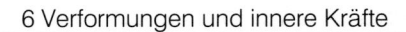

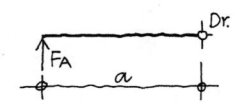

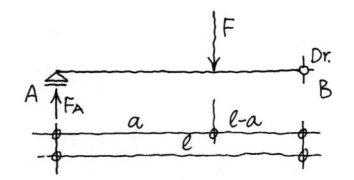

und beim Schnitt an der Wirkungslinie der Einzellast F die Größe

$$M_F = F_A \cdot a = \frac{F \cdot (l-a)}{l} \cdot a \text{ hat.}$$

Führt man weitere Schnitte im Streckenbereich l-a, so nimmt das Moment wieder gradlinig ab, bis es im Punkt B die Größe

$$M_B = F_A \cdot l - F \cdot (l-a) = \frac{F \cdot (l-a)}{l} \cdot l - F \cdot (l-a) = 0 \text{ kNm}$$

erreicht.

Dasselbe Ergebnis erhält man einfacher und übersichtlicher, wenn man, wie für Punkt A beschrieben, den rechten Restträgerteil bei B betrachtet.

Die daraus gewonnenen Grundkenntnisse lassen sich wie folgt formulieren:

1. In Streckenbereichen, wo keine äußeren Kräfte wirken, verläuft die Momentenlinie gradlinig.

2. Das größte Moment liegt am Querkraftnullpunkt.

6 Verformungen und innere Kräfte

Beispiel 2

Der Träger auf zwei Stützen wird von einer gleichmäßig verteilten Belastung q beansprucht. Sie wirkt quer zur Stabachse, so dass keine Längskräfte wirksam werden und $F_{BH} = 0$ kN ist (daher wie im Beispiel 1 in der Skizze nicht dargestellt).

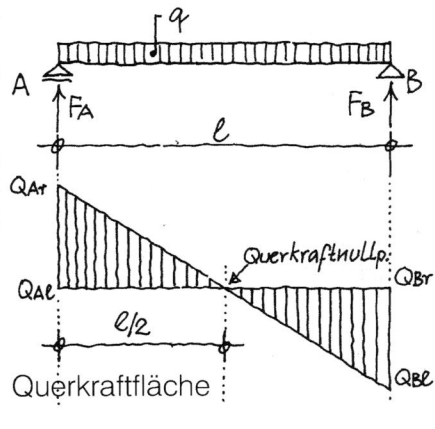

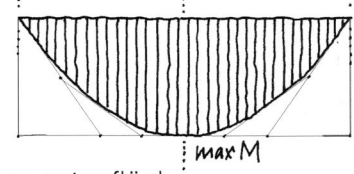

Um die Schnittkräfte zu bestimmen, müssen zunächst alle äußeren Beanspruchungen (von außen wirkende Kräfte) bestimmt werden. Das sind hier die Auflagerreaktionen[15] F_A und F_B.

$$F_A = F_B = \frac{q \cdot l}{2}.$$

Die Querkräfte

Es werden wieder einzelne Schnitte (gedanklich) durch den Träger geführt. Wie im Beispiel 1 betrachten wir den Träger schrittweise von links und schneiden zunächst „unmittelbar" links vom (Schneiden-)Auflager A. Dort ist noch kein Träger und keine Belastung existent und daher ist (wie im Beispiel 1) $Q_{Al} = 0$ kN. Gehen wir einen unendlich kleinen Weg nach rechts und schneiden den Träger unmittelbar rechts vom Auflager A, so ist sprunghaft die Auflagerreaktion F_A wirksam geworden und $Q_{Ar} = F_A$. Gehen wir um einen Schritt Δl weiter nach rechts (Schnitt I-I), so ist auf der Strecke Δl die (quer zur Stabachse gerichtete) Kraft $q \cdot \Delta l$ wirksam geworden. Es entsteht eine abgetreppte Querkraftlinie. Mit stetig verkleinerten Werten für Δl werden die Abstufungen immer kleiner, bis sie in eine schräg zur Stabachse verlaufende Gerade übergehen. Für diesen Prozess kann man insgesamt schreiben:

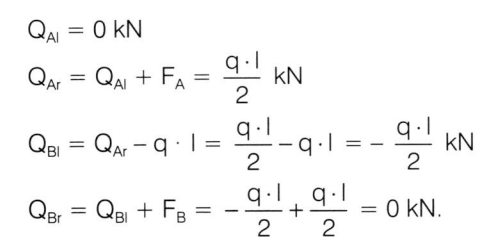

Für „Mathematiker": Die Gleichung $Q = F_A - q \cdot x$ entspricht der Gleichung $y = a \cdot x + b$ und das ist die Gleichung einer Geraden. Ein weiterer Nachweis also für die gradlinige Veränderung der Querkraft im Bereich einer gleichmäßig verteilten Belastung.

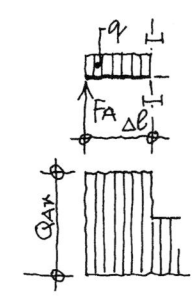

$$Q_{Al} = 0 \text{ kN}$$
$$Q_{Ar} = Q_{Al} + F_A = \frac{q \cdot l}{2} \text{ kN}$$
$$Q_{Bl} = Q_{Ar} - q \cdot l = \frac{q \cdot l}{2} - q \cdot l = -\frac{q \cdot l}{2} \text{ kN}$$
$$Q_{Br} = Q_{Bl} + F_B = -\frac{q \cdot l}{2} + \frac{q \cdot l}{2} = 0 \text{ kN}.$$

Der Querkraftnullpunkt liegt bei:

Aus $\Sigma V = 0$.

$$Q_{Ar} - q \cdot x = 0 \text{ und daraus folgt:}$$

$$x = \frac{Q_{Ar}}{q} = \frac{q \cdot l}{2 \cdot q} = \frac{l}{2}$$

---

[15] vergl. Seite 71 ff

Die Momente / Biegemomente

Zur Bestimmung der Momente führen wir wiederum, links beim Auflager A beginnend, Schnitte und bestimmen für den jeweiligen Schnittpunkt das Moment, das den (durch den Schnitt gestörten) Gleichgewichtszustand wieder herstellt.

An den Schneidenauflagern bei A und B (Anfang und Ende des Biegeträgers) sind die Momente, wie im Beispiel 1 beschrieben, gleich null.

In einem Abstand Δl vom Auflager A hat das Moment dann die Größe

$$M_I = F_A \cdot \Delta l - \frac{q \cdot \Delta l^2}{2}.$$

Das größte Moment M_{max} liegt, wie bereits oben behauptet, an der Stelle des Querkraftnullpunktes ($\Delta l = l/2$) und hat danach den Wert:

$$M_{max} = F_A \cdot \frac{l}{2} - q \cdot \frac{(l/2)^2}{2} = \frac{q \cdot l}{2} \cdot \frac{l}{2} - \frac{q \cdot l^2}{2 \cdot 4} = \frac{q \cdot l^2}{4} - \frac{q \cdot l^2}{8}$$

$$M_{max} = \frac{q \cdot l^2}{8}.$$

Zur Darstellung der Parabellinie eignet sich besonders die so genannte „Sehnen-Tangentenmethode". Diese Anwendung der Darstellenden Geometrie soll hier nur sehr gekürzt beschrieben werden[16]: Man zeichnet eine Parallele zur Schlusslinie in einem Abstand, der dem Momentenwert in der Mitte der Strecke entspricht. Diese Parallele ist eine Tangente im Scheitelpunkt der Parabel. Von der Schlusslinie zeichnet man Senkrechte auf die Schlusslinie bis zum Schnitt mit der Parallelen zur Schlusslinie. Die dadurch begrenzte Parallele wird in vier gleiche Teile geteilt. Am Anfangs- und Endpunkt der Parabel beginnend, werden Geraden auf den Viertels- und Dreiviertelspunkt gezogen. Diese Geraden sind Tangenten an die Parabel in ihren Anfangs- und Endpunkten. Die Längen dieser Tangenten zwischen Anfangspunkt der Parabel und dem Schnittpunkt mit der Parallelen zur Schlusslinie bzw. zwischen dem Endpunkt der Parabel und dem Schnittpunkt mit der Parallelen zur Schlusslinie werden halbiert. Gleichfalls werden auf der Parallelen zur Schlusslinie die Strecken zwischen dem Viertelspunkt bzw. dem Dreiviertelspunkt und dem Scheitelpunkt der Parabel halbiert. Die so gefundenen Punkte auf den Haupttangenten werden verbunden und man erhält zwei weitere Tangenten an die Parabel.

Wenn man also erkannt hat, dass an den schneidenförmigen Endauflagern die Momente gleich null sind, benötigt man nur noch den Momentenwert in der Mitte der Strecke, über die die gleichmäßig verteilte Belastung wirkt, um den parabolischen Verlauf der Momentenlinie zeichnen zu können.

Für „Mathematiker": Da diese Gleichung der Parabelgleichung $y = a \cdot x^2 + b \cdot x$ entspricht, liegen alle Momente auf einer Parabel.

„Mathematiker" bestimmen „zum Beweis" eine Tangente mit der Steigung 0 an die Parabel.

Da eine gleichmäßig verteilte Belastung in der Praxis häufig vorkommt, ist es angezeigt, sich diese Formel zu merken. Sie gilt allerdings nur für diese Belastung!

Die Schlusslinie fällt hier mit der Stabachse zusammen und verläuft horizontal. Der Momentenwert ist hier gleich M_{max}. Die Schlusslinie ist eine Sehne der Parabel.

---

[16] vergl. Darstellung auf Seite 117

6 Verformungen und innere Kräfte

Die gewonnenen grundsätzlichen Erkenntnisse lassen sich wie folgt formulieren:

1. Die Querkräfte verändern sich in Bereichen mit gleichmäßig verteilten Belastungen kontinuierlich. Die Neigung der Querkraftlinie ist von der Größe der gleichmäßig verteilten Belastung abhängig und ihr proportional.

2. Die Momente in Bereichen von gleichmäßig verteilten Belastungen verändern sich parabolisch. Die Momentenlinie ist mit Hilfe des Momentenwertes unter der Schlusslinie nach der Sehnen-Tangenten-Konstruktion darstellbar.

3. Bei einem Träger auf zwei Stützen mit der Spannweite „l" und einer (ausschließlich) gleichmäßig verteilten Belastung „q" ist der Momentenwert dem maximalen (Feld-)Moment M_{max} gleich und hat die Größe $\frac{q \cdot l^2}{8}$.

Beispiel 3

Greifen Kräfte schräg zur Richtung der Stabachse an oder ist die Stabachse nicht horizontal, so sind wiederkehrend Kraftzerlegungen[17] erforderlich. Dies soll an dem folgenden einfachen Beispiel exemplifiziert werden.

Zunächst sind wiederum alle äußeren Kräfte – d.h. die Auflagerreaktionen zu bestimmen.

F_A und F_{BV} bestimmen sich wie im Beispiel 1 beschrieben und entsprechen diesen Werten.

F_{BH} ist gleich null, da keine horizontalen Aktionen (Belastungen) wirksam sind.

Schnitte sind in Anwendung der oben dargestellten Methodik und in Berücksichtigung der gewonnenen Grunderkenntnisse zu führen. Die äußeren Kräfte wirken jedoch nicht quer- oder längs zur Stabachse des Tragwerks. Sie sind daher jeweils in Quer- und Längskräfte umzurechnen, die dieselbe Wirkung verursachen[18]. Die Richtungen der Quer- und Längskräfte sind durch die Neigung der Stabachse vorgegeben. Durch Skizzen der Kräftedreiecke sind die Berechnungen, vor allem jedoch die Wirkungsrichtungen der Quer- und Längskräfte zu verdeutlichen. Jeweils eine Querkraft und eine Längskraft ersetzten eine schräg zur Stabachse wirkende Kraft.

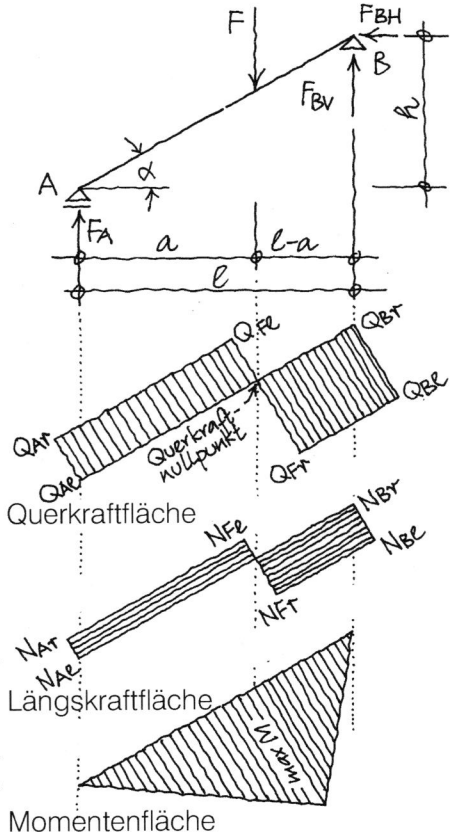

In diesem Beispiel wirken alle äußeren Kräfte parallel zueinander (vertikal). Bei unterschiedlich schräg wirkenden äußeren Kräften können diese zunächst in vertikal und horizontal wirkende Kräfte umgerechnet werden.

[17] vergl. Seite 33
[18] vergl. Seite 33

6 Verformungen und innere Kräfte

Zur Umrechnung wird die Größe des Winkels α benötigt, den die Stabachse gegen die Horizontale einschließt.

$$\alpha = \operatorname{atan} \frac{h}{l}$$

Die Querkräfte und Längskräfte[19]

Die stehen, wie oben ausgeführt, in einem eindeutigen Verhältnis zueinander und sind in Verwendung der rechts abgebildeten Skizzen zu bestimmen.

$Q_{Al} = 0 \text{ kN}$
$Q_{Ar} = Q_{Al} + F_A \cdot \cos \alpha$
$Q_{Fl} = Q_{Ar}$
$Q_{Fr} = Q_{Fl} - F \cdot \cos \alpha$
$Q_{Bl} = Q_{Fr}$
$Q_{Br} = Q_{Bl} + F_B \cdot \cos \alpha = 0 \text{ kN}$

$N_{Al} = 0 \text{ kN}$
$N_{Ar} = N_{Al} + F_A \cdot \sin \alpha$
$N_{Fl} = N_{Ar}$
$N_{Fr} = N_{Fl} - F \cdot \sin \alpha$
$N_{Bl} = N_{Fr}$
$N_{Br} = N_{Bl} + F_B \cdot \sin \alpha = 0 \text{ kN}$

Die Momente / Biegemomente[20]

Die Strecken a und l-a sind wie im Beispiel 1 lastfrei. Das größte Moment $_{max}M$ liegt an der Stelle, wo die Einzellast F angreift mit derselben Größe wie im Beispiel 1,

$$_{max}M = F_A \cdot a.$$

Zwischen dem Auflager A und dem $_{max}M$ bei der Einzellast nimmt das Moment gradlinig zu. Ebenfalls nimmt das Moment ab dem Auflager B bis zu $_{max}M$ bei der Einzellast gradlinig zu.

Die gewonnene grundsätzliche Erkenntnis lässt sich wie folgt formulieren:

> Kräfte, die schräg zur Stabachse wirken, sind in Quer- und Längskräfte umzurechnen.

In den drei Beispielen ist die Methodik der Schnittführungen, die Bestimmung der Schnittkräfte sowie ihre Darstellung in Diagrammen (Schnittkraftflächen) grundsätzlich behandelt. Die gewonnenen grundsätzlichen Erkenntnisse wurden daraus abgeleitet.

F_{BH} hat den Wert null und braucht daher nicht in Quer- und Längskräfte umgerechnet werden.

Alle Vektorskizzen dienen nur als Vorstellungshilfe und für die rechnerischen Ansätze.

Zu beachten ist, dass die Längskräfte in die Zeichenebene gedreht werden müssen. Welche Längskräfte positiv gekennzeichnet werden ist beliebig. In Diagrammen sind positive und negative Längskräfte jedoch unterschiedlich an die Stabachse anzutragen.

Zu beachten ist, dass die Momente quer zur Stabachse angetragen werden.

---

[19] Darstellung als Querkraftfläche und Längskraftfläche
siehe Seite 113 ff, 117, 119, 125
[20] Darstellung als Momentenfläche siehe Seite 114, 117, 119, 125

6 Verformungen und innere Kräfte

Es wird für Architekten und Innenarchitekten stets hilfreich sein, klare Vorstellungen von den Größenordnungen und Verteilungen der Schnittkräfte über die Achsen tragender Bauteile zu haben. In den drei Beispielen ist die Methodik der Schnittführungen und die Bestimmung der Schnittkräfte sowie ihre Darstellung in Diagrammen (Schnittkraftflächen) behandelt. Die gewonnenen grundsätzlichen Erkenntnisse wurden daraus abgeleitet. Im folgenden schwierigeren Beispiel sollen die Erkenntnisse ohne ablenkende Erklärungen angewendet werden.

Beispiel 4

Ein geknickter Träger mit Kragarm wird mit unterschiedlichen gleichmäßig verteilten Lasten und einer Punktlast beansprucht. Alle zuvor gewonnenen Grundlagenkenntnisse kommen zur Anwendung. Die erforderlichen Berechnungen werden nachfolgend für den Volllastfall durchgeführt. Dieselbe Methodik ist auf die beiden anderen relevanten Lastfälle anwendbar. q_1 müsste dann getrennt als g_1 und p_1 bekannt sein, q_2 getrennt in g_2 und p_2. Ebenso müsste bekannt sein, ob F aus ruhenden Lasten resultiert oder eine veränderliche Last ist oder aus entsprechenden Anteilen besteht[21].

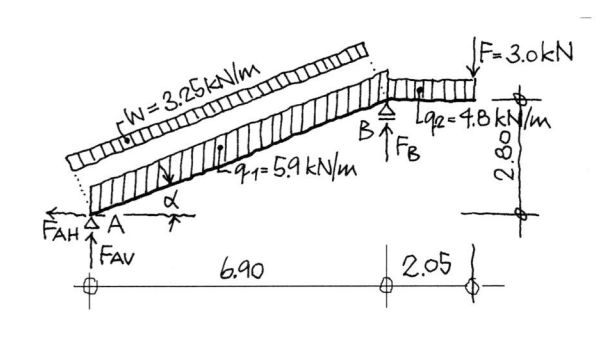

α wird für verschiedene Umrechnungen benötigt.
Vor der Bestimmung der Schnittkräfte müssen alle äußeren Kräfte bekannt sein. In diesem Beispiel sind die Belastungen vorgegeben, die anderenfalls über Lastenaufstellungen, wie im Kapitel 5.7 beschrieben, ebenfalls vorab zu ermitteln sind.

1. Bestimmung der Neigung des Stabes gegen die Horizontale

$$\alpha = \text{atan}\, \frac{2{,}80}{6{,}90} = 22{,}087\,°$$

2. Bestimmung der Auflagerreaktionen

$\Sigma M = 0$ (Drehpunkt in A)

$$F_B \cdot 6{,}90 - 3{,}0 \cdot (6{,}90 + 2{,}05) - 4{,}8 \cdot 2{,}05 \cdot \left(\frac{2{,}05}{2} + 6{,}90\right) - 5{,}9 \cdot \frac{6{,}90}{\cos\alpha} \cdot \frac{6{,}90}{2} - 3{,}25 \cdot \frac{6{,}90}{\cos\alpha} \cdot \frac{6{,}90}{2\cdot\cos\alpha} = 0$$

$F_B = 50{,}219\ \text{kN}$

---

[21] Zu Lastfällen vergl. Seite 56 ff

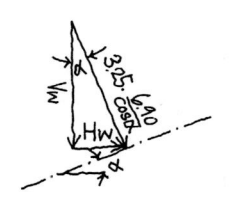

6 Verformungen und innere Kräfte

$\sum H = 0$

$F_{AH} - H_w = 0$

$F_{AH} - 3{,}25 \cdot \dfrac{6{,}90}{\cos \alpha} \cdot \sin \alpha = 0$

$F_{AH} = 9{,}100 \text{ kN}$

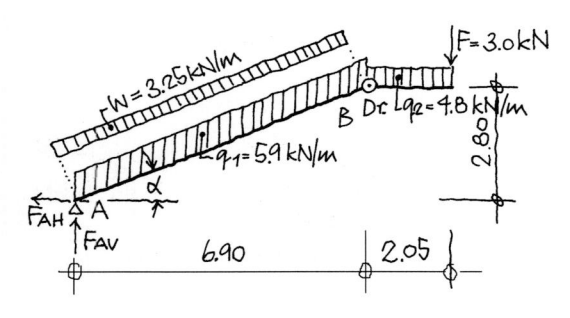

$\sum M = 0$ (Drehpunkt in B)

$9{,}100 \cdot 2{,}80 + F_{AV} \cdot 6{,}90 - 3{,}25 \cdot \dfrac{6{,}90}{\cos \alpha} \cdot \dfrac{6{,}90}{2 \cdot \cos \alpha} - 5{,}9 \cdot \dfrac{6{,}90}{\cos \alpha} \cdot \dfrac{6{,}90}{2} + 4{,}8 \cdot \dfrac{2{,}05^2}{2} + 3{,}0 \cdot 2{,}05 = 0$

$F_{AV} = 28{,}980 \text{ kN}$

3. Querkräfte[22]

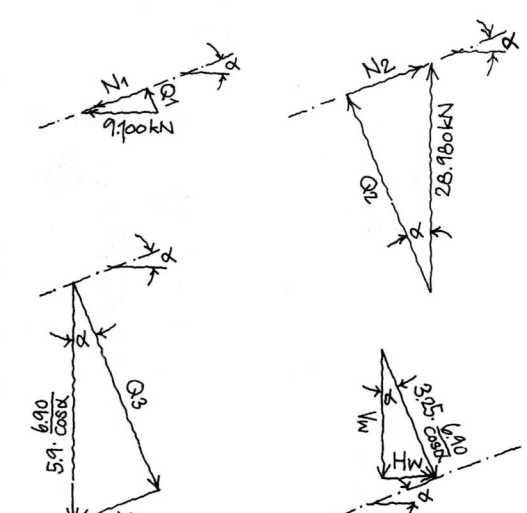

$Q_{Al} = 0 \text{ kN}$

$Q_{Ar} = 0 + Q_1 + Q_2$
$\phantom{Q_{Ar}} = 9{,}1 \cdot \sin \alpha + 28{,}980 \cdot \cos \alpha = 30{,}275 \text{ kN}$

$Q_{Bl} = 30{,}275 - 3{,}25 \cdot \dfrac{6{,}90}{\cos \alpha} - Q_3$

$\phantom{Q_{Bl}} = 30{,}275 - 3{,}25 \cdot \dfrac{6{,}90}{\cos \alpha} - 5{,}90 \cdot \dfrac{6{,}90}{\cos \alpha} \cdot \cos \alpha$

$\phantom{Q_{Bl}} = -34{,}636 \text{ kN}$

Die Skizzen können unmaßstäblich sein. Sie sind besonders wichtig zur Feststellung der Kraftrichtungen (und Vorzeichen bei den Ansätzen). Da es sich stets um Kraftzerlegungen in rechtwinkligen Dreiecken handelt, ist die Berechnung ihrer Größen über Winkelfunktionen schnell und genau.

---

[22] Darstellung als Querkraftfläche siehe Seite 114, 117, 119, 125

6 Verformungen und innere Kräfte

Die Querkraft Q_{Brs} ist nur ein rechnerischer Zwischenwert, der als Querkraft rechts von B auf den schrägen Trägerteil wirkt. Er dient einer übersichtlichen und leichter nachvollziehbaren Berechnung, da bei B die Wirkung einer punktförmigen Einzellast und ein Knick in der Systemlinie, die eine Umrechnung der Quer- und Längskräfte erfordert, zusammen fallen.

$Q_{Brs} = -34{,}636 + Q_B$
$Q_{Brs} = -34{,}636 + 50{,}219 \cdot \cos\alpha = 11{,}898 \text{kN}$

$Q_{Br} = 11{,}898 \cdot \cos\alpha + 4{,}828 \cdot \sin\alpha = 12{,}840 \text{kN}$

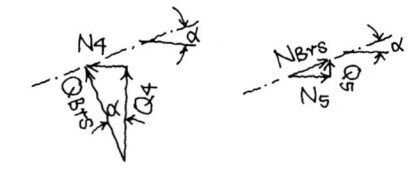

$Q_{Fl} = 12{,}840 - 4{,}8 \cdot 2{,}05 = 3{,}000 \text{kN}$

$Q_{Fr} = 3{,}000 - F$
$\phantom{Q_{Fr}} = 3{,}000 - 3{,}0 = 0 \text{kN}$

Die Kenntnis des Querkraftnullpunktes (die Querkraft hat dort den Wert null) ist wichtig für die Berechnung des $_{max}M$ (im Feld). Ausgehend von der Position einer bekannten (positiven) Querkraft (hier Q_{Ar}) wird die quer wirkende Beanspruchung über eine Länge x Metern abgezogen, so dass der Wert der Querkraft null wird.

4. Querkraftnullpunkt[23]:

$30{,}275 - (3{,}25 + 5{,}9 \cdot \cos\alpha) \cdot x = 0$

$x = 3{,}473 \text{ m}$
$x' = 3{,}473 \cdot \cos\alpha = 3{,}218 \text{ m}$
$h = 3{,}473 \cdot \sin\alpha = 1{,}306 \text{ m}$

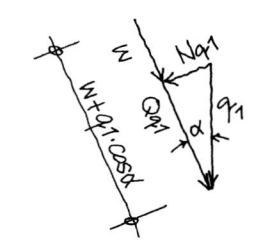

5. Längskräfte[24]:

$N_{Al} = 0 \text{ kN}$

$N_{Ar} = 0 + N_1 - N_2$
$N_{Ar} = 0 + 9{,}100 \cdot \cos\alpha - 28{,}980 \cdot \sin\alpha = -2{,}465 \text{ kN}$

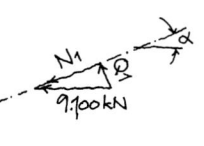

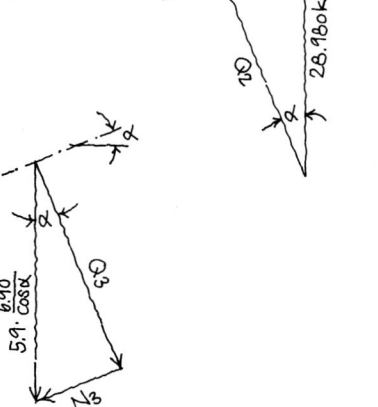

$N_{Bl} = N_{Ar} + N_3$
$N_{Bl} = -2{,}465 + 5{,}9 \cdot \dfrac{6{,}90}{\cos\alpha} \cdot \sin\alpha = 14{,}055 \text{ kN}$

---

[23] Skizze siehe Seite 124
[24] Darstellung als Längskraftfläche siehe Seite 113 ff, 117, 119, 125

6 Verformungen und innere Kräfte

$N_{Brs} = N_{Bl} - N_B$
$N_{Brs} = 14{,}055 - 50{,}219 \cdot \sin \alpha = -4{,}828 \text{ kN}$

$N_{Br} = N_{Brs} + N_5 - N_4$
$N_{Br} = 4{,}828 \cdot \cos \alpha - 11{,}898 \cdot \sin \alpha = 0 \text{ kN}$

6. Momente[25]:

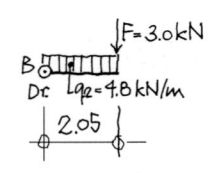

$M_B = -3{,}0 \cdot 2{,}05 + -4{,}8 \cdot \dfrac{2{,}05^2}{2} = -16{,}236 \text{ kNm}$

$M_{0F} = (3{,}25 + 5{,}9 \cdot \cos \alpha) \cdot \dfrac{6{,}90}{\cos \alpha} \cdot \dfrac{6{,}90}{8 \cdot \cos \alpha} = 60{,}420 \text{ kNm}$

$M_{0Kr} = \dfrac{4{,}8 \cdot 2{,}05^2}{8} = 2{,}522 \text{ kNm}$

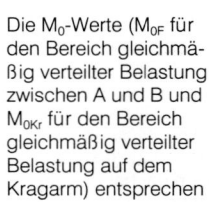

Die M_0-Werte (M_{0F} für den Bereich gleichmäßig verteilter Belastung zwischen A und B und M_{0Kr} für den Bereich gleichmäßig verteilter Belastung auf dem Kragarm) entsprechen der Gleichung $q \cdot \dfrac{l^2}{8}$ und sind die Parameter, die mittig an die Schlusslinie zur Konstruktion der Parabel angetragen werden. Vergl. Konstruktion der Parabeln auf Seite 117 und 118.

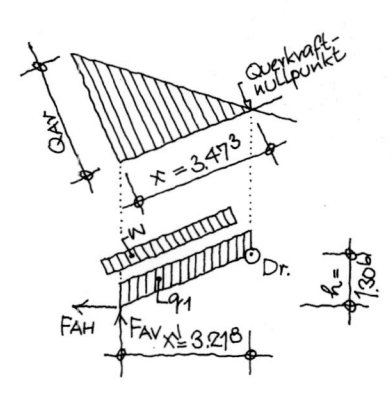

$_{max}M = 28{,}980 \cdot 3{,}218 + 9{,}100 \cdot 1{,}306 - 5{,}9 \cdot 3{,}473 \cdot \dfrac{3{,}218}{2} - 3{,}25 \cdot \dfrac{3{,}473^2}{2}$

$_{max}M = 52{,}572 \text{ kNm}$

---

[25] Darstellung als Momentenfläche siehe Seite 114, 117, 119, 125

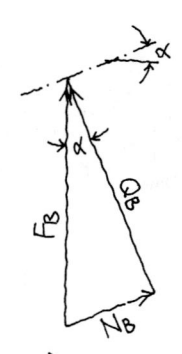

6 Verformungen und innere Kräfte

Unter Bezugnahme auf die rechnerische Untersuchung des Volllastfalles stellen sich die Schnittkräfte wie rechts abgebildet dar. Ähnliche Bilder würden für die anderen Lastfälle entstehen.

Die Schnittkräfte aus den einzelnen Lastfällen können jedoch auch über einer gemeinsamen Systemlinie getrennt für die Querkräfte, die Längskräfte und die Momente dargestellt werden. Solche Darstellungen bezeichnet man als Hüllkurven, weil die Darstellungen der jeweiligen Extremwerte die Werte der anderen Lastfälle umhüllen.

M_B wird auf beide Achsen mit gleicher Größe angetragen.

Die Konstruktion der Parabelkurve im Bereich des Kragarmes erfolgt sinngemäß wie im Feld, jedoch mit M_{0Kr}.

Querkraftfläche

Längskraftfläche

Momentenfläche

6 Verformungen und innere Kräfte

7 Materialien und ihre Bedeutung für die Dimensionierung

Holz

Holz ist ein Material, das wie das erforderliche Wasser in allen Regionen verfügbar war, die von Menschen besiedelt wurden. So ist es nicht verwunderlich, dass Hölzer der jeweiligen Region neben der Herstellung von Werkzeugen und Geräten auch seit je her zum Bauen verwendet wurden. Rudimentäre Teile von Holzbauten, wie Blockhäuser und Brunnenauskleidungen, haben sich jedoch nur unter außerordentlich günstigen Konstellationen erhalten. Für Archäologen gibt es jedoch auch andere Indizien für die sehr frühe Verwendung von Holz im Bauwesen. In Catal Hüyük beispielsweise wurden Ausfachungen aus Lehmziegeln freigelegt, die Hohlräume für Rundhölzer erkennen lassen, die die Ausfachungen stabilisierten. In lykischen Grabanlagen sind Hausformen mit Fachwerken und Deckenkonstruktionen aus Rundbalken in Stein nachgebildet. So erhielten wir Kenntnisse über das Bauen mit Holz in vorchristlichen Jahrhunderten und Jahrtausenden.

Holz ist, wie wir das heute bezeichnen, ein druck-, schub- und zugfester Baustoff und war daher für verschiedene Aufgaben einsetzbar. Über Jahrtausende entwickelten sich in den einzelnen Kulturräumen Bauformen und Verarbeitungstechniken, die von Generation zu Generation überliefert wurden. Die Konstruktionsformen, die Fertigungstechniken bei der Bearbeitung des Baustoffes und die Fügetechniken veränderten sich dabei nur sehr langsam.

Die Anfälligkeit vieler Hölzer gegen Feuchtigkeit und den damit verbundenen Pilzbefall, die Gefahr des Insektenbefalls und die Brennbarkeit des Materials beeinflussen den Einsatz von Holz als Baustoff und erfordern die Beachtung entsprechender Maßnahmen:

- konstruktive Detaillösungen gewährleisten einen natürlichen baulichen Holzschutz,
- neue chemische Holzschutzmittel sichern einen natürlichen baulichen Holzschutz,
- moderne Verbindungsmittel und Fügetechniken verändern und verbessern die konventionellen (zimmermannsgerechten) Verbindungen,
- neue, industriell gefertigte Holzprodukte, z.T. gefertigt aus Verarbeitungsrückständen und Zusatzstoffen, haben teilweise bessere Eigenschaften und höhere Festigkeiten als Naturholz.

Neben stabförmigen Bauteilen aus Konstruktions-Vollholz werden zunehmend Bauteile aus:

- Brettschichtholz (BSH),
- Furnierschichtholz (FSH),
- Furnierstreifenholz,
- Kreuzholz,
- Spanstreifenholz
- u.a.

verwendet sowie neben den üblichen Brettern aus verschiedenen Holzarten flächenförmige Bauteile wie:

- Bau-Furnierplatten,
- Holzfaserplatten,
- Schichtplatten,
- Spanplatten,
- Tischlerplatten
- u.a.

Diese Entwicklung und Modifikation eines uralten Baustoffes in Verbindung mit neuen Verbindungen durch den Einsatz von Stahlbauteilen hat neben wachsendem ökologischen Bewusstsein zu einer Renaissance des Holzbaus geführt.

Naturstein und Ziegel

Im Gegensatz zum Holz wurden Natursteine vorrangig für Bauteile verwendet, die von Druckkräften beansprucht werden. Lehmziegel und gebrannte Ziegel sind ebenfalls seit Jahrtausenden bekannt und wurden wie Natursteine oder vermischt mit ihnen verarbeitet. Es kann angenommen werden, dass nach Brandkatastrophen die höhere Festigkeit und Formstabilität gebrannter Lehmziegel entdeckt wurde und zur Entwicklung entsprechender Brennverfahren führte.

Zur Erstellung bedeutender Bauten wie der Tempel der Götter wurden Natursteine verwendet. Die Natursteine sollten ihre Bedeutung hervorheben und den Bauten Ewigkeitswert geben. Dabei bereitete die Herstellung von Wänden und Stützen keine außergewöhnlichen Probleme, weil das Material auf Druck beansprucht wird.

7 Materialien und ihre Bedeutung für die Dimensionierung

Die Überdeckung von Öffnungen und Räumen mit Natursteinen verursachten jedoch größere Probleme. In allen Kulturen bildeten sich baugeschichtlich frühzeitig zwei Konstruktionsformen heraus: Überdeckungen mit Monolithen oder Scheingewölben. Beide Methoden führten zwangsläufig zu schmalen Räumen oder engen Stützenstellungen oder zu gewaltigen Abmessungen der Monolithe, so dass wir oft erstaunt vor den gewaltigen Transport- und Montageleistungen stehen.

Bei der Überdeckung von Räumen mit Monolithen baut sich innerhalb der Steine (wie wir heute wissen) eine Stützlinie[1] auf. Wenn die Stützlinie eine ausreichende Höhe „h" hat, sind die Druckkräfte entlang der Stützlinie in den Monolithen und mit ihrer Horizontalkomponente im Auflager aufnehmbar. Anderenfalls kam es zum Einsturz und man war um eine (traurige) Erfahrung reicher.

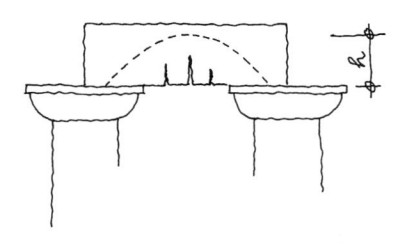

Bei Überdeckungen von Räumen mit Scheingewölben, wie wir die Konstruktion heute nennen, wurden einzelne Steinlagen jeweils gegeneinander ausgekragt und von beiden Seiten oder bei Rundbauten radial aufgeschichtet, bis sie sich im Scheitel trafen. Auch für dieses System sind Beispiele aus allen Kulturen bekannt. In den Scheingewölben bildet sich ebenfalls eine Stützlinie aus, über die das Tragverhalten gewährleistet ist, wenn in den (horizontalen!) Fugen die Schubkräfte F_H aus der in der Stützlinie wirkenden Druckkraft F_S aufgenommen werden können.

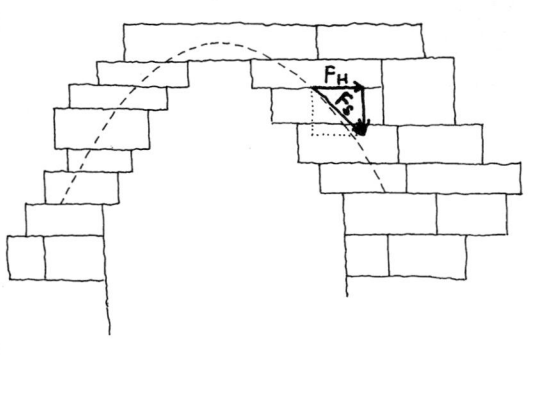

---

[1] vergl. Seite 259

7 Materialien und ihre Bedeutung für die Dimensionierung

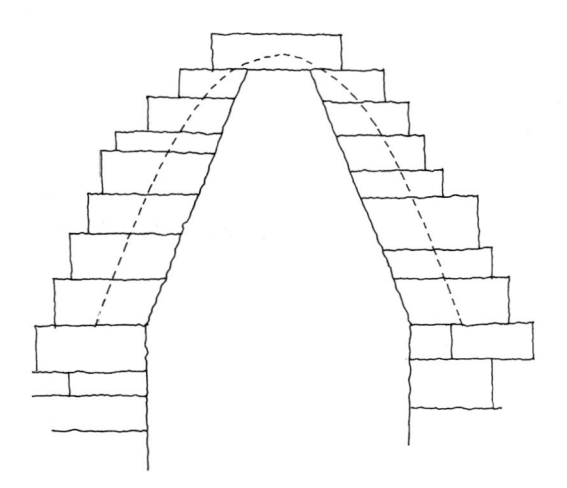

Dafür sind große Auflagerflächen und hohe Auflasten erforderlich, um die Gleitspannungen in den Fugen entsprechend klein zu halten (wie wir heute wissen). In der Vergangenheit mussten entsprechende Erfahrungen (oft erst nach Fehlschlägen) aus der Praxis gewonnen werden.

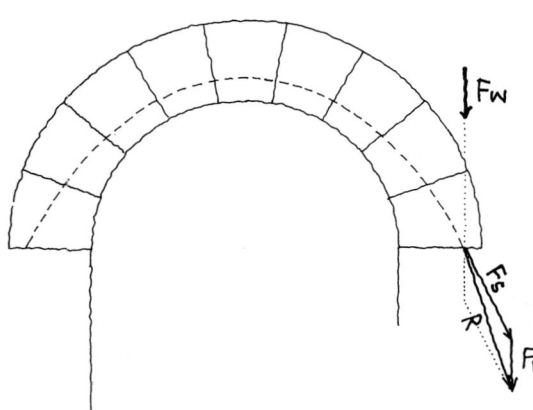

Obwohl Wölbtechniken den Sumerern und Ägyptern seit ca. 6000 Jahren bekannt waren, wurde diese Bauweise erst in der römischen Baukunst, übermittelt von den Hethitern, weiter entwickelt und zu einem typischen Erscheinungsbild. Öffnungen wurden mit Bögen und Räume mit Gewölben überdeckt. In den runden Querschnitten dieser Gewölbe werden die Fugen radial angeordnet, so dass sie fast senkrecht zu den Druckkräften in der Stützlinie stehen. Hierbei entstehen nur kleine Schubkräfte aus der in der Stützlinie wirkenden Druckkraft mit entsprechend kleineren Gleitspannungen in den Fugen. Der Gewölbeschub F_S im Auflager (Widerlager des Gewölbes) hat wegen der kreisförmigen Ausbildung des Gewölbes eine verhältnismäßig hohe Horizontalkomponente und erfordert große Auflasten F_W (um die Richtung des Gewölbeschubes mehr in die Vertikale zu verändern) und/oder dicke Unterstützungswände (damit die Resultierende aus allen Lasten noch innerhalb der Mauer verläuft).

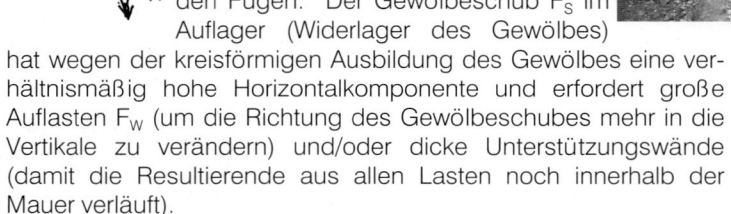

Trotz der gewaltigen Leistungen der Römer in der Wölbtechnik – die Kuppel des Pantheon überspannt eine lichte Weite von 43,30 m – wurden stützenfreie große Räume stets mit Holzkonstruktionen überdeckt.

Mit dem ausgehenden Mittelalter wuchs die rationale Auseinandersetzung mit natürlichen und artifiziellen Phänomenen[2] und führte mit zunehmender Fähigkeit, das Tragverhalten zu erkennen und abzuschätzen, zu kühnen Weiterentwicklungen der Bogen- und Kuppelkonstruktionen in der Gotik und Renaissance.

---

[2] vergl. Tafeln auf Seiten 17 und 18

7 Materialien und ihre Bedeutung für die Dimensionierung

Parallel dazu begann seit Anfang des Industriezeitalters mit der Einführung neuer Konstruktionsmaterialien eine intensive Auseinandersetzung der Wissenschaftler, vornehmlich Physiker und Mathematiker, mit Problemen des Kraftflusses und der theoretischen Dimensionierung tragender Bauteile.

Eisen und Stahl

Seit dem 4. Jahrtausend ist Eisen in Ägypten und seit ca. 1.200 v. Chr. bei den Hethitern bekannt. Seit dem 2. Jahrtausend wurde in Babylon Eisen aus Magneteisenstein und Pyrit gewonnen. Das wertvolle Metall wurde neben der Herstellung von Schmuck zunehmend zur Anfertigung von Werkzeugen und Waffen verwendet.

Im Bauwesen fand das seltene Metall neben Bronze zuerst als Klammern zur Verbindung großer Steinquader, vornehmlich in Säulen griechischer Tempel, Anwendung. Aus der Hagia Sofia (532-537) sind Zuganker zum Ausgleich der Gewölbeschübe bekannt. In der Kuppelkonstruktion des St. Peters Domes in Rom wurden 1546 erstmals Ringanker aus Eisen verwendet. Doch das Eisen blieb für das Bauwesen ein seltenes und kostbares Material.

Erst als ca. 1750 Koks die Holzkohle bei der Herstellung von Roheisen ablöste und damit Roheisen und Tiegelstahl in größerer Menge und mit verhältnismäßig gleich bleibender Qualität zur Verfügung stand, fand Eisen in der Gebäudekonstruktion zunehmend Anwendung.

In aufwändiger Hand- und Wasserkraftarbeit[3] wurde das spröde Roheisen in der Holzkohlenglut geschmiedet (Schmiedeeisen) und erhielt erst dadurch seine Elastizität und hohe Druck- und Zugfestigkeit. Was lag wegen der Druck- und Zugfestigkeit näher, als dieses Material mit Holz zu vergleichen und zunächst die daher bekannten Fügetechniken zu übernehmen. Die von 1777-79

---

[3] Die erste brauchbare Dampfmaschine wurde erst 1796 von James Watt entwickelt.

7 Materialien und ihre Bedeutung für die Dimensionierung

aus Gusseisen erstellte Coalbrookdale-Brücke, die den Severn mit einer Spannweite von 30,5 m überspannt, hat denn auch typische Holzverbindungen mit Zapfen, Keilen und Bolzen.

Eisen und Stahl sind Sammelbegriffe für unterschiedliche Eisenlegierungen. Neben Wolfram, Kupfer und anderen Metallen beeinflusst besonders der Kohlenstoffanteil die Eigenschaften von Eisen. Ein Kohlenstoffanteil von >2% macht Eisen spröde und nicht verformbar (Gusseisen). Um den Kohlenstoffanteil zu reduzieren, wird das Eisen „gefrischt", indem ihm bei einer Wärmebehandlung Sauerstoff zugeführt wird. Anstelle des Ausschmiedens (Schmiedeeisen) traten später andere Verfahren wie das „Bessemerverfahren" (1856) oder die Nachbehandlung in elektrisch beheizten „Martinöfen" (1864) (Siemens-Martin-Stahl).

Die Bezeichnung der unterschiedlichen Produkte erfolgte also zum Teil nach dem Herstellungsverfahren. Andere Bezeichnungen beziehen sich auf den Reinheitsgrad (Edelstahl) oder auf die Resistenz gegen chemische Einflüsse (nicht rostender Stahl) oder auf technische Eigenschaften (selbsthärtender Stahl). Im Bauwesen wird vornehmlich Baustahl (Bezeichnung nach der Anwendung) in den beiden Güteklassen St 37 (normaler Baustahl) und St 52 (hochfester Baustahl) verwendet.

Schon das frühe Beispiel der Coalbrookdale-Brücke zeigt einerseits das Suchen nach speziellen Erscheinungsbildern von Stahlkonstruktionen und andererseits das Suchen nach speziellen Fügetechniken, die ebenfalls Einfluss auf die gestalterische Wirkung haben. Nach der Phase der Imitation von Holzverbindungen wurden Fügetechniken mit Schrauben und Nieten angewendet. Erst ab den 30er Jahren des 20. Jahrhunderts wurde das Fügen durch geschweißte Verbindungen entwickelt.

Parallel zur Entwicklung von theoretischen Bemessungsmethoden und zur Erforschung der Materialeigenschaften erfolgte der Einsatz des neuen Baustoffes zur Herstellung weit gespannter Dachstuhlkonstruktionen und beim Bau großer Hallen. In anderen Fällen wurde Stahl in verdeckten Stahlkonstruktionen verwendet. Selbst die gestalterisch überzeugenden Bahnhofshallen erhielten vorgelagerte Eingangsgebäude mit mächtigen und repräsentativen Natursteinfassaden. Ein filigranes Erscheinungsbild passte nicht in die damalige Vorstellung, dass Gebäude durch massive Steinkonstruktionen „würdig" und wertvoll erscheinen müssten.

7 Materialien und ihre Bedeutung für die Dimensionierung

Otto Königer erkannte bereits diese Problematik und schrieb 1910 in der 6. Auflage des bedeutenden Standardwerkes „Allgemeine Baukonstruktionslehre" von G.A. Breymann (1. Auflage 1853): „Das Eisen wird demnach bei allen Monumentalbauten äußerlich ebenso wenig sichtbar werden, wie früher das Holz. ... Ohne hier auf die schwierige Frage der architektonischen Gestaltung der Eisenkonstruktionen näher einzugehen, wollen wir nur bemerken, dass ein dahin gerichtetes Streben nur dann von Erfolg gekrönt sein wird, wenn der Architekt mehr als bisher derartige Ausführungen selbst zu entwerfen lernt und dadurch ein Urteil über das Wesen eines jeden Baugliedes gewinnt, ohne welches ein künstlerischer Erfolg nicht zu erzielen ist. Allerdings ist der Erwerb der hierzu erforderlichen Kenntnisse mit mehr Mühe verbunden, als bei den Stein- und Holzkonstruktionen".

Große Messen und Ausstellungen förderten jedoch die Entwicklung kühner Bauwerke aus Stahl. Trotz aller tradierten Zierformen zeigte der Kristallpalast 1859 in London mit der Schlankheit der Bauteile und der großen Transparenz die gestalterischen Aspekte des neuen Baustoffes.

Gleichzeitig ging mit diesen Experimenten die Entwicklung neuer Methoden der Vorfertigung und seriellen Elementierung einher. Das galt dann auch für die Maschinenhalle als Dreigelenkbogen und den Eifelturm auf der Weltausstellung von 1889 in Paris.

Von besonderer Bedeutung bei der Suche nach spezifischen Erscheinungsformen für Stahlkonstruktionen sind die seit Beginn des 19. Jahrhunderts unternommenen Versuche, Hängebrücken zu entwickeln. Zwar sind Hängebrücken in der Literatur und in Reiseberichten bereits für frühere Zeitepochen erwähnt, jedoch waren diese Brücken vornehmlich aus Hanfseilen oder Lianen gebaut. In Reiseberichten sind aber auch aus China Kettenbrücken aus Eisen beschrieben, die in das 15. Jahrhundert datiert werden können[4]. Eine besondere Bedeutung hat in dieser frühen Entwicklung in Europa die von Isambard Kingdom Brunel geplante Clifton-Hängebrücke bei Bristol über den Avon, die bereits eine Spannweite von 214 m überbrückt. Sie wurde wegen vielfältiger Probleme von 1836 bis 1853 errichtet und ist noch heute erhalten und in Benutzung. Die schmiedeeisernen flachen Kettenglieder sind dreilagig zu einer Hängekonstruktion gefügt. Brunel nutzt konsequent die hohe Zugfestigkeit des neuen Materials und entwickelt ein Erscheinungsbild, das nur aus Stahl herstellbar und typisch für dieses Material ist.

---

[4] F.M. Felthaus gibt das Baujahr für eine eiserne Kettenbrücke bei King-tung-fu in seinem Buch „Museum der Weltgeschichte" mit 67 n. Chr. an.

7 Materialien und ihre Bedeutung für die Dimensionierung

7 Materialien und ihre Bedeutung für die Dimensionierung

Die Brooklin-Brücke, deren Bau am 2.1.1870 in New York durch August Roebling begonnen wurde, belegt deutlich die neuen Möglichkeiten des Stahlbaus. Ihre freie Spannweite ist mit 486 m bereits mehr als doppelt so groß wie die Spannweite der Clifton-Brücke.

Andere Konstruktionssysteme werden entwickelt, die mehr oder weniger typisch für den Stahlbau sind oder zumindest durch das neue Material initiiert wurden:

- unterspannte Träger (erste Darstellung 1876 von E. Brand),
- Fachwerkträger (hergestellt aus gelenkig miteinander verbundenen Stäben),
- Rahmenkonstruktionen (mit biegesteifen Verbindungen des Riegels mit den Stielen),
- Seil- und Netzwerke (aus Stahlseilen).

Daneben wird konsequent Materialforschung betrieben, um die Eigenschaften der vielfältigen Legierungen zu erfassen und optimierte Profilreihen[5] zu entwickeln.

Gleichzeitig erfolgt eine intensive Auseinandersetzung mit der theoretischen Erfassung des Tragverhaltens der immer schlanker und leichter werdenden Konstruktionen. Mitte des 19. Jahrhunderts werden rechnerische und grafische Lösungsmethoden für Fachwerkträger von Wilhelm Ritter, Karl Culmann und Luigi Cremona[6] entwickelt.

Der Stahl bildete neben der Erfindung der Sicherheitsfangvorrichtung für Personenaufzüge[7] eine wesentliche Voraussetzung für den Hochhausbau in den USA. Dadurch jedoch wurde die Windbelastung und die entsprechenden konstruktiven Vorkehrungen in Form aussteifender Systeme[8] eine neue, bis dahin kaum zu beachtende Problematik.

Stahlkonstruktionen, besonders in der Form von Seil- und Netzkonstruktionen, ermöglichen sehr geringe Eigengewichte, so dass auch bei Dachkonstruktionen entsprechende Stabilisierungsmaßnahmen zur Aufnahme der Windkräfte erforderlich werden.

---

[5] vergl. Seite 146 ff
[6] vergl. Tafel Seite 18
[7] Flor Otiş 1854
[8] vergl. Seite 268, 275 ff

7 Materialien und ihre Bedeutung für die Dimensionierung

Trotz wegweisender Studien und Entwicklungen von

- Jean Prouvé,
- Konrad Wachsmann,
- Max Mengeringhausen,
- Buckminster Fuller,
- Ray und Charles Eames,
- Frei Otto und anderen

erscheinen im Stahlbau durchaus nicht alle spezifischen Möglichkeiten ausgelotet zu sein. Ein umfangreiches Feld für Experimente und Entwicklungen harrt kreativer Architekten und Innenarchitekten.

Seit 1.1.1996 gilt „DIN 18800 neu" für den Stahlbau und die Dimensionierung tragender Bauteile aus Stahl. Durch differenziertes Erfassen der Lasten und Berücksichtigung neuester Erkenntnisse über die Kraftflüsse sind unter jeweils bestimmten Bedingungen

- Biegeknicknachweise,
- Biegedrillknicknachweise und
- Betriebsfestigkeitsnachweise

zu führen. Da für die Entwicklung von Tragsystemen – und das ist die eigentliche Aufgabe der Architekten und Innenarchitekten – keine Nachweise der genauesten und minimiertesten Abmessungen erforderlich sind, wird hier ein überschaubareres vereinfachtes Verfahren dargelegt, das sich an „DIN 18800 alt" orientiert[9].

---

[9] vergl. Seite 152 ff

7 Materialien und ihre Bedeutung für die Dimensionierung

Beton und Stahlbeton

Beton kannten bereits die Römer und bezeichneten ihn als opus caementitium. Seit Ende des 3. Jahrh. v. Chr. entwickelten sie Wandbautechniken, die auf das griechische Verfahren emplecton zurückgehen. Dabei wurde ein Gemisch aus Mörtel und Steinen zwischen Außenschalen aus Naturstein gefüllt. Die Römer entwickelten daraus Bauweisen für brettgeschalte Wände und Gewölbe aus opus caementitium. Das Pantheon in Rom, 27 v. Chr. begonnen, ist mit seiner lichten Spannweite von 43,40 m ein herausragendes Beispiel für die Reife, während die Porta Nigra ein spätes Beispiel dieser Technik ist, die in den folgenden Jahrhunderten, bis auf wenige Ausnahmen wie der Campanile in Pisa (1173), in Vergessenheit geriet.

Der neue Baustoff Stahlbeton wurde beinahe zufällig erfunden. Um 1867 legte Joseph Monier[10] eine Drahtarmierung in den Beton seiner Blumenkübel ein und baute so dünnwandigere und bruchfestere Kübel. Ingenieure und Baumeister erkannten schnell die Möglichkeiten dieser neuen Materialkombination, wobei der Beton die Druckkräfte und der Stahl, in der Zugzone des Querschnittes angeordnet, die Zugkräfte übernimmt. Die ersten Hochbauten und Brücken entstehen. Die Mühle in Toucoing, gebaut von dem begabten Ingenieur François Hennebique (1895), gehört dazu, wie die erste Brücke aus Eisenbeton in Chazlet, die Kirche St.-Jean-de-Montmartre (1897) in Paris und Frank Lloyd Wright´s Unitarian Church (1906), Kenilworth Avenue at Lake Street im Oak Park bei Chicago. Mit dem Wohnhaus in der Rue Franklin in Paris (1903) entwickelte Auguste Perret eine Skelettkonstruktion aus Stahlbeton, die deutlich die Innenarchitektur und das äußere Erscheinungsbild dieses Gebäudes beeinflusst und prägt.

Zur schnellen Verbreitung und Anwendung des neuen Baustoffes haben neben seinen Eigenschaften und seiner Verarbeitung auch die frühen theoretischen Beschäftigungen mit seinem Tragverhalten beigetragen. Bereits 1887 erschien von Mathias Koenen das erste Fachbuch über Eisenbeton mit Beispielen aus praktischen Versuchen und theoretischen Berechnungen mit dem Titel „Das System Monier und seine Anwendung auf das gesamte Bauwesen". 1893 wird ein deutsches Patent für profilierten Bewehrungsstahl erteilt und schon 1904 erschienen die preußischen „Bestimmungen für die Ausführung von Konstruktionen aus Eisenbeton im Hochbau". Insbesondere förderte jedoch das Werk von Emil Mörsch, „Betoneisenbau, seine Theorie und Anwendung" (1906), die theoretische Beherrschbarkeit des Baustoffes.

Damit ist eine schnelle Entwicklung des Konstruierens und Bauens mit Stahlbeton angestoßen. Hatte bereits François Hennebique mit seinem „Système Hennebique" mit richtiger Lage der Bewehrungsführung 1892 ein Bausystem entwickelt, das vielfältige Anwendung bei Industriebauten fand, so wuchsen ab 1907 die

---

[10] vergl. Seite 18

7 Materialien und ihre Bedeutung für die Dimensionierung

Kenntnisse über das Kriechen und Schwinden des Betons während der Abbindephase durch die Beschäftigung mit vorgespannten Konstruktionen[11], und der Bauingenieur und Bauunternehmer Robert Maillart entwickelte 1909 ein Pilzdeckensystem mit integrierten Unterzügen.

Ein frei formbarer Baustoff ist den Architekten an die Hand gegeben, der viel Disziplin im Umgang und subtile Kenntnisse über Kraftflüsse bedingt, denn seine Anwendungsmöglichkeiten sind fast unbegrenzt. Bauteile aus Stahlbeton sind:

- frei formbar,
- einsetzbar bei allen Beanspruchungsarten der tragenden Bauteile,
- variabel in den äußeren Abmessungen (bei gleicher Belastung können die äußeren Abmessungen und der Bewehrungsgrad variieren),
- mit verschiedenen strukturellen und farblichen Oberflächen herstellbar,
- als vorgefertigte Elemente herstellbar,
- mit guten Eigenschaften im Schallschutz (Luftschallschutz) einsetzbar,
- mit guten Eigenschaften im Brandschutz einsetzbar.

Es ist daher nicht verwunderlich, dass dieser neue Baustoff sowohl von den Ingenieuren als auch von den Architekten mit großer Offenheit und als Herausforderung angenommen wurde. Ein Material mit solchen Eigenschaften ermöglichte viele neuartige Gestaltungen und Konstruktionen, die teilweise auch neue Entwicklungen bei tradierten Baustoffen und deren weitergehende Anwendungen auslösten.

Die plastischen Gestaltungsmöglichkeiten haben nicht nur die Realisierung der Gestaltungsideen von Rudolf Steiner beim Bau des neuen Goetheanum in Dornach (1928) ermöglicht, sie faszinierten auch Frank Lloyd Wright sowohl bei der Innen- und Detailgestaltung des Imperial Hotels Chiyoda-Ku in Tokio (1920-22) und der Unitarian Kirche (1906) in Oak Park bei Chicago als auch bei der Gestaltung der Deckenpilze im Verwaltungsgebäude der Firma S.C. Johnson & Son Wax Company (1936) in Racine oder der Gesamtkonzeption des Guggenheim Museums (1956) in New York oder des Hauses an den fallenden Wassern (1935-39) in Mill Run.

Das Œuvre von Le Corbusier ist ohne Stahlbeton nicht denkbar. Er benutzt dieses Material für plastische Skulpturen wie auch für (plastische) Konstruktionselemente. Die Unité d´Habitation in Marseille (1945-53), die Wallfahrtskirche in Ronchamp (1954) oder das Kloster La Tourette (1957) in Eveux bei Lyon mögen hierfür beispielhaft stehen.

---

[11] Der Begriff Spannbeton wurde erst 1935 durch Wayss & Freitag eingeführt.

7 Materialien und ihre Bedeutung für die Dimensionierung

7 Materialien und ihre Bedeutung für die Dimensionierung

Gestalterisch hoch begabte Ingenieure kooperieren mit Architekten und prägen die Erscheinungsbilder der Objekte und Innenräume durch die konstruktiven Strukturen. Plüdemann und Küster bauten 1908 die Markthalle in Breslau, Max Berg 1911-13 für die Landesausstellung in Breslau die Jahrhunderthalle, die mit 65 m Spannweite erstmals das Pantheon übertraf. Robert Maillart baute im Rahmen einer Reihe herausragend gestalteter Brücken 1930 auch die Brücke über den Salginatobel. Pier Luigi Nervi verdanken wir viele Bauwerke, deren Strukturen entsprechend den Kraftflüssen gegliedert sind. Die nach den „isostatischen" Kraftlinien angeordneten Rippen in den Deckenplatten der Wollspinnerei Gatti in Rom (1951-53) mögen hierfür ein Beispiel sein wie die Gestaltung der Kuppel und ihrer Abstützung mit schrägstehenden Y-förmigen Stützgliedern des Palazetto dello Sport (1957) in Rom oder die Ausformung der Hauptstützelemente beim Verwaltungsgebäude der Firma Pirelli[12] (1955-59) in Mailand.

Felix Candela seinerseits hat Maßstäbe im Schalenbau aus Stahlbeton gesetzt. Subtil folgte er mit der Ausformung der Schalen den Kraftflüssen und realisierte Schalendicken, die, bezogen auf die Spannweite, dünner sind als die Dicke einer Eierschale. Ausgehend von Tonnenschalen in Form umgekehrter Kettenlinien[13] erkannte Candela die höhere Stabilität zweiachsig gekrümmter Schalen und entwarf und realisierte eine große Zahl von Bauwerken mit Dächern in der Form hyperbolischer Paraboloide[14]. Die Dachschalen des Instituts für kosmische Strahlenforschung[15] an der Universität Mexiko-City (1951) haben eine Dicke von 1,5 cm. Eine Fülle von kombinierten Teilen aus Paraboloiden bildet den erlebnisreichen Innenraum und die äußere architektonische Gestalt der Kirche St. Maria Miraculosa (1954-55), die Candela mit dem Architekten Enrique de la Mora baute. Beim Restaurant Los Manantiales[16] (1957-58) sind Teile von Paraboloiden radial angeordnet. Fast zeitgleich entwarf Eero Saarinen den stark plastisch gestalteten Terminal der TWA (1956-62) in New York. Jørn Utzons Entwurf[17] für die Oper in Sydney geht auf dieselbe Zeit zurück und wurde wegen außergewöhnlicher fertigungstechnischer Probleme in der Bauzeit von 1956-73 realisiert. Auch das Keramion (1970) in Frechen von Peter Neufert und Stefan Polónyi mit einer Dicke der Membrane von 8 cm bei 32 m Durchmesser stellt sowohl eine typische Form für eine Stahlbetonkonstruktion dar, wie es semantisch mit den Exponaten korresponiert. Auch Santiago Calatravi gestaltet durch die subtile Ausformung tragender Elemente die Filigranität seiner Architekturen und die Wirkung der Innenräume wie unter vielen anderen Beispielen die Eisenbahnstation für den Flughafen in Lyon-Satolas (1989-94) belegt.

---

[12] Nervis Strukturvorstellungen harmonisierten bei diesem Gebäude mit den Ideen der „forma finita" des Architekten Gio Ponti.
[13] vergl. Seite 129, 259
[14] vergl. Seite 298
[15] Architekt Gorge González Reyna.
[16] Architekten Joaquin und Fernando Alvarez Ordoñez.
[17] Ingenieur Ove Arup

7 Materialien und ihre Bedeutung für die Dimensionierung

Andere Materialien

Die Hersteller von Baumaterialien können auf eine Fülle neuartiger Baustoffe verweisen, die teilweise noch in Test- und Versuchsreihen auf ihre Verwendung als tragende Bauteile untersucht werden.

Es wurde schon darauf verwiesen, dass eine Fülle neuartiger Holzwerkstoffe entwickelt wurden. Teilweise um Abfallstoffe zu verwenden, teilweise um optimalere Querschnittsformen[12] herzustellen und oft mit höheren Festigkeiten als das originäre Ausgangsmaterial. Dazu kommen weitergehende großformatige Vorfertigungen, da leistungsfähigere Transport- und Hubwerkzeuge zur Verfügung stehen.

Aluminium, andere Metalle und Legierungen, besonders Edelstähle, werden zunehmend im Bauwesen und im Möbelbau eingesetzt.

Auch die Glasindustrie hat besondere und erfolgreiche Anstrengungen um die Entwicklung von Glasbaustoffen für besondere Anwendungen – auch für tragende Bauteile – unternommen. An Versuchsbauten werden die Möglichkeiten des Einsatzes von Glas als tragender Baustoff sowie die Verbindungen der tragenden Glasbauteile untersucht. Gleichzeitig erfolgt die Verwendung von Glas in realen Bauaufgaben. Auf ca. 1987 gehen die Anwendungen von Glas als tragende Platten zurück. Dabei verwendete man relativ starke Dicken und vorsichtige vierseitige Lagerungen in umlaufenden Rahmen. 1996 wurden bei der Eingangshalle der neuen Messe in Leipzig bereits Glasscheiben von 1,5 / 3,0 m punktförmig aufgehängt. Ab 1992 werden auch Unterzüge aus Glasplatten mit Spannweiten von 4 bis 6 Meter eingesetzt. Bereits 1996 wurde in Tokio die Überdachung eines U-Bahn-Zugangs mit 5 m Breite und einer 11 m großer Auskragung vollständig aus Glas erstellt sowie 1998 die Ganzglaskonstruktion für das Arabische Institut für Stadtentwicklung in Riad.

Gleichzeitig werden Kuppelbauten getestet, bei denen das Glas und die Verbindungselemente die Druckkräfte übernehmen und ableiten. In Verbindung mit Seilnetzen lassen sich besonders leicht erscheinende transparente Überdachungen realisieren, wie etwa für das Flusspferdehaus des Berliner Zoos.

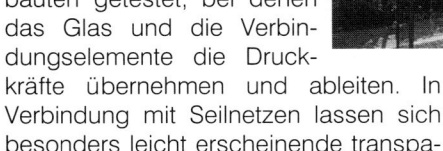

---

[12] vergl. Seite 145

7 Materialien und ihre Bedeutung für die Dimensionierung

Zusammenfassung

Um Baustoffe bei verschiedenartigen Lastbeanspruchungen für Tragelemente einsetzen zu können, müssen sie folgende Festigkeiten allein oder in Kombinationen haben:

- Zugfestigkeit,
- Druckfestigkeit und
- Schubfestigkeit.

Die Festigkeiten eines Materials werden in Bruchversuchen bestimmt. Die daraus gewonnenen Bruchfestigkeiten werden durch Sicherheitswerte dividiert und ergeben die in rechnerischen Nachweisen zu berücksichtigenden zulässige Festigkeiten. Die Sicherheitswerte können für ein und dasselbe Material variieren in Abhängigkeit von:

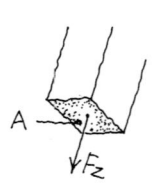

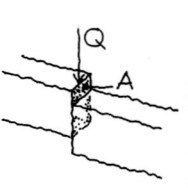

Die Euro-Codes erfassen die Sicherheit getrennt bei der Lastermittlung und der Materialfestigkeit. Dabei wird die Belastung mit einem Faktor zwischen 1,1 und 1,5 vergrößert und die Festigkeit durch Division reduziert.

- der Bedeutung des tragenden Bauteils innerhalb eines Konstruktionssystems und seiner Versagenseigenschaft sowie
- von der Herstellbarkeit.

Ein Stahlprofil ist industriell in gleichförmiger Qualität mit gleich bleibenden Abmessungen sicherer herstellbar als Holzprofile, die Baumkanten und Asteinschlüsse haben können. Kündigt sich das Versagen eines Tragelementes z.B. durch große Verformung oder Rissbildung frühzeitig an, kann die Sicherheit geringer angesetzt werden als bei plötzlichem unangekündigten Versagen z.B. bei ausknickenden Stützen.

Alle zulässigen Festigkeiten werden in Krafteinheiten je Flächeneinheit angegeben; also:

- MN/m^2 oder
- kN/cm^2 oder
- N/mm^2.

Leider variieren die Einheiten in den verschiedenen Tabellen, so dass diesbezüglich Aufmerksamkeit geboten ist. Die wichtigsten zulässigen Festigkeiten[13] sind:

- $\sigma_{zul\,D} = \dfrac{F_D}{A}$ (< zulässige Druckfestigkeit),

Die Knickgefahr ist bei den Materialien Holz und Stahl durch Multiplikation der Belastung F_D mit einem Faktor ω und beim Material Mauerwerk durch eine Abminderung der zulässigen Spannung in Abhängigkeit von der Schlankheit des gedrückten Stabes zu berücksichtigen[14].

- $\sigma_{zul\,Z} = \dfrac{F_Z}{A}$ (< zulässige Zugfestigkeit)

---

[13] auch „zulässige Spannungen" genannt.
[14] vergl. Seite 150 ff. Die Werte sind Tabellenbüchern zu entnehmen.

7 Materialien und ihre Bedeutung für die Dimensionierung

und

- $\tau_{zul} = \dfrac{Q}{A}$ (< zulässige Schubfestigkeit).

Die zulässigen Biegefestigkeiten ergeben sich aus den Druck und Zugfestigkeiten, da bei Biegebeanspruchungen[15] gleichzeitig Druck- und Zugbeanspruchungen auftreten.

Die üblichen Baustoffe für tragende Bauteile, die die oben definierten Festigkeiten haben, sind:

- Stahl
(verschiedene Festigkeitsklassen), in der Regel ST 37.

- Holz
(verschiedene Holzarten und Sortierklassen), in der Regel Vollhölzer NH (Nadelholz) Sortierklasse S 10 oder Brettschichtholz BH 11.

- Beton
(verschiedene Betonklassen), in der Regel B 25.

- Mauerwerk
(verschiedene Steine in verschiedenen Festigkeitsklassen, verarbeitet mit verschiedenen Mörtelgruppen), in der Regel kann angenommen werden Mz oder Ks mit Mörtelgruppe II und $\sigma_{zul\,D} = 0{,}1$ kN/cm².

- Stahlbeton
(verschiedene Betonklassen und Qualitäten des Bewehrungsstahls), in der Regel kommt B 25 / BSt 500 zur Anwendung.

Es können aber auch Seile, andere Metalle, Glas, Kunststoffe oder Natursteine als tragende Baumaterialien verwendet werden. Zunehmend werden neue Baustoffe, oft auch aus recycleten Materialien, entwickelt, die teilweise bessere Festigkeiten als die Grundsubstanzen haben.

Die Schnittkräfte, die den äußeren Kräften (Belastungen) an der untersuchten Schnittstelle das Gleichgewicht halten müssen, lassen sich aus den (zulässigen) Festigkeiten der Materialien, der Querschnittsgröße und (oft) der Querschnittsform bestimmen.

---

[15] vergl. Seite 158 ff

7 Materialien und ihre Bedeutung für die Dimensionierung

8 Dimensionierung stabförmiger Bauteile

Für die Dimensionierung einzelner tragender Bauteile[1] sind zwei Aspekte von entscheidender Bedeutung:

    1. die Form des tragenden Profils

und

    2. die Festigkeiten der Materialien.

Neben der Auswirkung des Tragverhaltens des gesamten Tragsystems wird also das Erscheinungsbild und der Materialaufwand von der Form der tragenden Bauteile und der Materialfestigkeit beeinflusst.

Bei ökonomisch optimierten Dimensionierungen hat die Querschnittsform in vielen Fällen eine besondere Bedeutung.

Mit einem einfachen Modell[2] für einen gedrückten Stab (Stütze) kann die Auswirkung der Formgebung beispielhaft verdeutlicht werden. Jeder gedrückte Stab beabsichtigt auszuknicken. Er wird stets über die „schwächere" Achse, also im Beispiel 2 über die z-Achse in y-Richtung ausknicken. Die Gefahr des Ausknickens ist bei quadratischen Querschnitten, wie im Beispiel 1, über beide Hauptachsen gleichgroß. Für runde Querschnitte ist die Gefahr des Ausknickens über alle denkbaren Achsen gleichgroß. Solche Querschnittsformen sind extrem rechteckigen Formen vorzuziehen.

Daneben haben fertigungstechnische Bedingungen und Möglichkeiten Einfluss auf das Erscheinungsbild der Konstruktionen. Sie sind abhängig von den verwendeten Materialien oder Materialkombinationen.

Die Zeiten, als man aus Überlieferungen und Erfahrungen die tragenden Bauteile dimensionierte, gehören der Vergangenheit an. Wirtschaftliches Bauen erfordert eine optimale Ausnutzung der formrelevanten Bedingungen, der Materialeigenschaften und der fertigungstechnischen Möglichkeiten.

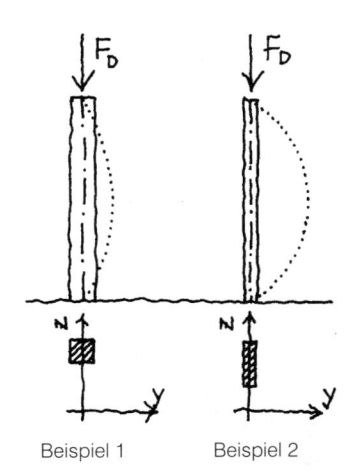

Beispiel 1   Beispiel 2

8.1 Die Bedeutung der Form eines Querschnittes für die Dimensionierung

Die Form eines Querschnittes hat in vielen Fällen bei wirtschaftlich optimierten Dimensionierungen eine entscheidende Bedeutung. Die Form eines Querschnittes ist nicht allein durch die Größe eines Querschnittes, die üblicherweise mit „A" gekennzeichnet wird und die Dimension cm² hat, mathematisch darstellbar. Komplexere Aussagen sind hierfür, ebenfalls als mathematische Grö-

---

[1] Das Tragverhalten ganzheitlicher Tragsysteme wird in den Kapiteln 11 bis 13 beschrieben.
[2] Vielleicht wieder das beliebte Zeichenlineal?

8 Dimensionierung stabförmiger Bauteile

ßen definiert, erforderlich. Die in den Skizzen dargestellten Querschnittsformen haben alle dieselbe Querschnittsgröße.

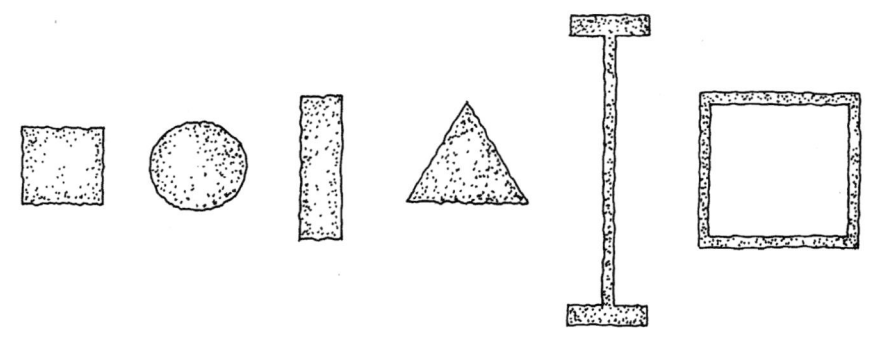

Querschnittsgrößen oder Umfänge oder Oberflächen sind reine mathematische Wertangaben.

Für Architekten und Innenarchitekten ist, unbeschadet vom Einfluss auf das Tragverhalten, die Querschnittsform oft von erstrangiger und besonderer Bedeutung. Es ist daher hilfreich, wenn sie über die Querschnittgröße „A" und den Umfang „U" eines Querschnittes[3] hinausgehend andere mathematische Aussagen über Querschnitte kennen[4].

Das Trägheitsmoment

Die Widerstandsfähigkeit eines Querschnitts gegen Biegebeanspruchung oder seitliches Ausknicken bei Druckbeanspruchung wird durch Anordnung der Flächenteilchen in einem möglichst großen Abstand vom Schwerpunkt „S" erreicht. Der **I**-Querschnitt leistet einen großen Widerstand um die y-Achse, weil die größten Flächenanteile, die Flanschen, weit vom Schwerpunkt entfernt sind und nur durch einen schlanken Steg miteinander verbunden werden. Bei Rohrquerschnitten wird das Material in idealer Weise gleichmäßig auf Abstand gehalten.

Das Trägheitsmoment wird auch als Flächenmoment (weil auf die Fläche des Querschnitts bezogen) zweiter Ordnung (weil der „Hebelarm" im Quadrat angesetzt wird) bezeichnet. Es ist ebenfalls eine rein mathematische Wertangabe.

Die Summe der Produkte aller Flächenteilchen mit dem Quadrat der jeweiligen Abstände zu den Schwerachsen beschreibt diese Eigenschaft und wird als Trägheitsmoment bezeichnet.

Eine Schwerachse ist dabei eine Achse, die durch den Schwerpunkt eines Querschnittes verläuft, davon gibt es unendlich viele. In der Tragwerklehre sind so genannte Haupt(schwer)achsen von Bedeutung. Sie beziehen sich auf die Zuordnung eines Querschnittes zur Tragebene eines Tragwerks und sind daher häufig gleichzeitig Symmetrieachsen und verlaufen parallel zu den Außenkanten des Querschnitts.

Das Trägheitsmoment wird mit „**I**" und einem Index für die Bezugsachse (z.B. für die Achse y-y mit I_y) gekennzeichnet und hat die Dimension Längeneinheit hoch vier, also beispielsweise cm^4.

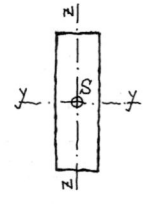

---

[3] Querschnittsgröße und Umfang sind per Definition rein mathematische Größen.
[4] Die Mathematik bildet Realitäten modellhaft nach, vergl. Seite 37 ff

8 Dimensionierung stabförmiger Bauteile

Exemplarisch soll hier ein Trägheitsmoment für einen Rechteckquerschnitt, bezogen auf die Hauptschwerachse y-y, berechnet werden, um die allgemeine Definition (vielleicht) verständlicher zu machen.

Die theoretische Ableitung ist für die praktische Anwendung bedeutungslos. Hier stehen in der Regel Tabellenwerte für I in den einschlägigen Tabellenwerken zur Verfügung.

$I_y = \sum \Delta A \cdot y^2 \qquad$ da: $\Delta A = b \cdot d_y$

$I_y = \sum b \cdot d_y \cdot y^2$

Die Summenbildung ist nach oben und unten jeweils von 0 bis h/2 durchzuführen. Man schreibt als Integral (Konstante vor das Integral):

$$I_y = 2 \cdot b \cdot \int_0^{h/2} y^2 \cdot dy = 2 \cdot b \cdot \left. \frac{y^3}{3} \right|_0^{h/2}$$

Setzt man die Grenzwerte ein, so erhält man:

Die Werte der Trägheitsmomente sind in der Regel einschlägigen Tabellenwerken zu entnehmen.

$$I_y = \frac{b \cdot h^3}{12}$$

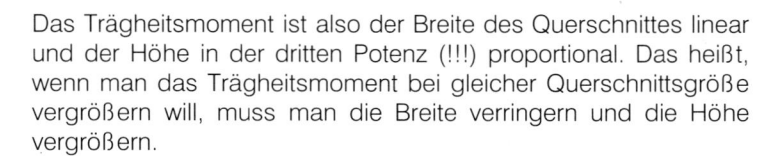

Das Trägheitsmoment ist also der Breite des Querschnittes linear und der Höhe in der dritten Potenz (!!!) proportional. Das heißt, wenn man das Trägheitsmoment bei gleicher Querschnittsgröße vergrößern will, muss man die Breite verringern und die Höhe vergrößern.

Das Trägheitsmoment hat besondere Bedeutung bei der Bestimmung von Durchbiegungen oder bei der Dimensionierung nach maximal zulässigen Durchbiegungen.

Das Widerstandsmoment

Vergleichen Sie Trägheitsmomente, Widerstandsmomente und Randfaserabstände in Tabellenwerken.

Das Widerstandsmoment ist ein weiterer mathematischer Wert als Aussage über die Form eines Querschnittes. Es wird mit „W" bezeichnet und hat die Dimension Längeneinheit hoch drei, also beispielsweise cm³. Das Widerstandsmoment setzt das Trägheitsmoment in das Verhältnis zum Randfaserabstand, wobei man unter Randfaserabstand die Entfernung von der Schwerachse, auf die sich das Trägheitsmoment bezieht, bis zum Rand des Querschnitts versteht. Es gibt also (in der Regel) obere, untere, linke und rechte Randfaserabstände, die mit „e" und einem Index bezeichnet werden (z.B. e_u).

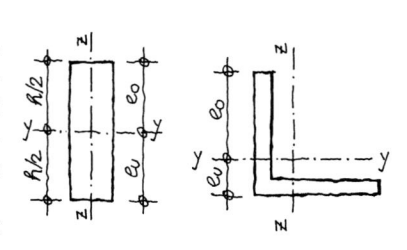

Verbleiben wir bei unserem Beispiel eines rechteckigen Querschnittes, so ist wegen der Symmetrie des Querschnittes der obere und der untere Randfaserabstand

$e_o = e_u = \dfrac{h}{2} \qquad$ daraus ist:

$$W_y = \frac{\frac{b \cdot h^3}{12}}{\frac{h}{2}} = \frac{b \cdot h^2}{6}$$

Die Werte der Widerstandsmomente sind in der Regel einschlägigen Tabellenwerken zu entnehmen.

Das Widerstandsmoment ist also linear proportional zu seiner Breite (wie das Trägheitsmoment) und wächst mit dem Quadrat (!!!) seiner Höhe. Man kann also bei gleicher Querschnittsgröße durch Vergrößerung der Höhe bei entsprechender Verringerung der Breite das Widerstandsmoment dieses Querschnittes vergrößern.

Das Widerstandsmoment ist von besonderer Bedeutung bei der Dimensionierung von Trägern, die auf Biegung beansprucht werden.

Der Trägheitsradius

Eine weitere mathematische Größe für die Form eines Querschnittes ist der Trägheitsradius. Er ist gleich der Wurzel aus dem Verhältnis des Trägheitsmomentes zur Querschnittsfläche. Der Trägheitsradius wird mit „i" und einem Index zur Kennzeichnung der Schwerachse, auf die er bezogen ist, gekennzeichnet (z.B. i_y) und hat die Dimension einer Längeneinheit, also beispielsweise cm.

Mathematisch schreibt sich der Trägheitsradius:

$$i_y = \sqrt{\frac{I_y}{A}} \quad \text{bzw.} \quad i_z = \sqrt{\frac{I_z}{A}}$$

Die Werte der Trägheitsradien sind in der Regel einschlägigen Tabellenwerken zu entnehmen.

Der Trägheitsradius findet Anwendung bei der Dimensionierung druckbeanspruchter Stäbe (Stützen).

8 Dimensionierung stabförmiger Bauteile

8.2 Dimensionierung von Zugstäben

In Abhängigkeit von der Zugfestigkeit des verwendeten Materials ist die Querschnittsgröße direkt bestimmbar. Die Form des Querschnittes hat keine Auswirkung.

Aus der Zugkraft F_z, die in einem Stab als Längskraft[5] wirkt, kann mit einem geschätzten Querschnitt die vorhandene Spannung ermittelt und mit der zulässigen Spannung verglichen werden. Es gilt dann:

$$\sigma_{vorh\,Z} = \frac{F_Z}{A} \cdot \sigma_{zul\,Z}$$

oder durch Umwandlung der Formel ist der erforderliche Querschnitt A_{erf} bestimmbar:

$$A_{erf} = \frac{F_Z}{\sigma_{zul\,Z}}$$

Zwei Beispiele mit einigen Varianten verdeutlichen hinreichend die übersichtliche direkte Beziehung zwischen Querschnittgröße und Zugfestigkeit. Wie die Vergleiche der Querschnittsflächen zeigen, gibt es, abgesehen von den Bedingungen konfektionierter Profile, keine Abweichungen.

Bei Holz bedeutet $\sigma_{zul\,Z\|}$ die zulässige Zugspannung in Faserrichtung. Zu beachten ist ggf. auch $\sigma_{zul\,Z\perp}$ als Zugspannung quer zur Faserrichtung.

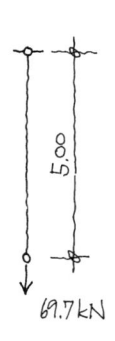

Alle erforderlichen Querschnittswerte und Materialfestigkeiten sind entsprechenden Tabellenwerken entnommen!

Beispiel 1

Ein 5,0 m langer Stab aus Holz wird mit einer Zugkraft von 69,700 kN belastet. Material: NH, S 10 mit $\sigma_{zul\,Z\|} = 0{,}7$ kN/cm².

a.) geschätzt: 10/10 cm mit $A_{vorh} = 100$ cm², g = 0,060 kN/m.

$G = 0{,}060 \cdot 5{,}0 = 0{,}300$ kN

$$\sigma_{vorh} = \frac{69{,}700 + 0{,}300}{100} = 0{,}7 \text{ kN/cm}^2 = \sigma_{zul\,Z\|} = 0{,}7 \text{ kN/cm}^2$$

b.) geschätzt: 5/20 cm mit $A_{vorh} = 100$ cm², g = 0,060 kN/m.

$G = 0{,}060 \cdot 5{,}0 = 0{,}300$ kN

$$\sigma_{vorh} = \frac{69{,}700 + 0{,}300}{100} = 0{,}7 \text{ kN/cm}^2 = \sigma_{zul\,Z\|} = 0{,}7 \text{ kN/cm}^2$$

---

[5] vergl. Seite 113

8 Dimensionierung stabförmiger Bauteile

Beispiel 2
Ein 5,0 m langer Stab aus Stahl wird mit einer Zugkraft von 414,980 kN belastet. Material: St 37 mit $\sigma_{zul\ Z} = 16{,}0$ kN/cm².

a.) geschätzt: HEB 100 mit $A_{vorh} = 26{,}0$ cm², g = 0,204 kN/m.

$$G = 0{,}204 \cdot 5{,}0 = 1{,}020 \text{ kN}$$

$$\sigma_{vorhZ} = \frac{414{,}980 + 1{,}020}{26{,}0} = 16{,}0 \text{ kN/cm}^2 = \sigma_{zul\ Z} = 16 \text{ kN/cm}^2$$

a.) geschätzt: IPE 200 mit $A_{vorh} = 28{,}5$ cm², g = 0,224 kN/m.

$$G = 0{,}224 \cdot 5{,}0 = 1{,}120 \text{ kN}$$

$$\sigma_{vorhZ} = \frac{414{,}980 + 1{,}120}{28{,}5} = 14{,}6 \text{ kN/cm}^2 < \sigma_{zul\ Z} = 16 \text{ kN/cm}^2$$

Die zulässigen Festigkeiten von Seilen sind bei Herstellern zu erfragen. Sie sind Material- und Fertigungsabhängig. Für einen angenäherten ersten Nachweis kann eine zulässige Spannungen von 250 kN/cm² angenommen werden.

b.) geschätzt: Stahlrohr nach DIN 2448, 193,7/4,5 mit $A_{vorh} = 26{,}7$ cm², g = 0,210 kN/m.

$$G = 0{,}210 \cdot 5{,}0 = 1{,}050 \text{ kN}$$

$$\sigma_{vorhZ} = \frac{414{,}980 + 1{,}050}{26{,}7} = 15{,}58 \text{ kN/cm}^2 < \sigma_{zul\ Z} = 16 \text{ kN/cm}^2$$

8.3 Dimensionierung von Druckstäben aus Holz und Stahl

Wie der Versuch mit einem Lineal[6], das in der Längsachse zentrisch gedrückt wird, bereits zeigte, knickt ein Bauteil bei Druckbeanspruchung in der Regel aus – und zwar über die so genannte „schwächere Achse". Der schweizer Mathematiker Leonhard Euler (1707 – 1783) hat die Beziehungen zwischen Belastung, Ausknicken und verschiedenen Stablagerungen untersucht und mathematisch formuliert.

Die Knickgefahr wird berücksichtigt, indem die effektive Belastung (Druckkraft) mit einem Faktor (Knickzahl ω) multipliziert wird. Diese Knickzahl ist abhängig von der Knicklänge s_K (gemessen von Wendepunkt zu Wendepunkt der Knicklinie) und

---

[6] Vergl. Seite 145

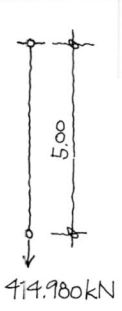

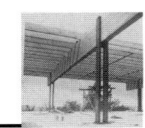

8 Dimensionierung stabförmiger Bauteile

dem ungünstigsten (kleinsten) Trägheitsradius[7] i_{min} des gewählten Profils (Querschnittsform). Der Quotient aus beiden Werten wird als die „Schlankheit" λ eines gedrückten Stabes bezeichnet.

$$\lambda = \frac{s_K}{i_{min}}$$

In Abhängigkeit von dieser Schlankheit λ sind die Knickzahlen ω materialspezifisch entsprechenden Tabellen zu entnehmen.

Die Knicklängen s_K sind von den Lagerungen der gedrückten Stäbe abhängig. Nach Leonhard Euler bezeichnet man die vier Idealfälle der Lagerung als „Euler-Fälle".

Der am häufigsten vorkommende Fall der Stützenlagerung ist der Eulerfall II bei dem die Knicklänge s_K gleich der Stablänge s ist.

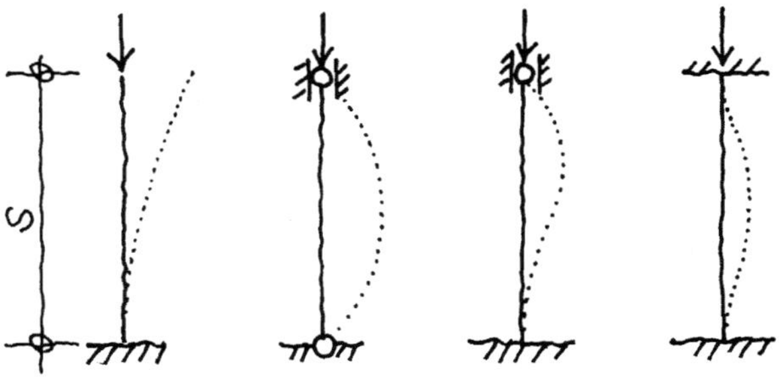

Eulerfall	I	II	III	IV
	$s_k = 2s$	$s_k = s$	$s_k = 0{,}7s$	$s_k = 0{,}5s$

Die allgemeine Formel für die Druckspannung[8] nimmt dann folgende Form an:

$$\sigma_{vorhD} = \frac{F_D \cdot \omega}{A_{vorh}} \bullet \sigma_{zul\,D}.$$

Welchen Einfluss die Querschnittsform (über den Trägheitsradius) auf die Querschnittsgröße und damit auf den Materialaufwand und die Wirtschaftlichkeit hat, soll an zwei Beispielen mit Varianten gezeigt werden:

---

[7] vergl. Seite 148
[8] vergl. Seite 142

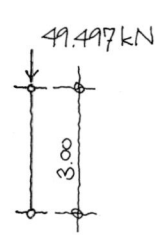

8 Dimensionierung stabförmiger Bauteile

49,497 kN

$A = 144$ cm² = 100%

Beispiel 1

Ein 3,00 m langer Druckstab, oben und unten gelenkig gelagert (Eulerfall II), wird mit 49,497 kN belastet.

a.) NH S10, geschätzt: 12/12 cm, $i_{min} = 3{,}46$ cm

$G = 0{,}12^2 \cdot 3{,}00 \cdot 6 = 0{,}259$ kN

$\lambda = \dfrac{300}{3{,}46} = 87 \rightarrow \omega = 2{,}46$

$\sigma_{vorhD} = \dfrac{(49{,}497 + 0{,}259) \cdot 2{,}46}{12 \cdot 12} = 0{,}85$ kN/cm² $= \sigma_{zul\,D} = 0{,}85$ kN/cm²

Alle erforderlichen Querschnittswerte, ω-Werte und Materialfestigkeiten sind entsprechenden Tabellenwerken entnommen!

$A = 200$ cm² = 138,9%

b.) NH S 10, geschätzt 10 / 20 cm, $i_{min} = 2{,}89$ cm

$G = 0{,}10 \cdot 0{,}20 \cdot 3{,}00 \cdot 6 = 0{,}360$ kN

$\lambda = \dfrac{300}{2{,}89} = 104 \rightarrow \omega = 3{,}24$

$\sigma_{vorhD} = \dfrac{(49{,}497 + 0{,}360) \cdot 3{,}24}{10 \cdot 20} = 0{,}805$ kN/cm² $< \sigma_{zul\,D} = 0{,}85$ kN/cm²

Die Materialmehraufwendung im Fall b.) ist auf die ungünstige (hier rechteckige) Form mit einem kleineren Trägheitsradius zurück zu führen.

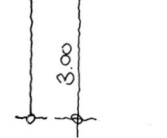

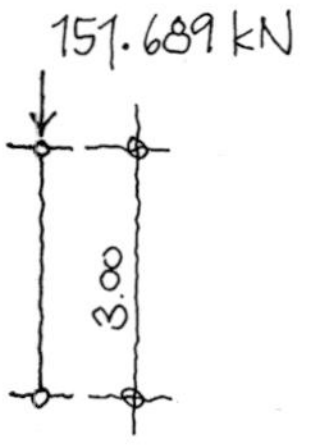

151,689 kN

$A = 26$ cm² = 100%

Beispiel 2

Ein 3,00 m langer Druckstab, oben und unten gelenkig gelagert (Eulerfall II), wird mit 151,689 kN belastet.

a.) ST 37, geschätzt: HEB 100, $i_{min} = 2{,}53$ cm,
$g = 0{,}204$ kN/m
$A = 26{,}0$ cm²

$G = 0{,}204 \cdot 3{,}00 = 0{,}612$ kN

$\lambda = \dfrac{300}{2{,}53} = 119 \rightarrow \omega = 2{,}39$

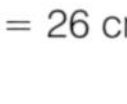

$\sigma_{vorhD} = \dfrac{(151{,}689 + 0{,}612) \cdot 2{,}39}{26{,}0} = 14{,}000$ kN/cm² $= \sigma_{zul\,D} = 14{,}000$ kN/cm²

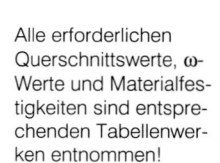

Alle erforderlichen Querschnittswerte, ω-Werte und Materialfestigkeiten sind entsprechenden Tabellenwerken entnommen!

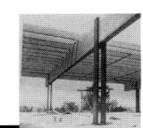

8 Dimensionierung stabförmiger Bauteile

b.) geschätzt: IPE 220, $i_{min} = 2,48$ cm
$g = 0,262$ kN/m
$A = 33,4$ cm²

$G = 0,262 \cdot 3,00 = 0,786$ kN

$\lambda = \dfrac{300}{2,48} = 121 \rightarrow \omega = 2,47$

$\sigma_{vorh} = \dfrac{151,689 + 0,786}{33,4} \cdot 2,47 = 11,28$ kN/cm² $< \sigma_{zul\,D} = 14,000$ kN/cm²

$A = 33,4$ cm² $= 128,5\%$

c.) geschätzt: Stahlrohr DIN 2448, 133/4
$i = 4,56$ cm
$g = 0,127$ kN/m
$A = 16,2$ cm²

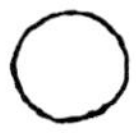

$G = 0,127 \cdot 3,00 = 0,381$ kN

$\lambda = \dfrac{300}{4,56} = 66 \rightarrow \omega = 1,36$

$\sigma_{vorh} = \dfrac{151,689 + 0,381}{16,2} \cdot 1,36 = 12,77$ kN/cm² $< \sigma_{zul\,D} = 14,000$ kN/cm²

$A = 16,2$ cm² $= 62,3\%$

Die unterschiedlichen Materialaufwendungen, dargestellt durch die Größen der Querschnitte, sind auf die günstigeren oder ungünstigeren Formen der Profile zurück zu führen. In diesem Beispiel beträgt die Differenz zwischen dem größten und dem kleinsten Querschnitt 66,2% (128,5% – 62,3%), was einer ähnlich großen Kosteneinsparung entspricht.

Das folgende Beispiel soll den Bezug zu einer früheren Aufgabe[9] und der dort erfolgten Lastenermittlung herstellen. Die Stütze mit der Pos. 5 wurde belastet mit 31,196 kN und war mit einer Abmessung von 10/14 cm (10 cm Breite korrespondierten mit der Balkenbreite) in NH S 10 geschätzt worden. Ihr Eigengewicht war mit 0,155 kN bestimmt worden. Die Gesamtbelastung der Stütze wurde also mit 31,351 kN ausgewiesen.

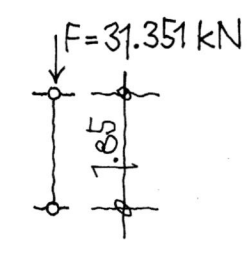

Querschnittswerte, ω-Werte und Festigkeiten sind entsprechenden Tabellen zu entnehmen.

$A = 140$ cm²
$s_K = s = 1,85$ m
$i_{min} = 2,89$ cm

$\lambda = \dfrac{s_K}{i_{min}} = \dfrac{185}{2,89} = 64 \rightarrow \omega = 1,72$

---

[9] vergl. Seite 97

8 Dimensionierung stabförmiger Bauteile

$$\sigma_{vorh} = \frac{31{,}351 \cdot 1{,}72}{140} = 0{,}385 \text{ kN/cm}^2 < \sigma_{zul} = 0{,}85 \text{ kN/cm}^2.$$

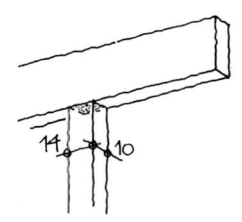

Die geringe Ausnutzung der zulässigen Spannung mag zunächst überraschen. Beachtet man jedoch, dass diese Stütze unter dem aufliegenden Balken (Pos. 3)[10] steht, wodurch der Balken in der Auflagerfläche quer zu seinen Fasern beansprucht wird, so ist in dieser Lagerfuge ein weiterer Spannungsnachweis erforderlich. Dabei ist die zulässige Festigkeit $\sigma_{zul\perp}$ mit 0,25 kN/cm² (BS 11 = BSH aus NH S10) geringer, eine Ausknickgefahr andererseits aber nicht gegeben und das Eigengewicht der Stütze noch nicht wirksam. Für die Lagerfuge ergibt sich folgender Spannungsnachweis:

$$\sigma_{vorh} = \frac{31{,}196}{140} = 0{,}223 \text{ kN/cm}^2 < \sigma_{zul\perp} = 0{,}25 \text{ kN/cm}^2$$

Daher ist die Abmessung dieser Stütze richtig geschätzt worden.

8.4 Dimensionierung von Wänden und Pfeilern aus Mauerwerk

Mit DIN 1053 werden vielfältige baukonstruktive Bedingungen festgelegt, die oft weitergehende statische Nachweise unnötig machen.

So gibt DIN 1053 Hinweise auf Mindestdicken tragender Wände (> 11,5 cm) und die zugehörigen Rahmenbedingungen sowie für die Anordnung von Ringbalken oder Ringankern.
Weitergehend gibt DIN 1053 Hinweise über aussteifende Wände sowie über Anwendungsgrenzen bei vereinfachten Nachweisen.

Drei- oder vierseitig gehaltene (ausgesteifte) Wände haben häufig so geringe Knicklängen, dass selten kritische Nachweise erforderlich werden.

Bei Mauerwerkskonstruktionen wird nicht die Belastung mit einem Faktor ω erhöht, sondern die Spannung mit einem Faktor k reduziert.

Die zulässige Spannung für gemauerte Wände und Pfeiler ist abhängig von einem Grundwert der zulässigen Spannung σ_0 und einem Abminderungsfaktor k. Dabei ist der Grundwert der zulässigen Spannung abhängig von der Festigkeitsklasse der verwendeten Steine und Gruppenzuordnung des verwendeten Mörtels. Für einen ersten überschlägigen Nachweis kann σ_0 mit 1,5 MN/m² ≙ 0,15 kN/cm² angenommen werden.

Wände und Pfeiler aus Beton werden heute in der Regel mit Bewehrung erstellt und daher im Kapitel 9.3 behandelt.

Sofern genauere Nachweise erforderlich werden, ist DIN 1053 zu beachten.

---

[10] vergl. Seite 98

8 Dimensionierung stabförmiger Bauteile

h_S = tatsächliche Wand- bzw. Pfeilerhöhe.
h_K = Knicklänge.
k_1 = allgemeiner Abminderungsfaktor.
k_2 = Abminderungsfaktor zur Berücksichtigung des Knickens.
$k = k_1 \cdot k_2$, Abminderungsfaktor.
d = geringste Dicke der Wand oder des Pfeilers.
σ_o = Grundwert der zulässigen Spannung.

Der Minderungsfaktor k ist das Produkt eines Grundwertes k_1 für Pfeiler oder Wände und eines Wertes k_2, der von der Schlankheit h_K/d abhängig ist. Fehlerhafte Fugen oder sonstige Schwachstellen (Aussparungen) im Mauerwerk können bei großflächigen Bauteilen vernachlässigt werden. In Pfeilern können sie sich jedoch stärker auswirken.

Für überschlägige Nachweise kann gesetzt werden:

$$k_1 = 1$$

und für die Knicklänge $h_K = h_S$ (Wand- / Pfeilerhöhe)

dann ist für:

$$\frac{h_K}{d} \leq 10 \qquad k_2 = 1{,}0$$

oder für:

Bei drei- oder vierseitig gehaltenen (ausgesteiften) Wänden kann h_K deutlich kleiner als h_S sein.

$$10 < \frac{h_K}{d} \leq 25 \qquad k_2 = \frac{25 - h_K/d}{15}.$$

Der Abminderungsfaktor k kann für einen überschlägigen Nachweis gleich k_2 gesetzt werden.

Zwei Beispiele mögen die Methodik erläutern:

Beispiel 1

Eine 24 cm dicke Wand wird mit 286,8 kN/m belastet.

Wir untersuchen einen 1,0 m breiten Streifen der Wand!

Belastung:
aus Auflast   286,800 kN
Eigengewicht $0{,}24 \cdot 1{,}00 \cdot 3{,}00 \cdot 18 =$ 12,960 kN
                                      F =   299,760 kN

$$\frac{h_K}{d} = \frac{300}{24} = 12{,}5$$

$$k_2 = k = \frac{25 - 12{,}5}{15} = 0{,}833$$

Mz 12 / IIa heißt: Mauerziegel der Festigkeitsklasse 12 [MN/m²] in Mörtelgruppe IIa.

$$\sigma_{vorh} = \frac{299{,}760}{24 \cdot 100} = 0{,}125 \text{ kN/cm}^2 < 0{,}15 \cdot 0{,}833 = 0{,}125 \text{ kN/cm}^2$$

Die Wand wäre also ausführbar in Mz 12 / IIa[11]

---
[11] Hierfür sind einschlägige Tabellenwerke erforderlich.

8 Dimensionierung stabförmiger Bauteile

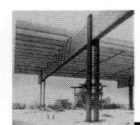

Beispiel 2

Ein gemauerter 2,74 m hoher Pfeiler mit einem Querschnitt von 24/36,5 cm wird mit 99,0 kN belastet.

Belastung:
aus Auflast   99,000 kN
Eigengewicht 0,24 · 0,365 · 2,74 · 18 =   4,320 kN

$$F = \overline{103,320 \text{ kN}}$$

$$\frac{h_K}{d} = \frac{274}{24} = 11{,}417$$

$$k_2 = k = \frac{25 - 11{,}417}{15} = 0{,}906$$

$$\sigma_{vorh} = \frac{103{,}320}{24 \cdot 36{,}5} = 0{,}118 \text{ kN/cm}^2 < 0{,}15 \cdot 0{,}906 = 0{,}136 \text{ kN/cm}^2$$

Zur Festlegung der Ausführungsqualitäten sind entsprechende Tabellen erforderlich.

Der Pfeiler wäre wie im Beispiel 1 ausführbar in Mz 12 / IIa.

8.5 Dimensionierung zentrisch belasteter Fundamente aus Beton

Abgesehen von Sondergründungen mit Pfählen, Brunnen und Fundamentplatten oder Gründungen mit bewehrten Stahlbetonfundamenten wird in der Regel mit Betonfundamenten gegründet. So weit durch die Richtung der Belastung oder durch die Anordnung der Fundamente keine besonderen Bedingungen vorliegen, werden Fundamente zentrisch[12] unter der Lasteinleitung angeordnet. Meist wird B 25 für die Herstellung der Fundamente verwendet. Es kann jedoch auch Beton mit geringerer Festigkeit verwendet werden, wenn die einzuleitenden Lasten (Untersuchung der Spannung in der Fuge über dem Fundament) dies zulassen.

Sofern die Lasten über eine sehr kleine Fläche in das Fundament eingeleitet werden (z.B. Stahlstütze), sind entsprechende Maßnahmen zur Verteilung der Last zu treffen.

Die Untersuchung solcher Fundamente und die Festlegung ihrer Abmessungen erfolgt prinzipiell wie gedrückte Stäbe. Die Untersuchungsfuge ist die Bodenfuge, weil dort sicher gestellt sein muss, dass die zulässige Bodenpressung nicht überschritten wird. Ein Ausknicken ist in dieser Fuge jedoch ausgeschlossen, so dass kein Knickfaktor zu berücksichtigen ist.

Vergl. dazu auch die Untersuchung in der Fuge zwischen Stütze und Balken auf Seite 154. Die Verteilung hoher Auflagerkräfte durch Polster erfolgt nach derselben Methode. An die Stelle der zulässigen Bodenpressung tritt dann die zulässige Festigkeit des Materials unter der Fuge des Polsters.

Angaben über die zulässige Festigkeit des Erdreichs in der Gründungsebene sind entsprechenden Bodengutachten zu entnehmen. Für einen ersten überschlägigen Nachweis kann eine mitt-

---

[12] Über exzentrisch belastete Fundamente vergl. Seite 268 ff

8 Dimensionierung stabförmiger Bauteile

lere Bodenpressung für „gewachsenen"[13] Baugrund mit 200 bis 300 kN/m² angenommen werden. Die Lastverteilung in Fundamenten aus B 25 kann allgemein unter 60° angenommen werden. Bei kleineren zulässigen Bodenpressungen ist auch eine Lastverteilung unter 45° zulässig.

Vier Beispiele sollen die Methodik verdeutlichen:

Beispiel 1

Unter der 24 cm breiten Wand des Beispiels 1 aus Kapitel 8.4 soll ein Streifenfundament in B 25 dimensioniert werden. Die zulässige Bodenfestigkeit beträgt 300 kN/m².

Es wird wieder ein 1,0 m breiter Streifen untersucht.
Fundamentgröße geschätzt in B 25 1,10 / 0,70 m

Belastung:
aus Auflast   299,760 kN
Eigengewicht Fundament 1,10 · 1,00 · 0,75 · 24 =   19,800 kN

$$F = \overline{319{,}560 \text{ kN}}$$

$$\sigma_{Bodenvorh} = \frac{319{,}560}{1{,}10 \cdot 1{,}00} = 290{,}509 \text{ kN/m}^2$$

$$< \sigma_{Boden\,zul} = 300 \text{ kN/m}^2.$$

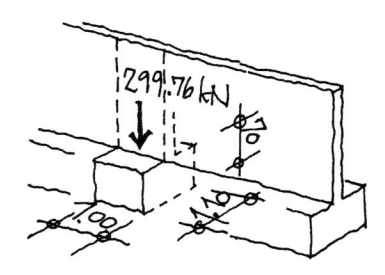

Beispiel 2

Für den Pfeiler aus Beispiel 2[14] soll ein zentrisches Fundament für eine zulässige Bodenpressung von 200 kN/m² bestimmt werden.
Geschätzt in B 25 0,75 / 0,75 / 0,45 m

Belastung
aus Auflast   103,320 kN
Eigengewicht Fundament 0,75² · 0,45 · 24 =   6,075 kN

                                                109,395 kN

$$\sigma_{Bodenvorh} = \frac{109{,}395}{0{,}75 \cdot 0{,}75} = 194{,}48 \text{ kN/m}^2 < \sigma_{Boden\,zul} = 200 \text{ kN/m}^2$$

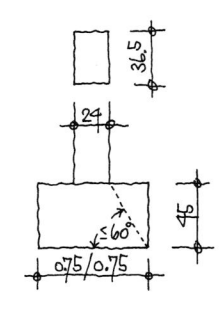

---

[13] kein aufgeschütteter Boden
[14] vergl. Kapitel 8.4, Seite 156

8 Dimensionierung stabförmiger Bauteile

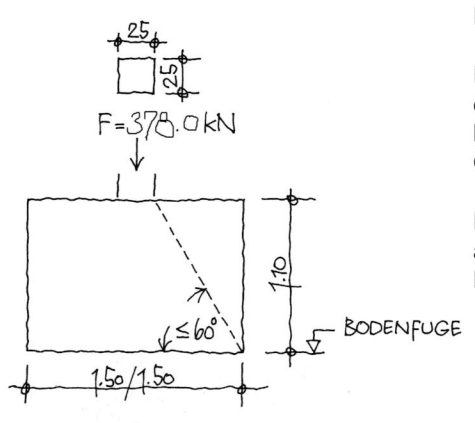

Beispiel 3

Eine Stahlbetonstütze leitet eine Last von F = 378,0 kN in ein Fundament aus B 25 ein. Die zulässige Bodenpressung beträgt 200 kN/m².
Geschätzt: 1,50 / 1,50 / 1,10 m.

Belastung:
aus Auflast   378,000 kN
Eigengewicht Fundament 1,50² · 1,10 · 24 =   59,400 kN
                                          _____
                                           437,400 kN

Durch die Lastverteilung wird das Fundament sehr hoch. Ein niedrigeres Fundament aus Stahlbeton ist sinnvoller.

$$\sigma_{Bodenvorh} = \frac{437,400}{1,50 \cdot 1,50} = 194,4 \text{ kN/m}^2 < \sigma_{Boden\,zul} = 200 \text{ kN/m}^2.$$

Beispiel 4

Wir greifen wieder auf eine frühere Aufgabenstellung zurück[15].
Die Belastung des Fundamentes beträgt 31,351 + 0,020 kN. Das Fundament wurde aus fertigungstechnischen Gründen mit einer Grundfläche von 0,50 / 0,50 m festgelegt und ist 1,10 m hoch, um eine frostsichere Gründung durchzuführen. Die zulässige Bodenpressung beträgt 200 kN/m².

Belastung:
aus Auflast, 31,351 + 0,020 =   31,371 kN
Eigengewicht: 0,50² · 1,10 · 24 =   6,600 kN
                                        _____
                                         37,971 kN

$$\sigma_{Bodenvorh} = \frac{37,971}{0,50 \cdot 0,50} = 151,884 \text{ kN/m}^2 < \sigma_{Boden\,zul} = 200 \text{ kN/m}^2$$

8.6 Biegespannung bei homogenen Materialien

Im Kapitel 5.8.5 wurden exemplarisch die elastischen Verformungen in einem rechteckigen Querschnitt betrachtet, der auf Biegung beansprucht wird. Es treten gleichzeitig positive (verlängernde) und negative (verkürzende) Dehnungen in Biegekonstruktionen auf. Nach dem Hooke'schen Gesetz sind die Spannungen den Dehnungen im Bereich elastischer Verformungen proportional. Daher können im Bild auf Seite 159 Spannungen anstelle der Dehnungen gesetzt werden – Zugspannungen bei positiven Dehnungen und Druckspannung bei negativen Dehnungen. Über dem Querschnitt (an der Schnittstelle) entsteht ein Spannungskörper, der dem Dehnungsbild an derselben Schnittstelle ähnlich ist.

---

[15] vergl. Seite 99

8 Dimensionierung stabförmiger Bauteile

Die am Schnitt durch die Biegebeanspruchung auftretenden Spannungskörper können in Druck- und Zugkräften zusammengefasst werden, die in den Schwerpunkten der Spannungskörper wirken.

Die Druck- und Zugkräfte sind gleichgroß, haben keine gemeinsame Wirkungslinie und sind gegeneinander gerichtet. Die Wirkungslinien haben also einen Abstand zueinander. Daher verursachen die Kräfte ein Moment – eben das innere Moment, das dem äußeren Moment an der Schnittstelle das Gleichgewicht halten muss ($\Sigma M = 0$), also dem äußeren Moment gleich ist.

Exemplarisch und vereinfacht soll die Biegegleichung ebenfalls für einen rechteckigen Querschnitt abgeleitet werden.

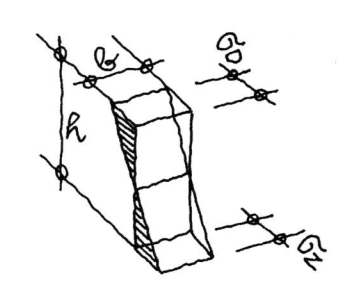

F_D und F_Z sind gleich dem Inhalt der Spannungskörper:

$$F_D = \frac{\sigma_D}{2} \cdot b \cdot \frac{h}{2} \quad \text{und} \quad F_Z = \frac{\sigma_Z}{2} \cdot b \cdot \frac{h}{2}$$

Da die Spannungen σ_D und σ_Z gleichgroß sind, sind auch die Kräfte F_D und F_Z gleichgroß.

Diese Kräfte erzeugen mit ihrem Abstand als Hebelarm ein Moment, das genau so groß ist wie das äußeren Moment an der untersuchten Schnittstelle.

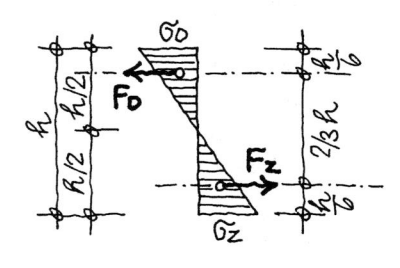

$$M = F_D \cdot \frac{2}{3} h$$

Setzt man für: $F_D = \frac{\sigma_D}{2} \cdot b \cdot \frac{h}{2}$ so folgt:

$$M = \frac{\sigma_D}{2} \cdot b \cdot \frac{h}{2} \cdot \frac{2}{3} \cdot h \quad \text{und aufgelöst nach } \sigma_D:$$

$$\sigma_D = \frac{M}{\frac{b \cdot h^2}{6}} \quad \text{und da } \frac{b \cdot h^2}{6} = W_y\,^{16} \text{ sowie } \sigma_D = \sigma_Z \text{ ist, folgt:}$$

$$\sigma_D = \sigma_Z = \frac{M}{W_y}.$$

Da σ_D und σ_Z Spannungen aus einer Biegebeanspruchung sind, schreibt man auch allgemein:

$$\sigma_B = \frac{M}{W}$$

Wobei W bezogen auf die jeweilige Biegeachse (in der Regel die y-Achse) gewählt wird.

Die zulässigen Spannungen und die Widerstandsmomente sind einschlägigen Tabellenwerken zu entnehmen.

---

[16] vergl. Seite 147

8.7 Dimensionierung von Biegeträgern aus Holz und Stahl

Für die Aussichtsplattform in Münstereifel aus Kapitel 5.7[17] sollen die dort geschätzten Dimensionen der Positionen 2 und 3 überprüft werden[18].

Position 2

Deckenbalken, geschätzt 8/14 cm in NH S 10
mit $W_{y\,vorh} = 261\ cm^3$.

Aus dem Lastfall für das größte Feldmoment:

über $\sum M = 0$ gilt für einen Drehpunkt in A:

$$F_B \cdot 2{,}85 - (0{,}170 + 2{,}107) \cdot \frac{2{,}85^2}{2} + 0{,}170 \cdot \frac{0{,}55^2}{2} = 0$$

daraus ist:

$F_B = 3{,}236\ kN.$

Aus F_B ergibt sich über $\sum V = 0$ der Abstand x des Querkraftnullpunktes von B:

$$3{,}236 - x \cdot (0{,}170 + 2{,}107) = 0$$

daraus ist:

$x = 1{,}421\ m$ (an dieser Stelle liegt max M_{Feld}).

$$\max M_{Feld} = 3{,}236 \cdot 1{,}421 - (0{,}170 + 2{,}107) \cdot \frac{1{,}421^2}{2}$$

$\max M_{Feld} = 2{,}299\ kNm = 229{,}9\ kNcm$

Zum Vergleich wird das größte negative Moment aus Volllast auf dem Kragarm über der Stütze A bestimmt:

$$\min M_A = -(0{,}170 + 2{,}107) \cdot \frac{0{,}55^2}{2} = -0{,}344\ kNm.$$

Das absolut größte Moment ist also maxM_{Feld} und wird zur Dimensionierung heran gezogen:

$$\sigma_{vorhB} = \frac{229{,}9}{261} = 0{,}881\ kN/cm^2 < \sigma_{zulB} = 1{,}0\ kN/cm^2.$$

Die Dimensionierung eines Biegeträgers erfolgt über das größte Biegemoment. Im Falle dieses Trägers mit einem Kragarm gibt es zwei Größtwerte als Biegemomente – das maximale Feldmoment (positiv) und das Stützmoment bei A (negativ). Das größte Feldmoment liegt an der Stelle des Querkraftnullpunktes (hier in der Entfernung x vom Auflager B). Die Dimensionierung erfolgt bei gleich bleibendem Querschnitt ($E \cdot I =$ konst.) nach dem absolut größten Moment.

Für alle statischen Werte gewählter Profile und die zulässigen Spannungen sind entsprechende Tabellenwerke hinzu zu ziehen.

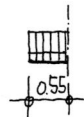

Da die Biegegleichung aus gleichgroßen Druck- und Zugspannungen abgeleitet wurde (vergl. Seite 159), wird für den Spannungsnachweis der Absolutwert des größten Momentes benutzt.

---

[17] vergl. Seite 97 ff
[18] vergl. auch Schnittkraftbestimmungen Seite 110 ff und 114

8 Dimensionierung stabförmiger Bauteile

Position 3

Längsträger: geschätzt 10/34 cm in BS 11 (BSH / S 10)
mit $W_{y\,vorh} = 1930\ cm^3$.

Aus dem Lastfall für das größte Feldmoment:

über $\sum M = 0$ gilt für einen Drehpunkt in A:

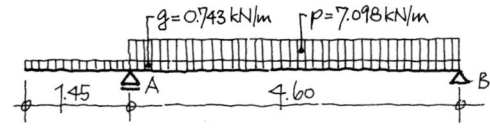

$$F_B \cdot 4{,}60 - (0{,}743 + 7{,}098) \cdot \frac{4{,}60^2}{2} + 0{,}743 \cdot \frac{1{,}45^2}{2} = 0$$

daraus ist:

$F_B = 17{,}865\ kN$

Aus F_B ergibt sich über $\sum V = 0$ der Abstand x des Querkraftnullpunktes von B:

$17{,}865 - x \cdot (0{,}743 + 7{,}098) = 0$

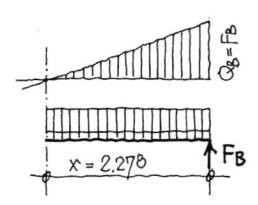

daraus ist:

$x = 2{,}278\ m$ (an dieser Stelle liegt $maxM_{Feld}$)

$$maxM_{Feld} = 17{,}865 \cdot 2{,}278 - (0{,}743 + 7{,}098) \cdot \frac{2{,}278^2}{2} = 20{,}352\ kNm = 2035{,}2\ kNcm$$

Zum Vergleich wird das größte negative Moment aus Volllast auf dem Kragarm über der Stütze A bestimmt:

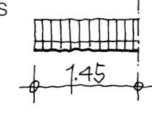

$$minM_A = -(0{,}743 + 7{,}098) \cdot \frac{1{,}45^2}{2} = -8{,}243\ kNm$$

Das absolut größte Moment ist also $maxM_{Feld}$ und wird zur Dimensionierung herangezogen:

$$\sigma_{vorhB} = \frac{2035{,}2}{1930} = 1{,}055\ kN/cm^2 < \sigma_{zulB} = 1{,}1\ kN/cm^2.$$

Diese Position soll vergleichsweise auch als Stahlträger dimensioniert werden.

Geschätzt: I PE 200 in ST 37
mit $g = 0{,}224\ kN/m$ und $W_y = 194\ cm^3$.

Zunächst soll die Belastung (trotz geringer Unterschiede) angepasst werden[19]:

---

[19] vergl. Seite 98

8 Dimensionierung stabförmiger Bauteile

aus g Pos. 2	0,573 kN/m
Eigengewicht I PE 200	0,224 kN/m
	g = 0,797 kN/m
aus p Pos. 2	p = 7,098 kN/m

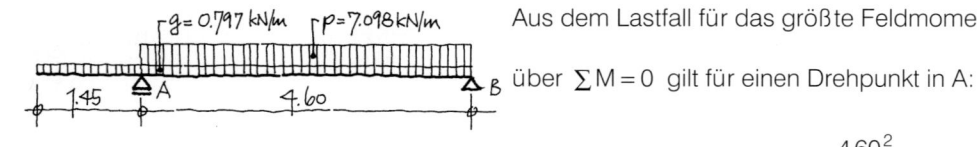

Aus dem Lastfall für das größte Feldmoment:

über $\sum M = 0$ gilt für einen Drehpunkt in A:

$$F_B \cdot 4{,}60 - (0{,}797 + 7{,}098) \cdot \frac{4{,}60^2}{2} + 0{,}797 \cdot \frac{1{,}45^2}{2} = 0$$

daraus ist:

$$F_B = 17{,}976 \text{ kN}$$

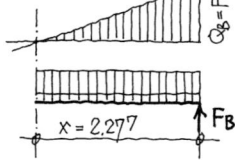

Aus F_B ergibt sich über $\sum V = 0$ der Abstand x des Querkraftnullpunktes von B:

$$17{,}976 - x \cdot (0{,}797 + 7{,}098) = 0$$

daraus ist:

$x = 2{,}277$ m (an dieser Stelle liegt $maxM_{Feld}$)

$$max M_{Feld} = 17{,}976 \cdot 2{,}277 - (0{,}797 + 7{,}098) \cdot \frac{2{,}277^2}{2} = 20{,}465 \text{ kNm}$$

Das größte negative Moment beim Auflager A aus dem Kragarm ist auch in diesem Fall als Absolutwert kleiner als das maximale positive Moment im Feld. Daher erfolgt der Spannungsnachweis für $maxM_{Feld}$:

$$\sigma_{vorhB} = \frac{2046{,}5}{194} = 10{,}549 \text{ kN/cm}^2 < \sigma_{zulB} = 14 \text{ kN/cm}^2.$$

Bei dem nächstkleineren Profil würde die zulässige Spannung gerade noch eingehalten, die zulässige Durchbiegung $f \leq l / 300$ würde jedoch überschritten.

Zum Vergleich soll für diese Position auch ein quadratisches Peinerprofil dimensioniert werden:

geschätzt: HEB 140
mit $g = 0{,}337$ kN/m und $W_y = 216$ cm³.

Zunächst soll die Belastung (trotz geringer Unterschiede) wieder angepasst werden:

aus g Pos. 2	0,573 kN/m
Eigengewicht HEB 140	0,337 kN/m
	g = 0,910 kN/m
aus p Pos. 2	p = 7,098 kN/m

8 Dimensionierung stabförmiger Bauteile

Aus dem Lastfall für das größte Feldmoment:

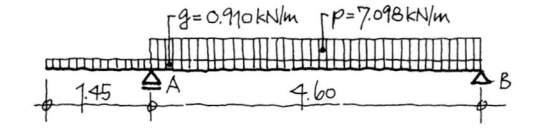

über $\sum M = 0$ gilt für einen Drehpunkt in A:

$$F_B \cdot 4{,}60 - (0{,}910 + 7{,}098) \cdot \frac{4{,}60^2}{2} + 0{,}910 \cdot \frac{1{,}45^2}{2} = 0$$

daraus ist:

$$F_B = 18{,}210 \text{ kN}$$

Aus F_B ergibt sich über $\Sigma V = 0$ der Abstand x des Querkraftnullpunktes von B:

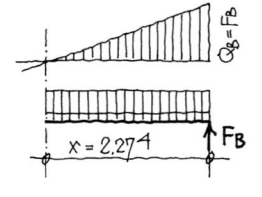

$$18{,}210 - x \cdot (0{,}910 + 7{,}098) = 0$$

daraus ist:

$x = 2{,}274$ m (an dieser Stelle liegt maxM_{Feld})

$$\max M_{Feld} = 18{,}210 \cdot 2{,}274 - (0{,}910 + 7{,}098) \cdot \frac{2{,}274^2}{2} = 20{,}705 \text{ kNm}$$

Das größte negative Moment beim Auflager A aus dem Kragarm ist auch in diesem Fall als Absolutwert kleiner als das maximale positive Moment im Feld. Daher erfolgt der Spannungsnachweis für maxM_{Feld}:

Die zulässige Spannung kann nicht ausgenutzt werden, da die zulässige Durchbiegung f ≤ l / 300 sonst überschritten würde.

$$\sigma_{vorhB} = \frac{2070{,}5}{216} = 9{,}586 \text{ kN/cm}^2 < \sigma_{zul\,B} = 14 \text{ kN/cm}^2.$$

Interessant ist wiederum der formbedingte Materialaufwand. Über den Vergleich der Gewichteslasten der Profile in kN/m sind folgende Materialverhältnisse gegeben:

Für I PE 200 mit g = 0,224 kN/m = 100%
Für HEB 140 mit g = 0,337 kN/m = 150,4%.

Der „schlankere" Querschnitt des I PE 200 hat zwar eine größere Bauhöhe (200 mm statt 140 mm), besitzt aber bei wesentlich geringerem Materialaufwand das größere Widerstandsmoment W_y (für den Biegespannungsnachweis) und das größere Trägheitsmoment I_y (für einen Nachweis der Durchbiegung).

Dieselbe Methodik wird auch angewendet bei komplexeren Belastungen oder bei Tragwerken mit geknickten Stabachsen wie die folgenden Beispiele belegen sollen:

8 Dimensionierung stabförmiger Bauteile

Beispiel 1

Ein Einfeldträger, belastet mit einer Einzellast F = 21,2 kN und einer gleichmäßig verteilten Belastung q = 10,18 kN/m, soll als I PE-Profil in ST 37 dimensioniert werden (vergl. Skizze): geschätzt: I PE 240 mit W_y = 324 cm³.

Beim Einfeldträger sind keine Lastfälle zu beachten. Es wird angenommen, dass das Eigengewicht bereits in der vorgegebenen Belastung enthalten ist.

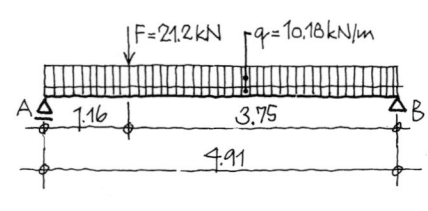

Über $\Sigma M = 0$ wird eine Auflagerreaktion bestimmt:

$$F_A \cdot 4{,}91 - 21{,}2 \cdot 3{,}75 - 10{,}18 \cdot \frac{4{,}91^2}{2} = 0$$

daraus ist:

$$F_A = 41{,}183 \text{ kN}$$

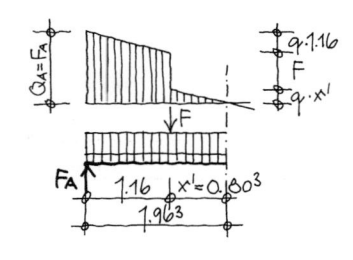

Aus F_A ergibt sich über $\Sigma V = 0$ der Abstand x des Querkraftnullpunktes, gemessen von A über x', gemessen nach rechts ab der Position der Einzellast:

$$41{,}183 - 10{,}18 \cdot 1{,}16 - 21{,}2 - 10{,}18 \cdot x' = 0$$

daraus ist

x' = 0,803 m und weiterhin: x = 0,803 + 1,16 = 1,963 m.

An dieser Schnittstelle liegt wiederum das größte (Feld-)Moment:

$$\max M = 41{,}183 \cdot 1{,}963 - 10{,}18 \cdot \frac{1{,}963^2}{2} - 21{,}2 \cdot 0{,}803 = 44{,}205 \text{ kNm}$$

Aus dem folgenden Spannungsnachweis ergibt sich die richtige Schätzung des Profils I PE 240:

$$\sigma_{vorhB} = \frac{4420{,}5}{324} = 13{,}644 \text{ kN/cm}^2 < \sigma_{zulB} = 14 \text{ kN/cm}^2$$

Beispiel 2

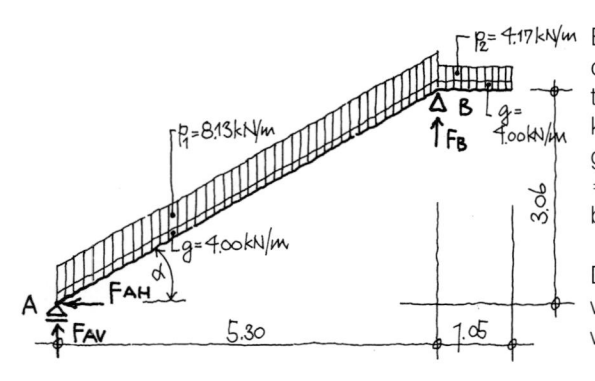

Ein geknickter Träger mit Kragarm wird, wie in der Skizze dargestellt, mit den gleichmäßig verteilten Belastungen g = 4,00 kN/m, p_1 = 8,13 kN/m und p_2 = 4,17 kN/m belastet. Das Eigengewicht des geschätzten Profils I PE 270 mit W_y = 429 cm³ ist in den oben angegebenen Lasten bereits enthalten.

Da keine horizontalen Lasten (oder horizontal wirkende Lastkomponenten) auf das Tragwerk wirken, ist über $\Sigma H = 0$:

$$F_{AH} = 0 \text{ kN}$$

In den vorangegangenen Beispielen waren Überprüfungen von horizontalen Auflagerreaktionen irrelevant, weil die Stabachsen horizontal waren und evtl. horizontale Auflagerreaktionen als Längskräfte kein Moment verursacht hätten. Die Längskräfte hätten jedoch das Tragwerk zusätzlich zur Biegebeanspruchung mit einer Druck- oder Zugkraft beansprucht. Vergl. Seite 107 ff.

8 Dimensionierung stabförmiger Bauteile

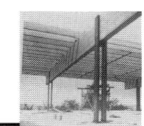

Für folgende Berechnungen wird der Winkel α benötigt:

$$\alpha = \operatorname{a\,tan} \frac{3{,}06}{5{,}30} = 30{,}0^\circ$$

Aus dem Volllastfall ergibt sich am Schnitt beim Auflager B das Kragmoment mit:

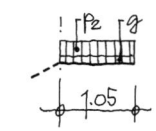

$$M_B = -(4{,}0 + 4{,}17) \cdot \frac{1{,}05^2}{2} = -4{,}504 \text{ kNm}$$

Das maximale Feldmoment errechnet sich aus dem in der Skizze dargestellten Lastfall über die Auflagerkraft F_{AV}.

Über $\Sigma M = 0$ mit Drehpunkt im Auflager B errechnet sich F_{AV}:

$$F_{AV} \cdot 5{,}30 - (4{,}00 + 8{,}13) \cdot \frac{5{,}30}{\cos \alpha} \cdot \frac{5{,}30}{2} + \frac{4{,}00 \cdot 1{,}05^2}{2} = 0$$

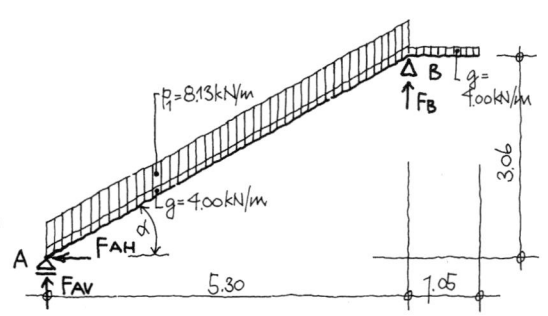

daraus folgt:

$$F_{AV} = \max F_{AV} = 36{,}701 \text{ kN}$$

Um den Querkraftnullpunkt festzustellen, sind aus allen (hier vertikal wirkenden) Lasten die quer zur Stabachse wirkenden Kraftkomponenten zu bestimmen. Daraus bestimmt sich dann der Querkraftnullpunkt mit einem Abstand $\bar{x}$ vom Auflager A und für diesen (Schnitt-) Punkt das maximale Moment:

$$Q_A = 36{,}701 \cdot \cos \alpha = 31{,}784 \text{ kN}$$

$$\bar{q}_1 = (4{,}00 + 8{,}13) \cdot \cos \alpha = 10{,}505 \text{ kN/m}$$

über $\Sigma Q = 0$ ist:

$$31{,}784 - 10{,}505 \cdot \bar{x} = 0$$

und daraus folgt:

$$\bar{x} = 3{,}026 \text{ m}$$

$$x = 3{,}026 \cdot \cos \alpha = 2{,}621 \text{ m}$$

$$\max M = 36{,}701 \cdot 2{,}621 - (4{,}00 + 8{,}13) \cdot 3{,}026 \cdot \frac{2{,}621}{2} = 48{,}091 \text{ kNm}$$

Der Spannungsnachweis bestätigt die richtige Schätzung des geschätzten Profils:

$$\sigma_{vorhB} = \frac{4809{,}1}{429} = 11{,}210 \text{ kN/cm}^2 < \sigma_{zulB} = 14 \text{ kN/cm}^2.$$

8 Dimensionierung stabförmiger Bauteile

Abschließend sollen auch zwei Beispiele aus dem Innenausbau und dem Möbelbau die Anwendung der für homogene Baustoffe stets gleich bleibenden Methodik der Dimensionierung verdeutlichen.

Beispiel 1

Für ein Geländer in einem öffentlichen Gebäude (Holmendruck 1,0 kN/m) sind ein Geländerstab in ST 37 zu dimensionieren und seine Verankerungskräfte zu bestimmen.

Vertikale Belastungen sollen in diesem Beispiel unberücksichtigt bleiben.

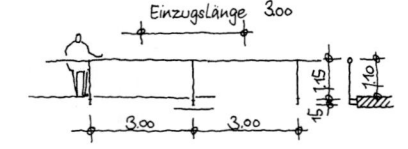

Auf jeden Geländerstab entfällt aus dem Holmendruck eine Kraft von:

$$F_H = 1{,}0 \cdot 3{,}00 = 3{,}0 \text{ kN}.$$

Die aus dem Holmendruck resultierenden Auflagerkräfte (Verankerungskräfte) betragen für das konzipierte Tragwerk (und seine Lagerung) über $\Sigma M = 0$:

$$3{,}0 \cdot (1{,}15 + 0{,}15) + F_A \cdot 0{,}15 = 0$$

$$F_A = -26{,}000 \text{ kN (Zugkraft)}$$

$$3{,}0 \cdot 1{,}15 - F_B \cdot 0{,}15 = 0$$

$$F_B = 23{,}000 \text{ kN (Druckkraft)}.$$

Diese Kräfte sind wegen des zu klein gewählten Hebelarms zwischen den Auflagern (0,15 m) viel zu groß. Vor allem die Zugkraft bei A ist schwer in die Deckenkonstruktion einzuleiten bzw. dort zu verankern. Abhilfe schafft nur eine Vergrößerung dieses Hebelarmes oder eine Verkleinerung der Belastung F_H durch einen geringeren Abstand der Geländerstäbe ($<3{,}0$ m).

Für die Dimensionierung des Geländerstabes zur Aufnahme des Holmendrucks ist das Biegemoment beim Auflager A verantwortlich.

$$M_A = -3{,}0 \cdot 1{,}15 = -3{,}450 \text{ kNm}.$$

Als Kragmoment ist M_A negativ. Der Spannungsnachweis erfolgt jedoch mit dem Absolutwert.

Durch Umwandlung der Formel $\sigma_{zul} = \dfrac{M_{vorh}}{W_{erf}}$ erhält man:

$$W_{erf} = \frac{M_{vorh}}{\sigma_{zul}} \text{ und daraus mit } \sigma_{zul} = 14 \text{ kN/cm}^2 \text{ für ST 37:}$$

$$W_{erf} = \frac{345}{14} = 24{,}643 \text{ cm}^3.$$

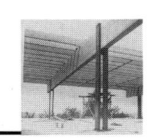

8 Dimensionierung stabförmiger Bauteile

Daraus können nun zum Vergleich folgende Profilformen und Profilgrößen bestimmt werden:

a.) rechteckiges Stahl-Hohlprofil nach DIN 59410
100 / 50 / 3,6 mit W_y = 25,8 cm³, g = 0,0798 kN/m = 100 %

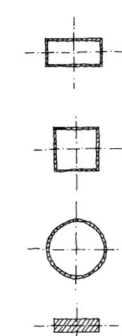

b.) quadratisches Stahl-Hohlprofil nach DIN 59410
80 / 3,6 mit W_y = 26,4 cm³, g = 0,0855 kN/m = 107,1 %

c.) Stahlrohr DIN 2448
101,6 / 3,6 mit W_y = 26,2 cm³, g = 0,0870 kN/m = 109 %

d.) massives Stahlprofil
80 / 20 mit W, = 25,8 cm³, g = 0,126 kN/m = 157,4 %

Der "schlanke" Querschnitt des massiven Profils in Lösung d.) ist verbunden mit einem hohen Materialaufwand.

Bezeichnungen und die statischen Werte der Profile sind einschlägigen Tabellenwerken zu entnehmen.

Für das massive Stahlprofil gilt:

$$W_y = \frac{2 \cdot 8^2}{6} = 25{,}813 \text{ cm}^3$$

und
g = 0,02 · 0,08 · 78,5 = 0,126 kN/m

Beispiel 2

Bei einem Bücherregal werden die Bücherbretter auf Stahlkonsolen ST 37 gelagert, die ihrerseits in eine Wandschiene aus ST 37 eingehängt werden. Zu untersuchen sind die Kräfte, die die Konsole in die Wandschiene einleitet, und die geschätzte Abmessung der Konsole T40 mit W_y = 1,84 cm³ ist zu überprüfen. Aus den Büchern resultiert eine Last von 8,5 kN/m³. Das ergibt eine Streckenlast von 0,30 · 0,30 · 8,5 = 0,765 kN/m Bücherbrett.

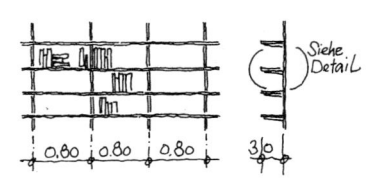

Belastung der Konsole:

aus der Bücherzeile: 0,765 · 0,80	= 0,612 kN
Bücherbrett: 0,30 · 0,024 · 0,80 · 6,0	= 0,035 kN
Eigengewicht Konsole (geschätzt)	= 0,009 kN
F =	0,656 kN

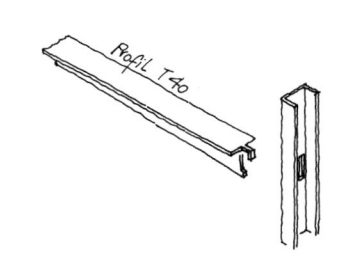

Die Lasten sind so aufgestellt, dass sie in der Mitte der Konsole (mit einem Hebelarm von 0,15 m zur Befestigung in der Wandschiene) wirken.

Nachweis der Biegebeanspruchung der Konsole in einem Schnitt neben der Wandschiene:

$$M_K = -0{,}656 \cdot 0{,}15 = -0{,}098 \text{ kNm}$$

$$\sigma_{vorh} = \frac{9{,}8}{1{,}84} = 5{,}3 \text{ kN/cm}^2 < \sigma_{zul} = 14 \text{ kN/cm}^2$$

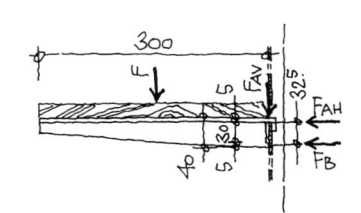

Als Kragmoment ist M_k negativ. Der Spannungsnachweis erfolgt jedoch mit dem Absolutwert.

In der zugehörigen Skizze sind (wie im Stahlbau üblich) die Maße in mm angegeben.

Belastung der Wandschiene durch die Konsole:

$$F_{AH} \cdot 0{,}0325 + 0{,}656 \cdot 0{,}15 = 0$$
$$F_{AH} = -3{,}028 \text{ kN (Zug)}$$

$$F_B \cdot 0{,}0325 - 0{,}656 \cdot 0{,}15 = 0$$
$$F_B = 3{,}028 \text{ kN (Druck)}$$

8 Dimensionierung stabförmiger Bauteile

Mit der Kraft F_B drückt die Konsole auf die Wandschiene, wodurch, bezogen auf die Querschnittsfläche des Steges (0,5/0,5 cm), eine Spannung von:

$$\sigma_{vorh} = \frac{3{,}028}{0{,}5 \cdot 0{,}5} = 12{,}1 \text{ kN/cm}^2 < \sigma_{zul} = 14 \text{ kN/cm}^2 \text{ entsteht.}$$

Für die Zugbeanspruchung aus F_{AH} steht derselbe Querschnitt zur Verfügung, die vorh. Spannung ist also genau so groß wie aus der Druckkraft F_B und ebenfalls kleiner als σ_{zul}.

Ein Ausknicken ist in der Abstützung der Konsole nicht möglich. Vergl. dazu auch Kapitel 8.3.

9 Dimensionierung von Stahlbetonkonstruktionen

Beton hat keine ansetzbare Zugfestigkeit. Die Druckkräfte[1] werden vom Beton in der Druckzone übernommen und die Zugkräfte ausschließlich von der Betonstahlbewehrung, die in der gerissenen Zugzone liegt. Der Hebelarm der inneren Kräfte[2] ist abhängig vom Querschnitt und von der Lage der Bewehrung, in deren Schwerachse die Zugkraft konzentriert ist. Die Lage der neutralen Faser (Übergang von der Druck- zur Zugbeanspruchung) liegt nicht, wie bei homogenen elastischen Materialien, in der Schwerachse, sondern wird von der Größe des Biegemomentes mitbestimmt. Alle im Kapitel 8 beschriebenen Gesetzmäßigkeiten für homogene Materialien sind daher auf Stahlbeton nicht anwendbar. Zur Dimensionierung von Stahlbetonquerschnitten wurden deshalb Verfahren entwickelt, die von der Beschreibung der Tragfähigkeit des gerissenen Querschnittes ausgehen und mit Hilfe von Koeffizienten eine Zuordnung zu den korrespondierenden Biegemomenten zulassen. In der nachfolgenden Vertiefung wird das in DIN 1045 beschriebene k_h-Verfahren[3] angewendet.

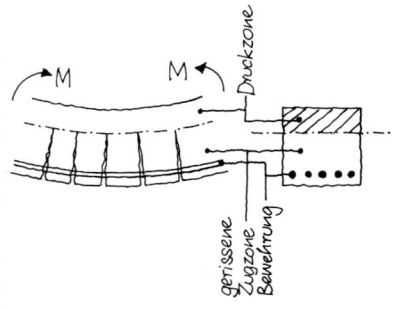

Beton wird hergestellt aus Zement, Zuschlagstoffen und Wasser. Abhängig von der Dichte der Zuschlagstoffe, die stets in einer Mischung verschiedener Körnungsgrößen[4] zugegeben werden, sind Schwer-, Normal- und Leichtbetone mit Dichten von 40 bis 10 kN/m³ herstellbar. Das Eigengewicht von Normalbeton ist nach DIN 1045 mit 24 kN/m³, als Stahlbeton mit 25 kN/m³ anzusetzen.

Abhängig von der Zementart und der Festigkeit der Zuschlagstoffe sind Betone mit unterschiedlicher Festigkeit herstellbar. Die Bezeichnung der Betonklassen erfolgt nach den zu erreichenden Mindestdruckfestigkeiten nach 28 Tagen Abbindung unter Wasser. Es werden Betone der Güteklassen B10 bis B55 hergestellt, wobei B25[5] üblicherweise für örtlich hergestellte Stahlbetonkonstruktionen verwendet wird.

Durch besondere chemische Zusatzstoffe können die Farbe, die Dichtigkeit und andere Eigenschaften des Betons beeinflusst werden.

Die Bewehrung der Stahlbetonteile erfolgt durch Einzelstäbe von 6 bis 28 mm ø oder durch Betonstahlmatten, die als Lagermatten vorgefertigt beziehbar sind oder nach besonderen Vorgaben als Listenmatten speziell vorgefertigt werden. In den Betonstahlmatten werden Einzel- oder Doppelstäbe von 4 bis 12 mm ø verwendet.

Die Qualität der Bewehrungsstähle wird nach den zu erreichenden Zugfestigkeiten bezeichnet mit BSt 420 S, BSt 500 S oder BSt 500 M[6]. In der Regel findet BSt 500 Anwendung.

---

[1] abgesehen von Druckbewehrungen in Stahlbetonkonstruktionen
[2] vergl. auch Seite 158 ff.
[3] Die Koeffizienten sind in Tabellen mit ihren wechselseitigen Bezügen erfasst.
[4] nach Sieblinien
[5] in besonderen Fällen ist auch noch B15 für Stahlbetonkonstruktionen zulässig.
[6] BSt steht für Betonstahl, S für Stäbe und M für Matten

9 Dimensionierung von Stahlbetonkonstruktionen

Da der Betonstahl, von Druckbewehrungen abgesehen, stets und ausschließlich die Zugkräfte in biegebeanspruchten Konstruktionen aufnimmt, ist die Bewehrung stets am „gezogenen Rand" anzuordnen; d.h. an dem Rand eines Profils, an dem aus der Biegebeanspruchung positive Längendehnungen[7] auftreten.

Abhängig von den Eigenschaften des Stahlbetons ist er vielfältig allein oder mit besonderen ergänzenden konstruktiven Maßnahmen einsetzbar.

Brandschutz:	Nicht brennbar gem. Klasse A1, Wohnungstrenndecken d ≥ 12 cm.
Festigkeit:	Relativ hohe Druck-, Zug- und Schubfestigkeit, daher auch in biegebeanspruchten Konstruktionen einsetzbar.
Feuchtigkeitsschutz / Wasserdichtigkeit:	Mit chemischen Zusätzen Dichtigkeit gegen hohe Wasserdrücke erreichbar.
Gewicht / Dichte:	Relativ großes Eigengewicht.
Korrosionsschutz:	Von Zuschlagstoffen abhängige hohe Korrosionsfestigkeit. Betondeckung der Betonstahleinlagen ist zu beachten.
Schallschutz:	Wegen der relativ großen Dichte gute Werte beim Luftschallschutz erreichbar. Wegen der Schallleitfähigkeit sind beim Trittschallschutz besondere konstruktive Vorkehrungen erforderlich, um die Anforderungen von DIN 4109 zu erfüllen.
Wärmeschutz:	Wegen der relativ hohen Wärmeleitfähigkeit sind die Anforderungen nach DIN 4108 in der Regel nur durch mehrschichtige Konstruktionen erreichbar.
Wärmespeicherung:	Abhängig von der Masse gut.

Bei tragenden Stahlbetonteilen sind bestimmte konstruktive Vorgaben zu berücksichtigen, die bei den einzelnen Bauteile behandelt werden.

---

[7] vergl. Seite 107

9 Dimensionierung von Stahlbetonkonstruktionen

9.1 Stahlbetondecken

Es gibt zwei Arten von Stahlbetondecken, die nach derselben Methode zu dimensionieren sind: Massivplatten und Rippendecken. Für Architekten und Innenarchitekten ist es ausreichend, die Deckendicke „d" über die „statische Höhe" „h" zu bestimmen, da diese Bedingung unbedingt einzuhalten ist und fast ausnahmslos zu ausreichenden Dimensionierungen führt, wie die nachfolgenden Beispiele belegen werden.

$$d = h + d_s / 2 + 1{,}5 \cong h + 2 \text{ [cm] (bei } d_s = 10 \text{ mm)}$$

Alle Werte sind in cm einzugeben. d_s ist der Durchmesser der tragenden Bewehrungsstäbe. Das (hier mit 1,5 cm angenommene) Betondeckungsmaß muss den Bewehrungsrichtlinien nach DIN 1045 entsprechen.

Massivplatten

Massivplatten müssen eine Mindestdicke „d" von 7,0 cm[8] haben und mindestens eine „statische Höhe" „h" (Abstand von der Achse der Zugbewehrung bis zum (gegenüber liegenden) gedrückten Rand) von:

$$\frac{l_0}{35} \leq h \geq \frac{l_0^2}{150} \text{ [m]}$$

haben. Dabei ist l_0 der Abstand der Momentennullpunkte im bezogenen Deckenfeld. Bei einfeldrigen Deckenkonstruktionen ist also $l_0 = l$. Bei mehrfeldrigen Deckenkonstruktionen kann hinreichend genau angenommen werden:

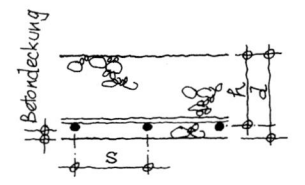

für die Endfelder oder Einfeldträger mit einem Kragarm:
$l_0 = 0{,}8 \cdot l$
für Innenfelder oder Einfeldträger mit zwei Kragarmen:
$l_0 = 0{,}6 \cdot l$.

Der Abstand der tragenden Bewehrungsstäbe (die parallel zur Tragrichtung verlaufen) sollte $1{,}5 \cdot d$ nicht übersteigen.

Die erforderliche Querbewehrung $A_{sq\,erf}$ beträgt 20% der tragenden Bewehrung $A_{s\,erf}$.

$$A_{sq\,erf} = 0{,}2 \cdot A_{s\,erf}$$

Rippendecken

Die Bedingungen für die Dicke „d" und die „statische Höhe" „h" entsprechen denen der Massivplatten, jedoch sollte die Dicke in der Regel größer gewählt werden, da dies zu einer größeren Steifigkeit (geringere Durchbiegung) ohne wesentliche Zunahme des Eigengewichtes (im Gegensatz zu Massivplatten) führt.

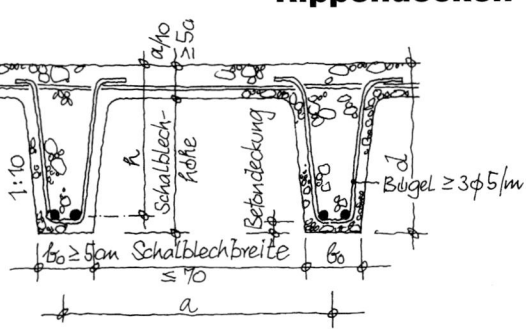

Rippendeckenkonstruktionen werden in der Regel bei größeren Spannweiten (ca. > 7,50m) eingesetzt.

---

[8] Bei Wohnungstrenndecken sind auch schallschutz- und feuerschutztechnische Vorschriften zu beachten.

9 Dimensionierung von Stahlbetonkonstruktionen

Der Abstand der tragenden Rippen muss ≤ 70 cm sein. Alle anderen Maßbezüge sind der Skizze für eine Rippendecke, hergestellt aus demontablen Schalkörpern, zu entnehmen.

Rippendecken können unter Verwendung verschiedenartiger Füllkörper auch mit ebenen Deckenuntersichten[9] hergestellt werden. Bei solchen Konstruktionen ist das Eigengewicht der Füllkörper in der Lastenaufstellung zu berücksichtigen.

Die tragende Bewehrung wird in den Rippen angeordnet und besteht in der Regel aus zwei Bewehrungsstählen, die untereinander einen Abstand haben, der ihrem ø entspricht oder mindestens 20 mm beträgt. Die Querbewehrung (Größe wie bei Massivplatten) wird in der Druckplatte verlegt. Die Rippen erhalten eine Bügelbewehrung von mindestens 3 ø 5 je m.

Abhängig von der Spannweite und der Belastung sind bewehrte Querrippen anzuordnen.

Anhand einiger nachfolgender Beispiele soll dargelegt werden, dass die Bestimmung der Deckendicke über die statische Höhe für Architekten und Innenarchitekten bereits ausreicht, da im Allgemeinen weitergehende Kenntnisse über die Größe der Bewehrung nicht erforderlich sind. Bei den Rippendecken hat die Größe der Bewehrung jedoch Einfluss auf die Breite b_0 der Rippen, wie den Beispielen zu entnehmen ist. Zur Vertiefung der Kenntnisse sind die Beispiele für statisch bestimmte Systeme jedoch vollständig behandelt sowie Rechenwege und Ergebnisse interpretiert.

Beispiel 1

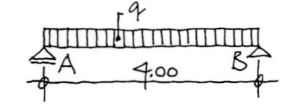

Für ein Wohnhaus[10] ist eine Stahlbetondecke mit dem im Detail dargestellten Fußbodenaufbau über eine Spannweite von 4,0 m zu dimensionieren.

Materialien: B 25, BSt 500 S

$h_{erf} = 4,00 / 35 = 0,114 > 4,00^2 / 150 = 0,107$ m

$d = 0,114 + 0,02 \cong 0,135$ m $= 13,5$ cm

Die Bedingung $l_0^2 / 150$ für h_{erf} gibt erst bei Werten für $l_0 \geq 4,29$ m die Größtwerte.

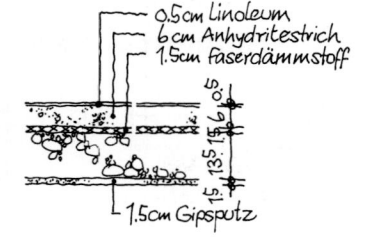

Lastermittlung:

0,5 cm Linoleum = 0,5 · 0,13		=	0,065	kN/m²
6 cm Anhydritestrich = 6 · 0,22		=	1,320	kN/m²
1,5 cm Faserdämmstoff = 1,5 · 0,01		=	0,015	kN/m²
13,5 cm Stahlbeton = 13,5 · 0,25		=	3,375	kN/m²
1,5 cm Gipsputz		=	0,180	kN/m²
	g	=	4,955	kN/m²
Verkehrslast	p	=	1,500	kN/m²
	q	=	6,455	kN/m²

Zur Lastenermittlung vergl. Seite 95 ff.

---
[9] ggf. vorteilhaft bei Trennwandanschlüssen.
[10] Kenntnisse über die Nutzung sind für die Bestimmung der Verkehrslast notwendig.

9 Dimensionierung von Stahlbetonkonstruktionen

Auch hier untersuchen wir (repräsentativ) einen 1,0 m breiten Streifen der Decke[11]. Damit wird aus der Flächenlast für den (1,0 m breiten) Streifen eine Streckenlast.

$$q = 6{,}455 \text{ kN/m}^2 \cdot 1{,}0 \text{ m} = 6{,}445 \text{ kN/m}$$

Ableitung der hier verwendeten Formel vergl. Seite 118.

$$M_{max} = \frac{6{,}455 \cdot 4{,}00^2}{8} = 12{,}910 \text{ kNm}$$

Bei den Formeln ist die irreguläre Vermischung der Einheiten zu beachten.

$$k_{h\,vorh} = \frac{h[cm]}{\sqrt{\frac{M[kNm]}{b[m]}}} = \frac{11{,}4}{\sqrt{\frac{12{,}910}{1{,}0}}} = 3{,}173 > k_h^* = 1{,}72 \rightarrow k_s = 3{,}8$$

$K_{h\,vorh}$ muss größer (!) als k_h^* sein ! Im Koeffizienten k_h werden die charakteristischen Größen des Betonquerschnitts und die Biegebeanspruchung berücksichtigt.

$$A_{s\,erf} = k_s \cdot \frac{M[kNm]}{h[cm]} = 3{,}8 \cdot \frac{12{,}910}{11{,}4} = 4{,}303 \text{ cm}^2$$

Zum Arbeiten mit den Koeffizienten, den Formeln und zur Bestimmung der Bewehrung sind einschlägige Tabellenwerke erforderlich.

gewählt: ø 10, s = 18 cm mit $A_{s\,vorh} = 4{,}36$ cm² > $A_{s\,erf}$

$$A_{sq\,erf} = 0{,}2 \cdot 4{,}303 = 0{,}861 \text{ cm}^2$$

gewählt: 3 ø 6 je m mit $A_{sq} = 0{,}85$ cm² > $A_{sq\,erf}$

Beispiel 2

Für ein Wohnhaus[12] ist eine Stahlbetondecke mit dem im Detail dargestellten Fußbodenaufbau über eine Spannweite von 8,0 m zu dimensionieren.

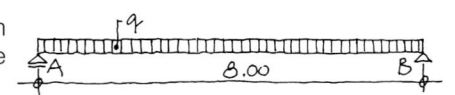

Materialien: B 25, BSt 500 S

Die Bedingung $l_0^2/150$ ergibt für h_{erf} den Größtwert. Vergl. Erklärung zu Beispiel 1.

$$h_{erf} = 8{,}00^2 / 150 = 0{,}427 \text{ m}$$

$$d = 0{,}427 + 0{,}02 \cong 0{,}45 \text{ m} = 45 \text{ cm}$$

Zur Lastenermittlung vergl. Seite 95ff.

Lastermittlung:

0,5 cm Linoleum = 0,5 · 0,13	=	0,065	kN/m²
6 cm Anhydritestrich = 6 · 0,22	=	1,320	kN/m²
1,5 cm Faserdämmstoff = 1,5 · 0,01	=	0,015	kN/m²
45 cm Stahlbeton = 45 · 0,25	=	11,250	kN/m²
1,5 cm Gipsputz	=	0,180	kN/m²
	g =	12,830	kN/m²
Verkehrslast	p =	1,500	kN/m²
	q =	14,330	kN/m²

Zu beachten ist das Verhältnis des Eigengewichtes der Stahlbetondecke und die Verkehrslast.

Auch hier untersuchen wir (repräsentativ) einen 1,0 m breiten Streifen der Decke[13]. Damit wird:

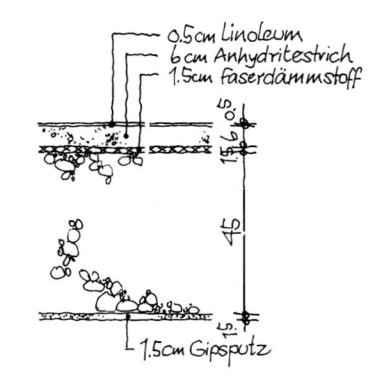

---

[11] vergl. Seite 80
[12] Kenntnisse über die Nutzung sind für die Bestimmung der Verkehrslast notwendig.
[13] vergl. Seite 80

9 Dimensionierung von Stahlbetonkonstruktionen

$$q = 14{,}330 \text{ kN/m}^2 \cdot 1{,}0 \text{ m} = 14{,}330 \text{ kN/m}$$

$$M_{max} = \frac{14{,}330 \cdot 8{,}00^2}{8} = 114{,}640 \text{ kNm}$$

Ableitung der hier verwendeten Formel vergl. Seite 118.

$$k_{h\,vorh} = \frac{42{,}7}{\sqrt{114{,}640}} = 3{,}988 > k_h^* = 1{,}72 \rightarrow k_s = 3{,}8$$

Bei der Untersuchung eines 1,0 m breiten Streifens einer Massivdecke ist b = 1 m und kann aus dem Formelansatz entfallen. Vergl. allgemeine Formel im Beispiel 1.

$$A_{s\,erf} = 3{,}8 \cdot \frac{114{,}640}{42{,}7} = 10{,}202 \text{ cm}^2$$

gewählt: ø 14, s = 15 cm mit $A_{s\,vorh} = 10{,}26 \text{ cm}^2 > A_{s\,erf}$

$$A_{sq\,erf} = 0{,}2 \cdot 10{,}202 = 2{,}04 \text{ cm}^2$$

gewählt: 5 ø 8 je m mit $A_{sq} = 2{,}52 \text{ cm}^2 > A_{sq\,erf}$

Beispiel 3

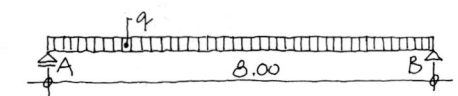

Für ein Wohnhaus[14] ist eine Rippendecke aus Stahlbeton mit dem im Detail dargestellten Fußbodenaufbau über eine Spannweite von 8,0 m zu dimensionieren.

Materialien: B 25, BSt 500 S

$$h_{erf} = 8{,}00^2 / 150 = 0{,}427 \text{ m}$$

d gewählt 0,51 m = 51 cm

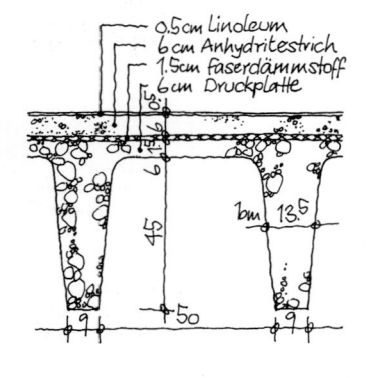

Durch die Vergrößerung der Deckendicke gegenüber dem Sollwert (vergl. Beispiel 2) erhöht sich die Steifigkeit der Decke und wird die Bewehrung reduziert, ohne dass das Eigengewicht wesentlich vergrößert wird.

Lastermittlung:

0,5 cm Linoleum = 0,5 · 0,13	=	0,065 kN/m²
6 cm Anhydritestrich = 6 · 0,22	=	1,320 kN/m²
1,5 cm Faserdämmstoff = 1,5 · 0,01	=	0,015 kN/m²
5 cm Druckplatte = 5 · 0,25	=	1,250 kN/m²
Rippen 100/59 · 0,135 · 0,45 · 25	=	2,574 kN/m²
	g =	5,224 kN/m²
Verkehrslast	p =	1,500 kN/m²
	q =	6,724 kN/m²

Zur Lastenermittlung vergl. Seite 52 ff und 94 ff.

Durch das Verhältnis 100/59 wird die Anzahl der Rippen je m bestimmt.

Auch hier untersuchen wir (repräsentativ) einen 1,0 m breiten Streifen der Decke[15]. Damit wird:

$$q = 6{,}724 \text{ kN/m}^2 \cdot 1{,}0 \text{ m} = 6{,}724 \text{ kN/m}$$

---

[14] Kenntnisse über die Nutzung sind für die Bestimmung der Verkehrslast notwendig.
[15] vergl. Seite 80

9 Dimensionierung von Stahlbetonkonstruktionen

h_{vorh} ist wegen der überhöhten Festlegung von d neu zu bestimmen. Der Abzug von 2,7 cm ergibt sich aus 1,5 cm Betondeckung, 0,5 cm Bügel und 0,7 cm aus der Hälfte des Durchmessers der Bewehrung.

$$M_{max} = \frac{6{,}724 \cdot 8{,}00^2}{8} = 53{,}792 \text{ kNm}$$

$$h_{vorh} = 51 - 2{,}7 = 48{,}3 \text{ cm}$$

$$k_{h\,vorh} = \frac{48{,}3}{\sqrt{53{,}792}} = 6{,}585 > k_h^* = 1{,}72 \rightarrow k_s = 3{,}7$$

Auch hier wird ein 1,0 m breiter Streifen untersucht und b entfällt daher aus dem Formelansatz.

$$A_{s\,erf} = 3{,}7 \cdot \frac{53{,}792}{48{,}3} = 4{,}121 \text{ cm}^2$$

$$A_{s\,erf\,Rippe} = \frac{4{,}121 \cdot 59}{100} = 2{,}431 \text{ cm}^2$$

gewählt: 2 ø 14 je Rippe mit $A_{s\,vorh} = 3{,}08$ cm² > $A_{s\,erf\,Rippe}$

$$A_{sq\,erf} = 0{,}2 \cdot 4{,}121 = 0{,}824 \text{ cm}^2$$

gewählt: 3 ø 6 je m mit $A_{sq} = 0{,}85$ cm² > $A_{sq\,erf}$

Nachweis der geschätzten Rippenbreite:

$$b_{0\,erf} = 2 \cdot 1{,}5 + 2 \cdot 0{,}5 + 2 \cdot 1{,}4 + 2 = 8{,}8 \text{ cm} < b_{0\,vorh} = 9 \text{ cm.}$$

Beispiel 4

Vorschriften für die Wärmedämmung sind zu beachten – Kältebrücke!

Für ein Wohnhaus[16] ist eine Stahlbetondecke mit 8,0 m Spannweite, einem 2,5 m auskragenden Balkon (< 10 m²) und den im Detail dargestellten Bodenaufbauten zu dimensionieren.

Materialien: B 25, BSt 500 S

$l_0 = 0{,}8 \cdot 8{,}00 = 6{,}40$ m

$h_{erf} = 6{,}40^2 / 150 = 0{,}273$ m

$d = 0{,}273 + 0{,}02 \cong 0{,}30$ m = gewählt 33 cm.

Lastermittlung für das Feld:

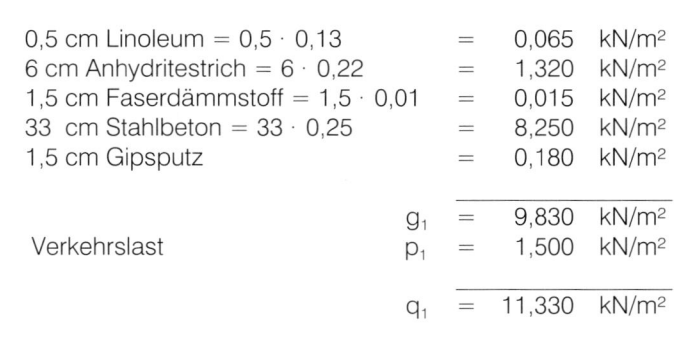

0,5 cm Linoleum = 0,5 · 0,13	=	0,065	kN/m²
6 cm Anhydritestrich = 6 · 0,22	=	1,320	kN/m²
1,5 cm Faserdämmstoff = 1,5 · 0,01	=	0,015	kN/m²
33 cm Stahlbeton = 33 · 0,25	=	8,250	kN/m²
1,5 cm Gipsputz	=	0,180	kN/m²
	g_1 =	9,830	kN/m²
Verkehrslast	p_1 =	1,500	kN/m²
	q_1 =	11,330	kN/m²

---

[16] Kenntnisse über die Nutzung sind für die Bestimmung der Verkehrslast notwendig.

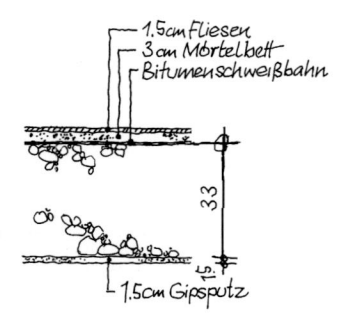

9 Dimensionierung von Stahlbetonkonstruktionen

Lastermittlung für den Kragarm (Balkon):

1,5 cm Fliesen = 1,5 · 0,22	=	0,330	kN/m²
3 cm Zementtraßmörtel = 3 · 0,21	=	0,630	kN/m²
Bitumenschweißbahn	=	0,070	kN/m²
33 cm Stahlbeton = 33 · 0,25	=	8,250	kN/m²
1,5 cm Gipsputz	=	0,180	kN/m²
g_2	=	9,460	kN/m²
Verkehrslast p_2	=	5,000	kN/m²
q_2	=	14,460	kN/m²

Auch hier untersuchen wir (repräsentativ) einen 1,0 m breiten Streifen der Decke[17]. Damit werden die Flächenlasten zu Streckenlasten.

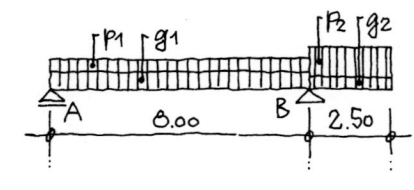

Aus dem Lastfall Vollast im Feld[18] wird die Auflagerkraft bei A über die Gleichgewichtsbedingung $\Sigma M = 0$ mit Drehpunkt in B bestimmt; daraus dann x als Abstand des Querkraftnullpunktes von A (über $\Sigma V = 0$) und schließlich für diesen (Querkraftnull-) Punkt das größte Feldmoment:

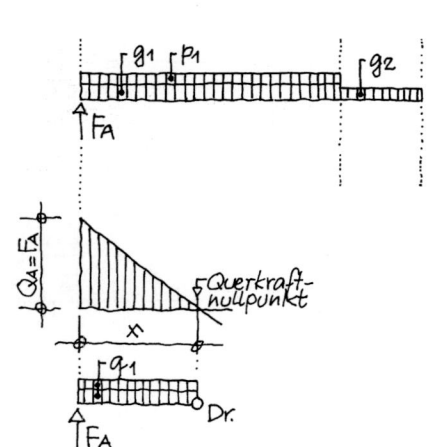

$$\Sigma M = 0$$

$$F_A \cdot 8{,}00 + 9{,}460 \cdot \frac{2{,}50^2}{2} - 11{,}330 \cdot \frac{8{,}00^2}{2} = 0$$

$$F_A = 41{,}625 \text{ kN}$$

$$\Sigma V = 0$$

$$41{,}625 - x \cdot 11{,}330 = 0$$

$$x = 3{,}674 \text{ m}$$

$$M_{max\,Feld} = 41{,}625 \cdot 3{,}674 - 11{,}330 \cdot \frac{3{,}674^2}{2} = 76{,}463 \text{ kNm}$$

$$k_{h\,vorh\,Feld} = \frac{30{,}8}{\sqrt{76{,}463}} = 3{,}522 > k_h^* = 1{,}72 \rightarrow k_s = 3{,}8$$

Aus dem Lastfall Volllast auf dem Kragarm ergibt sich das größte (negative) Moment bei B.

$$M_{min\,B} = -\frac{14{,}460 \cdot 2{,}5^2}{2} = -45{,}188 \text{ kNm}$$

$$k_{h\,vorh\,Kragarm} = \frac{30{,}8}{\sqrt{45{,}188}} = 4{,}582 > k_h^* = 1{,}72 \rightarrow k_s = 3{,}7$$

---

[17] vergl. Seite 80
[18] denn daraus ergibt sich das größte Feldmoment! Vergl. Seite 160

9 Dimensionierung von Stahlbetonkonstruktionen

$$A_{s\,erf\,Feld} = 3,8 \cdot \frac{76,463}{30,8} = 9,434 \text{ cm}^2$$

$$A_{s\,erf\,Kragarm} = \frac{3,7 \cdot 45,188}{30,8} = 5,428 \text{ cm}^2$$

gewählt für das Feld:
Ø 14, s = 16 cm mit $A_{s\,vorh}$ = 9,62 cm² > $A_{s\,erf\,Feld}$

Die Bewehrung des Kragarmes wird durch aufgebogene Bewehrung des Feldes hier vollständig (oft teilweise) realisiert. Entsprechend der Verteilung der (negativen) Momente liegen die Zugbeanspruchungen im oberen Teil des Querschnittes.

Bewehrung des Kragarms:

$\frac{2}{3}$ der Feldbewehrung aufgebogen

$= \frac{9,62 \cdot 2}{3} = 6,413$ cm² > $A_{s\,erf\,Kragarm}$

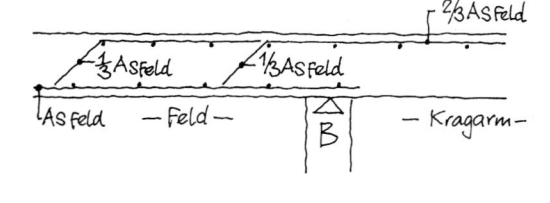

$A_{sq\,erf} = 0,2 \cdot 9,434 = 1,887$ cm²

gewählt einheitlich im Feld und auf dem Kragarm:
4 ø 8 je m mit A_{sq} = 2,01 cm² > $A_{sq\,erf}$

Beispiel 5

Für ein Wohnhaus[19] ist eine Rippendecke aus Stahlbeton mit 8,0 m Spannweite, einem 2,5 m auskragenden Balkon (< 10 m²) und den im Detail dargestellten Bodenaufbauten zu dimensionieren.

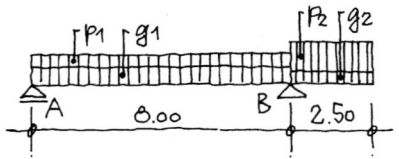

Materialien: B 25, BSt 500 S

$L_0 = 0,8 \cdot 8,00 = 6,40$ m

$h_{erf} = 6,40^2 / 150 = 0,273$ m

gewählt d = 0,41 m = 41 cm

Lastermittlung für das Feld:

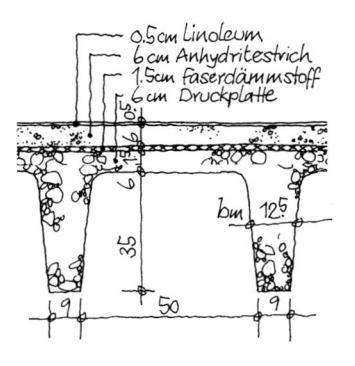

0,5 cm Linoleum = 0,5 · 0,13	=	0,065	kN/m²
6 cm Anhydritestrich = 6 · 0,22	=	1,320	kN/m²
1,5 cm Faserdämmstoff = 1,5 · 0,01	=	0,015	kN/m²
5 cm Druckplatte = 5 · 0,25	=	1,250	kN/m²
Rippen 100/59 · 0,125 · 0,35 · 25	=	1,854	kN/m²
g_1	=	4,504	kN/m²
Verkehrslast p_1	=	1,500	kN/m²
q_1	=	6,004	kN/m²

Durch das Verhältnis 100/59 wird die Anzahl der Rippen je m bestimmt.

---

[19] Kenntnisse über die Nutzung sind für die Bestimmung der Verkehrslast notwendig.

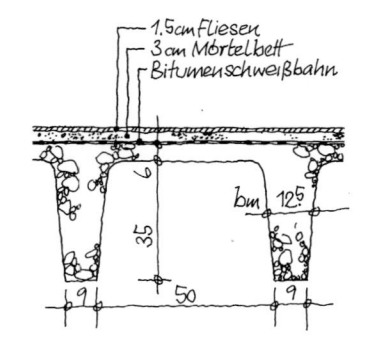

9 Dimensionierung von Stahlbetonkonstruktionen

Lastermittlung für den Kragarm (Balkon):

1,5 cm Fliesen = 1,5 · 0,22	=	0,330	kN/m²
3 cm Zementtraßmörtel = 3 · 0,21	=	0,630	kN/m²
Bitumenschweißbahn	=	0,070	kN/m²
5 cm Druckplatte = 5 · 0,25	=	1,250	kN/m²
Rippen 100/59 · 0,125 · 0,35 · 25	=	1,854	kN/m²
	g_2 =	4,134	kN/m²
Verkehrslast	p_2 =	5,000	kN/m²
	q_2 =	9,134	kN/m²

Auch hier untersuchen wir (repräsentativ) einen 1,0 m breiten Streifen der Decke[20]. Damit werden die Flächenlasten zu Streckenlasten.

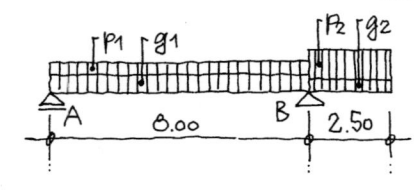

Aus dem Lastfall Volllast im Feld[21] wird die Auflagerkraft bei A über die Gleichgewichtsbedingung $\Sigma M = 0$ mit Drehpunkt in B bestimmt; daraus dann x als Abstand des Querkraftnullpunktes von A (über $\Sigma V = 0$) und schließlich für diesen (Querkraftnull-)Punkt das größte Feldmoment:

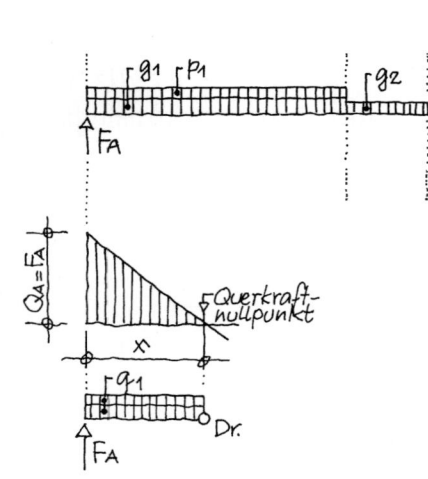

$$\Sigma M = 0$$

$$F_A \cdot 8{,}00 + 4{,}134 \cdot \frac{2{,}50^2}{2} - 6{,}004 \cdot \frac{8{,}00^2}{2} = 0$$

$$F_A = 22{,}401 \text{ kN}$$

$$\Sigma V = 0$$

$$22{,}401 - x \cdot 6{,}004 = 0$$

$$x = 3{,}731 \text{ m}$$

$$M_{max\ Feld} = 22{,}401 \cdot 3{,}731 - 6{,}004 \cdot \frac{3{,}731^2}{2} = 41{,}789 \text{ kNm}$$

$$h_{vorh} = 41 - 2{,}7 = 38{,}3 \text{ cm}$$

$$k_{h\ vorh\ Feld} = \frac{38{,}3}{\sqrt{41{,}789}} = 5{,}925 > k_h^* = 1{,}72 \rightarrow k_s = 3{,}7$$

Die statische Höhe „h" muss aus der überhöht festgelegten Dicke „d" bestimmt werden.

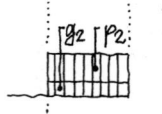

Aus dem Lastfall Volllast auf dem Kragarm ergibt sich das größte (negative) Moment bei B.

$$M_{min\ B} = -\frac{9{,}134 \cdot 2{,}5^2}{2} = -28{,}544 \text{ kNm}$$

---

[20] vergl. Seite 80
[21] denn daraus ergibt sich das größte Feldmoment!

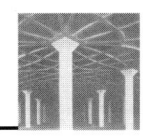

9 Dimensionierung von Stahlbetonkonstruktionen

Im Bereich des Kragarmes wirken die Druckkräfte im unteren Teil der Rippendecke. Hier steht (ausgehend von b_0) nur eine Breite von:

Durch das Verhältnis 100/59 wird die Anzahl der Rippen je m angegeben.

$$b = \frac{100}{59} \cdot 0{,}09 = 0{,}153 \text{ m}$$

zur Verfügung. Damit ist:

Hier ist b in der Formel anzusetzen, weil der Wert $\neq 1$ ist.

$$k_{h\,vorh\,Kragarm} = \frac{38{,}3}{\sqrt{\dfrac{28{,}544}{0{,}153}}} = 2{,}804 > k_h^* = 1{,}72 \rightarrow k_s = 3{,}9$$

Sollte $k_{h\,vorh} < k_h^*$ sein, so sind die Rippenzwischenräume ganz oder teilweise auszubetonieren (Voll- oder Halbmassivstreifen), um b zu vergrößern.

$$A_{s\,erf\,Feld} = 3{,}7 \cdot \frac{41{,}789}{38{,}3} = 4{,}037 \text{ cm}^2$$

$$A_{s\,erf\,Feld\,je\,Rippe} = \frac{4{,}037 \cdot 59}{100} = 2{,}382 \text{ cm}^2$$

gewählt: 2 ø 14 je Rippe mit $A_{s\,vorh} = 3{,}08$ cm² $> A_{s\,erf\,Feld\,je\,Rippe}$

$$A_{s\,erf\,Kragarm} = 3{,}9 \cdot \frac{28{,}544}{38{,}3} = 2{,}907 \text{ cm}^2$$

$$A_{s\,erf\,Kragarm\,je\,Rippe} = \frac{2{,}907 \cdot 59}{100} = 1{,}715 \text{ cm}^2$$

vorh. 1ø 14 aus Feld aufgebogen = 1,54 cm²
Zulage 1 ø 10 = 0,79 cm²
_____
2,33 cm² > $A_{s\,erf\,Kragarm\,je\,Rippe}$

Die Überprüfung der Schätzung für b_0 erfolgt wie im Beispiel 3 und führt zum gleichen Ergebnis, da die ø der Bewehrung gleich sind.

Mehrfeldrige Stahlbetondecken

Mit Stahlbetondecken sind mehrfeldrige Konstruktionen einfach ausführbar, zumal dies häufig realen Anforderungen entspricht.

Bei der Betrachtung solcher Problemstellungen verlassen wir jedoch den Bereich statisch bestimmter Systeme[22] und die „lieb gewonnenen" Gleichgewichtsbedingungen, die bisher alle statischen Probleme lösen konnten, genügen nicht mehr. Es gibt (in der Ebene) schon bei Zweifeldträgern mindestens vier unbekannte Auflagerkräfte. Dagegen verfügen wir (in der Ebene) nur über drei Gleichgewichtsbedingungen:

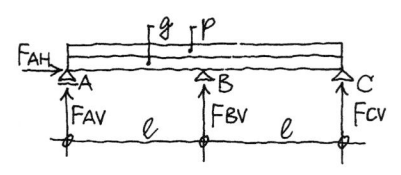

---

[22] vergl. Seite 50

9 Dimensionierung von Stahlbetonkonstruktionen

$\Sigma V = 0$
$\Sigma H = 0$ und
$\Sigma M = 0$.

Weitere (komplizierte) Gleichungen über die Verformungszustände müssen hinzugezogen werden. Schnelle Computer übernehmen heute die aufwändigen Berechnungen.

Was können Architekten und Innenarchitekten machen? Sie besinnen sich auf die erforderlichen ausreichenden Steifigkeiten, die Massivplatten und Rippendecken haben müssen und bestimmen die Deckendicke „d" über die „statische Höhe" „h"[23]:

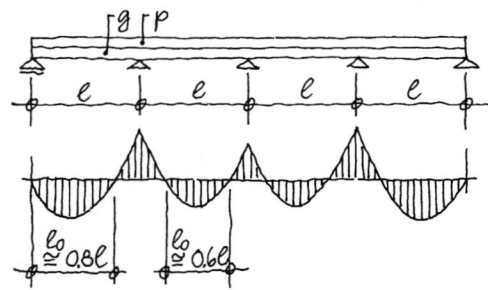

$$\frac{l_0}{35} \leq h \geq \frac{l_0^2}{150}$$

wie oben ausgeführt, kann l_0 für Endfelder durchlaufender Konstruktionen gleich $0{,}8 \cdot l$ gesetzt werden[24]. Da durchlaufende Stahlbetondecken in der Regel in allen Feldern gleich dick[25] (aber mit unterschiedlicher Bewehrung) ausgeführt werden, ist das Problem bereits hinreichend genau über die Bestimmung von h_{erf} lösbar.

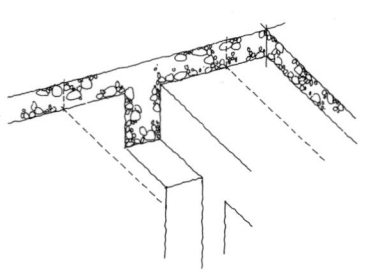

Wenn es ganzheitlich gesehen sinnvoll ist, kann die Dicke der Innenfelder über h_{erf} aus $l_0 = 0{,}6 \cdot l$ geringer dimensioniert werden.

Entsprechend der verfolgten Intention soll an dieser Stelle nochmals betont werden, dass auch die Dimensionierung statisch bestimmter Stahlbetondecken mit der Ermittlung der Dicke über die statische Höhe für Architekten und Innenarchitekten ausreichend ist.

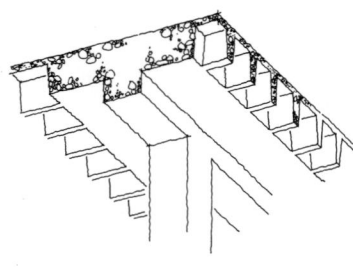

Da es jedoch auch für Architekten und Innenarchitekten unschädlich ist, detailliertere Kenntnisse über die Größe und Anordnung der Bewehrung zu besitzen, wurden die Beispiele statisch bestimmter Systeme[26] vollständig berechnet. Darüber hinaus zeigen diese Beispiele auch exemplarisch die Bezüge zwischen Deckendicke und Bewehrung sowie in den Lastermittlungen die Verhältnisse der Verkehrslasten zu den Eigengewichten.

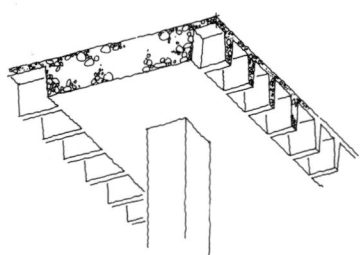

Durchlaufende Deckenkonstruktionen sind als Massivplatten oder Rippendecken ausführbar. Sofern Rippendecken auf Unterzügen gelagert werden, sollten durch Ausbetonieren der Hohlräume zwischen den Rippen Massivstreifen erstellt werden, die dann mit dem Unterzug einen Plattenbalken bilden[27]. Bei engen Stützenstellungen können eventuell die Unterzüge dieselbe Dicke wie die anschließende Rippendecke erhalten, so dass vollständig ebene Deckenuntersichten entstehen. Auch in Verbindung mit Massivplatten können bei entsprechenden Stützenstellungen die Un-

---

[23] vergl. Seite 171
[24] Gleichmäßig verteilte Belastung und gleich große Feldlängen sind vorausgesetzt.
[25] um gleiche Anschlüsse der Ausbauelemente zu erhalten.
[26] vergl. Seite 172 ff
[27] vergl. Seite 182

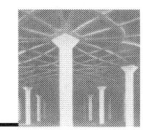

9 Dimensionierung von Stahlbetonkonstruktionen

terzüge deckenhoch sein, wobei die Dicke der Deckenplatte bei solchen Konstruktionen in der Regel überhöht ist[28]. Die Gefahr des Durchstanzens der Stützen ist jedoch zu beachten.

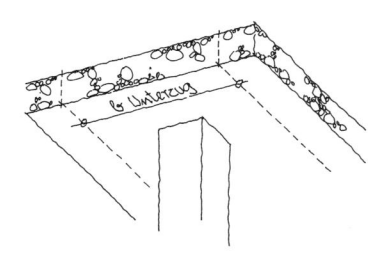

Kreuzweise gespannte Stahlbetondecken

Da Stahlbetondecken Flächentragwerke sind, lassen sie bei entsprechender Ausbildung der Auflager auch drei- und vierseitige Lagerungen zu. Solche Konstruktionen werden als kreuzweise gespannte Massivplatten oder Rippendecken (Kassettendecken) bezeichnet, die ein- oder mehrfeldrig gespannt sein können.

Denkt man sich das Flächentragwerk in beiden Tragrichtungen in 1,0 m breite Streifen aufgeteilt, so müssen die Durchbiegungen von jeweils zwei senkrecht zueinander liegenden Streifen in ihrem Schnittpunkt gleich groß sein. Das setzt eine entsprechende Aufteilung der Belastung auf beide Tragrichtungen voraus und führt zu dreieck- und trapezförmigen Belastungen der Auflager.

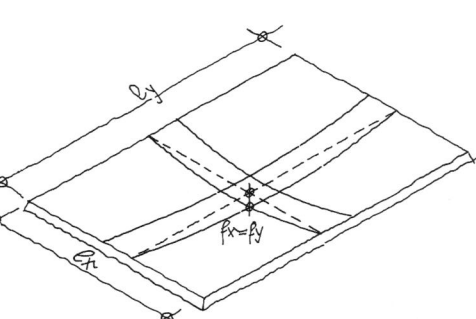

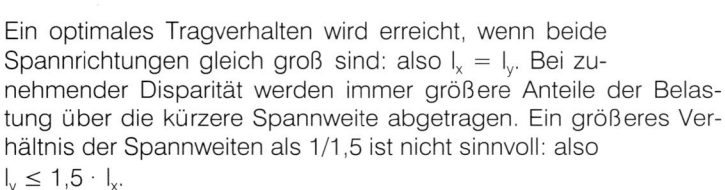

Ein optimales Tragverhalten wird erreicht, wenn beide Spannrichtungen gleich groß sind: also $l_x = l_y$. Bei zunehmender Disparität werden immer größere Anteile der Belastung über die kürzere Spannweite abgetragen. Ein größeres Verhältnis der Spannweiten als 1/1,5 ist nicht sinnvoll: also $l_y \leq 1,5 \cdot l_x$.

Vierseitig gelagerte Stahlbetondecken spannen über zwei Richtungen – eine räumliche Betrachtung der Konstruktion ist daher unverzichtbar.

Die Dicke „d" für kreuzweise gespannte Deckensysteme kann hinreichend genau über die statische Höhe „h"

$$\frac{l_0}{35} \leq h \geq \frac{l_0^2}{150}$$

bestimmt werden, wenn bei quadratischen Feldformen

$$l_0 \cong 0,6 \cdot l_x$$

gesetzt wird.

Je komplexer die Belastungen werden (Abweichungen von gleichmäßig verteilten Lasten) und je differenzierter die Geometrie der Tragstruktur wird, umso weniger sind solche „Faustformeln" anwendbar. Dann helfen bei Bedarf nur genauere Vorberechnungen durch einen Bauingenieur.

---

[28] vergl. Seite 171 und 207 ff

9.2 Stahlbetonträger

Wie bei Stahlbetondecken gibt es auch zwei Typen von Stahlbetonträgern:

- rechteckige Balken und
- Plattenbalken.

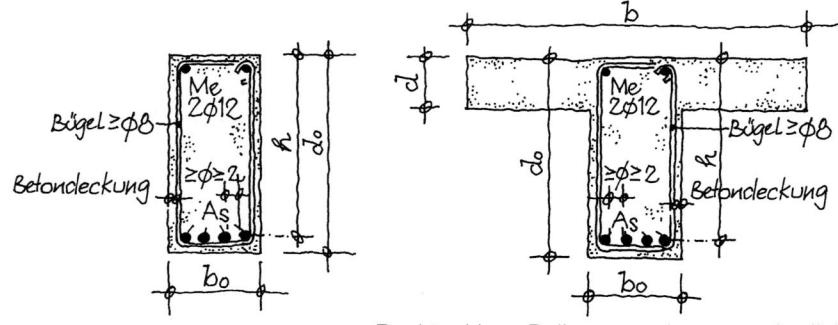

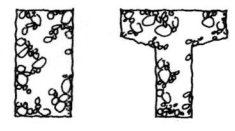

Rechteckige Balken werden vornehmlich als Fertigteile hergestellt und verwendet. Oft haben sie dann auch andere, optimalere Querschnittsformen[29] und / oder erhalten eine vorgespannte[30] Bewehrung.

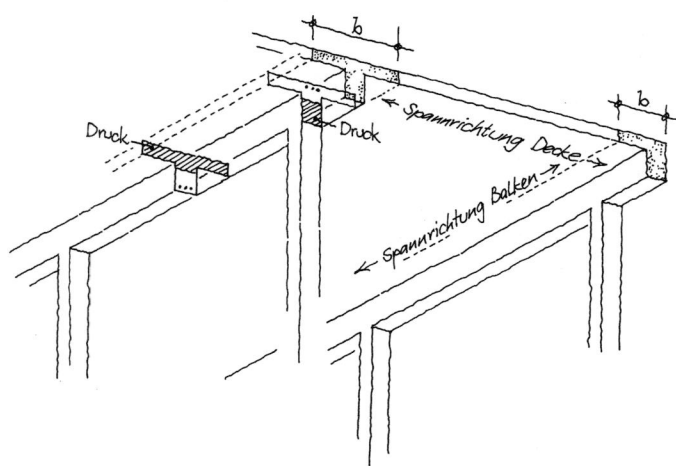

Die Plattenbalken sind eine spezifische Lösung für Stahlbetonkonstruktionen. Durch das gleichzeitige Betonieren der Platten und der Balken entsteht eine Verbundwirkung beider Bauteile mit der Folge, dass am Balken anschließende Plattenteile (die Platte selbst spannt ja quer zum Balken) in der Balkentragrichtung mittragen – also in zwei Achsrichtungen beansprucht werden. Diese so genannte „mitwirkende Plattenbreite" ist abhängig von der Dicke „d" der Decke und führt bei innenliegenden Trägern zu T-förmigen Querschnitten und bei Randträgern zu L-förmigen Querschnitten der Plattenbalken. Die mitwirkenden Plattenteile sind für die Balkentragrichtung abgesehen von der Querbewehrung der Decke unbewehrt. Sie können (und müssen) also nur Druckkräfte aufnehmen. Dadurch können die mitwirkenden Plattenteile ihre Mitwirkung nur im Bereich positiver Momente entfalten, da hier (in den Feldern zwischen den Stützen) im oberen Bereich des Querschnittes negative Dehnungen[31] (Stauchungen) auftreten. Im Bereich negativer Momente, also bei Kragarmen und im Bereich innerer Unterstützungen treten die Druckspannungen und die negativen Dehnungen im unteren Teil des Querschnittes auf, so dass der Querschnitt in diesen Zonen nur mit seiner Breite b_0 wirksam werden kann. Dieses Tragverhalten kann im Bereich

---

[29] vergl. Seite 145
[30] vergl. Seite 138, 222
[31] vergl. Seite 107

9 Dimensionierung von Stahlbetonkonstruktionen

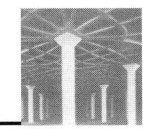

negativer Momente dazu führen, dass Druckbewehrungen erforderlich werden, wenn überhöhte Dimensionierungen über den gesamten Trägerverlauf oder Vouten vermieden werden sollen.

Die Gesamtbreite eines Plattenbalkens „b" ergibt sich aus b_0 und den Breiten der mittragenden Deckenplatten. Für gleichmäßig verteilte Belastungen und gleiche Feldspannweiten „l" der Betondecke kann die Plattenbalkenbreite bei T-förmigen Plattenbalken mit:

$$b = b_0 + \frac{0,6 \cdot l}{5} \leq l$$

und bei L-förmigen Plattenbalken mit:

$$b = b_0 + \frac{0,8 \cdot l}{10} \leq l$$

angenommen werden.

Die Abmessungen von Stahlbetonbalken sind nicht so einfach über „Faustformeln" abschätzbar wie die Dicke „d" bei Stahlbetondecken. Grundsätzlich gelten dieselben Festlegungen für die Steifigkeit wie bei Decken, die Belastungen sind in der Regel jedoch viel größer, so dass die danach bestimmten Abmessungen nicht ausreichen. Es gibt auch nicht eine einzige (richtige) Abmessung. Vielmehr sind niedrige Querschnitte mit einem hohen Bewehrungsanteil[32] ($k_{h\ vorh}$ muss jedoch stets $\geq k_h^*$ sein) möglich oder höhere Querschnitte mit geringerer Bewehrung. Bezieht man als dimensionsbedingende Parameter das unterschiedliche Tragverhalten von Plattenbalken in Bereichen positiver und negativer Momente und die Schubbeanspruchungen in die Überlegungen ein, so wird verständlich, dass aus der komplexen Gemengelage einfache Abschätzungen der Abmessungen schwierig sind.

Dennoch soll für Architekten und Innenarchitekten eine Vorgabe für eine 1. Näherung bei „normaler"[33] Belastung und bei Spannweiten „l" der Balken bis 12,0 m gegeben werden[34]:

$$d_0 \cong \frac{l}{10} \text{ bis } \frac{l}{12}$$

$$b_0 \cong \frac{d_0}{2} \geq 20 \text{ cm}$$

Unabhängig vom Brandschutz sollte die Breite b_0 nicht zu klein gewählt werden, da die Bewehrung sonst in mehr als 2 Lagen anzuordnen ist[35].

---

[32] oder gar vorgespannter Bewehrung
[33] vergl. nachfolgende Beispiele
[34] Die Empfehlungen gelten für Einfeldträger und Durchlaufträger.
[35] vergl. nachfolgendes Beispiel 3.

9 Dimensionierung von Stahlbetonkonstruktionen

Um eine weitergehende Bestätigung der Richtigkeit der geschätzten Abmessungen zu erhalten, kann unter Benutzung entsprechender Tabellenwerke dieselbe Methodik zur Bestimmung von $k_{h\,vorh}$ angewendet werden, wie sie für die Stahlbetondecken beschrieben wurde. Nach der Feststellung, dass $k_{h\,vorh} \geq k_h^*$ (!) ist, kann in der Regel auf einen weitergehenden Nachweis der Bewehrung und der Schubspannung verzichtet werden. Drei Beispiele mögen die empfohlene Methodik verdeutlichen.

Beispiel 1

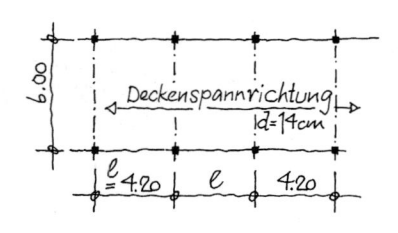

In einem 6-geschossigen Bürogebäude[36] (Geschosshöhe 3,10 m) liegen auf Stahlbetonbalken mit Rechteckquerschnitten Deckenplatten aus Fertigteilen auf. Der weitere Deckenaufbau ist der Detailskizze zu entnehmen.

B25, BSt 500 S
geschätzt: 25 / 55 cm (das entspricht: $d_0 \cong 6,0 / 11$)
$h = 55 - 1,5 - 0,8 - 1,6/2 = 51,9$ cm

Geschätzt: Bügel ø 8, Längsbewehrung ø 16.

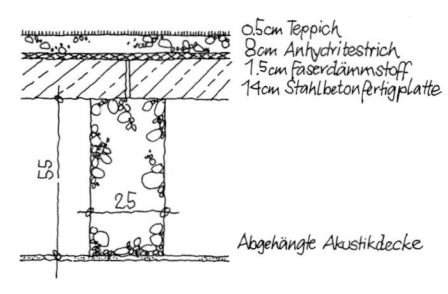

Lastermittlung für die Decke

Teppich	0,5 · 0,03	= 0,015	kN/m²
Anhydritestrich	8 · 0,22	= 1,760	kN/m²
Faserdämmstoff	1,5 · 0,01	= 0,015	kN/m²
Stahlbetonfertigteil	14 · 0,25	= 3,500	kN/m²
Abgehängte Akustikdecke		= 0,250	kN/m²
		g = 5,540	kN/m²
Verkehrslast		p = 2,000	kN/m²
		q = 7,540	kN/m²

Die Materiallasten sind nach DIN 1055 entsprechenden Tabellenwerken zu entnehmen.

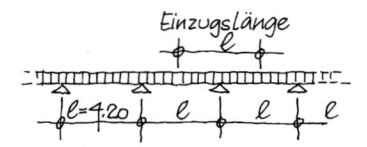

Lastermittlung für den Stahlbetonbalken

aus g_{Decke} 5,540 · 4,2	= 23,268	kN/m
Eigengewicht Balken 0,55 · 0,25 · 25	= 3,438	kN/m
	g = 26,706	kN/m
aus p_{Decke} 2,000 · 4,2	p = 8,400	kN/m
	q = 35,106	kN/m

$$M_{max} = \frac{35{,}106 \cdot 6{,}00^2}{8} = 154{,}977 \text{ kNm}$$

Ableitung der hier verwendeten Formel vergl. Seite 118.

$$k_{h\,vorh} = \frac{51{,}9}{\sqrt{\frac{154{,}977}{0{,}25}}} = 2{,}085 > k_h^* = 1{,}72$$

Für den Ansatz sind die Dimensionen zu beachten!

Damit ist bewiesen, dass die geschätzten Abmessungen ausreichend sind.

---

[36] Die Nutzung der Konstruktion ist wichtig für die Bestimmung der Verkehrslast.

9 Dimensionierung von Stahlbetonkonstruktionen

Beispiel 2

In einer zweigeschossigen Bäckerei[37] ist eine Stahlbetondecke durchlaufend über 6,0 m gespannt. Der Plattenbalkenquerschnitt des Trägers spannt über 9,0 m und hat einen Kragarm von 3,0 m. Die Stahlbetondecke ist 18 cm dick. Der Deckenaufbau ist der Detailskizze zu entnehmen.

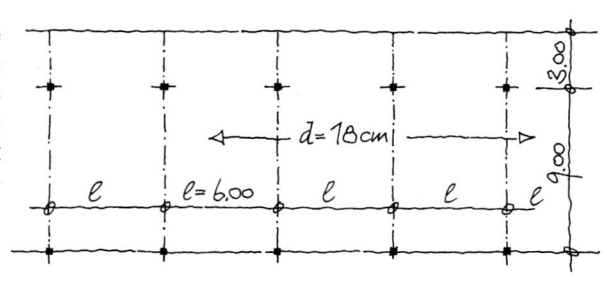

B25   BSt 500S
geschätzt: 35 / 75 cm
(das entspricht: $d_0 \cong 0{,}8 \cdot 9{,}00 / 9{,}6$)

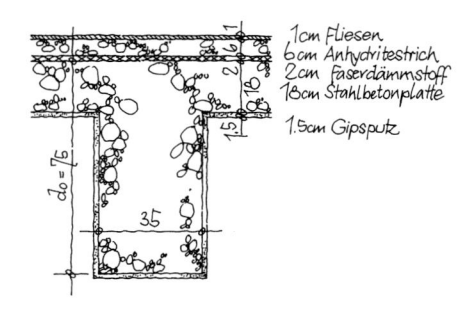

Lastermittlung für die Decke

Fliesen 1,0 · 0,22	=	0,220	kN/m²
Anhydritestrich 6 · 0,22	=	1,320	kN/m²
Faserdämmstoff 2,0 · 0,01	=	0,020	kN/m²
Stahlbetondecke 18 · 0,25	=	4,500	kN/m²
1,5 cm Gipsputz	=	0,180	kN/m²
	g =	6,240	kN/m²
Verkehrslast	p =	5,000	kN/m²

Lastermittlung für den Plattenbalken

aus g Decke: 6,240 · 6,00	=	37,440	kN/m
Eigengewicht 0,35 · 0,75[38] · 25	=	6,563	kN/m
	g =	44,003	kN/m
aus p Decke: 5,0 · 6,00	p =	30,000	kN/m
	q =	74,003	kN/m

Für den Plattenbalken sind zwei Lastfälle zu untersuchen:

---

[37] Die Nutzung der Konstruktion ist wichtig für die Bestimmung der Verkehrslast.
[38] Die Deckenhöhe wird in der Praxis nicht abgezogen. Dafür sind z.B. keine Lasten für Putz o. ä. angesetzt.

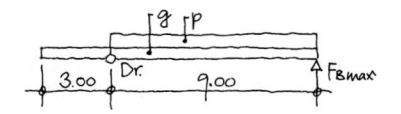

9 Dimensionierung von Stahlbetonkonstruktionen

Lastfall I → $F_{B\,max}$ und daraus $M_{max\,Feld}$

$F_{B\,max}$ über $\Sigma M = 0$:

$$F_{Bmax} \cdot 9{,}00 - 74{,}003 \cdot \frac{9{,}00^2}{2} + 44{,}003 \cdot \frac{3{,}00^2}{2} = 0$$

$F_{B\,max} = 311{,}012$ kN

Querkraftnullpunkt über $\Sigma V = 0$

$311{,}012 - 74{,}003 \cdot x = 0$

$x = 4{,}203$ m

$$M_{max\,Feld} = 311{,}012 \cdot 4{,}203 - 74{,}003 \cdot \frac{4{,}203^2}{2}$$

$M_{max\,Feld} = 653{,}544$ kNm

Bestimmung der mitwirkenden Plattenbreite „b":

$$b = 0{,}35 + \frac{0{,}7 \cdot 6{,}00}{5} = 1{,}19 \text{ m}$$

Bestimmung von h:

$h = 75 - 1{,}5 - 0{,}8 - 2{,}0 - 1{,}0 = 69{,}7$ cm

Überprüfung von $k_{h\,vorh}$:

$$k_{h\,vorh\,Feld} = \frac{69{,}7}{\sqrt{\dfrac{653{,}544}{1{,}19}}} = 2{,}974 > k_h^* = 1{,}72$$

Es werden 2 Lagen Bewehrung mit ø 20 angenommen. h ist der Abstand des Schwerpunktes der Bewehrung vom gedrückten Rand (hier: Oberkante des Querschnittes).

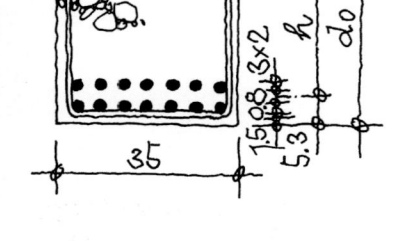

Lastfall II → $M_{A\,min}$.

$$M_{A\,min.} = -74{,}003 \cdot \frac{3{,}00^2}{2} = -333{,}014 \text{ kNm}$$

$$k_{h\,vorh\,Stütze} = \frac{69{,}7}{\sqrt{\dfrac{333{,}014}{0{,}35}}} = 2{,}260 > k_h^* = 1{,}72$$

Im Bereich negativer Momente ist zur Bestimmung von k_h die Breite b_0 anzusetzen.

Die Bewehrung berechnet sich über den Koeffizienten k_s, der abhängig von $k_{h\,vorh.}$ ist, wie in den vorangegangenen Beispielen dargestellt.

9 Dimensionierung von Stahlbetonkonstruktionen

Beispiel 3

In einer zweigeschossigen Schlachterei[39] ist eine Rippendecke über 8,60 m durchlaufend gespannt. Im Bereich des Balkens ist ein 1,15 m breiter Massivstreifen ausgebildet, der mit dem Unterzug einen Plattenbalken bildet, der über 9,0 m spannt und einen Kragarm von 3,0 m hat. Der Deckenaufbau und die Abmessungen sind den Skizzen zu entnehmen. Geschosshöhe: 4,20 m.

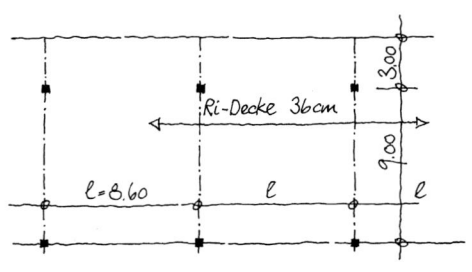

B 25   BSt 500 S
geschätzt: 35 / 75 cm

Lastermittlung für die Decke

Fliesen	$1,0 \cdot 0,22$	=	0,220 kN/m²
Anhydritestrich	$6 \cdot 0,22$	=	1,320 kN/m²
Faserdämmstoff	$2,0 \cdot 0,01$	=	0,020 kN/m²
Druckplatte	$6 \cdot 0,25$	=	1,500 kN/m²
Rippen	$\frac{100}{70} \cdot 0,13 \cdot 0,30 \cdot 25$	=	1,393 kN/m²
		g =	4,453 kN/m²
Verkehrslast		p =	5,000 kN/m²

100/70 ergibt die Anzahl der Rippen je m.

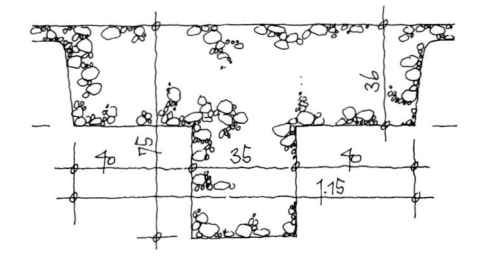

Lastermittlung für den Plattenbalken

aus g Decke: $4,453 \cdot 8,60$	=	38,296 kN/m
Eigengewicht Massivstreifen $0,36 \cdot 1,15 \cdot 25$	=	10,350 kN/m
Balken $(0,75-0,36) \cdot 0,35 \cdot 25$	=	3,413 kN/m
	g =	52,058 kN/m
aus p Decke: $5,0 \cdot 8,60$	p =	43,000 kN/m
	q =	95,058 kN/m

Für den Plattenbalken sind zwei Lastfälle zu untersuchen:

---

[39] Die Nutzung der Konstruktion ist wichtig für die Bestimmung der Verkehrslast.

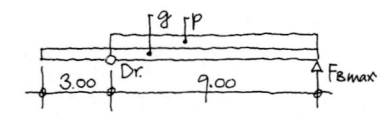

9 Dimensionierung von Stahlbetonkonstruktionen

Lastfall I → $F_{B\,max}$ und daraus $M_{max\,Feld}$

$F_{B\,max}$ über $\Sigma M = 0$:

$$F_{Bmax} \cdot 9{,}00 - 95{,}058 \cdot \frac{9{,}00^2}{2} + 52{,}058 \cdot \frac{3{,}00^2}{2} = 0$$

$F_{B\,max} = 401{,}732$ kN

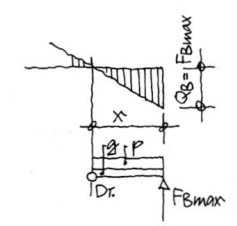

Querkraftnullpunkt über $\Sigma V = 0$

$401{,}732 - 95{,}058 \cdot x = 0$

$x = 4{,}226$ m

$$M_{max\,Feld} = 401{,}732 \cdot 4{,}226 - 95{,}058 \cdot \frac{4{,}226^2}{2}$$

$M_{max\,Feld} = 848{,}895$ kNm

Bestimmung der mitwirkenden Plattenbreite „b" ist hier aus der Berechnung der Rippendecke mit 1,15 m vorgegeben.

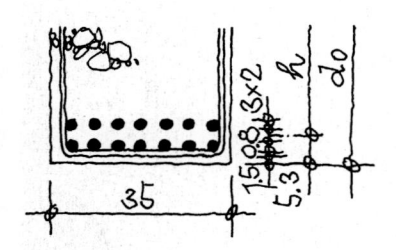

Bestimmung von h:

$h = 75 - 1{,}5 - 0{,}8 - 2{,}0 - 1{,}0 = 69{,}7$ cm

Überprüfung von $k_{h\,vorh}$:

$$k_{h\,vorh\,Feld} = \frac{69{,}7}{\sqrt{\frac{848{,}895}{1{,}15}}} = 2{,}565 > k_h{}^* = 1{,}72$$

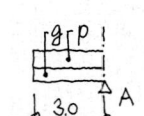

Es werden 2 Lagen Bewehrung mit ø 20 angenommen.

Lastfall II → $M_{A\,min.}$

$$M_{A\,min.} = -95{,}058 \cdot \frac{3{,}00^2}{2} = -427{,}761 \text{ kNm}$$

$$k_{h\,vorh\,Stütze} = \frac{69{,}7}{\sqrt{\frac{427{,}761}{0{,}35}}} = 1{,}994 > k_h{}^* = 1{,}72$$

Im Bereich negativer Momente ist zur Bestimmung von k_h die Breite b_0 anzusetzen.

Durch diese Beispiele ist dargelegt, dass die oben angegebenen Schätzempfehlungen für häufig vorkommende (gleichmäßig verteilte) Belastungen und Spannweiten zu ausreichend genauen Annahmen der erforderlichen Abmessungen führen.

Wenn nunmehr Architekten und Innenarchitekten sich mit hinreichender Sicherheit auf weitgehend zutreffende Schätzungen der äußeren Abmessungen von Stahlbetonträgern beschränken können, so scheint es doch sinnvoll, Anordnung und Aufgabe der

9 Dimensionierung von Stahlbetonkonstruktionen

Bewehrung sowie ihr Zusammenspiel mit den Schnittkräften exemplarisch detaillierter kennen zu lernen. Daraus mag auch eine Sensibilisierung für Probleme erwachsen, die in Kreuzungspunkten hoch bewehrter (damit meist unwirtschaftlicher) Stahlbetonbauteile entstehen.

Zur Darstellung der Zusammenhänge wurde der Plattenbalken des vorangegangenen Beispiels 2 gewählt, weil an einem Träger mit Kragarm ähnlich wie bei einem Durchlaufträger die Deckung positiver und negativer Momente gezeigt werden kann.

Für die Lastfälle ist die Momentenhüllkurve (Absolute Größtwerte) dargestellt. Durch das horizontal anzutragende Versatzmaß „v" wird ein zusätzlicher Sicherheitsabstand hergestellt. In Umkehrung der Formel zur Bestimmung der Bewehrung wird die so genannte Momentenfähigkeit der gewählten Bewehrung bestimmt und (einschließlich der Montageeisen „Me") in die Momentenhüllkurve übertragen. Die Endpunkte der Bewehrungen orientieren sich an den Versatzmaßkurven und erhalten eine so genannte Haftlänge, über die sie im Beton verankert werden.

Die Schubspannungen resultieren aus den Querkräften und sind in Übereinstimmung mit der Querkrafthüllkurve im Schubspannungsdiagramm dargestellt. Die zweischnittigen Bügel, hier gewählt ø 8 in einem Abstand von 25 cm, nehmen eine errechenbare Schubspannung $\tau_{Bü}$ auf. Überträgt man diesen Wert in das Schubspannungsdiagramm, so bleiben Spitzen der Schubspannungen ggf. ungedeckt. Der Inhalt dieser Schubspannungskörper entspricht der jeweiligen Schubkraft, die in den Schwerpunkten (hier: S_1 bis S_3) wirkt. Diese restlichen Schubkräfte müssen durch eine entsprechende Anzahl aufgebogener Bewehrungsstäbe aufgenommen werden. Ihre Anzahl und Lage ergibt sich also aus dem Schubspannungsdiagramm. Aus der Darstellung in der Seitenansicht des Bewehrungskorbes bestimmt sich die Verfügbarkeit in den Bereichen positiver Momente (im Feld) und negativer Momente (im Bereich des Kragarmes). Durch Übertragung dieser Punkte in die Momentenhüllkurve muss sicher gestellt werden, dass kein Einschnitt in die Versatzmaßkurven entsteht.

Schließlich werden danach die einzelnen Typen (genannt: Positionen) von Bewehrungsstäben in einem Auszug dargestellt und vermaßt, so dass danach eine Tabelle der erforderlichen Bewehrung erstellt werden kann.

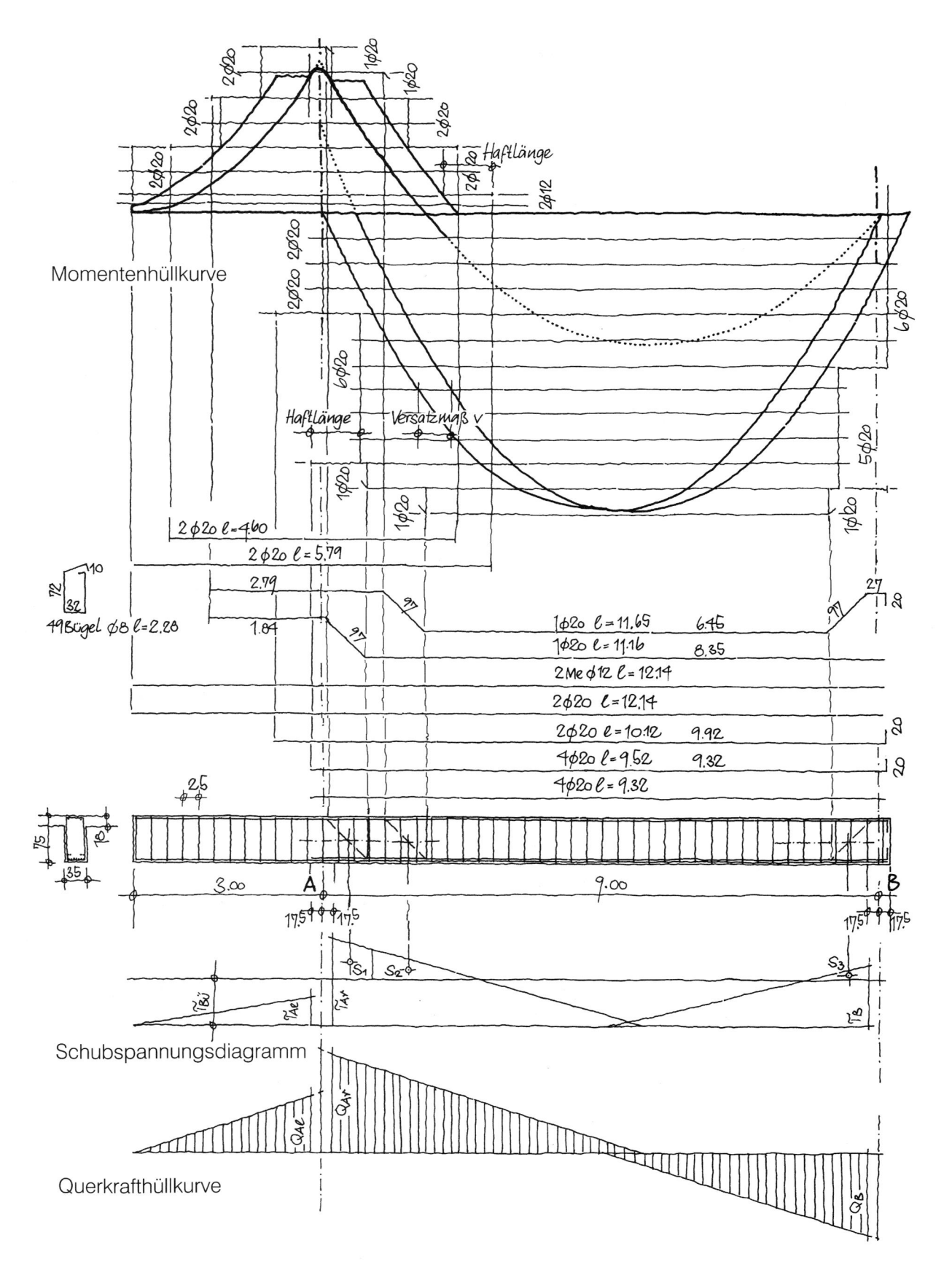

9 Dimensionierung von Stahlbetonkonstruktionen

Momentenhüllkurve

Haftlänge
Versatzmaß v
Haftlänge

2 ∅20 ℓ = 4.60
2 ∅20 ℓ = 5.79

49 Bügel ∅8 ℓ = 2.28

1 ∅20 ℓ = 11.65   6.45
1 ∅20 ℓ = 11.16   8.35
2 Me ∅12 ℓ = 12.14
2 ∅20 ℓ = 12.14
2 ∅20 ℓ = 10.12   9.92
4 ∅20 ℓ = 9.52   9.32
4 ∅20 ℓ = 9.32

A — 3.00 — 9.00 — B

Schubspannungsdiagramm

Querkrafthüllkurve

9 Dimensionierung von Stahlbetonkonstruktionen

9.3 Stahlbetonstützen

Stützen werden häufig auch als „Druckglieder" oder „Druckstäbe" bezeichnet.

Auch im Bereich stützender Bauteile unterscheidet man im Stahlbeton zwei Typen von Stützenausbildungen:

- bügelbewehrte Stützen und
- spiralbewehrte Stützen.

Allgemein gilt für Stahlbetonstützen: Sie dürfen als Innenstützen in Skelettkonstruktionen ohne Berücksichtigung von Rahmenwirkungen auch dann für lotrechte zentrische Belastungen dimensioniert werden, wenn sie biegesteif mit Betonbalken verbunden sind und das Gebäude ohne ihre Mitwirkung ausgesteift ist. Für Randstützen kann, sofern sie nicht Stiele von Rahmenkonstruktionen[29] sind, für eine überschlägliche Feststellung der äußeren Abmessungen ebenfalls eine lotrechte zentrische Belastung angenommen werden. Bei allen überschläglichen Bestimmungen der äußeren Abmessungen sollte ein Bewehrungsprozentsatz von 4% des Betonquerschnittes bzw. Kernquerschnittes nicht überschritten werden. Dadurch verbleibt dem Statiker ein Spielraum bei der genauen Berechnung, an den Kreuzungspunkten der Bauteile entstehen kaum Probleme mit der Bewehrungsführung und die Dimensionierung bleibt im wirtschaftlichen Bereich. Da, resultierend aus der Tragfähigkeit des Stahlbetons, die Abmessungen der Stahlbetonstützen oft in einem Bereich liegen, wo keine Knicksicherheitsnachweise[30] erforderlich sind, lassen sich unter dieser Bedingung wieder vereinfachte Methoden entwickeln, die für Architekten und Innenarchitekten eine hinreichende Genauigkeit in der Bestimmung der äußeren Abmessungen ermöglichen. Mit zunehmenden Abweichungen der Geschosshöhen von den zulässigen maximalen Knicklängen wird das im Folgenden dargelegte Verfahren fehlerhaft. Es erfasst jedoch fast alle häufig vorkommenden Situationen.

Auf die Bestimmung der Bewehrung kann in der Regel verzichtet werden. Es sollten jedoch fundierte Kenntnisse der Bewehrungsrichtlinien vorhanden sein. Vergl. dazu die Skizzen zu den bügel- und spiralbewehrten Stützen.

Bügelbewehrte Stützen

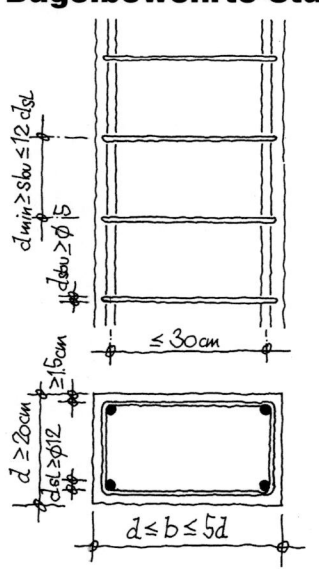

Die Mindestabmessungen und die Festlegungen aus den Bewehrungsrichtlinien sind der Skizze zu entnehmen. Die Außenabmessungen werden in der Praxis gestuft um 5 cm verändert, sofern keine Bezüge zu Mauermaßen (Baurichtmaß 12,5 cm) hergestellt werden müssen. Müssen in besonderen Fällen die Außenabmessungen der Stahlbetonstützen überdimensioniert werden, so kann die Bewehrung über den Bewehrungsprozentsatz „μ" nach dem theoretischen Sollquerschnitt berechnet werden. Sind mehr als vier Stäbe für die Längsbewehrung A_S erforderlich, so sollte deren Anzahl jeweils um vier zusätzliche Längseisen erhöht werden, um die erforderlichen Verbügelungen ordnungsgemäß durchführen zu können. Die Abstände der Zwischenbügel dürfen dabei doppelt so groß sein wie die der Hauptbügel, die die Eckbewehrungsstäbe umfassen.

---

[29] vergl. Seite 237
[30] vergl. Seite 193

9 Dimensionierung von Stahlbetonkonstruktionen

Alle Schätzhinweise erfolgen für Stützen nach dem Eulerfall II[31]. Die Knicklänge entspricht also der Stützenlänge, die ihrerseits gleich der Geschosshöhe ist.

Ohne Knicksicherheitsnachweis sind die Dimensionierungen bügelbewehrter Stützen unterhalb der im Diagramm angegebenen Geschosshöhen zulässig:

Das Diagramm entspricht der Bedingung

$$s_K = \frac{45 \cdot d_{min\,vorh}}{\sqrt{12}}$$

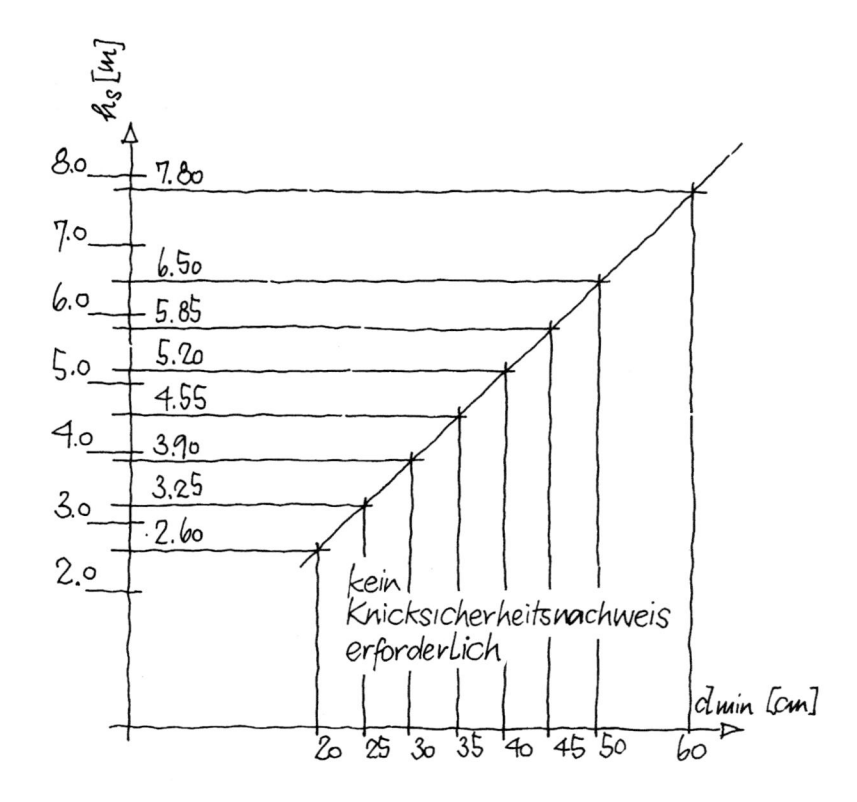

Diagramm: h_s [m] über d_{min} [cm]
- $d_{min}=20$: 2,60
- $d_{min}=25$: 3,25
- $d_{min}=30$: 3,90
- $d_{min}=35$: 4,55
- $d_{min}=40$: 5,20
- $d_{min}=45$: 5,85
- $d_{min}=50$: 6,50
- $d_{min}=60$: 7,80

kein Knicksicherheitsnachweis erforderlich

Ist kein Knicksicherheitsnachweis erforderlich, so kann der erforderliche Betonquerschnitt A_B [cm²] über die gemittelte Spannung σ_i [kN/cm²] in Abhängigkeit vom Bewehrungsprozentsatz μ [%] bestimmt werden oder – umgekehrt – aus einer ermittelten vorhanden gemittelten Spannung der Bewehrungsprozentsatz (und darüber die Bewehrung) bestimmt werden. Der erstgenannte Weg dient der Umgehung frustierender Fehlschätzungen. Der zweite Weg entspricht der stets gleich bleibenden Methodik und verhindert eine Vernachlässigung des Eigengewichtes.

---

[31] vergl. Seite 151

9 Dimensionierung von Stahlbetonkonstruktionen

Für B 25 mit BSt 500 S gilt:

μ % von A_B	σ_i kN/cm²
0,8	0,99
1,0	1,03
1,5	1,13
2,0	1,23
2,5	1,33
3,0	1,43
3,5	1,53
4,0	1,63
4,5	1,73
5,0	1,83

$$\sigma_{vorh} = \frac{F}{A_B}$$

$$A_S = \mu \cdot A_B$$

Zwischenwerte können gradlinig interpoliert werden.

Vergleichswerte:

Holz NH / S10
$\sigma_{zul} = 0{,}85$ kN/cm²

Stahl ST 37
$\sigma_{zul} = 14$ kN/cm²

Als Mittelwert kann man sich vielleicht $\sigma_{i\,zul} = 1{,}5$ kN/cm² merken!

Anhand von zwei Beispielen, die sich auf Beispiele für die Stahlbetonträger beziehen, soll das einfache Arbeiten mit der Tabelle dargestellt werden.

Beispiel 1
(bezogen auf Beispiel 1 bei den Stahlbetonträgern[32])

Wir erinnern uns: das Gebäude ist 6-geschossig bei einer Geschosshöhe von 3,10 m. Eine Stütze im Erdgeschoss soll bemessen werden.

B 25   BSt 500 S
geschätzt: 25 / 25 cm ($s_{K\,zul} = 3{,}25$ m)

Die Abmessungen wurden passend zur Balkenbreite b_0 geschätzt.

Lastermittlung für eine Stütze

aus g_{Balken} 26,706 · 6,00/2	= 80,118	kN
Eigengewicht 0,25² · 3,10 · 25	= 4,844	kN
F_g	= 84,962	kN
aus p_{Balken} 8,4 · 6,00/2 = F_p	= 25,200	kN

Lastermittlung für die Stütze im Erdgeschoss

aus $g_{Stütze}$ 84,962 · 6	= 509,772	kN
aus $p_{Stütze}$ 25,200 · 6 · 0,8[33]	= 120,960	kN
F_{ges} =	630,732	kN

Für die Dachdecke wird hierbei dieselbe Belastung angenommen.

---

[32] vergl. Seite 184
[33] Minderungswert zur Abminderung der Verkehrslast in Gebäuden mit mehr als drei Vollgeschossen, vergl. Seite 56

9 Dimensionierung von Stahlbetonkonstruktionen

$$A_B = 25^2 = 625 \text{ cm}^2$$

μ wurde interpoliert!

$$\sigma_{vorh} = \frac{630{,}732}{625} = 1{,}009 \text{ kN/cm}^2 \rightarrow \mu = 0{,}895\%$$

Die Stütze ist also richtig dimensioniert. Wer mehr wissen will:

Die Stützen in den oberen Geschossen sollen beispielsweise gleiche Außenmaße haben. Sie werden dann abgestuft geringere Bewehrungen erhalten.

$$A_{S\,erf} = 625 \cdot 0{,}895/100 = 5{,}594 \text{ cm}^2$$

gewählt 4 ø 14 mit $A_{S\,vorh} = 6{,}16$ cm² > $A_{S\,erf}$

Beispiel 2
(bezogen auf Beispiel 3 bei den Stahlbetonträgern[34])

Wir erinnern uns: das Gebäude ist 2-geschossig bei einer Geschosshöhe von 4,20 m. Die Innenstütze im Erdgeschoss soll bemessen werden.

B 25   BSt 500 S

Die Abmessungen wurden passend zur Balkenbreite b_0 geschätzt.

geschätzt: 35 / 35 cm ($s_{K\,zul} = 4{,}55$ m)

Die Innenstütze bei A erhält aus dem Volllastfall die größte Belastung. F_A ist daher aus diesem Lastfall zu bestimmen:

Eine getrennte Betrachtung von g und p ist nicht mehr erforderlich, weil keine Lastfälle mehr zu untersuchen sind und keine Minderung der Verkehrslast möglich ist.

$$F_{Amax} \cdot 9{,}00 - 95{,}058 \cdot \frac{(9{,}00+3{,}00)^2}{2} = 0$$

$$F_{A\,max} = 760{,}464 \text{ kN}$$

Lastermittlung für eine Stütze:

$F_{A\,max}$ aus Unterzug	= 760,464	kN
Eigengewicht 0,35² · 4,20 · 25	= 12,863	kN
$F_{Stütze}$	= 773,327	kN

Für die Dachdecke wird hierbei dieselbe Belastung angenommen.

Belastung der Erdgeschossstütze

$$F_{ges} = 2 \cdot 773{,}327 = 1546{,}654 \text{ kN}$$

$$A_B = 35^2 = 1225 \text{ cm}^2$$

μ wurde interpoliert!

$$\sigma_{vorh} = \frac{1546{,}654}{1225} = 1{,}263 \text{ kN/cm}^2 \rightarrow \mu = 2{,}165\%$$

Die Stütze ist also richtig dimensioniert. Wer mehr wissen will:

Die Stützen im Obergeschoss sollen gleiche Außenmaße und eine abgestuft geringere Bewehrung haben.

$$A_{S\,erf} = 35 \cdot 35 \cdot 2{,}165/100 = 26{,}521 \text{ cm}^2$$

gewählt 4 ø 25 und 4 ø 16
mit $A_{S\,vorh} = 19{,}64 + 8{,}04 = 27{,}68$ cm² > $A_{S\,erf}$

---

[34] vergl. Seite 187

Spiralbewehrte Stützen

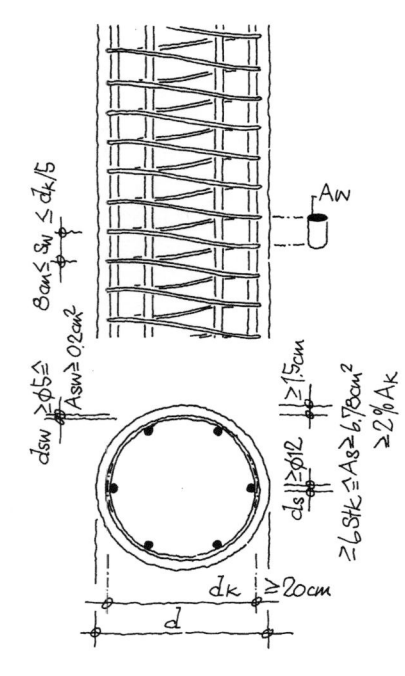

In spiralbewehrten Stützen werden die Längseisen (≥ 6 Stück) anstelle von Bügeln mit einer Spirale umwickelt. Durch die Spirale wird die Belastbarkeit der Stütze einerseits erheblich gesteigert. Andererseits entsteht dadurch die Gefahr der Absprengung der Betondeckung, so dass der Betonquerschnitt nur mit dem so genannten „Kernquerschnitt" „A_K" mit einem „Kerndurchmesser" „d_K", der auf die Achse der Umschnürung bezogen wird, berücksichtigt werden darf.

Die Mindestabmessungen, -bewehrungen und die Bezeichnungen sind der Skizze zu entnehmen. Die äußere Form ist verschiedenartig polygonal möglich. Die Spirale muss jedoch stets rund um die Längsbewehrung gewickelt sein und den ansetzbaren Kernquerschnitt umschließen.

Für die Bestimmungen der Knicklängen, unterhalb derer Knicksicherheitsnachweise nicht erforderlich sind, gelten vergleichbare Grundbedingungen wie bei bügelbewehrten Stützen. Wegen anderer Trägheitsradien ergeben sich jedoch andere Grenzwerte der Knicklängen bezogen auf den Kerndurchmesser d_K.

Die Grenzwerte der Knicklängen (= Geschosshöhen) sind der

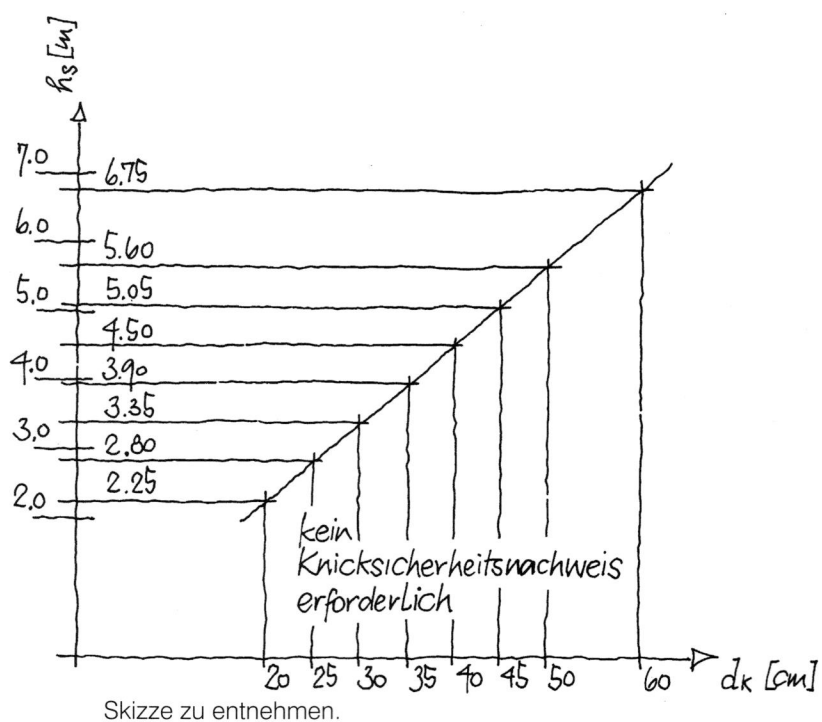

Das Diagramm entspricht der Bedingung
$$s_K = \frac{45 \cdot d_K}{\sqrt{16}}.$$

Skizze zu entnehmen.

Ist kein Knicksicherheitsnachweis erforderlich, so kann der erforderliche Betonkernquerschnitt A_K [cm²] über die gemittelte Spannung σ_{Sp} [kN/cm²] in Abhängigkeit von den Bewehrungsprozentsätzen μ [%] und μ_{Sp} [%] bestimmt werden oder – umgekehrt – aus einer ermittelten vorhanden gemittelten Spannung $\sigma_{Sp\,vorh}$ [kN/cm²] die Bewehrungsprozentsätze (und darüber die Beweh-

9 Dimensionierung von Stahlbetonkonstruktionen

rung) bestimmt werden. Der erstgenannte Weg dient der Umgehung frustierender Fehlschätzungen. Der zweite Weg entspricht der stets gleich bleibenden Methodik und verhindert eine Vernachlässigung des Eigengewichtes.

Für B 25 mit BSt 500 S gilt:

μ_{Sp} [%]	μ [%]	σ_{Sp} [kN/cm²]	μ_{Sp} [%]	μ [%]	σ_{Sp} [kN/cm²]
1,0	2,0	1,39	1,5	2,0	1,47
	2,5	1,49		2,5	1,57
	3,0	1,59		3,0	1,67
	3,5	1,69		3,5	1,77
	4,0	1,79		4,0	1,87
	4,5	1,89		4,5	1,97
	5,0	1,99		5,0	2,07
2,0	2,0	1,55	2,5	2,0	1,63
	2,5	1,65		2,5	1,73
	3,0	1,75		3,0	1,83
	3,5	1,85		3,5	1,93
	4,0	1,95		4,0	2,03
	4,5	2,05		4,5	2,13
	5,0	2,15		5,0	2,23
3,0	2,0	1,71			
	2,5	1,81			
	3,0	1,91			
	3,5	2,01			
	4,0	2,11			
	4,5	2,21			
	5,0	2,31			

$$\sigma_{sp\,vorh} = \frac{F}{A_K}$$

$$A_S = \mu \cdot A_K$$
$$A_{Sp} = \mu_{Sp} \cdot A_K$$

Vergleichswerte:

Holz NH / S10
$\sigma_{zul} = 0{,}85$ kN/cm²

Stahl ST 37
$\sigma_{zul} = 14$ kN/cm²

Als Mittelwert kann man sich vielleicht $\sigma_{Sp\,zul} = 2{,}0$ kN/cm² merken!

9 Dimensionierung von Stahlbetonkonstruktionen

Anhand von zwei Beispielen, die sich auf Beispiele für die Stahlbetonträger beziehen, soll das einfache Arbeiten mit der Tabelle dargestellt werden.

Beispiel 1
(bezogen auf Beispiel 1 bei den Stahlbetonträgern[35])

Wir erinnern uns: das Gebäude ist 6-geschossig bei einer Geschosshöhe von 3,10 m. Eine Stütze im Erdgeschoss soll bemessen werden.

B 25   BSt 500 S
geschätzt: $d_K = 30$ cm ($s_{K\,zul} = 3,35$ m)
$d = 30 + 2 \cdot (1,5 + 0,8/2) = 33,8$ cm

$$A_{Kvorh} = \frac{\pi \cdot 30^2}{4} = 706,858 \text{ cm}^2$$

d ist größer als die Balkenbreite b_0. Abhängig von den Schalmitteln ist der ø festzulegen (z.B. 35 cm) und daraus d_K zu bestimmen (z.B. $35 - 2 \cdot (1,5+0,8/2) = 31,2$ cm, vergl. folgendes Beispiel.

Lastermittlung für eine Stütze

aus g_{Balken} $26,706 \cdot 6,00/2$	=	80,118 kN
Eigengewicht $\frac{\pi \cdot 0,338^2}{4} \cdot 3,10 \cdot 25 =$		6,954 kN
F_g	=	87,072 kN
aus p_{Balken} $8,4 \cdot 6,00/2 = F_p$	=	25,200 kN

Lastermittlung für die Stütze im Erdgeschoss

aus $g_{Stütze}$ $87,072 \cdot 6$	=	522,432 kN
aus $p_{Stütze}$ $25,200 \cdot 6 \cdot 0,8^{36}$	=	120,960 kN
$F_{ges} =$		643,392 kN

Für die Dachdecke wird hierbei dieselbe Belastung angenommen.

$$\sigma_{Sp\,vorh} = \frac{643,392}{706,858} = 0,910 \text{ kN/cm}^2 < 1,39$$

Die Stütze ist also richtig dimensioniert. Wer mehr wissen will:

$$A_{K\,erf} = \frac{643,392}{1,39} = 462,872 \text{ cm}^2$$

$$d_{K\,erf} = \sqrt{\frac{462,872 \cdot 4}{\pi}} = 24,3 \text{ cm}$$

$$A_{S\,erf} = 462,872 \cdot \frac{2}{100} = 9,257 \text{ cm}^2$$

gewählt 6 ø 14 mit $A_{S\,vorh} = 9,24$ cm² $\cong A_{S\,erf}$

Da $\sigma_{Sp\,vorh} < \sigma_{Sp}$ aus der Tafel für $\mu_{Sp} = 1,0$ und $\mu = 2,0$ (1,39 kN/cm²) ist, ist die Bewehrung aus dem theoretisch erforderlichen Kernquerschnitt $A_{K\,erf}$ zu bestimmen.

---

[35] vergl. Seite 184
[36] Minderungswert zur Abminderung der Verkehrslast in Gebäuden mit mehr als drei Vollgeschossen, vergl. Seite 56

9 Dimensionierung von Stahlbetonkonstruktionen

$$A_{W\,erf} = 462{,}872 \cdot \frac{1}{100} = 4{,}63 \text{ cm}^2$$

geschätzt d_{sw} ø 8 mit $A_{sw} = 0{,}5$ cm²

daraus folgt:

$$s_W = \frac{0{,}5 \cdot \pi \cdot 24{,}3}{4{,}63} = 8{,}244 \text{ cm}$$

gewählt Spirale ø 5, $s_W = 8$ cm.

Beispiel 2
(bezogen auf Beispiel 3 bei den Stahlbetonträgern[37])

Wir erinnern uns: das Gebäude ist 2-geschossig bei einer Geschosshöhe von 4,20 m. Die Innenstütze im Erdgeschoss soll bemessen werden.

B 25   BSt 500 S
geschätzt: ø 45 cm, Spirale ø 8 mm.

Die Abmessungen wurden aus einem Schalungsmittel bestimmt, das ermöglicht, einen runden Querschnitt mit 45 cm ø herzustellen.

daraus errechnet sich:
$d_K = 45 - 2 \cdot (1{,}5 + 0{,}8/2) = 41{,}2$ und aus der Tafel ergibt sich
$s_{K\,zul} = 4{,}55$ m $> 4{,}20$ m.

$$A_K = \frac{\pi \cdot 41{,}2^2}{4} = 1333{,}166 \text{ cm}^2$$

Die Innenstütze bei A erhält aus dem Volllastfall die größte Belastung. F_A ist daher neu (über $\Sigma M = 0$) zu bestimmen.

Eine getrennte Betrachtung von g und p ist nicht mehr erforderlich, weil keine Lastfälle mehr zu untersuchen sind und keine Minderung der Verkehrslast möglich ist.

$$F_{Amax} \cdot 9{,}00 - 95{,}058 \cdot \frac{(9{,}00 + 3{,}00)^2}{2} = 0$$

$F_{B\,max} = 760{,}464$ kN

Lastermittlung für eine Stütze:

$F_{B\,max}$ aus Unterzug	= 760,464	kN
Eigengewicht $\frac{\pi \cdot 0{,}45^2}{4} \cdot 4{,}20 \cdot 25$	= 16,700	kN
$F_{Stütze}$	= 777,164	kN

Für die Dachdecke wird hierbei dieselbe Belastung angenommen.

Belastung der Erdgeschossstütze:

$F_{ges} = 2 \cdot 777{,}164$ $\quad\quad$ = 1554,328 kN

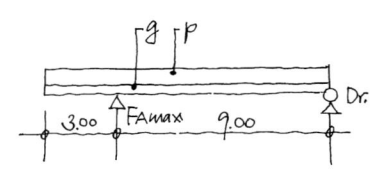

---

[37] vergl. Seite 187

$$\sigma_{vorh} = \frac{1554{,}328}{1333{,}166} = 1{,}166 \text{ kN/cm}^2 < 1{,}39 \text{ kN/cm}^2$$

Die Stütze ist also richtig dimensioniert. Wer mehr wissen will:

$$A_{K\,erf} = \frac{1554{,}328}{1{,}39} = 1118{,}222 \text{ cm}^2$$

Die weitere Berechnung erfolgt sinngemäß wie im Beispiel vorher.

daraus ergibt sich der Kerndurchmesser d_K:

$$d_K = \sqrt{\frac{1118{,}222 \cdot 4}{\pi}} = 37{,}7 \text{ cm}$$

$$A_{S\,erf} = 1118{,}222 \cdot \frac{2}{100} = 22{,}364 \text{ cm}^2$$

gewählt 8 ø 20 mit 25,12 cm² > $A_{S\,erf}$

$$A_{W\,erf} = 1118{,}222 \cdot \frac{1}{100} = 11{,}182 \text{ cm}^2$$

mit dem angenommenen Wendeldurchmesser d_{sw} von 8 mm und $A_{sw} = 0{,}5$ cm² ergibt sich daraus:

$$s_W = \frac{0{,}5 \cdot \pi \cdot 37{,}7}{11{,}182} = 5{,}296 \text{ cm}$$

gewählt: Wendel ø 8 mit $s_W = 5{,}2$ cm

9.4 Stahlbetonfertigteile

Einschalen, Verlegen der Bewehrung und Betonieren einschließlich der Abbindezeit bis zum Ausschalen und bis zur Belastung durch weitergehende Baumaßnahmen benötigt Zeit und fördert nicht den Baufortschritt. Daher gibt es eine Fülle von Bemühungen, durch Vorfertigungen die Arbeitstakte zu verkürzen. Bewehrungsmatten wären hier zu nennen wie auch großformatige, intelligent modulierte Schalungssysteme, die sehr individuell eingesetzt werden können. Eine weitere Optimierung des Baufortschritts ist durch den Einsatz vorgefertigter oder teilvorgefertigter Betonelemente erreichbar.

Wenngleich diese Entwicklungen durch schlechte Lösungen bei den so genannten Plattenbauten in Verruf geraten sind, wartet hier dennoch ein großes Aufgabengebiet auf intelligente, kreative und wirtschaftlich gestaltete Lösungen.

9 Dimensionierung von Stahlbetonkonstruktionen

10 Tragsysteme

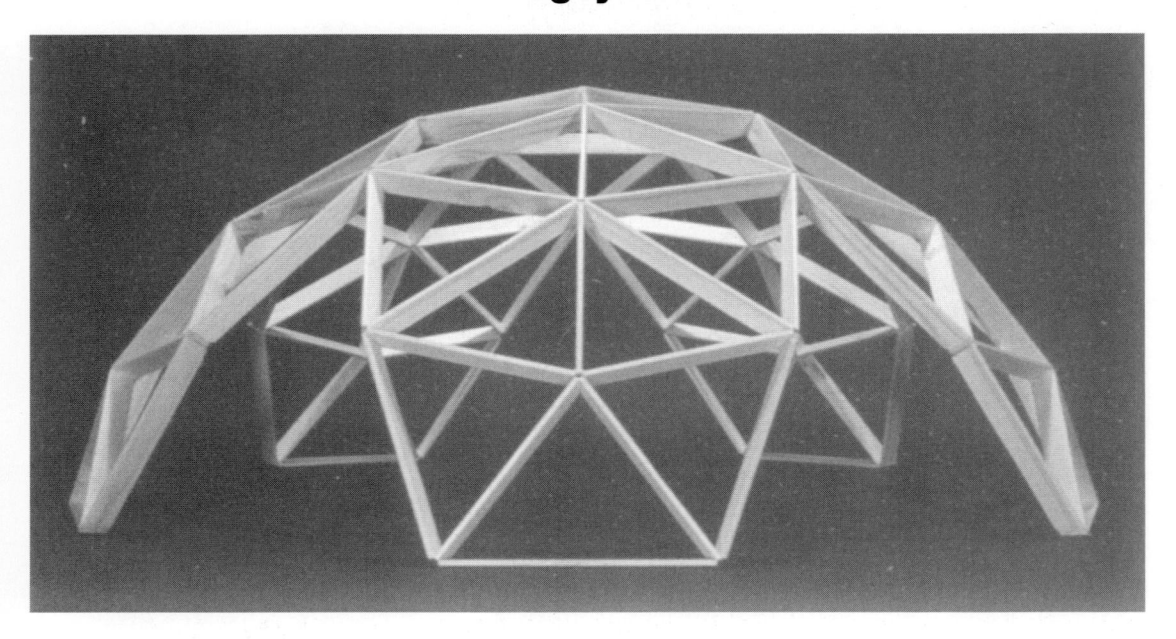

10.1 Grundlagen zur Systematik

Das Entwickeln von Tragsystemen[1] für die Gebäude sowie ihre Gestaltung oder das Gestalten mit ihnen sind die eigentlichen Aufgaben der Architekten und Innenarchitekten in diesem Arbeitsbereich.

Die in den vorangegangenen Kapiteln behandelten Grundlagen sind jedoch unverzichtbar, um die Auswirkungen formaler und konstruktiver Entscheidungen abschätzen und ihre Sinnfälligkeit beurteilen zu können. Unter Beschränkung auf statisch bestimmte Systeme konnte die Bestimmung innerer und äußerer Kräfte ausschließlich durch die Benutzung der drei Gleichgewichtsbedingungen für eine Untersuchungsebene erfolgen. Hinzu kamen zwei Gleichungen für die Überprüfung der Druck- und Zugspannungen sowie der Biegespannungen. Bei tragenden Bauteilen aus Stahlbeton kann man sich auf die empfohlenen Schätzungsmethodiken beschränken. Alle anderen mathematischen Formulierungen dienten einer übersichtlichen Darstellung der Gegebenheiten oder Zusammenhänge und standen oft neben viel komplizierteren verbalen Beschreibungen.

So kann man Candela[2] zustimmen, wenn er für die Baumeister ein Gleichgewichtsgefühl und Kenntnisse des Kräftespiels für bedeutender hält als verwickeltes mathematisches Wissen.

Zugegeben, mit den in den vorangegangenen Kapiteln dargestellten Grundkenntnissen können nicht alle erforderlichen Nachweise für die tragenden Bauteile erbracht werden. Es ist auch nicht möglich, den letzten Feinheiten im Tragverhalten (bei-

---

[1] vergl. Kapitel 11 bis 14
[2] vergl. Seite 78

10 Tragsysteme

spielsweise bei Stahlbetonkonstruktionen) nachzugehen. Das alles braucht aber ein kreativer Architekt oder Innenarchitekt auch nicht, um intelligente Tragsysteme in Korrelation mit seinem komplexen Entwurfskonzept zu erfinden und weiter zu entwickeln.

Dagegen werden große Anforderungen an die räumliche Vorstellungsfähigkeit gestellt – hier hinsichtlich der Kraftflüsse und der dadurch bedingten Beanspruchungen der Bauteile. Ein ausgeprägtes räumliches Vorstellungsvermögen ist jedoch eine unverzichtbare Qualifikation von Architekten und Innenarchitekten; gleichviel ob sie auf der Skizzenrolle oder am Bildschirm ihre Ideen entwickeln, die detailmäßige Realisierbarkeit konzipieren oder ein Tragsystem erfinden und gestalten. Ohne Tragsystem kann kein Gebäude bestehen – es wäre ein ungeordneter Haufen verschiedener Baustoffe.

Als Tragsystem wird die ganzheitliche Konzeption der Tragwerke eines Gebäudes verstanden. Es besteht also in der Regel aus Kombinationen einzelner tragender Bauteile. Dabei ist, wie so oft bei Systematisierungen, eine saubere und konsequente Trennung zwischen Tragsystemen und tragenden Bauteilen schwierig. Ein Fachwerkträger[3] beispielsweise ist als tragendes Bauteil ein Element eines Tragsystems (z.B. als Balken in einem Skelettsystem) und gleichzeitig wird er aus mehreren Einzelstäben gebildet, die auf Druck und Zug beansprucht werden.

Tragsysteme sind ausschließlich räumlich. Einzelne tragende Bauteile der Tragsysteme dagegen werden (häufig, aber nicht immer) in einer Ebene beansprucht und können in dieser Ebene zweidimensional betrachtet und bearbeitet werden.

Tragsysteme umschließen bzw. bilden Räume. Wie die Skelette der Lebewesen können sie aus einzelnen Stäben, aus einzelnen flächigen Teilen und aus Kombinationen von beiden gebildet werden. Im Gegensatz zu den Skeletten der Lebewesen dürfen sich die Tragsysteme jedoch nicht bewegen; sie müssen sich in einem Ruhezustand, in einem Gleichgewichtszustand, befinden.

Im Folgenden soll daher eine überschaubare Systematisierung der Tragsysteme entwickelt werden, die sich aus tragfähigen festen Materialien in Form von Stäben und Flächen und aus der Tragfähigkeit der Luft in pneumatischen Konstruktionen ergeben.

Die Grundelemente der Tragsysteme sind daher:

- Stäbe und

- Flächen aus festen Materialien mit entsprechenden Festigkeiten[4]

sowie
- durch Luft vorgespannte Hüllen.

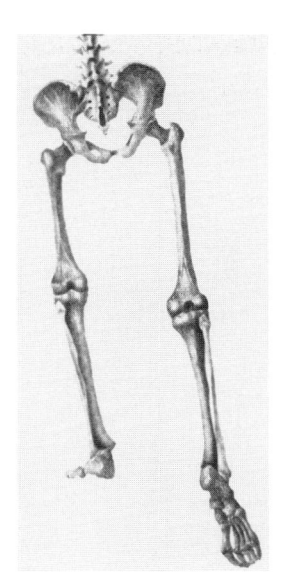

---

[3] vergl. Seite 226 ff
[4] Einschlägige Tabellenwerke sind zu benutzen

Sie bilden die elementaren Gruppen:

- Tragsysteme aus stabförmigen Tragelementen,
- Tragsysteme aus flächenförmigen Tragelementen und
- Tragsysteme aus pneumatischen Tragelementen.

Als „stabförmig" wird dabei ein tragendes Bauteil definiert, das einen kleinen Querschnitt (Breite mal Höhe) im Verhältnis zu seiner Länge hat.

Als „flächenförmig" wird dabei ein tragendes Bauteil definiert, das im Verhältnis zu seiner Länge und seiner Breite eine geringe Dicke (Höhe) hat. Ein flächenförmiges Tragverhalten entwickeln, ganzheitlich gesehen, auch „Flächen", die in einzelne Stäbe aufgelöst sind (Fachwerkverbände).

Luft als gasförmige Materie kann durch das Vorspannen leichter Hüllen deren Tragfähigkeit beeinflussen, wie der Reifen eines Autos, das viele Tonnen wiegen kann, anschaulich und beispielhaft belegt.

Die tragenden Bauteile der elementaren Gruppen können auch miteinander kombiniert werden, um die spezifischen Leistungsspitzen zu nutzen.

Bei der Systementwicklung haben die Materialien der tragenden Bauteile zunächst nachrangige Bedeutung. Erst bei den Detailentwicklungen, bei den Entscheidungen für die Verbindungen und bei den Festlegungen der erforderlichen Abmessungen sind die Besonderheiten der einzelnen Materialien zu beachten und zu berücksichtigen. Da gibt es typische Stahlverbindungen, typische Holzverbindungen, typische Ausformungen der Stahlbetonkonstruktionen sowie besondere Anschlüsse bei Materialkombinationen.

Die Reduzierung auf drei Grundsysteme verhindert ein Ausufern in über einhundert Gruppen und Untergruppen, die rezeptiven Charakter erhalten und die Kreativität der Architekten und Innenarchitekten einengen.

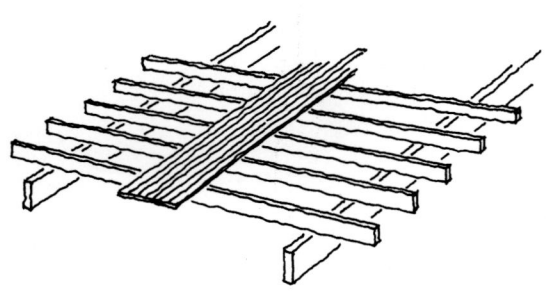

Doch gerade eine Systematik, basierend auf nur drei Grundsystemen, ist, wie oben ausgeführt, nicht frei von Überschneidungen und Vermischungen der Grundsysteme. So sind auch Stabsysteme vielfältig nicht ohne eine Kombination mit Flächensystemen denkbar – es sei denn, man erinnert sich an eine traditionelle Holzbalkendecke, die bis zur Dielung ausschließlich aus Stäben aufgebaut ist.

10 Tragsysteme

10.2 Systematik

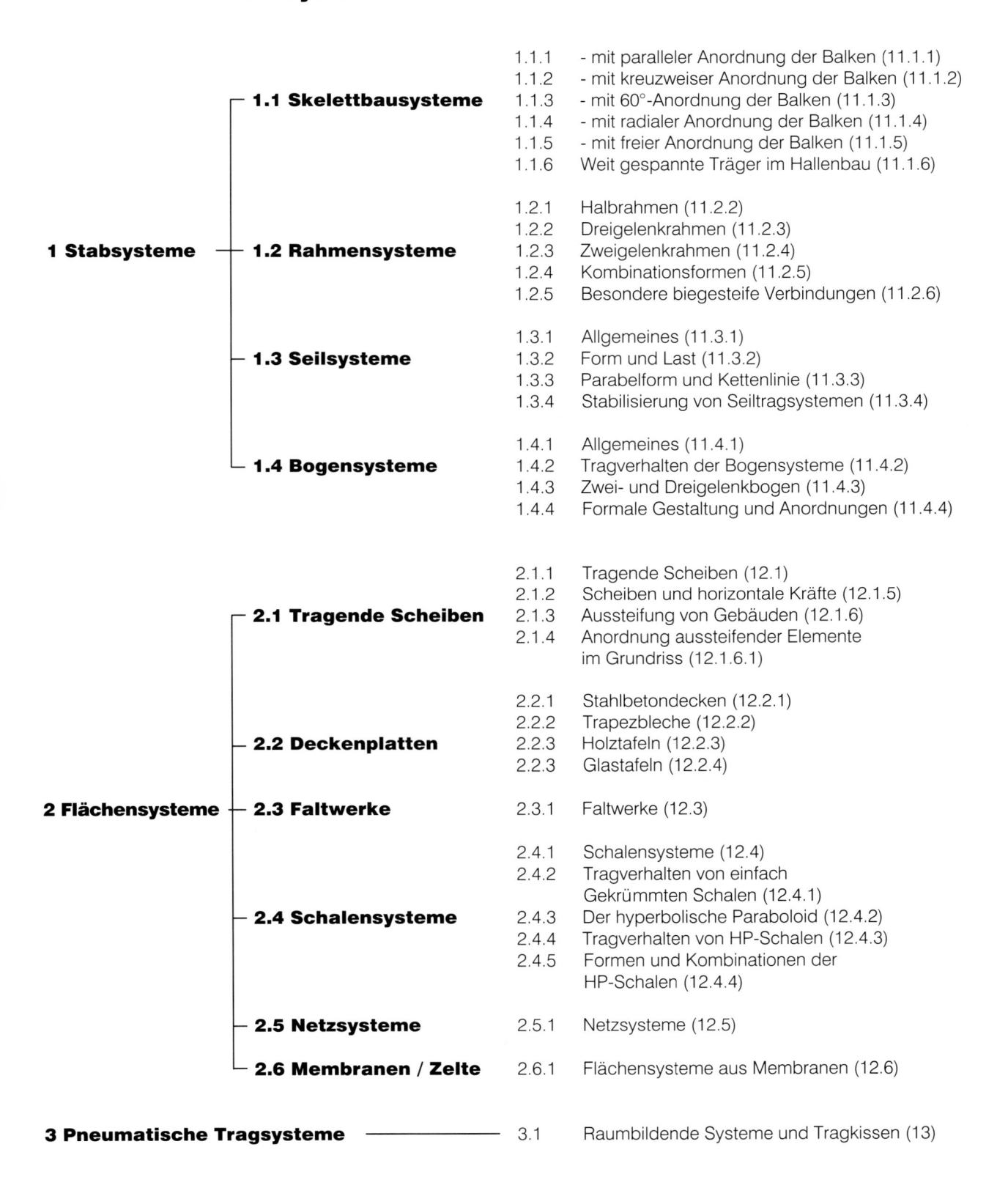

1 Stabsysteme

- **1.1 Skelettbausysteme**
  - 1.1.1 - mit paralleler Anordnung der Balken (11.1.1)
  - 1.1.2 - mit kreuzweiser Anordnung der Balken (11.1.2)
  - 1.1.3 - mit 60°-Anordnung der Balken (11.1.3)
  - 1.1.4 - mit radialer Anordnung der Balken (11.1.4)
  - 1.1.5 - mit freier Anordnung der Balken (11.1.5)
  - 1.1.6 Weit gespannte Träger im Hallenbau (11.1.6)

- **1.2 Rahmensysteme**
  - 1.2.1 Halbrahmen (11.2.2)
  - 1.2.2 Dreigelenkrahmen (11.2.3)
  - 1.2.3 Zweigelenkrahmen (11.2.4)
  - 1.2.4 Kombinationsformen (11.2.5)
  - 1.2.5 Besondere biegesteife Verbindungen (11.2.6)

- **1.3 Seilsysteme**
  - 1.3.1 Allgemeines (11.3.1)
  - 1.3.2 Form und Last (11.3.2)
  - 1.3.3 Parabelform und Kettenlinie (11.3.3)
  - 1.3.4 Stabilisierung von Seiltragsystemen (11.3.4)

- **1.4 Bogensysteme**
  - 1.4.1 Allgemeines (11.4.1)
  - 1.4.2 Tragverhalten der Bogensysteme (11.4.2)
  - 1.4.3 Zwei- und Dreigelenkbogen (11.4.3)
  - 1.4.4 Formale Gestaltung und Anordnungen (11.4.4)

2 Flächensysteme

- **2.1 Tragende Scheiben**
  - 2.1.1 Tragende Scheiben (12.1)
  - 2.1.2 Scheiben und horizontale Kräfte (12.1.5)
  - 2.1.3 Aussteifung von Gebäuden (12.1.6)
  - 2.1.4 Anordnung aussteifender Elemente im Grundriss (12.1.6.1)

- **2.2 Deckenplatten**
  - 2.2.1 Stahlbetondecken (12.2.1)
  - 2.2.2 Trapezbleche (12.2.2)
  - 2.2.3 Holztafeln (12.2.3)
  - 2.2.3 Glastafeln (12.2.4)

- **2.3 Faltwerke**
  - 2.3.1 Faltwerke (12.3)

- **2.4 Schalensysteme**
  - 2.4.1 Schalensysteme (12.4)
  - 2.4.2 Tragverhalten von einfach Gekrümmten Schalen (12.4.1)
  - 2.4.3 Der hyperbolische Paraboloid (12.4.2)
  - 2.4.4 Tragverhalten von HP-Schalen (12.4.3)
  - 2.4.5 Formen und Kombinationen der HP-Schalen (12.4.4)

- **2.5 Netzsysteme**
  - 2.5.1 Netzsysteme (12.5)

- **2.6 Membranen / Zelte**
  - 2.6.1 Flächensysteme aus Membranen (12.6)

3 Pneumatische Tragsysteme — 3.1 Raumbildende Systeme und Tragkissen (13)

11 Stabsysteme

In dieser Hauptgruppe sind alle Tragsysteme einfügbar, deren Tragverhalten und Tragfähigkeit aus dem Zusammenwirken einzelner Stäbe resultiert. Dabei nehmen die einzelnen Stäbe im Wesentlichen Druck- und Zugkräfte sowie Biegemomente auf. Sie sind so miteinander verbunden, dass sie die belastenden Kräfte weiter leiten können[1].

---

[1] vergl. Auflagerbedingungen Seite 71 ff, 78 ff

11 Stabsysteme

11.1 Skelettbausysteme

Skelettbausysteme kommen häufig zur Anwendung und werden insbesondere bei mehrgeschossigen Gebäuden verwendet, die eine variable Nutzung der Grundfläche ermöglichen sollen. Es gibt vielfältige Variationen der hier dargestellten Systemtypen. Variierbar sind die Spannweiten und Ausführungen der Platten[2] in verschiedenen Materialien. Variierbar sind auch die Balken in ihren Spannweiten, Spannrichtungen und den unterschiedlichen Ausführungsformen ebenso wie auch die Stützen.

Dadurch sind vielfältige Innenraumwirkungen zu erreichen. Auch die Fassaden können wesentlich von der Konstruktion geprägt sein. Skelettbauten sind gekennzeichnet durch schlanke und linienförmige Elemente, die das Gebäude gliedern. Die Kopfseiten der Skelettbauten haben (von allseitigen Auskragungen abgesehen) stets ein andersartiges Erscheinungsbild als die Längsseiten.

Die Verbindungen der einzelnen Stäbe erfolgt in der Regel gelenkig; d.h. ein- und zweiwertige Schneidenauflager und Gelenke kommen zur Anwendung[3]. Bedingt durch die gelenkigen Verbindungen der Stäbe sind besondere Maßnahmen erforderlich, um

Alle Gebäude oder Gebäudeteile zwischen Setzfugen müssen selbstständig ausgesteift sein.

---

[2] vergl. Kapitel Flächensysteme Seite 265 ff
[3] vergl. Seite 49

11 Stabsysteme

horizontal wirkende Kräfte[4] in die Fundierungsebene abzuleiten. Vergleichbar sind Möbel oder Bauten auszusteifen, die keiner direkten Windbelastung ausgesetzt sind (z.B. Messestände). Durch die Anordnung und durch die Ausbildung der Aussteifungen eines Gebäudes sind weitergehende Gestaltungsmöglichkeiten für kreative Architekten gegeben. Um im Bereich der Stabsysteme zu bleiben, sind zur Aussteifung von Gebäuden entweder die Stützen in die Fundamente einzuspannen[5] oder Diagonalstäbe in das Skelett einzufügen. Gleichzeitig muss gewährleistet sein, dass die horizontalen Lasten von der Stelle, wo sie wirksam werden (z.B. Windkräfte an den Fassaden), zu den aussteifenden Elementen über entsprechende Tragelemente transportiert werden (Lastfluss)[6]. In allen Darstellungen werden die Balken durch ihre strichpunktierte Achse und die Stützen durch einen Punkt dargestellt. Die Decke spannt jeweils quer zu den Balkenachsen.

Die Leistungsfähigkeiten von Stützen, die in Fundamente eingespannt sind, sind gering.

11.1.1 Skelettbausysteme mit paralleler Anordnung der Balken

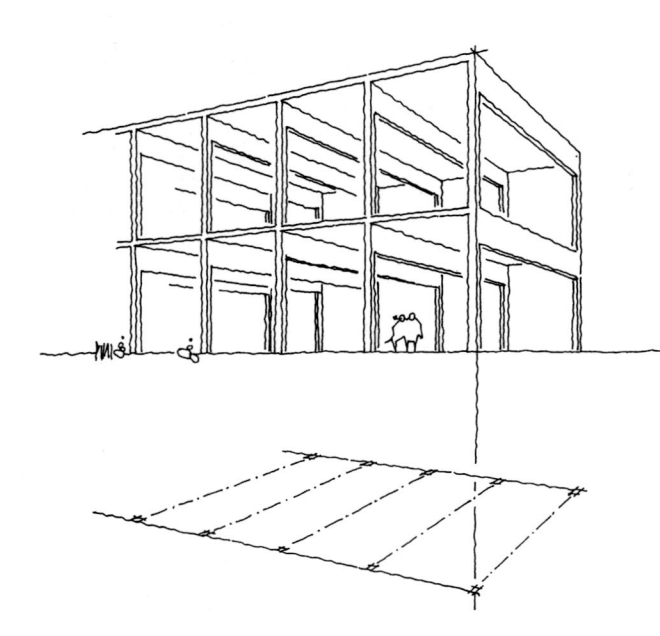

Die Balken verlaufen quer zur Längsrichtung des Gebäudes. Der Balkenabstand l_x kann unterschiedlich gewählt werden (hier mit einem kleinen Maß dargestellt – enge Stützenstellung). Die Spannweite der Balken beträgt l_y und ist hier identisch mit der Gebäudetiefe.

Die punktierten Flächen zeigen die so genannten „Einzugsflächen" für die Belastung der Stützen. Für eine innere Stütze (hier im Schnitt der Achsen B und II) beträgt die Einzugsfläche:

$$A_{B\,II} = l_x \cdot \frac{l_y}{2}.$$

Dagegen hat die Eckstütze im Schnitt der Achsen A und I eine viel kleinere Einzugsfläche von:

$$A_{A\,I} = \frac{l_x}{2} \cdot \frac{l_y}{2}$$

Alle Maße sind stets Achsmaße.

Für mehrfeldrig konstruierte Decken oder Balken sind wegen der Durchlaufwirkung die folgenden Angaben für die Einzugsfelder nicht genau. Bei gleich bleibenden Achsmaßen und gleichmäßig verteilter Belastung kann die tatsächliche Belastung bis ± 25% abweichen.

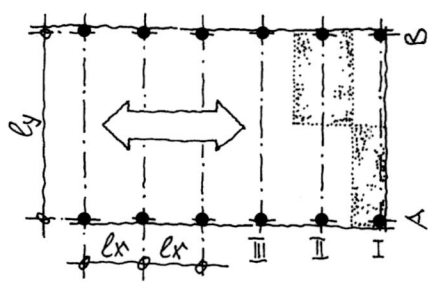

[4] vergl. Seite 53, 268
[5] vergl. Eulerfall IV Seite 151 und Längskraft und Biegung Seite 108
[6] vergl. Seite 276 ff

11 Stabsysteme

und erfährt eine entsprechend kleinere Belastung. Das Gebäude hat unterschiedliche Längs- und Querfassaden.

Um die Belastungen der Stützen einander anzugleichen – und natürlich, um ein anderes Erscheinungsbild zu erreichen – kann die Decke an der Kopfseite des Gebäudes auskragend konstruiert werden. Dann vergrößert sich A_{AI} zu:

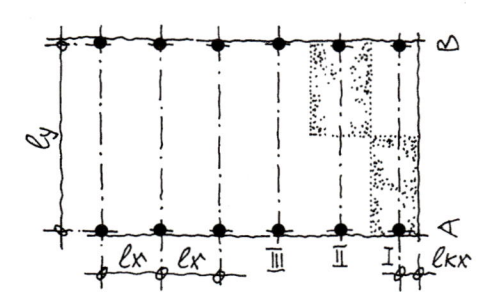

$$A_{AI} = \left(\frac{l_x}{2} + l_{Kx}\right) \cdot \frac{l_y}{2}.$$

Eine weitergehende Veränderung des Erscheinungsbildes kann dadurch erreicht werden, dass die Balken eine Auskragung um das Maß l_{Ky} erhalten. Gleichzeitig ändern sich die Einzugsflächen für die Stützen im Bereich der Balkenauskragung zu:

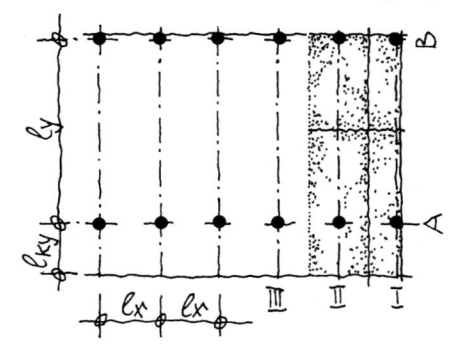

$$A_{AII} = l_x \cdot \left(\frac{l_y}{2} + l_{Ky}\right)$$

$$A_{AI} = \frac{l_x}{2} \cdot \left(\frac{l_y}{2} + l_{Ky}\right)$$

Kombiniert man nun die Auskragung der Deckenplatte mit der Auskragung der Balken, so erhält man folgendes Erscheinungsbild und eine Vergrößerung der Einzugsfläche für die Stütze im Schnittpunkt der Achsen A und I zu:

$$A_{AI} = \left(\frac{l_x}{2} + l_{Kx}\right) \cdot \left(\frac{l_y}{2} + l_{Ky}\right)$$

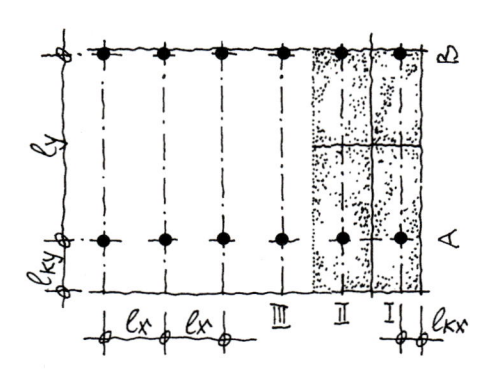

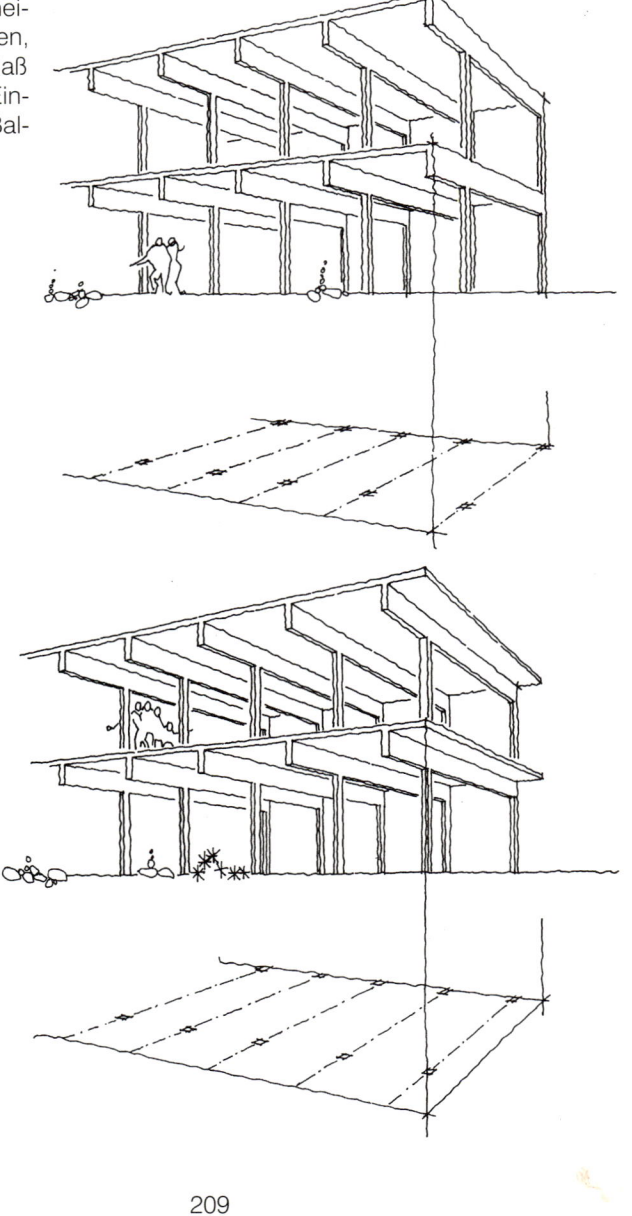

209

Die Balken können auch zweiseitig auskragen. Neben dem Erscheinungsbild ändern sich auch dadurch wieder die Einzugflächen. $A_{B\,II}$ wird, wie bereits oben für $A_{A\,II}$ bestimmt, zu:

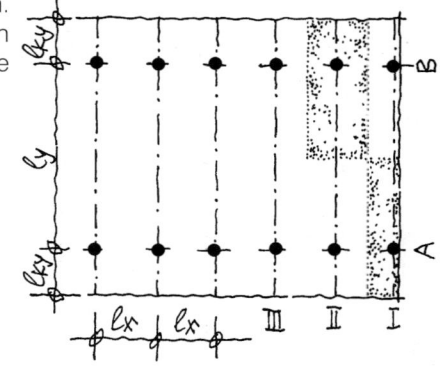

$$A_{B\,II} = l_x \cdot \left(\frac{l_y}{2} + l_{Ky}\right)$$

und

$$A_{A\,I} = \frac{l_x}{2} \cdot \left(\frac{l_y}{2} + l_{Ky}\right).$$

Kombiniert man diese Struktur mit einer kopfseitig auskragenden Platte, so verändert sich neben dem Erscheinungsbild des Gebäudes die Einzugsfläche $A_{A\,I}$ auf:

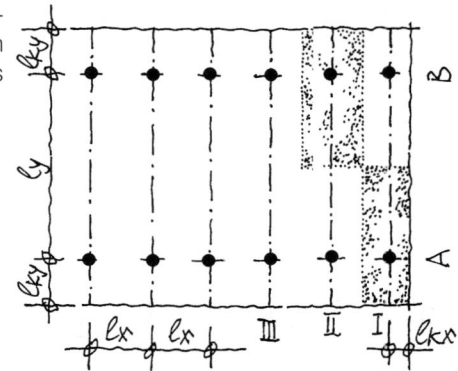

$$A_{A\,I} = \left(\frac{l_x}{2} + l_{Kx}\right) \cdot \left(\frac{l_y}{2} + l_{Ky}\right)$$

Ist ein Skelettbausystem für eine größere Gebäudetiefe mit quer verlaufenden Balken zu entwickeln, so können weitere Reihen von Innenstützen angeordnet werden. Die Systematik entspricht dem vorangegangenen Beispiel. Die Spannweiten des Balkens seien im dargestellten Beispiel l_{y1} und l_{y2}. Zur Einübung des Umgangs mit Einzugflächen sollen auch für dieses Beispiel einige Einzugsflächen bestimmt und verglichen werden.

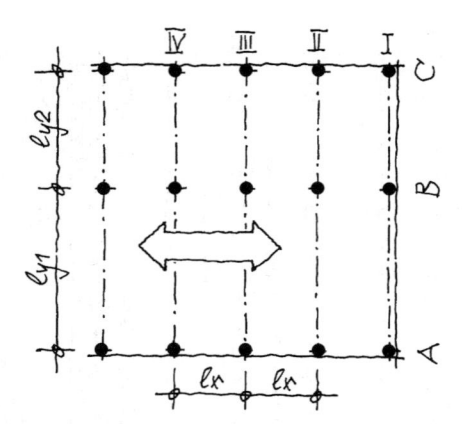

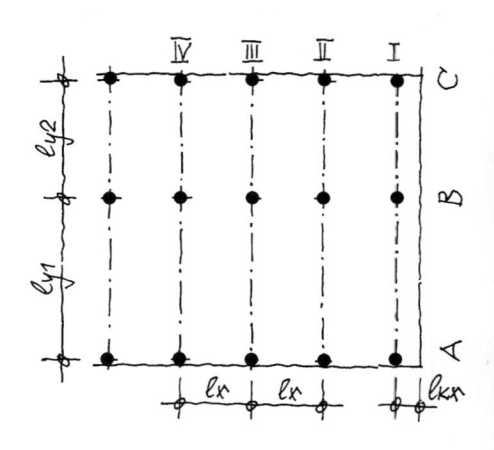

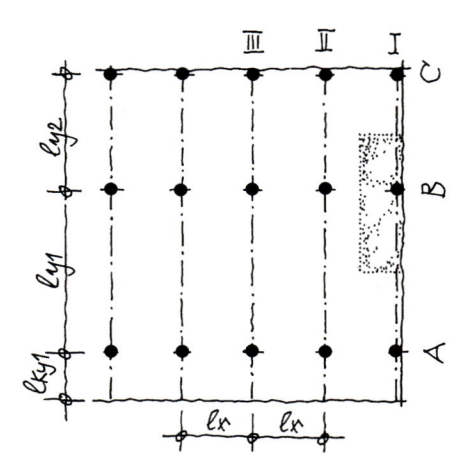

11 Stabsysteme

$$A_{B\,I} = \frac{l_x}{2} \cdot \left(\frac{l_{y1}}{2} + \frac{l_{y2}}{2}\right)$$

$$A_{B\,I} = \left(\frac{l_x}{2} + l_{kx}\right) \cdot \left(\frac{l_{y1}}{2} + \frac{l_{y2}}{2}\right)$$

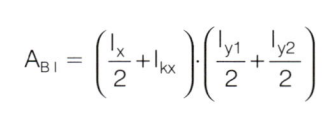

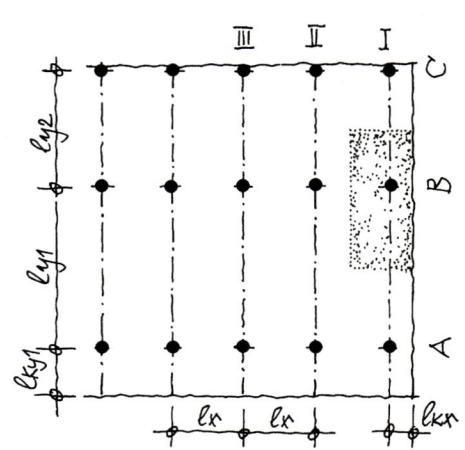

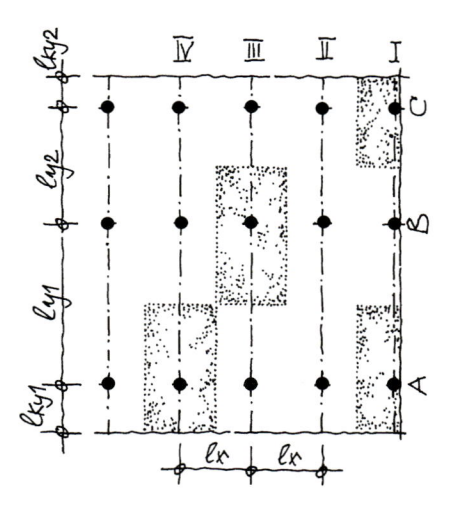

$$A_{A\,IV} = l_x \cdot \left(\frac{l_{y1}}{2} + l_{Ky1}\right)$$

$$A_{B\,III} = l_x \cdot \left(\frac{l_{y1}}{2} + \frac{l_{y2}}{2}\right)$$

$$A_{A\,I} = \frac{l_x}{2} \cdot \left(\frac{l_{y1}}{2} + l_{Ky1}\right)$$

$$A_{C\,I} = \frac{l_x}{2} \cdot \left(\frac{l_{y2}}{2} + l_{Ky2}\right)$$

$$A_{A\,I} = \left(\frac{l_x}{2} + l_{Kx}\right) \left(\frac{l_{y1}}{2} + l_{Ky1}\right)$$

$$A_{C\,I} = \left(\frac{l_x}{2} + l_{Kx}\right) \left(\frac{l_{y2}}{2} + l_{Ky2}\right)$$

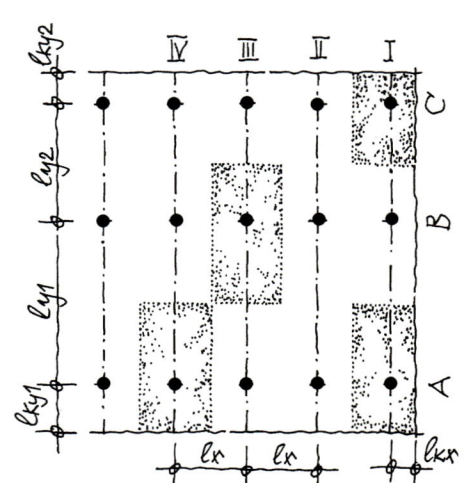

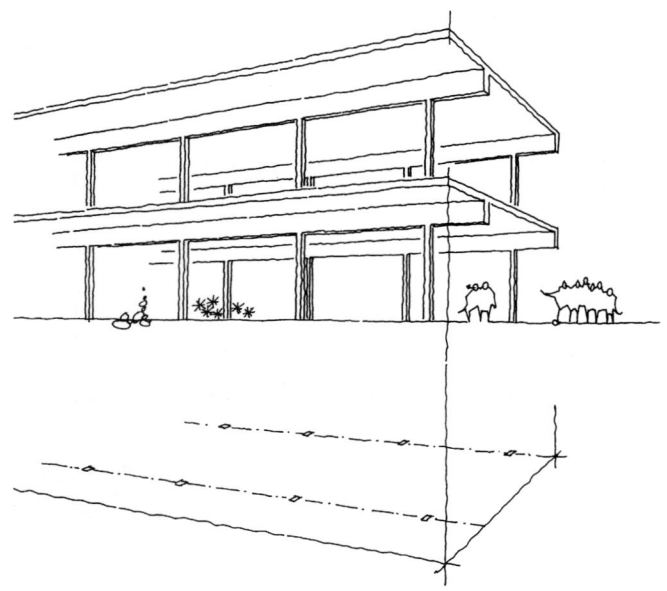

11 Stabsysteme

In vergleichbarer Weise können die Balken auch in Längsrichtung des Gebäudes angeordnet werden. Der für diese Skizzen gewählte größere Stützenabstand l_x lässt bei Bedarf auch eine größere Auskragung l_{Kx} zu. Die Einzugsflächen werden in gleicher Weise bestimmt mit:

$$A_{A\,II} = l_x \cdot \frac{l_y}{2}$$

$$A_{B\,I} = \frac{l_x}{2} \cdot \frac{l_y}{2}$$

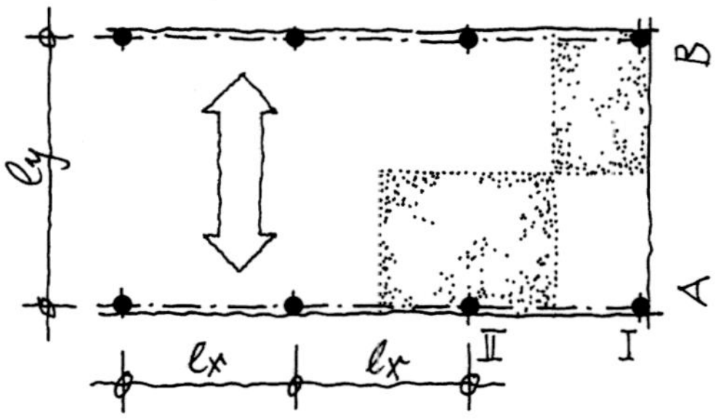

Das Einzugsfeld der Eckstütze bei kopfseitig auskragenden Balken wird zu:

$$A_{B\,I} = \left(\frac{l_x}{2} + l_{Kx}\right) \cdot \frac{l_y}{2}$$

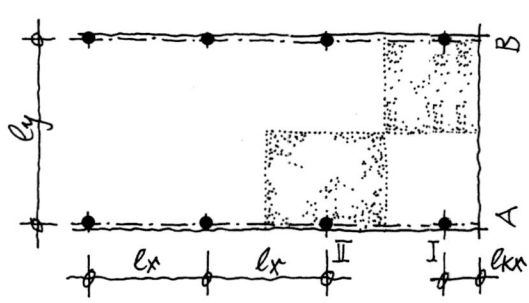

Einseitige Auskragung der Deckenplatte und Auskragung der Balken an der Kopfseite ergeben die dargestellten Grundrisse und die oben abgebildete Perspektive.

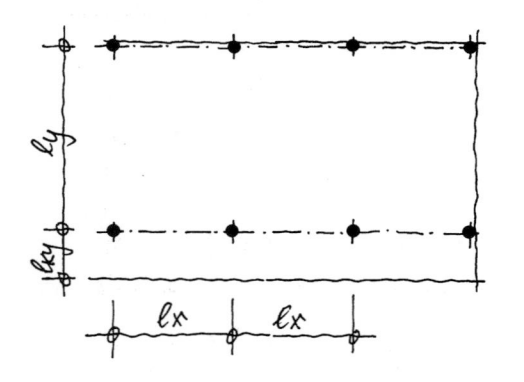

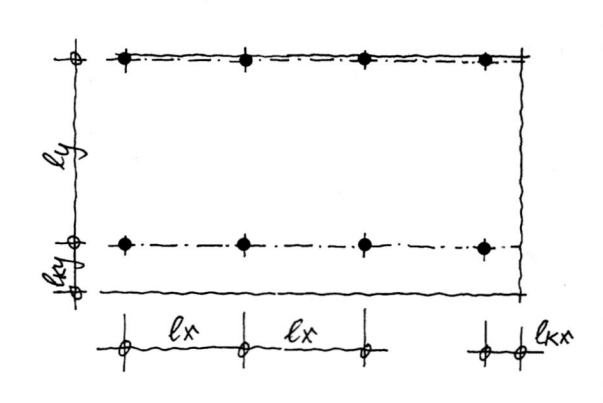

11 Stabsysteme

Die Auskragungen der Decke zu beiden Längsseiten und die Auskragung der Balken an der Kopfseite führen auch hier zu einer größeren Annäherung der Einzugsflächen

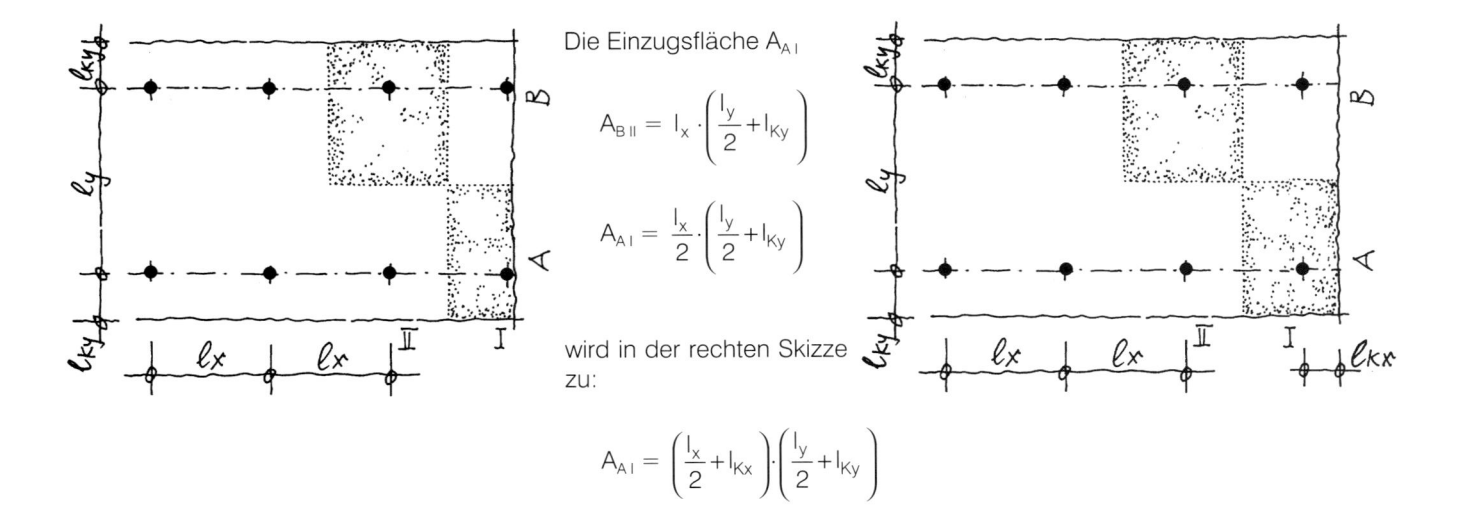

Die Einzugsfläche A_{AI}

$$A_{BII} = l_x \cdot \left(\frac{l_y}{2} + l_{Ky}\right)$$

$$A_{AI} = \frac{l_x}{2} \cdot \left(\frac{l_y}{2} + l_{Ky}\right)$$

wird in der rechten Skizze zu:

$$A_{AI} = \left(\frac{l_x}{2} + l_{Kx}\right) \cdot \left(\frac{l_y}{2} + l_{Ky}\right)$$

Die Stützenabstände können in den einzelnen Balkenachsen unterschiedlich festgelegt werden, wie das folgende Beispiel zeigt. Für eine angenommene größere Gebäudetiefe wurden drei Längsunterzüge angeordnet. Die Auskragungen sind, wie dargestellt, auch nur partiell möglich. Vergleichbare Variationen sind auch bei Skelettbausystemen möglich, deren Balken quer zur Gebäudelängsachse verlaufen.

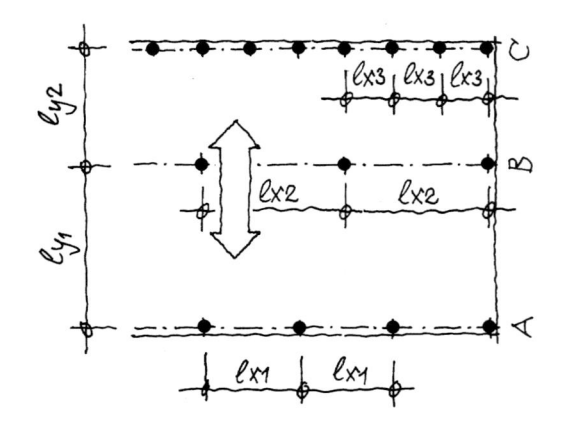

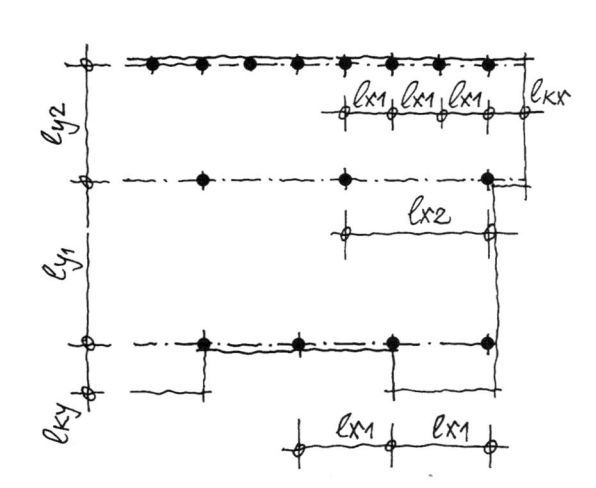

11 Stabsysteme

11.1.2 Skelettbausysteme mit kreuzweise angeordneten Balken

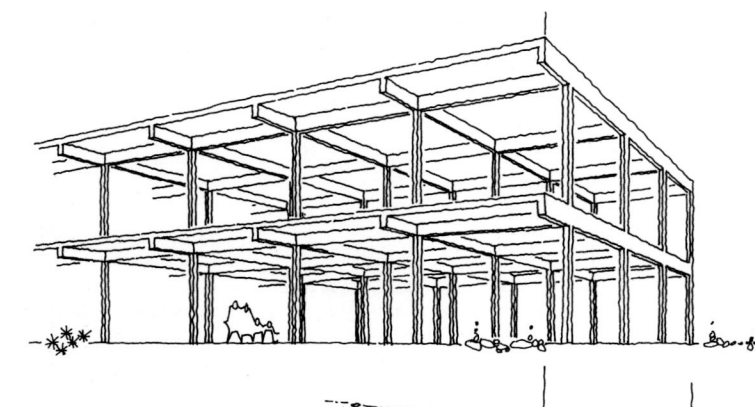

Kreuzweise angeordnete Balken in Skelettbausystemen ermöglichen den Einbau vierseitig gelagerter Decken[7]. Die Stützenabstände sollten möglichst gleichgroß sein ($l_x = l_y$) oder um nicht mehr als 50% variieren ($l_x \leq 1,5 \cdot l_y$). Die Einzugsfelder errechnen sich sinngemäß wie oben dargestellt.

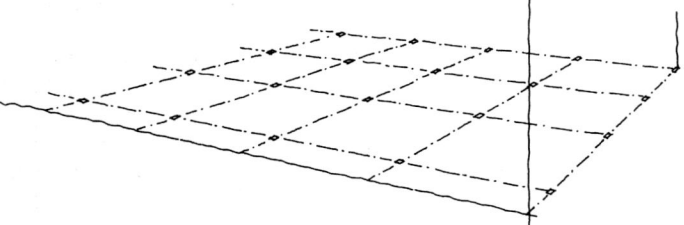

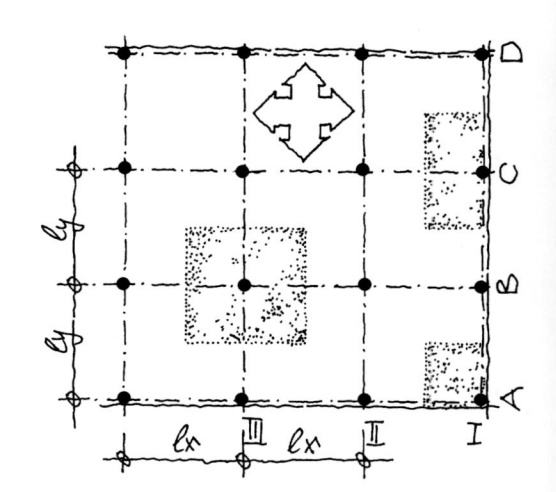

$$A_{B\,III} = l_x \cdot l_y$$

$$A_{A\,I} = \frac{l_x}{2} \cdot \frac{l_y}{2}$$

$$A_{C\,I} = \frac{l_x}{2} \cdot l_y$$

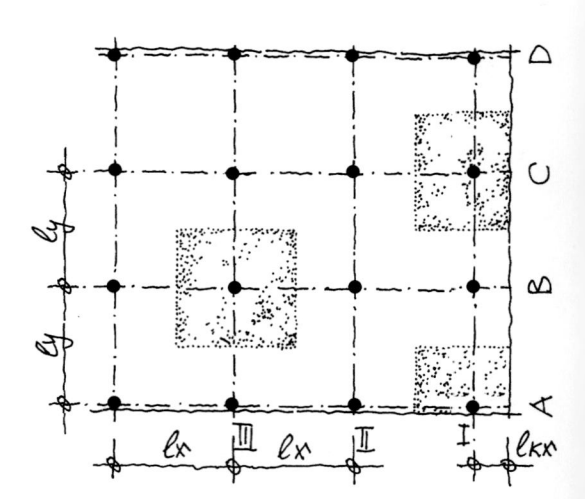

$A_{A\,I}$ und $A_{C\,I}$ ändern sich zu:

$$A_{A\,I} = \left(\frac{l_x}{2} + l_{Kx}\right) \cdot \frac{l_y}{2}$$

und

$$A_{C\,I} = \left(\frac{l_x}{2} + l_{Kx}\right) \cdot l_y$$

---

[7] vergl. Seite 181

11 Stabsysteme

Im Gegensatz zu einachsig gespannten Konstruktionen, wie sie in den vorangegangenen Systemen behandelt wurden, werden bei kreuzweiser Balkenanordnung und kreuzweise gespannten Platten stets die Unterzüge ausgekragt. Die Deckenplatten sind in den Randzonen dann dreiseitig gelagert (Balken an drei Seiten). Um das kreuzweise Abtragen der Lasten zu gewährleisten, kommen bei solchen Rastersystemen Kassetten-, Trägerroste und kreuzweise gespannte Stahlbeton-Massivplatten zum Einsatz. Skelettbausysteme mit kreuzweise angeordneten Balken sind daher meist durch den vermischten Einsatz von Stab- und Flächensystemen realisierbar.

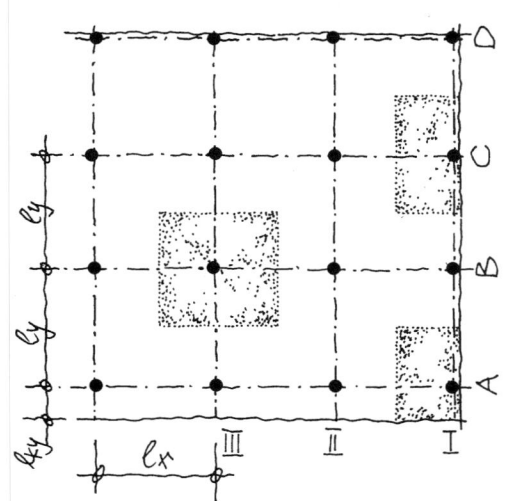

Für die linke Skizze gilt:

$$A_{AI} = \frac{l_x}{2} \cdot \left(\frac{l_y}{2} + l_{Ky}\right)$$

Für die rechte Skizze gilt:

$$A_{AI} = \left(\frac{l_x}{2} + l_{Kx}\right) \cdot \left(\frac{l_y}{2} + l_{Ky}\right)$$

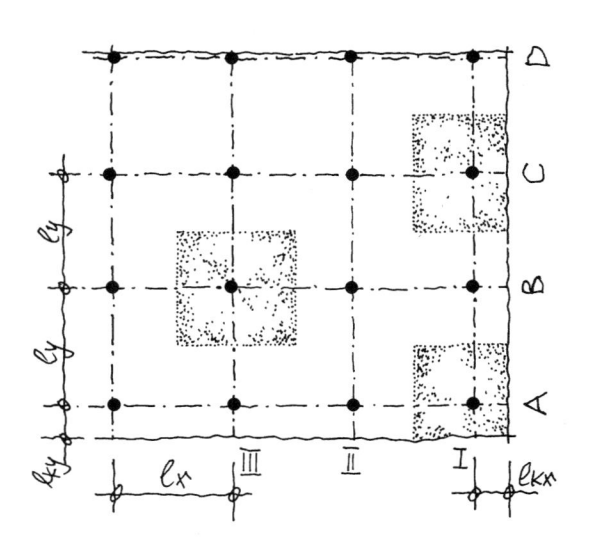

Bei der Anordnung von Auskragungen an beiden Längsseiten und bei zusätzlicher Auskragung an der Kopfseite stellen sich die Systeme wie folgt dar. Andersartige Einzugsflächen ergeben sich gegenüber den oben dargestellten kreuzweisen Systemen nicht.

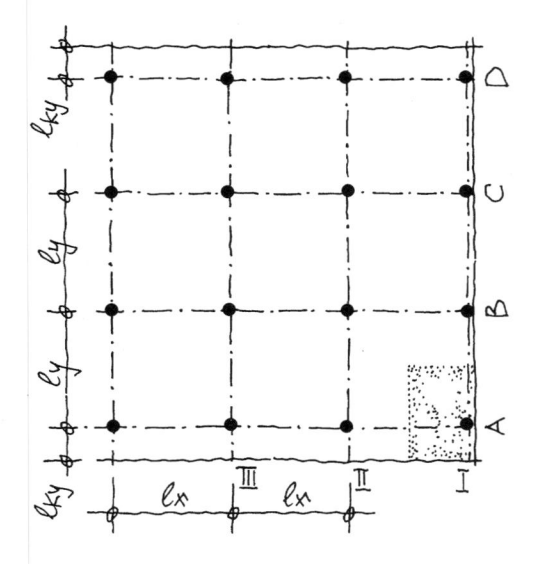

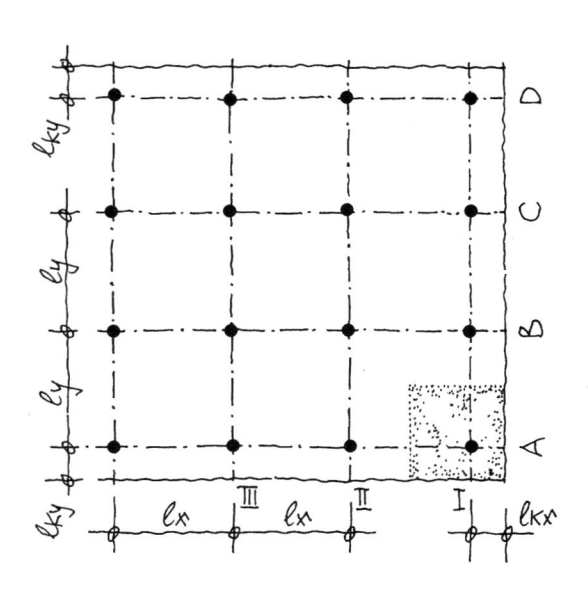

11.1.3 Skelettbausysteme mit 60°-Anordnung der Balken

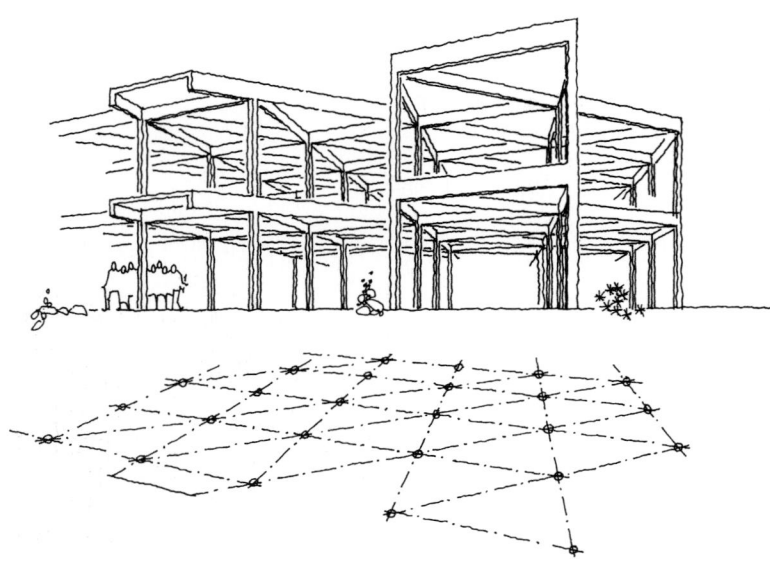

Die Balken von Skelettbausystemen müssen auch bei sich kreuzenden Anordnungen nicht nur orthogonal zueinander verlaufen. Es sind auch andere beliebige Anordnungen denkbar, die vielleicht aus dem ganzheitlichen Entwurfskonzept resultieren. Häufig vorkommend ist eine Verdrehung der Balken gegeneinander um 60°, wodurch gleichseitige Grundrissraster entstehen. Es ist dann[8]:

$$l_y = \frac{l_x}{2 \cdot \tan 30°} = 0{,}866 \cdot l_x$$

Für die Fülle der Varianten, die auch bei diesem System denkbar sind, sollen die beiden unten abgebildeten Skizzen für ein System mit (Fassaden-) Randträgern und ein System mit partiellen Auskragungen stehen.

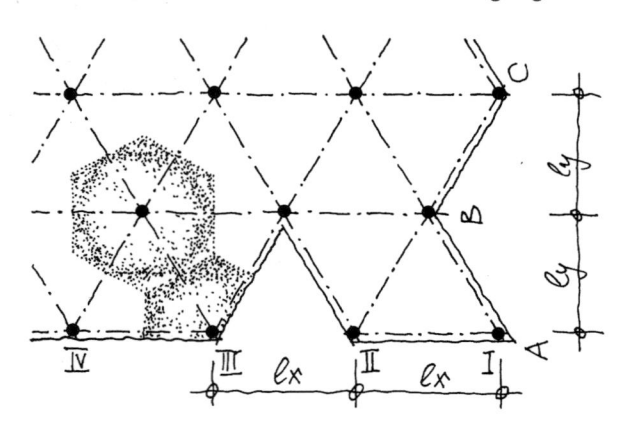

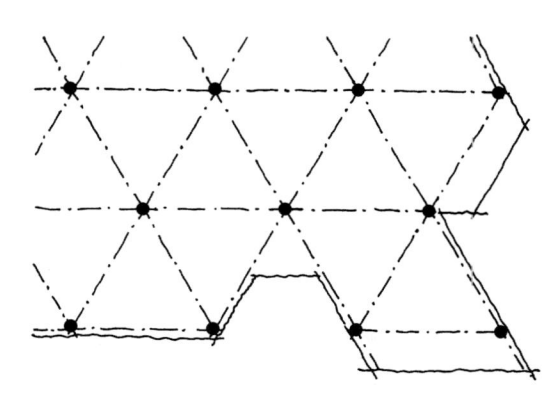

$$A_{B\,III-IV} = l_x \cdot l_y = 0{,}866 \cdot l_x^2$$

$$A_{A\,III} = \frac{l_x \cdot l_y}{3} = 0{,}289 \cdot l_x^2$$

Deckenplatten, die mehrachsig ihre Lasten abtragen, werden aus Holz, Stahl oder Stahlbeton auch, wie oben ausgeführt, als Trägerroste ausgeführt. Dabei sind die einzelnen Unterzüge (Träger) nicht an allen Kreuzungspunkten unterstützt. Trägerroste können über quadratischen, runden oder dreieckigen Stützenrastern an-

---

[8] vergl. Seite 27

11 Stabsysteme

geordnet werden. Sie dienen ähnlich den Kassettendecken der optischen Gliederung der Decke wie auch der Reduktion des Eigengewichtes.

11.1.4 Skelettbausysteme mit radialer Anordnung der Balken

Die Balken können auch nach anderen Ordnungssystemen zueinander positioniert werden, wenn bestimmte Aufgabenstellungen oder Gestaltungsabsichten dies erfordern. Aus der Grundanordnung sind nachfolgend einige Varianten mit kopfseitiger Auskragung, mit innerer Auskragung über die gesamte Länge und mit partiellen äußeren Auskragungen sowie deren Kombinationen dargestellt.

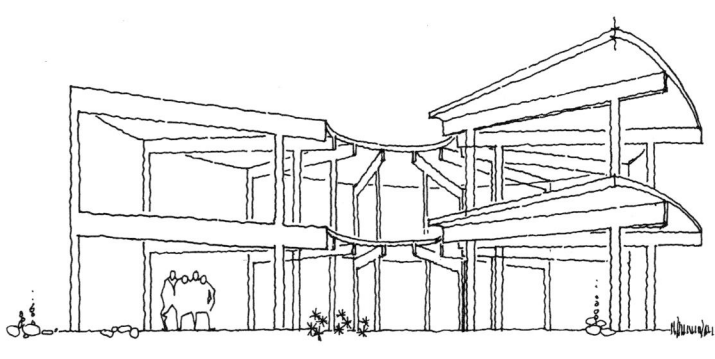

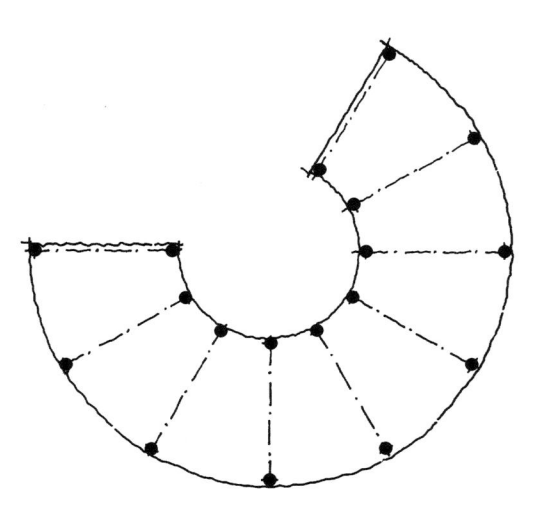

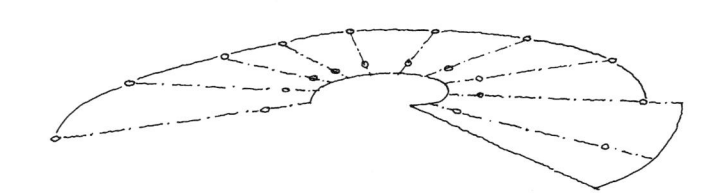

Grundsystem

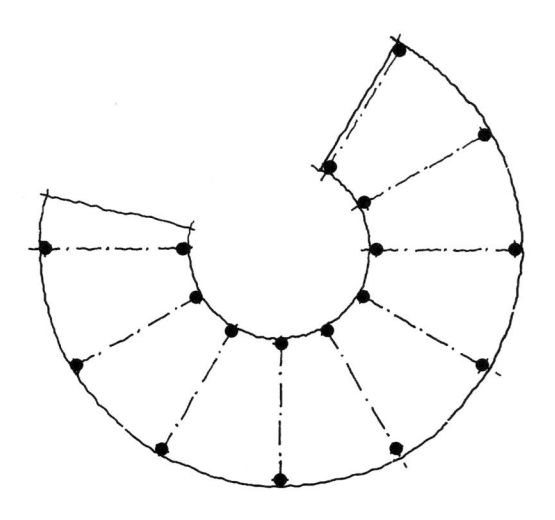

Grundsystem mit
kopfseitiger Auskragung

11 Stabsysteme

Grundsystem mit durchgehender Auskragung der Balken über den inneren Stützenkranz

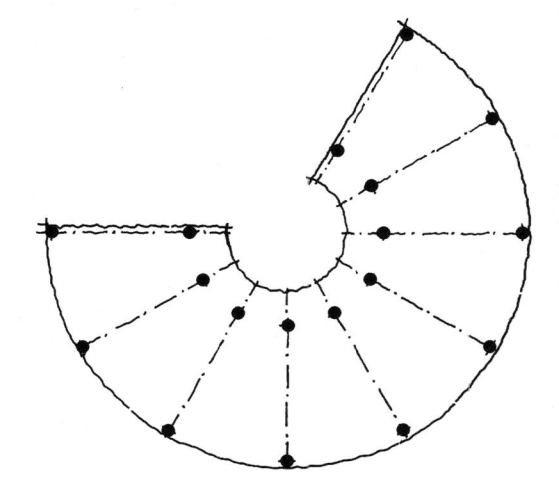

Zusätzliche partielle Auskragungen über den äußeren Stützenkranz

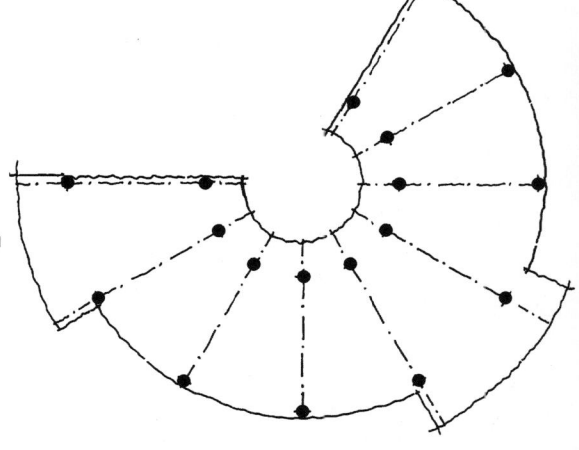

Beispielhafte Kombinationen aller möglichen Auskragungen

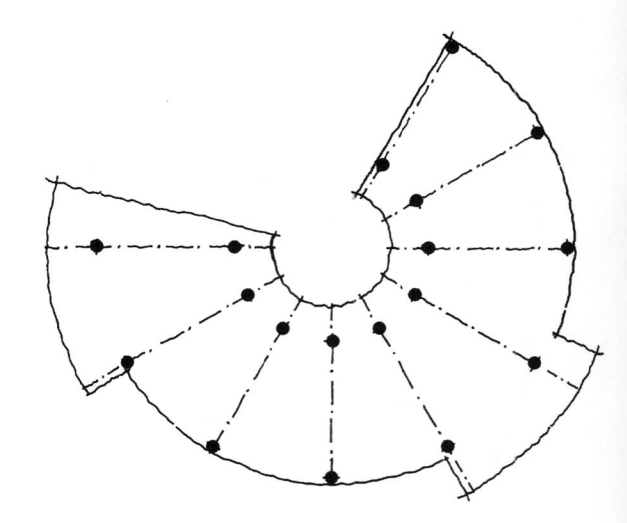

11 Stabsysteme

11.1.5 Skelettbausysteme mit freier Anordnung der Balken

Skelettbausysteme können auch an freie Grundrissformen angepasst oder dafür individuell entwickelt werden, wie die beiden Beispiele mit ihren Variationsformen belegen. Auch die Geschosshöhen müssen innerhalb des Grundrisses und für die einzelnen Geschosse nicht gleich sein. Einer Entfaltung der Erfinderfreude sind vom Tragsystem kaum Grenzen gesetzt. Für die Beispiele ist einmal eine Grundrissform mit polygonaler Außenform, beim anderen Beispiel mit kurvierter Außenform angenommen. Weitergehend wurden quer gespannte Balken angenommen. Variationen sind auch mit längsgespannten Balken denkbar. Bei Balken, die im Grundriss kurviert sind (quer zur Belastung) ist jedoch zu beachten, dass zusätzliche Torsionsbeanspruchungen auftreten.

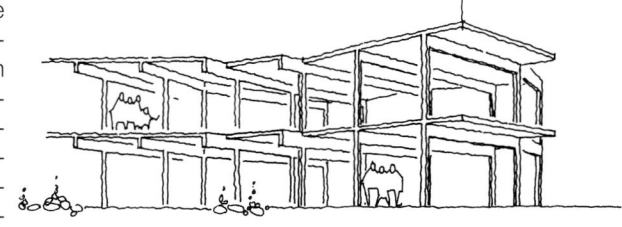

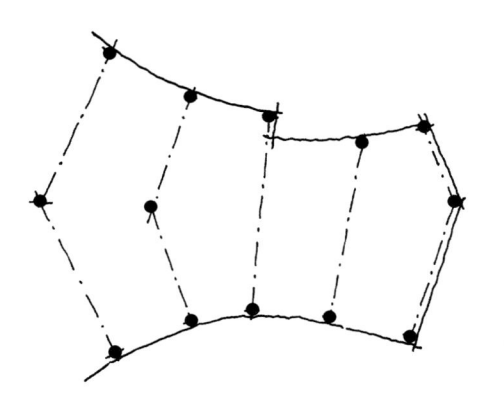

Grundform mit Fassadenstützen und teilweise Innenstützen

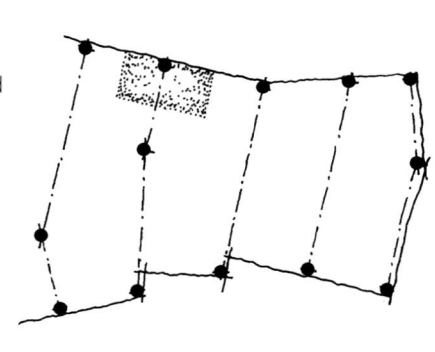

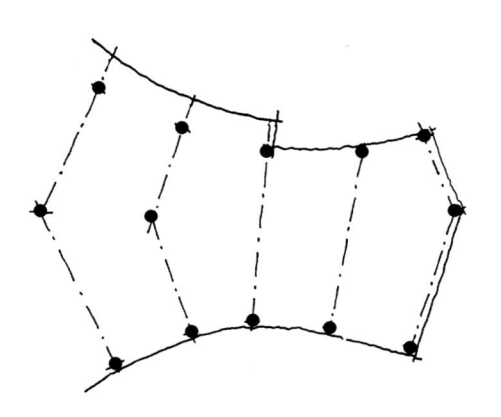

Auskragungen an den Längsseiten

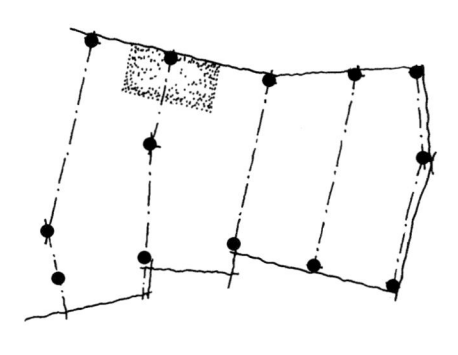

11 Stabsysteme

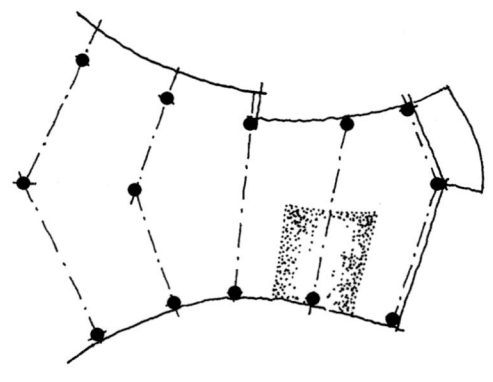

Auskragungen an einer Längsseite und an der Kopfseite

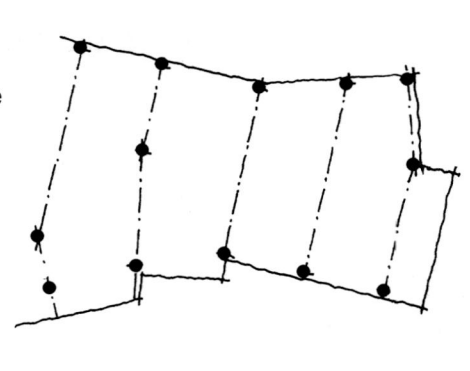

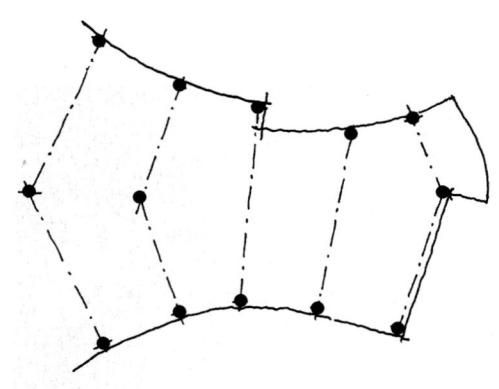

Auskragungen an einer Kopfseite bzw. an einer Längsseite

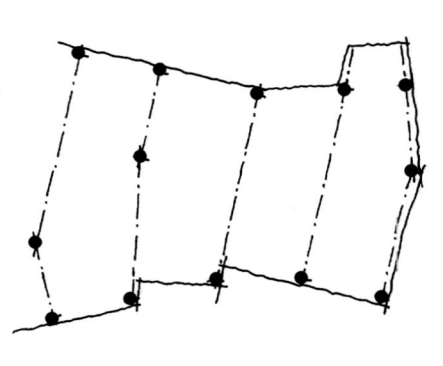

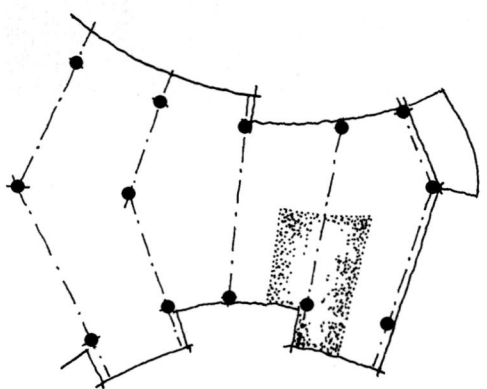

Auskragungen an beiden Längsseiten und an der Kopfseite

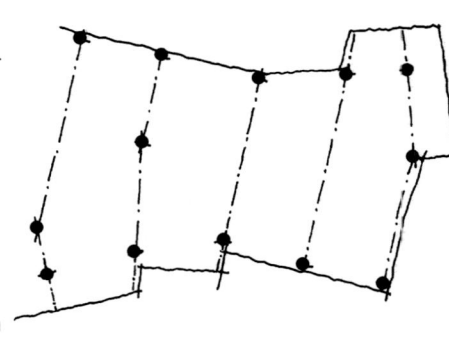

Es sind vielfältige andere Lösungen und Entscheidungen möglich, die ggf. auch von den Nutzungen des Grundrisses abhängig sind.

11 Stabsysteme

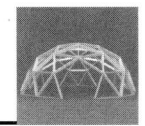

11.1.6 Weit gespannte Träger im Hallenbau

Die Entwicklung von Tragsystemen aus Stabwerken für Hallen unterscheidet sich grundsätzlich nicht von den allgemeinen Bedingungen für Skelettbausysteme. Besondere Anforderungen entstehen jedoch oft hinsichtlich größerer Spannweiten der Träger.

> Die Bezeichnung „stabförmiger" Träger bezieht sich auf das ganzheitliche Tragelement, das in Wirklichkeit auch aus mehreren Einzelstäben aufgebaut sein kann.

Unter dem Begriff Hallenbauten werden in diesem Sinn alle Bauaufgaben subsumiert, die sich durch große Spannweiten der „stabförmigen" Träger auszeichnen. Das können Sporthallen, Konzert- und Theatersäle, Industrie- und Lagerhallen, Bahnhofshallen und Kirchen, aber auch größere Eingangs- und Kommunikationshallen sein, die heute Büros, Einkaufszentren oder Hotels zugeordnet werden.

Bei solchen Bauaufgaben kann das Tragsystem lediglich untergeordnete dienende Funktion haben – oft ist es jedoch wesentliches baukörper- und raumbestimmendes Gestaltungselement.

Die Anordnungen sind denen des Skelettbausystems grundsätzlich gleich. Damit reduziert sich die zu behandelnde Problematik auf die Betrachtung von Trägerelementen, mit denen größere Spannweiten mit ausreichender Tragfähigkeit überspannt werden können.

Die Überspannung größerer Spannweiten kann erfolgen durch:

- mehrfeldrige Konstruktionen,
- Holzleimbinder,
- vorgespannte Stahlbetonbalken,
- unterspannte Träger aus Holz oder Stahl und
- Fachwerkträger aus Holz oder Stahl.

Mehrfeldrige Konstruktionen

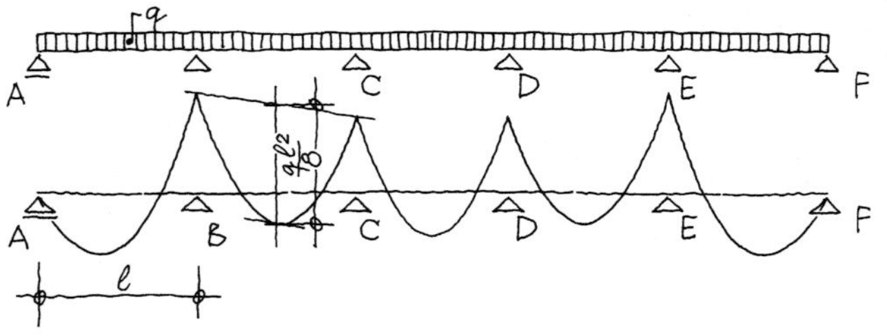

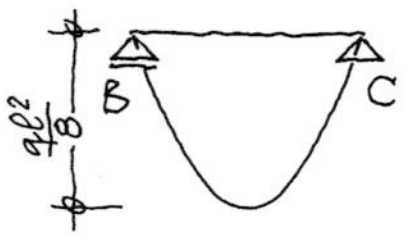

In mehrfeldrigen Konstruktionen treten neben den Feldmomenten auch Stützmomente auf. Der Parameter für die gleichmäßig verteilte Belastung „q", der zur Zeichnung der parabelförmigen Momentenfläche an die Schlusslinie angehängt werden muss[9], ist stets gleich bleibend

$$\frac{q \cdot l^2}{8}.$$

Mehrfeldrige Konstruktionen sind grundsätzlich statisch unbestimmt. Auflagerkräfte und Schnittkräfte können nicht allein über die Gleichgewichtsbedingungen bestimmt werden.

Die Momente verteilen sich daher gleichförmiger wie die Momentenskizze für den Fünffeldträger im Vergleich mit einem Einfeldträger zeigt. Es können daher größere Spannweiten überbrückt oder größere Lasten getragen werden. Stäbe aus Holz, Stahl, Stahlbeton oder Materialien mit entsprechenden Biegefestigkeiten können verwendet werden. Reichen die Fertigungslängen der einzelnen Materialien nicht aus, so sind biegesteife Verbindungen herzustellen (Stahl) oder es sind gelenkige Koppelungen etwa an den Momenten-Nullpunkten herzustellen (Holz und Stahlbeton-Fertigteile), wodurch eine Tragfähigkeit entsteht, die dem exakten Durchlaufträger vergleichbar ist. Solche Koppelträger bezeichnet man nach seinem Erfinder auch als „Gerberträger". Die Skizze zeigt eine der vielfältigen Kopplungsmöglichkeiten (hier am Beispiel eines Dreifeldträgers).

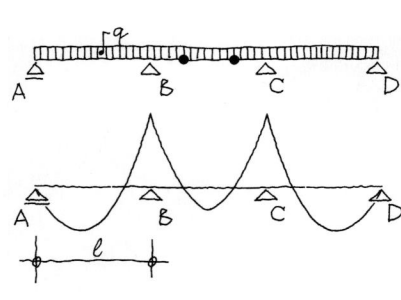

Wenngleich mehrfeldrige Konstruktionen größere Spannweiten ermöglichen, sind sie nur bedingt typisch für Hallenkonstruktionen mit großen Spannweiten (z.B. mehrschiffige Industrie- oder Lagerhallen).

Holzleimbinder

Holzleimbinder oder ähnliche Holzprodukte stellen ebenfalls keine grundsätzliche Novität dar. Sie verhalten sich prinzipiell wie gesägte massive Holzbalken, nur sind ihre Abmessungen nicht mehr vom Durchmesser der Bäume abhängig und größer herstellbar[10]. Durch die größeren Abmessungen sind auch mit massiven Holzleimbindern größere Spannweiten zu überbrücken.

Die Größen der zulässigen Spannungen und des Elastizitätsmoduls sind zu beachten. Bei Beachtung des Ausbeulens sind schlanke wirtschaftliche Querschnitte realisierbar.

Vorgespannte Stahlbetonbalken

Vorgespannte Stahlbetonbalken sind örtlich herstellbar oder können als Fertigteile vorfabriziert werden. Auch sie folgen prinzipiell den definierten Grundlagen für die Skelettbausysteme. Ihre größere Tragfähigkeit und damit die Möglichkeit, größere Spannwei-

---

[9] vergl. Seite 118
[10] vergl. auch Seite 145

11 Stabsysteme

ten zu überbrücken, beruht darauf, dass die Spannkabel, die als Bewehrung in der Zugzone angeordnet sind (wie die schlaffe Bewehrung), vor dem Betonieren vorgespannt werden. Dadurch erhält der Querschnitt eine Druck-Vorspannung, die der Zugspannung aus der Belastung entgegen gerichtet ist und einen Teil der Kräfte aufnimmt, bevor der Balken die übliche Beanspruchung erfährt.

Holzleimbinder und vorgespannte Stahlbetonbalken können als „übliche" Balken im Sinne der Skelettsystementwicklung verstanden werden. Sie ermöglichen lediglich größere Spannweiten.

Unterspannte Träger in Holz oder Stahl

Als „abgemagerte" oder „ausgehöhlte" Scheiben könnten unterspannte Träger und Fachwerkträger auch zur Gruppe der Flächensysteme gezählt werden.

Hiervon unterscheiden sich die unterspannten Träger und die Fachwerkträger, die zwar Tragfunktionen wie Balken übernehmen können, im eigentlichen Sinne aber nicht stabförmig sind und auch nicht aus einem Stab bestehen. Unterspannte Träger und Fachwerkträger sind intelligente Weiterentwicklungen stabförmiger Balken für größere Spannweiten. Man kann unterspannte Träger und Fachwerkträger auch als perforierte scheibenförmige Tragelemente verstehen, die auf die erforderlichen Mindestabmessungen reduziert (abgemagert) worden sind. Sie können aber auch als räumliche „stabförmige" Systeme entwickelt werden mit konstruktiven Vorteilen und reizvollen Gestaltungsmöglichkeiten.

Unterspannte Träger entwickeln durch das Zusammenspiel verschiedener Stäbe ein eigenständiges Tragverhalten. Dabei wird ein stabförmiger Träger im Feld unterstützt. Die Feldunterstützungen leiten die Lasten über Zugelemente in die Endauflager. Der stabförmige Balken wird dadurch zu einem mehrfeldrigen Träger, wodurch, wie oben ausgeführt, die Biegemomente und die daraus resultierenden Biegespannungen deutlich reduziert werden. Entgegen dieser Entlastung wird der Träger durch zusätzliche Längskräfte (F_H) belastet, die aus den Zugkräften (F_S) der Unterspannstäbe resultieren. Die Kräfte in den Unterspannstäben (F_S) sind abhängig von der Höhe (h) des unterstützenden Stabes bei gleichgroß angenommener Kraft (F) unterschiedlich. Der Winkel zwischen den Unterspannstäben muss in jedem Fall < 180° sein.

Ist der Winkel zwischen den Unterspannstäben 180°, so werden die Kräfte $F_S = \infty$.

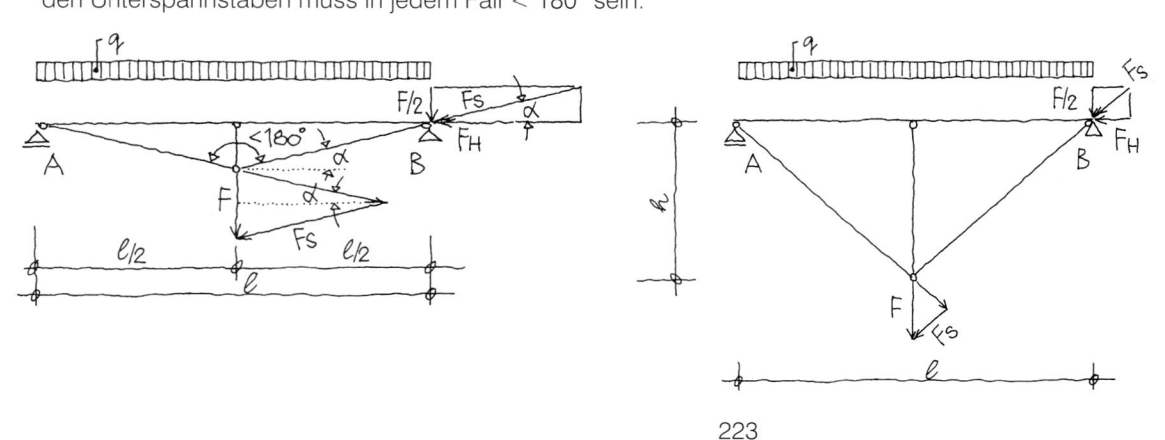

11 Stabsysteme

Andererseits wird bei einer größeren Höhe (h) der Unterspannung die Länge der Zwischenstütze (h) größer und damit auch die Ausknickgefahr. Optimiert man diese verschiedenartigen Auswirkungen, so wird das Tragverhalten des unterspannten Trägers vergrößert und die einzelnen Abmessungen filigraner.

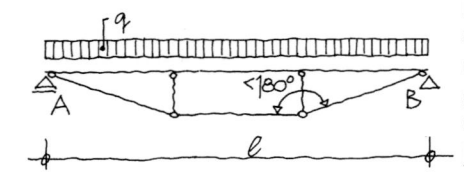

Der unterspannte Träger kann auch mehrfach unterstützt werden, wie die beiden Skizzen zeigen. Der Winkel, den die Unterspannstäbe einschließen, muss jedoch stets < 180° sein.

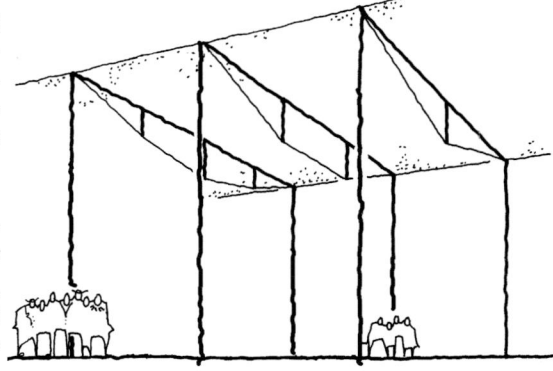

Die auf den Unterspannstäben „balancierende" Zwischenstütze (oder deren mehrere) ist so zu stabilisieren, dass sie seitlich nicht ausweichen kann. Häufig erfolgt diese Stabilisierung dadurch, dass sie an den benachbarten Trägern aufgehängt wird. Wie die Skizzen zeigen, erfolgt diese Stabilisierung quer zur Tragrichtung des unterspannten Trägers. Insgesamt entsteht also ein räumlich zu betrachtendes System. Das muss kreative Architekten und Innenarchitekten anregen, direkt räumlich unterspannte Träger zu entwickeln.

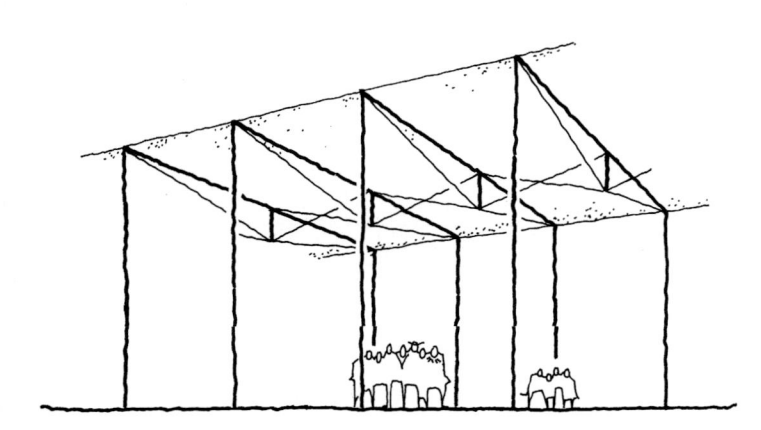

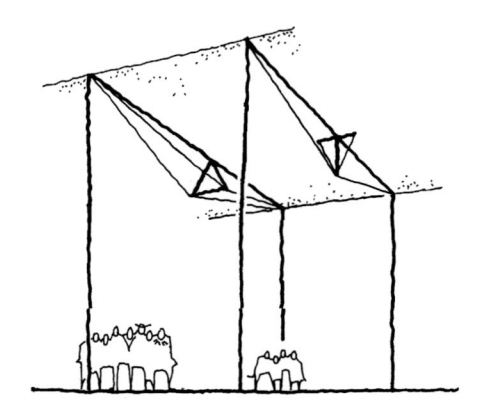

Durch die Möglichkeit, unterspannte Träger aus Holz oder Stahl für die druck- und biegebeanspruchten Teile und aus Stahl oder Seilen für die zugbeanspruchten Teile herzustellen, ergeben sich vielfältige reizvolle und, im doppelten Sinne des Wortes, spannungsreiche Tragelemente.

Ein Beispiel mit allgemeinen Zahlen und anschließendem Ausblick auf zu erwartende Ergebnisse soll die komplexen Zusammenhänge verdeutlichen.

11 Stabsysteme

Die Kraftverteilung zum und am Auflager A ist symmetrisch gleich der Darstellung für das Auflager B.

Durch die in der Feldmitte eingefügte Zwischenunterstützung wird der Träger zu einem (statisch unbestimmten) „Zweifeldträger"[11]. Das Zwischenauflager soll die Bezeichnung „C" erhalten.

Der Winkel α ist aus der Tragwerkgeometrie für die folgenden Berechnungen zu bestimmen mit:

$$\alpha = \text{atan}\ \frac{h}{l/2}.$$

Für die Bestimmung der Auflagerkräfte kann hinreichend genau ein Lasteinzug jeweils bis zur Feldmitte angenommen werden. Dann ist:

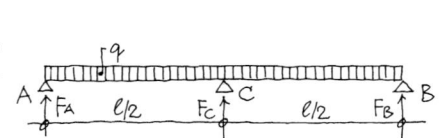

$$F_A = F_B \cong \frac{q \cdot l}{4} \cong 0{,}25 \cdot q \cdot l$$

$$F_C \cong \frac{q \cdot l}{2} \cong 0{,}5 \cdot q \cdot l.$$

Die genauen Werte wären:
$F_A = F_B = 0{,}188 \cdot q \cdot l$,
$F_C = 0{,}625 \cdot q \cdot l$.
Durch Vorspannkräfte in den Unterspannungen kann das System in seinem Tragverhalten so eingestellt werden, dass die nebenstehenden Kraftgrößen $F_A = F_B$ und F_C genau entstehen.

Daraus ist die Zugkraft F_S im Unterspannstab:

$$F_S = \frac{F_C}{2 \cdot \sin\alpha}.$$

Diese Kraft ergibt im Auflager B (gespiegelt entsprechend auch im Auflager A) eine zusätzliche vertikale Auflagerkraft und eine horizontale Druckkraft auf den Stab mit folgenden Größen:

$$F_V = F_S \cdot \sin\alpha$$

$$F_H = F_S \cdot \cos\alpha$$

und, indem man für F_S den oben ermittelten Wert einsetzt:

$$F_V = \frac{F_C}{2}$$

$$F_H = \frac{F_C}{2 \cdot \tan\alpha}.$$

Diese drückende Längskraft muss der Stab zusätzlich zum Biegemoment aufnehmen, das in diesem Fall jedoch nur ¼ der Größe des ursprünglichen Momentes (Träger von A nach B) hat:

Dieses absolut gesetzte Größtmoment tritt beim eingefügten Auflager bei C auf.

$$M_{max} = \left|\frac{q \cdot l^2}{32}\right|.$$

---

[11] vergl. Seite 50 und Seite 222

11 Stabsysteme

Ohne weiteren Nachweis soll durch folgendes Beispiel die Auswirkung einer Unterspannung verdeutlicht werden.

Angenommen ist ein Träger, der über 15,0 m spannt und alternativ mit einer Zwischenunterstützung als unterspannter Träger dimensioniert wurde.

Ohne Unterspannung ist erforderlich ein:

I HEB 500 mit einem Eigengewicht von 1,87 kN/m = 100%

Als einfach unterstützter unterspannter Träger ist erforderlich ein:

I HEB 300 mit einem Eigengewicht von 1,17 kN/m = 62,6%.

Das Gewicht der Unterspannung ist hierbei nicht berücksichtigt!

Fachwerkträger aus Holz oder Stahl

Auch Fachwerkträger werden in Skelettbausystemen als Balken eingesetzt, wenngleich sie nicht aus einem Stab bestehen, sondern selbst aus mehreren Stäben aufgebaut sind.

Das „Wesen" des Fachwerkträgers ist das Dreieck, gebildet aus drei gelenkig miteinander verbundenen Stäben. Diese Figur ist formstabil. Sie kann nicht verändert werden, ohne dass ein Stab zerstört (überlastet) wird. Ein Rechteck dagegen, gebildet aus vier Stäben, die gelenkig miteinander verbunden sind, kann seine Form verändern, ohne dass ein Stab eine Formveränderung (Verkürzung oder Verlängerung) erfährt. Dieses „labile" Verhalten ändert sich, wenn ein Diagonalstab eingeführt wird. Dann sind aus dem Rechteck zwei Dreiecke (mit einem gemeinsamen Stab) geworden, die formstabil sind.

Diese Formstabilität der dreieckigen Stabverbindung ist die Grundlage der Fachwerkträger. Addiert man Stäbe (linear) so, dass Dreiecke entstehen – es müssen sich immer Dreiecke ergeben – so erhält man Fachwerkträger.

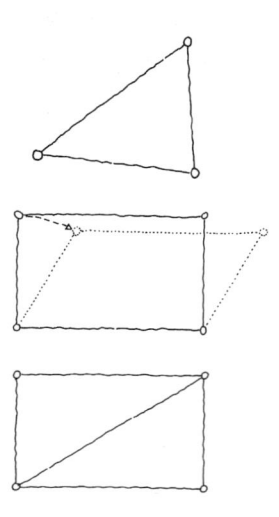

11 Stabsysteme

Es gibt drei Grundtypen:

- rechteckige Fachwerkträger,

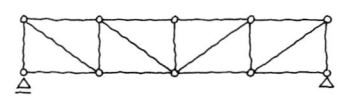

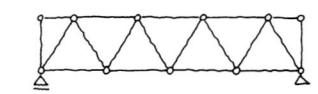

- dreieckige Fachwerkträger und

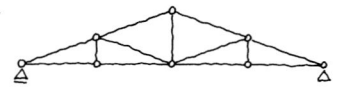

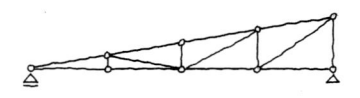

- polygonal geformte Fachwerkträger

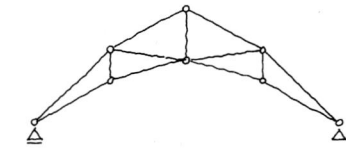

sowie eine unbegrenzte Zahl von Kombinationen und Variationen dieser Grundtypen.

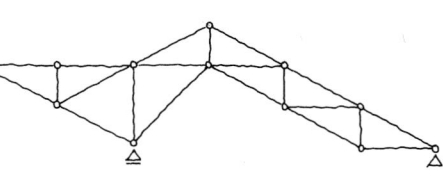

Für die Beschreibung von Elementen der Fachwerkträger werden einige Fachbegriffe verwendet:

Als „Obergurt" bezeichnet man die Reihe der einzelnen Stäbe im oberen (meist gedrückten) Teil des Fachwerkträgers. Die einzelnen Stäbe im Obergurt werden durchnummeriert und heißen „Obergurt nn".

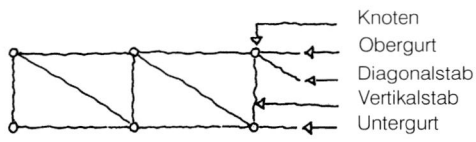

Als „Untergurt" bezeichnet man die Reihe der einzelnen Stäbe im unteren (meist gezogenen) Teil des Fachwerkträgers. Auch hier werden die einzelnen Stäbe durchnummeriert und heißen „Untergurt nn".

Als „Vertikalstäbe" werden in einem Fachwerkträger die Stäbe bezeichnet, deren Achse vertikal verläuft.

Ein „Diagonalstab" ist ursprünglich ein Stab in der Diagonale zwischen zwei Vertikalstäben. Er kann aber auch ohne Kombination mit Vertikalstäben auftreten.

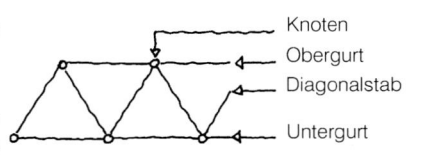

Als „Knoten" bezeichnet man die Verbindungspunkte der einzelnen Stäbe. Im Idealfall sind alle Knoten Gelenke[12].

Neben dem Aufbau der Fachwerke aus Einzelstäben, die in dreieckiger Form zueinander angeordnet werden, ist die Einleitung der belastenden Kräfte in die Knoten unbedingte Voraussetzung

Diagonalstäbe sollten möglichst Zugstäbe sein (keine Knickgefahr). Die Beanspruchungsart ist abhängig davon, welche Diagonale in einem Rechteck gewählt wird.

---

[12] vergl. Seite 49

11 Stabsysteme

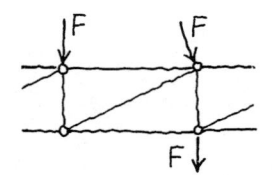

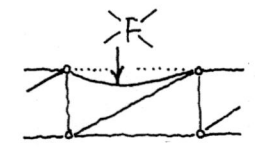

dafür, dass in den Stäben ausschließlich Druck- oder Zugbeanspruchungen entstehen. Die Richtung der eingeleiteten Kraft kann beliebig sein. Würden Belastungen unmittelbar in die Stäbe eingeleitet, so würde das zu Biegeverformungen (und entsprechende Biegebeanspruchungen) der Stäbe führen, die durch die praktische Ausbildung der Knoten in alle anderen Stäbe (kaum noch nachvollziehbar) weiter geleitet würden.

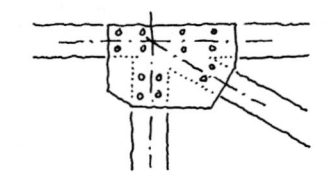

Eine weitergehende Bedingung ist, dass alle Stäbe so angeordnet werden, dass ihre Schwerachsen (auch die gemeinsame Schwerachse bei Doppelstäben) in einer Ebene verlaufen und sich in den Knoten kreuzen. Diese Bedingung ist baukonstruktiv nicht immer leicht realisierbar. Bei Materialien mit geringer Festigkeit kann es sein, dass die erforderliche Anschlussfläche im Knotenbereich nur durch unförmig große Knotenbleche geschaffen werden kann. Eine absolut freie Drehbarkeit der Gelenke ist dadurch eingeschränkt. In solchen Sonderfällen kann die punktförmige Zusammenführung aller Stabachsen im Knoten geringfügig modifiziert werden. Die dadurch bedingten Biegemomente und ihre Verteilung im Stabwerk sind heute mit schnellen Rechnern und der entsprechenden Software zu berücksichtigen.

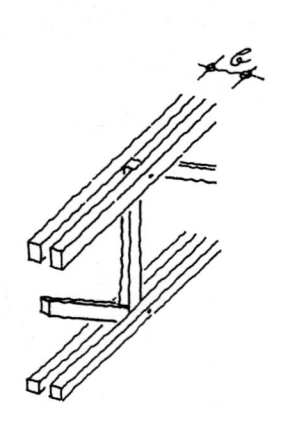

Fachwerke sind ursprünglich ebene Tragwerke, d.h. sie haben im Verhältnis zu ihrer Spannweite und der dadurch bedingten Höhe eine geringe Breite „b", auch bei der Anordnung von drei Stäben nebeneinander, wie es im Holzbau vorkommen kann.

Fachwerke können praktisch jede Form annehmen und sich somit an bestimmte Raum- oder Baukörperformen anpassen. Sie müssen jedoch immer aus Stäben aufgebaut sein, die dreieckig zueinander angeordnet sind. Die Nichtbeachtung sinnvoller Abmessungen, z.B. die kleinste Höhe dort anzuordnen, wo das größte Biegemoment des Gesamtsystems auftritt, rächt sich durch große (vielleicht das Fachwerk ad absurdum führende) Abmessungen der Stabquerschnitte.

Sofern keine generellen Konstruktionsfehler nach dem vorangegangenen Absatz vorliegen, erhalten die einzelnen Stäbe Beanspruchungen, denen die Abmessungen gut anpassbar sind. Insbesondere durch die Kombination verschiedener Materialien (schlanke hochfeste Seile für die Zugstäbe und Stahl- oder Holzprofile für die Druckstäbe) sind reizvolle Konzeptionen zu entwickeln, die wesentliche Gestaltungselemente der Baukörper oder der Innenräume sind.

Fachwerkträger sind typische Tragelemente zur Überbrückung großer Spannweiten. Damit verbunden haben sie in der Regel große Bauhöhen. Ihr Haupteinsatzgebiet liegt bei Spannweiten zwischen 15 und 70 m. Ihre Höhe sollte 1/12 bis 1/16 der Spannweite betragen. Je höher die Fachwerkträger sind, umso geringer sind die Kräfte in den einzelnen Stäben und damit ihre Abmessungen.

11 Stabsysteme

Typisch für den Einsatz von Fachwerkträgern sind eingeschossige Gebäude. Sie sind aber auch einsetzbar in mehrgeschossigen Gebäuden, in denen große Raumtiefen stützenfrei überspannt werden müssen.

Grundsätzlich sind Fachwerkträger in Skelettbausystemen (und dazu gehören auch die Hallenbauten) so anzuordnen, wie es allgemein für die Balken beschrieben wurde. Aus ihrer relativ großen Höhe resultieren jedoch auch Besonderheiten.

Die Anordnung der Fachwerkträger unterhalb der (Dach-)Decken ergibt zwischen den einzelnen Stäben ausreichend Raum, um großformatige Installationen (Klimakanäle) einzufügen oder gar Inspektions- und Wartungsstege zu führen.

Fachwerkträger können aber auch über den Dächern angeordnet werden und zur Gliederung und Strukturierung der Baukörper dienen.

Schließlich können die Fachwerkträger auch zwischen den Teilen einer gegliederten Dachfläche angeordnet werden. Wegen ihrer filigranen Ausbildung können sie hierbei mit Fensterflächen kombiniert werden, wobei auch Schräglagen der Fachwerke möglich sind, sofern entsprechende Kippsicherungen vorgesehen werden.

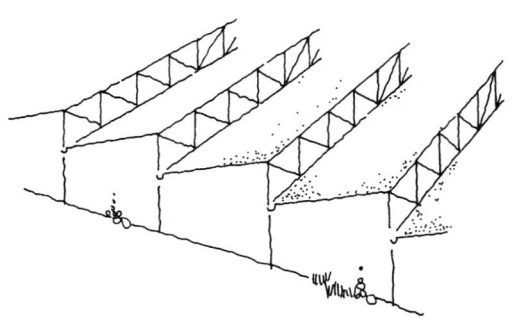

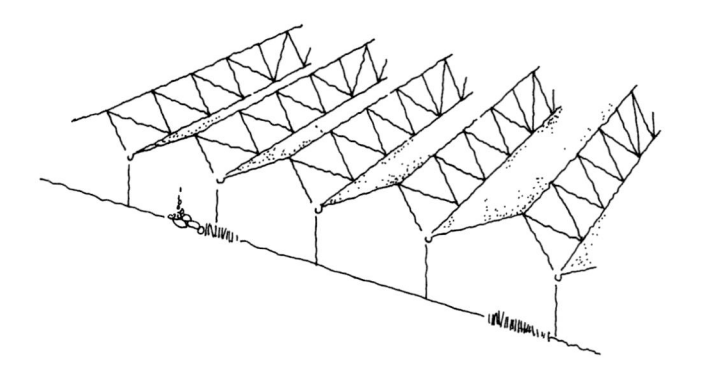

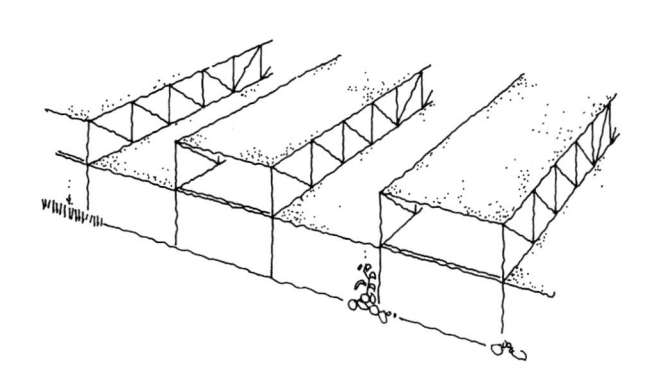

11 Stabsysteme

Die Berechnung der Stabkräfte und die Dimensionierung der Stäbe stellt keine besondere Schwierigkeit dar – sie beruht (wiederum) auf den Gleichgewichtsbedingungen.

Auch die Methodik der Rechenschritte ist grundsätzlich gleich.

Nach der Bestimmung der Knotenlasten aus der Lastenaufstellung entsprechend dem Aufbau der Gesamtkonstruktion und der Nutzung (Verkehrslasten) werden die Auflagerreaktionen bestimmt (Herstellung des äußeren Gleichgewichtszustandes).

<small>Bei statisch unbestimmten durchlaufenden Konstruktionen vergl. Seite 180</small>

Zur Bestimmung der Stabkräfte werden (wie bei einstäbigen Biegeträgern[13]) Schnitte geführt (Ritter'sches Schnittverfahren). Die Schnitte sind jeweils durch den zu bestimmenden Stab so zu führen, dass nicht mehr als drei Stäbe geschnitten werden.

An der Schnittlinie werden alle Stabkräfte zunächst als Zugkräfte angenommen; d.h. die Kraftvektoren ziehen im Bereich der Schnittlinie an den Stäben und sind „nach außen" gerichtet.

Für die Schnittlinie und die drei zunächst als Zugkräfte angenommenen Kräfte gelten (in der Ebene) die drei Gleichgewichtbedingungen:

$$\Sigma V = 0$$

$$\Sigma H = 0 \text{ und}$$

$$\Sigma M = 0.$$

<small>In seltenen Fällen ist das Schneiden von vier Stäben unvermeidbar. Dann ist einer der vier geschnittenen Stäbe vorher durch eine andere Schnittführung zu bestimmen und die so ermittelte Kraft in der Folgerechnung zu berücksichtigen.

Das Verfahren der Schnittführung bei Fachwerkträgern bezeichnet man nach seinem Erfinder als das „Ritter'sche Schnittverfahren".</small>

Da in der Regel drei Kraftgrößen unbekannt sind, ergeben sich in den meisten Fällen Lösungen über die Gleichgewichtsbedingung $\Sigma M = 0$, indem der (grundsätzlich beliebige) Drehpunkt so gewählt wird, dass sich die Wirkungslinien von zwei Kräften darin schneiden (d.h. den Hebelarm der Größe 0 m haben). In dem Gleichgewichtsansatz ist dann nur eine (die gewünschte) Kraft unbekannt und die Gleichung danach auflösbar.

<small>Grundsätzlich gelten alle Gleichgewichtsbedingungen und sind dann heranzuziehen, wenn über $\Sigma M = 0$ keine Lösung erreichbar ist. Vergl. folgendes Beispiel.</small>

Zwei Beispiele mögen die (graue) Theorie erläutern:

---

[13] vergl. auch Seite 110, 114

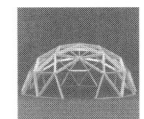

11 Stabsysteme

Beispiel 1

Nach der Lastenermittlung wird ein parallelflanschiger Träger über 16 m Spannweite mit $F_1 = 17$ kN und $F_2 = 34$ kN in den Knoten belastet. Die Höhe des Fachwerkträgers wird mit 1/16 der Spannweite geschätzt[14] = 1,0 m.

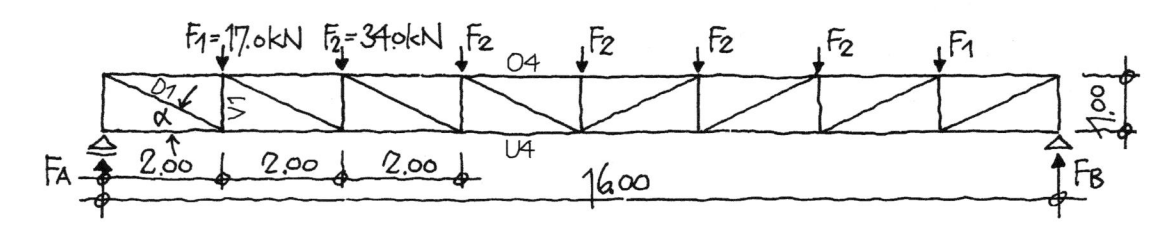

Die Auflagerreaktionen bestimmen sich wie folgt:

Da System und Belastung symmetrisch sind, können die Auflagerkräfte direkt bestimmt werden aus:
$\frac{\Sigma F}{2}$.

$$F_A = F_B = \frac{5 \cdot 34{,}0 + 2 \cdot 17{,}0}{2} = 102{,}0 \text{ kN}$$

Zur Bestimmung der Kraft F_{U4} im Untergurt U4 wird der Schnitt gemäß nebenstehender Skizze geführt. Um die beiden anderen (unbekannten) Kräfte zu eliminieren, wird der Drehpunkt in den Schnittpunkt ihrer Wirkungslinien gelegt. Dadurch wird ihr Hebelarm 0 m und die Kräfte entfallen aus dem Gleichungsansatz

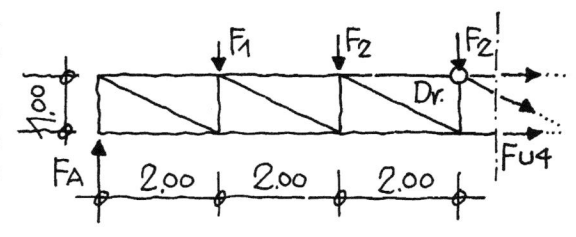

$\Sigma M = 0$.

$F_{U4} \cdot 1{,}0 + 34{,}0 \cdot 2{,}0 + 17{,}0 \cdot 4{,}0 - 102{,}0 \cdot 6{,}0 = 0$

daraus ist:

Das Ergebnis ist positiv, daher war die Annahme einer Zugkraft richtig.

$F_{U4} = 476{,}0$ kN (Zug).

Zur Bestimmung der Kraft F_{O4} im Obergurt O4 wird ein entsprechender Schnitt geführt und ein sinnvoller Drehpunkt bestimmt, wie der Skizze zu entnehmen ist.

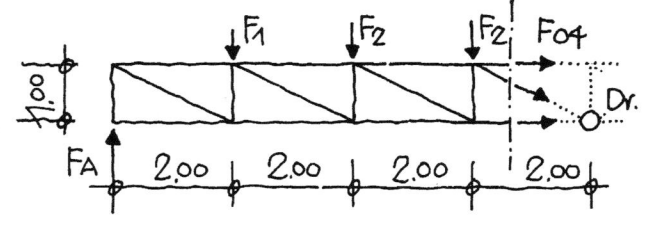

$\Sigma M = 0$

$F_{O4} \cdot 1{,}0 + 102{,}0 \cdot 8{,}0 - 34{,}0 \cdot 2{,}0 - 34{,}0 \cdot 4{,}0 - 17{,}0 \cdot 6{,}0 = 0$

daraus ist:

Das Ergebnis ist negativ. Die Annahme einer wirkenden Zugkraft ist nicht bestätigt und „umzudrehen" in eine Druckkraft.

$F_{O4} = -510{,}0$ kN (Druck).

---

[14] vergl. Seite 228

11 Stabsysteme

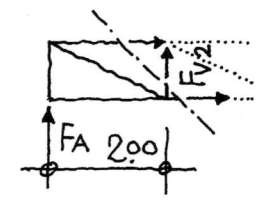

Zur Bestimmung der Kraft F_{V2} im Vertikalstab V2 wird gemäß Skizze ein Schnitt durch den Stab V2 geführt. Die beiden anderen unbekannten Kräfte wirken in den mitgeschnittenen Ober- und Untergurten. Da Ober- und Untergurt parallel sind, treffen sich die Wirkungslinien im Unendlichen. $\Sigma M = 0$ ist daher hier nicht anwendbar. Wir erinnern uns der beiden anderen Gleichgewichtsbedingungen und erkennen, dass die Gleichgewichtsbedingung $\Sigma V = 0$ anwendbar ist und zu einer Lösung führt, weil die beiden anderen unbekannten Kräfte horizontal wirken. Daher gilt:

$$\Sigma V = 0$$

$$F_{V1} + 102{,}0 = 0$$

daraus ist:

$$F_{V1} = -102{,}0 \text{ kN (Druck)}.$$

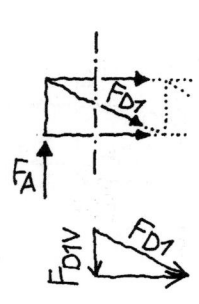

Zur Bestimmung der Kraft F_{D1} im Diagonalstab D1 erfolgt die Schnittführung wie in der Skizze dargestellt. Wieder schneiden sich die Kräfte in den mitgeschnittenen Ober- und Untergurten im Unendlichen. Damit muss wieder auf die Gleichgewichtsbedingung $\Sigma V = 0$ zurück gegriffen werden. Damit erhält man jedoch zunächst nur die Vertikalkomponente F_{D1V} der Kraft F_{D1}. Wie die Skizze des Kräftedreiecks zeigt, ist über den Winkel α aus F_{D1V} F_{D1} bestimmbar.

$$\Sigma V = 0$$

$$F_{D1V} - 102{,}0 = 0$$

daraus ist:

$$F_{D1V} = 102{,}0 \text{ kN} \qquad \alpha = \operatorname{atan} \frac{1{,}0}{2{,}0} = 26{,}565°$$

Maße sind der Hauptskizze zu entnehmen.

$$F_{D1} = \frac{102{,}0}{\sin\alpha} = 228{,}079 \text{ kN (Zug)}.$$

11 Stabsysteme

Beispiel 2

Vergleichsweise wird in diesem Beispiel ein dreieckiger Fachwerkträger behandelt, dessen Höhe mit 1,50 m ca. 1/10 der Spannweite beträgt. Die Belastungen sind wie im Beispiel 1.

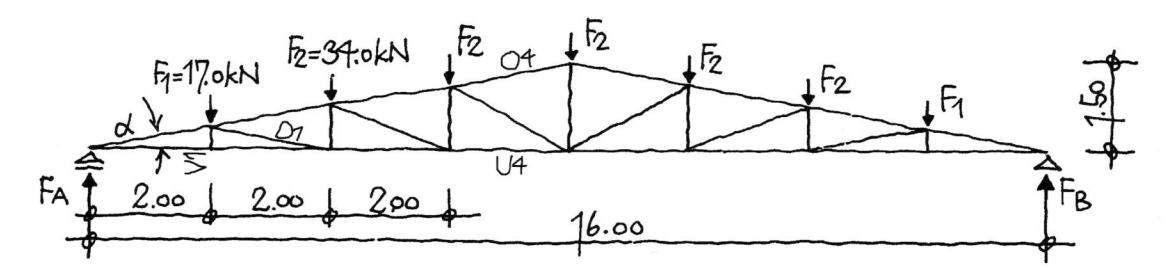

Die Auflagerreaktionen ergeben sich wie im vorangegangenen Beispiel mit:

$F_A = F_B = 102{,}0$ kN.

Die Kraft F_{U4} im Untergurt U4 durch eine entsprechende Schnittführung über:

$\Sigma M = 0$

mit dem Hebelarm:

$$\frac{1{,}5 \cdot 6{,}0}{8{,}0} = 1{,}125 \text{ m}$$

$F_{U4} \cdot 1{,}125 + 34{,}0 \cdot 2{,}0 + 17{,}0 \cdot 4{,}0 - 102{,}0 \cdot 6{,}0 = 0$

daraus ist:

$F_{U4} = 423{,}111$ kN (Zug)

Zur Bestimmung der Kraft F_{O4} im Obergurt O4 ist zunächst über den Winkel α der Hebelarm „h" zu bestimmen:

$\alpha = \operatorname{atan} \dfrac{1{,}5}{8} = 10{,}620°$

$h = 1{,}5 \cdot \cos \alpha = 1{,}474$ m

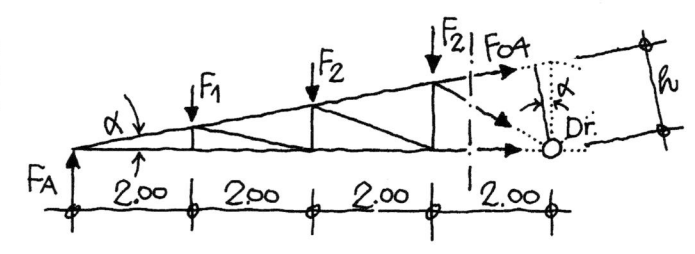

Nun ist wiederum über $\Sigma M = 0$ die Kraft F_{O4} bestimmbar:

$F_{O4} \cdot 1{,}474 + 102{,}0 \cdot 8{,}0 - 17{,}0 \cdot 6{,}0 - 34{,}0 \cdot 4{,}0 - 34{,}0 \cdot 2{,}0 = 0$

daraus ist:

$F_{O4} = -345{,}997$ kN (Druck).

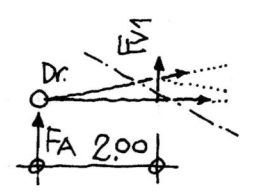

Ebenfalls über $\Sigma M = 0$ ergibt sich für den Stab V1 die Kraft F_{V1} mit:

$$F_{V1} \cdot 2,0 = 0$$

und daraus:

$$F_{V1} = 0 \text{ kN}$$

Der Stab V1 hat die Belastung x $F_{V1} = 0$ kN – er ist ein „Nullstab" und kann entfallen. Zu beachten ist, dass der Fachwerkträger trotzdem aus Dreiecken aufgebaut bleibt.

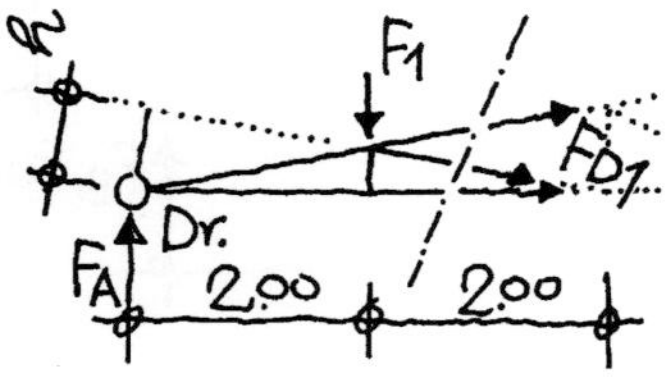

Zu Bestimmung der Kraft F in der Diagonale D1 ist nach der links dargestellten Skizze über $\Sigma M = 0$:

$$h = 4,0 \cdot \sin \alpha = 0,737 \text{ m}$$

$$F_{D1} \cdot 0,737 + 14,0 \cdot 2,0 = 0$$

daraus ist:

$$F_{D1} = -37,992 \text{ kN (Druck)}.$$

Ergeben sich Aufgabenstellungen, bei denen Belastungen schräg auf die Knoten wirken, so sind sie am leichtesten lösbar, wenn diese Kräfte zunächst in ihre vertikalen und horizontalen Komponenten zerlegt werden[15].

Um die Auswirkung der vergrößerten Trägerhöhe im Beispiel 2 abschätzen zu können, sollen für beide Beispiele die Obergurte O4 dimensioniert[16] werden. Für die Knoten wird eine seitliche Halterung angenommen.

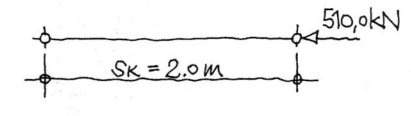

Obergurt 4 im Beispiel 1:
Geschätzt: quadratisches Stahl-Hohlprofil nach DIN 59410 180/6,3 mit A = 42,8 cm² und i = 7,05 cm, St 37.

Für die Dimensionierung sind entsprechende Tabellenwerke hinzu zu ziehen.

$$\lambda = \frac{200}{7,05} = 29 \rightarrow \omega = 1,08$$

$$\sigma_{vorh} = \frac{510,0 \cdot 1,08}{42,8} = 12,869 \text{ kN/cm}^2 < \sigma_{zul} = 14 \text{ kN/cm}^2$$

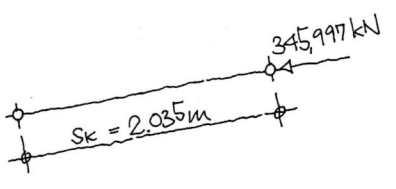

Obergurt 4 im Beispiel 2:
Geschätzt: quadratisches Stahl-Hohlprofil nach DIN 59410 140/5,6 mit A = 29,6 cm² und i = 5,47 cm, St 37.

$$S_K = 2,0 / \cos \alpha = 2,035 \text{ m}$$

α ist aus Beispel 2 übernommen mit 10.620°.

$$\lambda = \frac{203,5}{5,46} = 38 \rightarrow \omega = 1,13$$

$$\sigma_{vorh} = \frac{345,997 \cdot 1,13}{29,6} = 13,209 \text{ kN/cm}^2 < \sigma_{zul} = 14 \text{ kN/cm}^2.$$

---

[15] Vergl. Seite 33 ff
[16] Für die Dimensionierung von Druckstäben vergl. Seite 150 ff

11 Stabsysteme

Räumliche Fachwerkträger

Vergleichbar dem Verhalten unterspannter Träger besteht auch bei Fachwerkträgern die Gefahr, dass der Untergurt seitlich ausweicht. Kritischer jedoch ist das Ausknicken des Obergurtes aus der Beanspruchung mit Druckkräften. Wenn die Fachwerkträger unter einer Decken- oder Dachscheibe liegen, ist die Sicherung gegen diese Knickgefahr leicht durch eine seitliche Fixierung der Knotenpunkte innerhalb der Decken- oder Dachplatte realisierbar. Liegt der Fachwerkträger jedoch über einer Dachfläche, so erfordert die Knickgefahr des Obergurtes zusätzliche Maßnahmen, um ein seitliches Ausknicken zu verhindern.

Daher kann es vorteilhaft sein, Fachwerkträger direkt dreidimensional zu entwickeln. Das bedeutet, dass den Fachwerkträgern eine größere Breite zugewiesen wird als diejenige, die sich aus den Profilabmessungen[17] ergibt.

Es bieten sich grundsätzlich drei Möglichkeiten an, einen Fachwerkträger räumlich zu entwickeln:

- der Obergurt wird verdoppelt und den beiden Stäben wird ein größerer Abstand zugeordnet,
- der Untergurt wird verdoppelt und den beiden Stäben wird ein größerer Abstand zugeordnet,
- Ober- und Untergurt werden verdoppelt und den Stäbewerden größere Abstände zugeordnet.

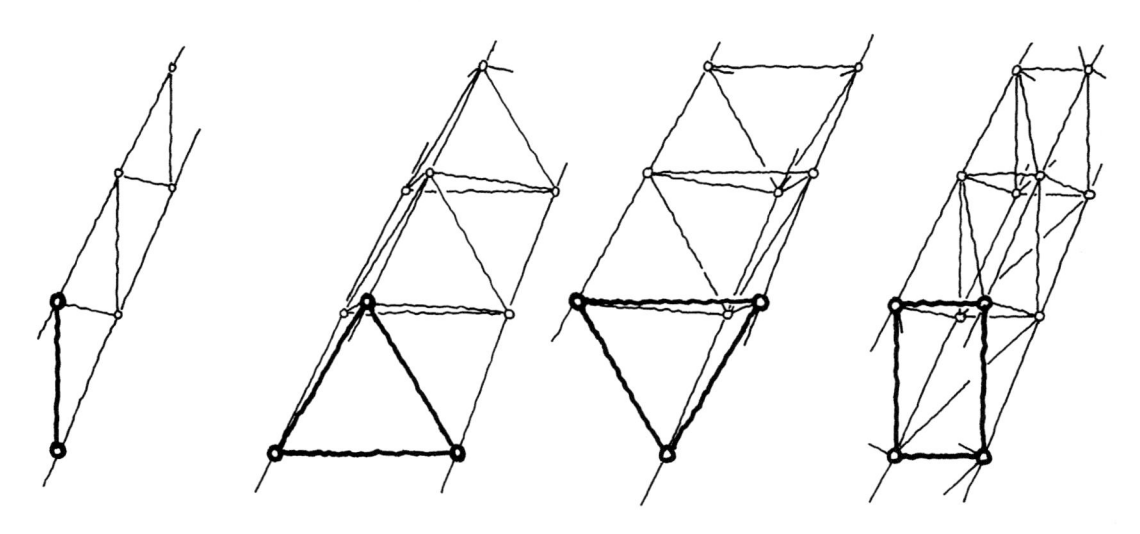

Dadurch ist der Fachwerkträger nicht nur stabiler gegen Querverformungen aus vertikalen Belastungen, sondern kann auch quer zu seiner Tragrichtung horizontale Kräfte (z.B. aus Wind) aufnehmen und in die Auflager leiten.

---

[17] vergl. Seite 228

11 Stabsysteme

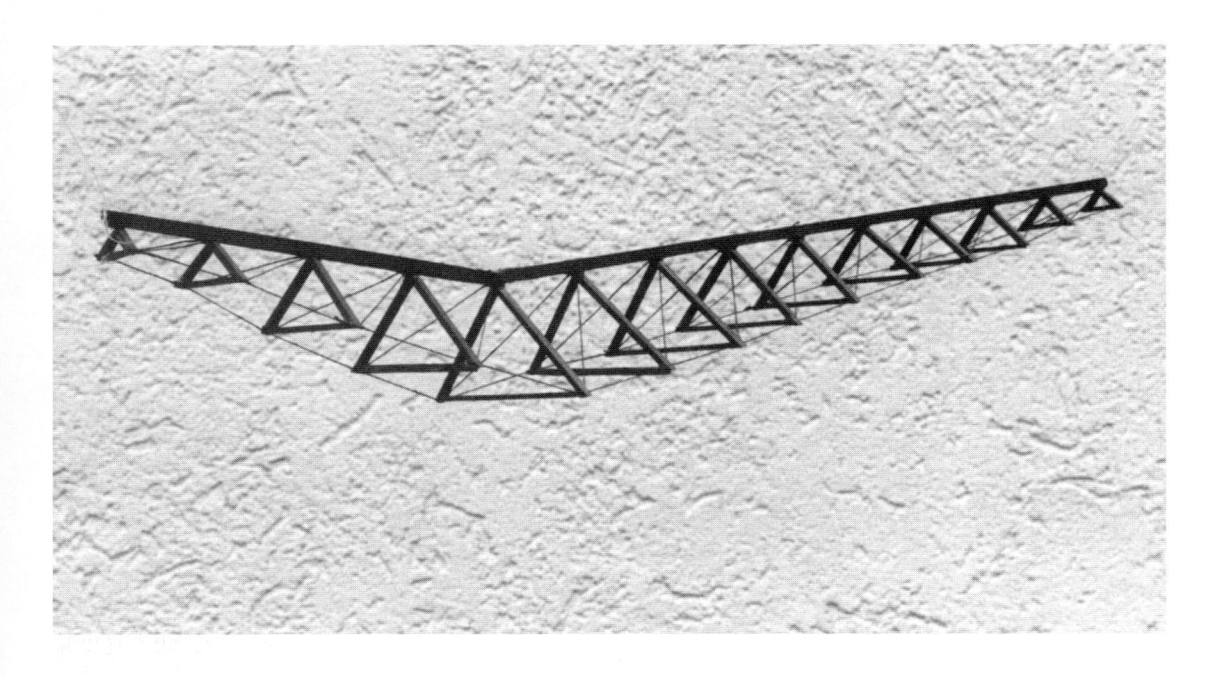

Insbesondere ergeben sich aus der dreidimensionalen Gestaltung der Fachwerkträger jedoch weitere, besondere und spannungsreiche Möglichkeiten zur Gestaltung der Innenräume.

11 Stabsysteme

11.2 Rahmenkonstruktionen

11.2.1 Einführung

Werden Stützen und Balken teilweise biegesteif[18] miteinander verbunden, so entstehen Rahmenkonstruktionen[19]. Die Stützen werden in Rahmenkonstruktionen als Stiele und die Balken als Riegel bezeichnet.

Die Grundlagen des Tragverhaltens von Rahmenkonstruktionen sollen an einem Zweigelenkrahmen verdeutlicht werden. Dazu stellen wir uns einen Einfeldträger mit zwei gleichgroßen Kragarmen vor. Das Feld wird mit einer gleichmäßig verteilten Belastung beansprucht und an den Kragarmspitzen wirkt jeweils eine Punktlast. Aus dieser Annahme der Belastung entsteht das skizzierte Momentenbild. Knickt man die Kragarme mit ihren Momentenbildern um 90° nach unten, so entsteht ein typisches Momentenbild für einen Zweigelenkrahmen, dessen Riegel mit einer gleichmäßig verteilten Belastung beansprucht wird.

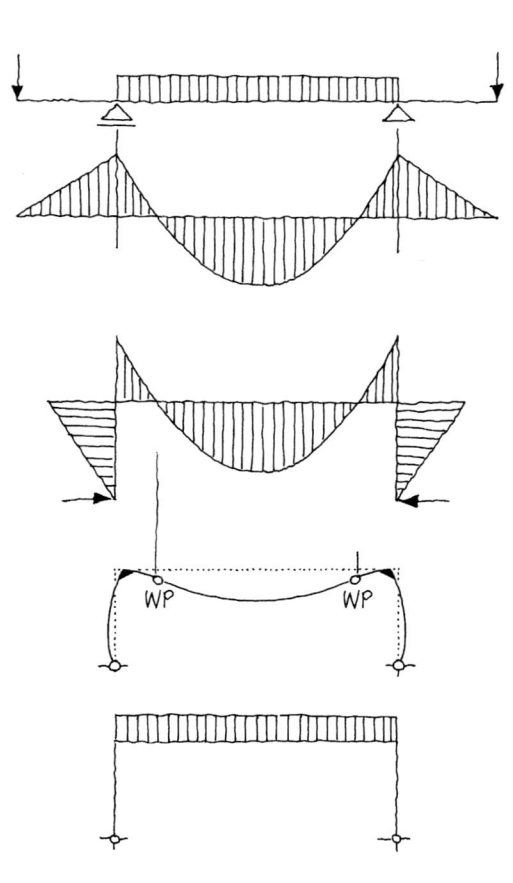

Die Verformungen sind zur Verdeutlichung stark übertrieben dargestellt.

Die Betrachtung des Bildes der elastischen Verformung vermittelt weitere Grunderkenntnisse über das Tragverhalten des Zweigelenkrahmens. Aus der gleichmäßigen Belastung verbiegt der Riegel sich mit zwei Rückverbiegungen in den Eckbereichen ab den Wendepunkten (WP). Durch die Einspannung des Riegels in die Stiele wird der Winkel (hier 90°) zwischen den beiden Bauteilen beibehalten. Dadurch

---
[18] vergl. Seite 49
[19] vergl. Seite 46 ff, 50

11 Stabsysteme

bedingt verbiegt sich auch der Stiel bis zur Verdrehungsmöglichkeit im Fußgelenk. Ordnet man nun konvexen Verformungen positive Momente und konkaven Verformungen negative Momente zu, so entsteht ebenfalls das skizzierte Momentenbild des Zweigelenkrahmens. Die Wendepunkte der elastischen Linie (WP) liegen an derselben Stelle wie die Momentennullpunkte. Vor allem aus der Darstellung der Verformungen drängt sich bildhaft auf, dass die Stiele seitlich nach auswärts ausweichen wollen und durch horizontale Auflagerreaktionen, wie im Momentenbild dargestellt, daran gehindert werden müssen (Ruhezustand).

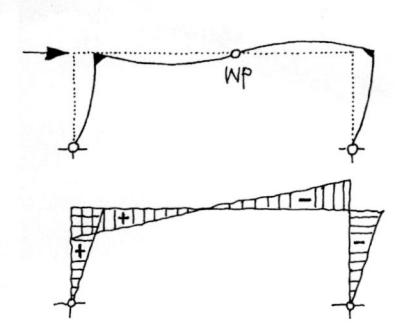

Durch eine entsprechende Abstimmung der Stiel- und Riegelabmessungen verteilen sich (wie bei einem Träger mit Kragarmen) die Biegebeanspruchungen durch negative und positive Momente gleichmäßiger und mit geringeren Absolutwerten über das Tragelement. Dadurch wird die Tragfähigkeit von Rahmensystemen erhöht oder die mögliche Spannweite vergrößert.

Zur Erinnerung: Das Moment M_0 für eine Streckenlast q über die Strecke l ist immer $\frac{q \cdot l^2}{8}$.

Durch die biegesteife Verbindung von Riegel und Stiel kann der Rahmen auch horizontale Kräfte (in der Darstellungsebene) aufnehmen und in die Fußpunkte (Fundamente) ableiten. Auch hier wird die (horizontale) Belastung über positive und negative Biegemomente abgeleitet, die dem Verformungsbild entsprechen.

Quer zur dargestellten Ebene sind Zweigelenkrahmen ebenso labil („in einem labilen Gleichgewichtszustand") wie eine Stütze gemäß Eulerfall II[20].

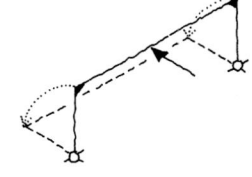

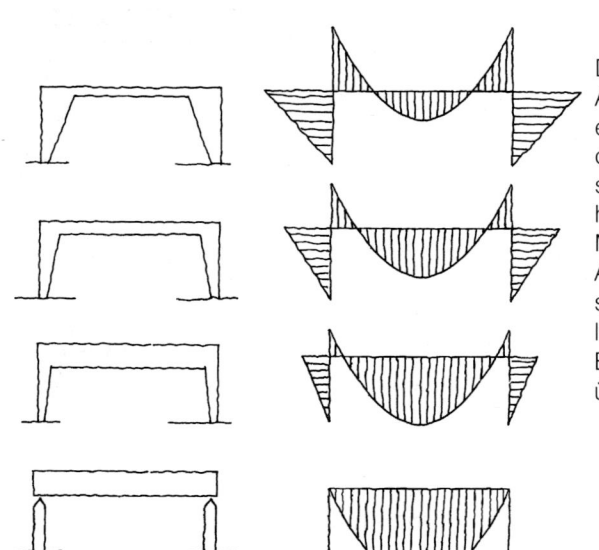

Die Relationen der vorgewählten (geschätzten) Abmessungen der Stiele und des Riegels beeinflussen die Verteilung der Biegemomente auf den Riegel und die Stiele. Die größeren Abmessungen „ziehen" die Momente an. Dieses Verhalten hat seine Ursache darin, dass sich die Momente bei biegesteifen Verbindungen in Abhängigkeit von den Steifigkeiten der angeschlossenen Stäbe (hier Riegel und Stiel) verteilen. Zum Vergleich ist ein gelenkig gelagerter Einfeldträger mit seinem Momentenbild gegenüber gestellt.

Als „Steifigkeit" wird das Verhältnis von Trägheitsmoment und Länge eines Stabes bezeichnet. Die Abmessungen des Querschnittes eines Stabes beeinflussen sein Trägheitsmoment. Vergl. Seite 146.

---

[20] vergl. Seite 151

11 Stabsysteme

Neben gelenkiger Lagerung können die Fußpunkte von Rahmen auch teilweise oder vollständig eingespannt[21] werden. Dadurch reduziert sich die Knicklänge[22] der Stiele und wächst die Tragfähigkeit. Andererseits haben Zusatzlasten aus Temperaturdehnungen, aus Bodensenkungen oder Erdbeben starke Einflüsse besonders auf eingespannte Rahmenkonstruktionen und sind gewissenhaft zu berücksichtigen.

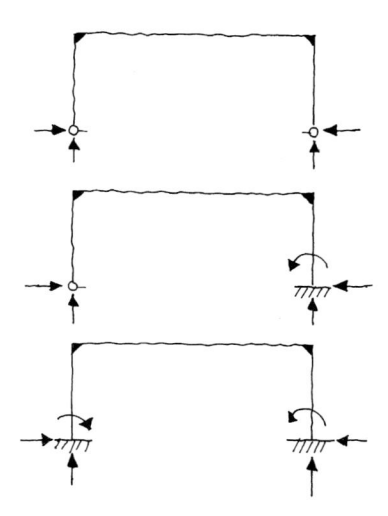

Auf Grund dieser elementaren Erkenntnisse und der vielfältigen Kombinationsmöglichkeiten biegesteifer und gelenkiger Stabverbindungen können verschiedene Typen von Rahmenkonstruktionen und noch viel mehr Modifikationen ihrer Ausformung erfunden und entwickelt werden, die die Architektur der Innenräume und der Baukörper dominant beeinflussen können. Die Behandlung typischer Rahmentragsysteme soll daher im Wesentlichen anhand der Systemdarstellungen[23] erfolgen.

11.2.2 Halbrahmen

Die Pendelstütze ist über Gelenke mit dem Riegel und dem Fundament verbunden. Daher kann in den Gelenken der Pendelstütze nur eine Kraft aufgenommen werden, deren Wirkungslinie durch beide Gelenke verläuft.

Beim Halbrahmen (auch „einhüftiger Rahmen" genannt) ist der Riegel mit einem Stiel biegesteif verbunden, die andere Seite wird von einer „Pendelstütze" getragen. Diese Konstruktionsform kann neben vertikalen Belastungen in der Darstellungsebene auch horizontale Kräfte als Streckenlasten oder als Punktlasten aufnehmen. Da nur drei Auflagerkräfte auftreten können und unbekannt sind, ist diese Bauform statisch bestimmt. Die Auflagerkräfte sind über die Gleichgewichtsbedingungen bestimmbar. Gleichfalls sind über die Gleichgewichtsbedingungen auch die Schnittkräfte zu ermitteln, die zur Dimensionierung führen. Es ist jedoch zu beachten, dass das einwertige Auflager (hier bei B) nur Kräfte in der Achse der Pendelstütze aufnehmen kann, die also nicht immer vertikal gerichtet sein müssen wie die rechte Skizze zeigt.

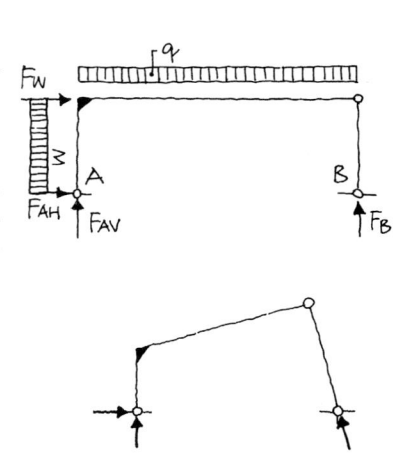

---

[21] vergl dreiwertige Auflager Seite 48
[22] vergl. Seite 151
[23] vergl. Seite 45 ff

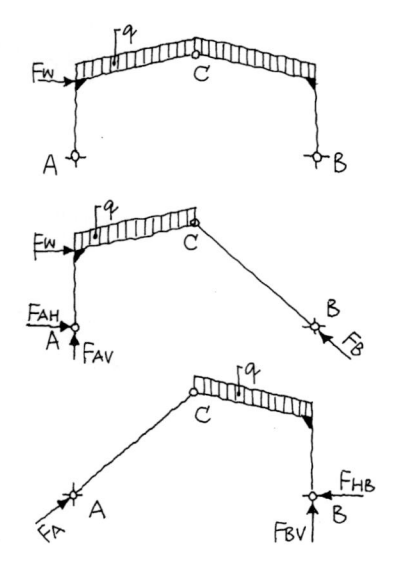

11.2.3 Dreigelenkrahmen

Beim Dreigelenkrahmen sind beide Stiele mit dem Riegel biegesteif verbunden. Der Riegel ist jedoch durch ein Gelenk (das nicht in der Feldmitte angeordnet sein muss) unterteilt. Damit hat der Dreigelenkrahmen zwei biegesteife Stabverbindungen und drei Gelenke. Wie bereits beim Halbrahmen erläutert, müssen auch beim Dreigelenkrahmen die Auflagerkräfte eine Wirkungslinie haben, die auch durch das Gelenk bei C geht. Ersetzt man jeweils eine Hälfte des Dreigelenkrahmens durch eine Pendelstütze zwischen dem Auflager- und dem Scheitelgelenk, so entsteht ein Bild, das wir vom Halbrahmen kennen. Daher kann jede Hälfte des Dreigelenkrahmens auch wie ein Halbrahmen als statisch bestimmtes System über die Gleichgewichtsbedingungen berechnet werden. Die Auflagerkräfte aus beiden Teilen werden (als Kraftvektoren in Berücksichtigung ihrer Wirkungslinien !!) addiert. Nach Bestimmung der Auflagerreaktionen (alle äußeren Kräfte befinden sich dann in einem Gleichgewicht, Ruhezustand) können alle erforderlichen Schnittkräfte als Grundlage der Dimensionierung in gewohnter Weise über die Gleichgewichsbedingungen bestimmt werden

11.2.4 Zweigelenkrahmen

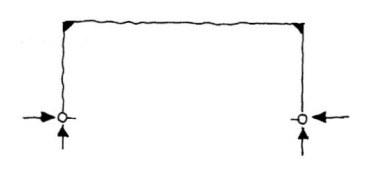

Die Bezeichnung bezieht sich auf die Fußgelenke dieses Rahmentyps. Die Stiele sind mit dem Riegel biegesteif verbunden. Mit vier unbekannten Auflagerreaktionen ist der Zweigelenkrahmen statisch unbestimmt[24]. Die Berechnung kann nicht mehr allein über die Gleichgewichtsbedingungen erfolgen. Das grundsätzliche Tragverhalten für vertikale und horizontale Belastungen wurde unter 11.2.1 dargestellt.

11.2.5 Kombinationsformen

Die oben dargestellten Rahmentypen einschließlich der Modifikationen für die Ausbildung der Fußpunkte der Rahmen ermöglichen vielfältige Kombinationen und eröffnen dem kreativen Gestalter ein weites Betätigungsfeld. Wenngleich wir dabei die gesicherte Grenze des immergültigen Einsatzes der Gleichgewichtsbedingungen überschreiten, können wir doch über Grundkenntnisse des Tragverhaltens und mit guten Vorstellungen über das elastische Verhalten Entscheidungen für die Entwicklung von Tragsystemen aus Rahmenkonstruktionen treffen.

Rahmenkonstruktionen werden vornehmlich dort eingesetzt, wo größere vertikale Lasten zu tragen sind oder größere Spannweiten überbrückt werden müssen. Sind darüber hinaus gleichzeitig innerhalb des Systems horizontale Kräfte abzuleiten, so ist die Wahl von Rahmenkonstruktionsformen eine richtige Entscheidung.

Für einige gängige Rahmen und häufiger vorkommende Belastungen gibt es in einschlägigen Tabellenwerken Formelsammlungen.

---

[24] vergl. Seite 50

11 Stabsysteme

Die kreative Fähigkeit der Gestalter wird jeden Versuch einer Auflistung der Kombinationsmöglichkeiten ad absurdum führen. Daher sollen nachfolgend nur einige Grundprinzipien in Form von Systemzeichnungen[25] dargestellt werden.

Von der formalen oder auch materialspezifischen Ausgestaltung abgesehen sind zwei Kombinationen möglich:

- horizontale und
- vertikale

Kombinationen der Grundformen.

Für den Bereich horizontaler Kombinationen zeigen die Skizzen beispielhaft eine "mehrfeldrige Rahmenkonstruktion" mit Kragarmen, eine Kombination von zwei Zweigelenkrahmen mit Kragarmen, die, durch eine Fuge voneinander getrennt, unabhängig neben einander stehen und eine Kombination von zwei Zweigelenkrahmen mit einem Einfeldträger, der dazwischen gelenkig gelagert ist.

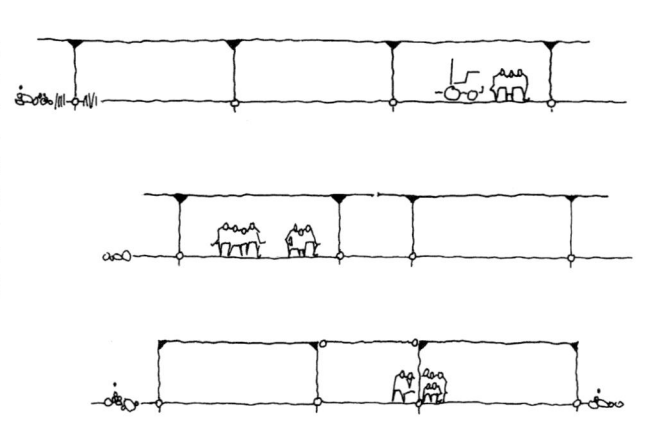

Für den Bereich vertikaler Kombinationen zeigen die Skizzen beispielhaft eine vertikale Stapelung von Zweigelenkrahmen und einen „Stockwerksrahmen" mit Kragarmen.

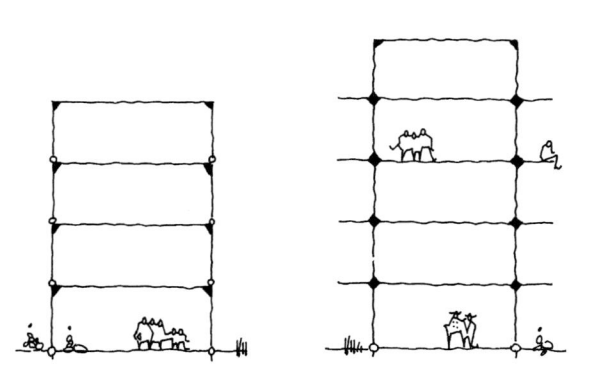

Die Gruppierungen von Rahmen oder Rahmenkombinationen erfolgen im Skelettbau sinngemäß wie dort beschrieben. Der bedeutsame Unterschied liegt in den biegesteifen Verbindungen der Riegel mit den Stielen.

Stiele und Riegel müssen auch nicht immer senkrecht und waagerecht verlaufen!

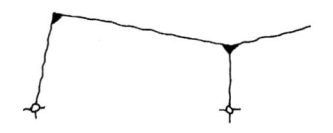

---

[25] vergl. Seite 45 ff

11.2.6 Besondere biegesteife Stabverbindungen

Die baukonstruktiven Detailprobleme, die in den unterschiedlichen Ausgestaltungen der biegesteifen Anschlüsse oder der Gelenke in Abhängigkeit von den verschiedenen Baustoffen liegen, sollen hier nicht behandelt werden.

Fraglos liegt darin ein reizvolles Potenzial für die Gestaltung der Details von Tragwerken. Im Rahmen dieser Behandlung über Tragwerke und ihrer gestalterischen Auswirkungen auf die Architektur würde dadurch jedoch der Rahmen gesprengt. Eine eigenständige systematische Behandlung dieser Gestaltungsmöglichkeiten ist insbesondere dann eine Herausforderung, wenn sie sich abhebt von einer Sammlung ausgeführter Möglichkeiten.

Wenn Rahmenkonstruktionen grundsätzlich geeignet sind, größere Spannweiten zu überbrücken, dann liegt es nahe, Rahmentragwerke mit Fachwerkträgern zu kombinieren oder Rahmentragwerke ganz aus Fachwerkträgern herzustellen. Dies ist mit allen Formen von Fachwerken und mit ebenen und räumlichen Fachwerken möglich.

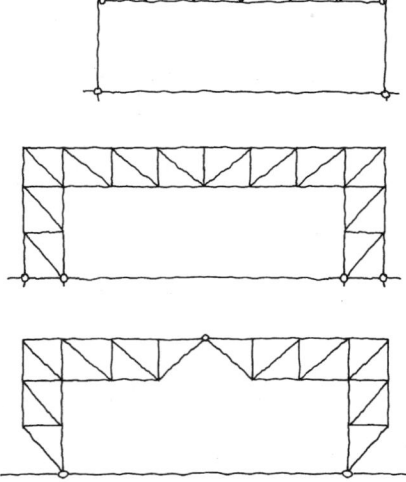

Die beispielhaften Skizzen zeigen einen parallelgurtigen Fachwerkträger, der durch seine Verbindungen des Ober- und Untergurtes mit den einstäbigen Stielen biegesteif verbunden ist. Die Einspannwirkung entsteht aus dem Hebelarm, der zwischen den Kräften im Ober- und Untergurt besteht. Im zweiten Beispiel sind auch die Stiele als Fachwerke ausgebildet und doppelt in der Gründungsebene gelagert, wodurch an den Fußpunkten Einspannungen entstehen. Das dritte Beispiel zeigt die Ausbildung eines Dreigelenkrahmens aus Fachwerken. Der Riegel erhält ein Zwischengelenk und die Stiele sind punktförmig (gelenkig) gelagert.

11 Stabsysteme

So, wie ein Fachwerkträger durch die zweifache Verbindung des Obergurtes und des Untergurtes mit dem Stiel biegesteif angeschlossen werden kann, kann auch der Stiel in zwei Stäbe V-förmig aufgeteilt und zweifach mit dem Riegel verbunden werden.

Diese Möglichkeit ist in drei Varianten an einem Halbrahmen (V-förmige Stütze gelenkig gelagert und mit dem Riegel biegesteif verbunden und Pendelstütze als gegenüber liegende Unterstützung des Riegels) dargestellt. Die V-förmige Stütze bildet dabei mit ihren Stäben und einem Teil des Riegels ein verformungssteifes Dreieck, wie es als Grundbaustein[26] der Fachwerkträger bekannt ist.

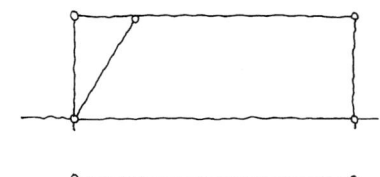

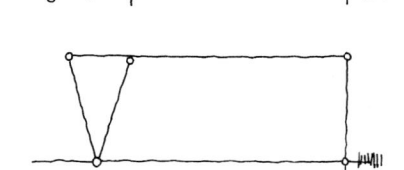

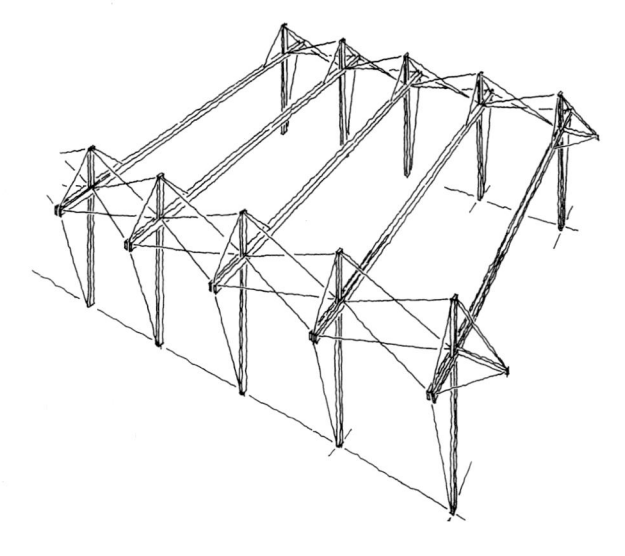

Diese Stützenausbildung erinnert an die handwerkliche Aussteifung von Holzkonstruktionen durch Kopfbänder, die Stiele und Riegel zu einem Zweigelenkrahmen verbinden. Im handwerklichen Holzbau sind Anschlüsse, die Druckkräfte übertragen können, einfacher auszuführen als zugbeanspruchte Anschlüsse. Hinsichtlich horizontaler Belastungen wird immer nur eine Kopfbandverbindung wirksam, weil die andere durch Dehnungsverformung ihre (Druck-)Kraftschlüssigkeit verliert.

Daher können solche Eckaussteifungen auch durch Seile erfolgen, wobei durch horizontale Belastungen die Eckaussteifung stets an einer Seite des Rahmens durch Zugkräfte belastet wird, während die andere Eckaussteifung schlaff wird, weil hier Druckkräfte auftreten würden (wenn sie aufgenommen werden könnten).

Kombiniert man diese Eckausbildungen des Rahmens durch Seile mit der oben dargestellten Mehrteiligkeit der Stütze, so sind reizvolle Kombinationen aus druck- und zugbeanspruchten Stäben im Bereich der Rahmenkonstruktion möglich.

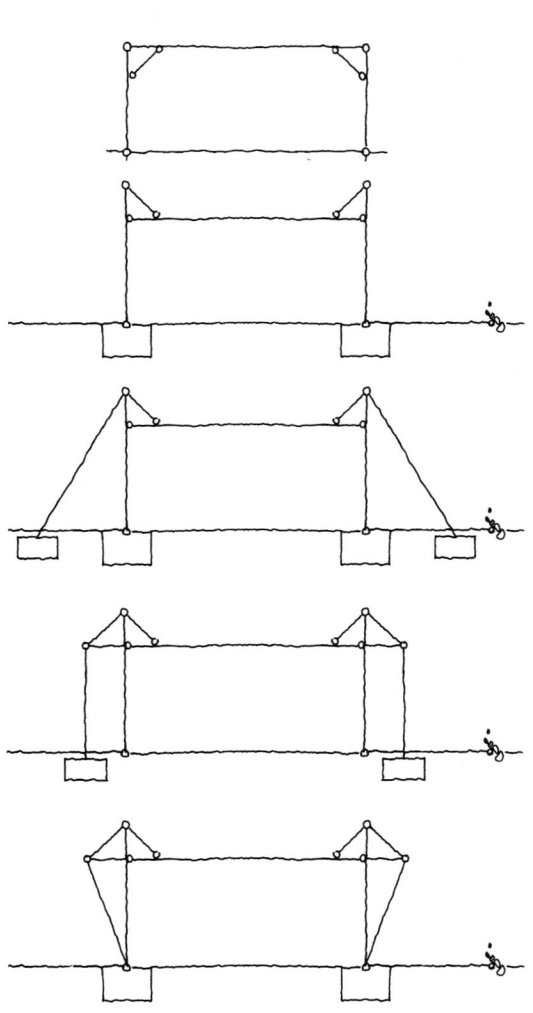

---

[26] vergl. Seite 226

11 Stabsysteme

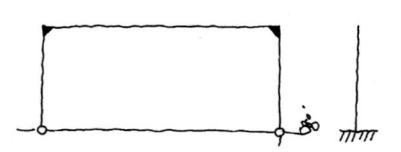

Erinnern wir uns, dass Tragwerke immer dreidimensional zu analysieren oder zu entwickeln sind! Für einen Rahmen können wir für die Fußpunkte quer zu seiner Spannrichtung andere Wertigkeiten festlegen als in der Spannrichtung. Beispielsweise kann ein Zweigelenkrahmen quer zu seiner Spannrichtung in das Fundament eingespannt sein. Eine solche Annahme würde sich als System so darstellen wie es die Skizze zeigt.

Ein Architekt oder Innenarchitekt mit einer ausgeprägten räumlichen Vorstellungsfähigkeit kann daraus plastische Stützglieder entwickeln, die für Beton oder stabförmige Baustoffe (Holz oder Stahl) unterschiedliche Ausformungen[27] erfahren können.

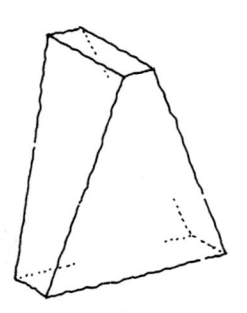

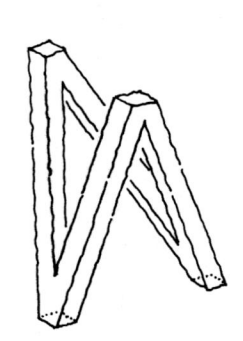

---

[27] vergl. Seite 324 ff.

11 Stabsysteme

11.3 Seilsysteme

11.3.1 Allgemeines

Seile sind Baustoffe, die ausschließlich Zugkräfte aufnehmen können. Stäbe, die ausschließlich durch Zugkräfte beansprucht

11 Stabsysteme

werden, können daher mit Seilen ausgebildet werden. Bei Fachwerkträgern[28] haben wir Stäbe (oft Diagonalstäbe oder Untergurte), die von Zugkräften beansprucht werden. Solche Stäbe sind als Seile elegant und mit schlanken Abmessungen auszuführen. Dabei wird die Festigkeit oft durch die Festigkeiten der Befestigungs- oder Verbindungselemente begrenzt.

Abhängig von ihrer Herstellung und den Festigkeiten der verwendeten Materialien können für erste Näherungen mittlere Festigkeiten von 30 bis 50 kN/cm² angenommen werden. Andererseits dehnen sich Seile unter Last verhältnismäßig stark aus, so dass Seilkonstruktionen durch relativ große Verformungen gekennzeichnet sind, die durch Nachspannen über Spannschlösser oder andere Spannelemente je nach den Anforderungen der Bauaufgabe ausgeglichen werden müssen.

Vergleichswert für ST 37 $\sigma_{Z\,zul.} = 16$ kN/cm². In der Praxis wird über abgeminderte Bruchlasten gerechnet.

Ein anderes Anwendungsfeld für tragende Seile sind Aufhängungen und Abspannungen. Auch in solchen Konstruktionen können Seile nur für die (Zug-)Elemente verwendet werden, für die unter allen Bedingungen (Lastfälle) sicher gestellt ist, dass stets Zugkräfte auftreten. Ungünstige Beanspruchungen können insbesondere durch Unterwind- und Windsogbelastungen entstehen. Für das im Modell dargestellte Tragsystem wäre zu untersuchen, ob aus Unterwind und Windsog am Aufhängepunkt der Binder nicht größere (negative) Belastungen entstehen als aus dem Eigengewicht.

Verkehrslasten (veränderliche Lasten) bleiben dabei unberücksichtigt.

Weiterhin können Seile zum Tragen „fliegender" Stützen eingesetzt werden, weil hier ebenfalls, in Beachtung der oben genannten Bedingungen, nur Zugkräfte auftreten. Derartige „fliegende" (Zwischen-)Stützen haben wir bereits bei den unterspannten Trägern[29] kennen gelernt. Solche Zwischenstützungen können aber auch bei der Überspannung großer stützenfreier Räume mit Seilkonstruktionen eingesetzt werden. In drei nachfolgenden Beispielen wird der Kraftfluss aus solchen Belastungen untersucht.

11.3.2 Form und Last

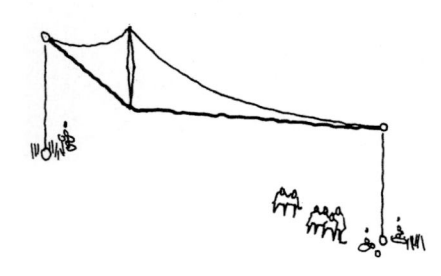

Seile sind, wie Ketten, formaktive Tragelemente, d.h. sie nehmen selbstständig eine Form an, die der Position, der Richtung und der Größe der beanspruchenden Kraft entspricht. Formale Gestaltungen unterliegen nicht willkürlichen Entscheidungen der Gestalter, sondern sind nur aus subtiler Kenntnis der Lastflüsse und deren Steuerung zu beeinflussen. Die Form der Seilkonstruktion ist aber auch von der Seillänge abhängig.

Die Auswirkungen der Kraftparameter werden vollständig bei Punktbelastungen durch mehr als eine Einzellast erkennbar, wie die folgenden Beispiele zeigen.

---

[28] vergl. Seite 227
[29] vergl. Seite 223

11 Stabsysteme

Die Kräfte können unmittelbar als Gewichtskräfte eingeleitet werden oder indirekt durch Überspannungen mit anderen Seilen, wie die nebenstehende Skizze zeigt.

Geht man (zunächst) von vertikalen Punktbelastungen der Seile aus, so sind die formalen Auswirkungen – und damit auch die Verteilungen der Kräfte – direkt in der Seitenansicht darstellbar. Die Auswirkung von Vorgaben für die Seillänge hinsichtlich der Form und der damit verbundenen Seilkraftgrößen ist bei mehr als einer (großen) Einzellast nur über mathematische Iterationsverfahren bestimmbar. Sonst sind nur generelle Trendaussagen möglich[30]. Für die folgenden Beispiele wird daher von angenommenen Durchhängen (Stichen), bezogen auf die Resultierende der Belastung, ausgegangen. Gleichfalls wird in den Beispielen angenommen, dass die Einzellasten im Verhältnis zum Eigengewicht der Seile sehr groß sind. Dadurch kann hinreichend genau die Seilform zwischen den Einzellasten gradlinig (Polygonzug) angenommen werden. Dann können über die grafische Vektorenrechnung mit den aus der Seilform vorgegebenen Kraftrichtungen[31] auch die Belastungen der Seile und der Auflager bestimmt werden.

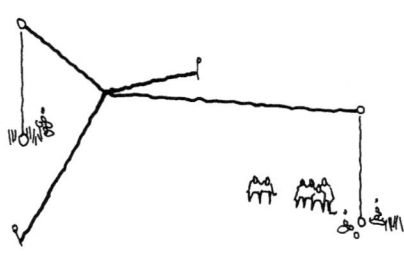

Beispiel 1

Ein Seil (mit geringem, vernachlässigten Eigengewicht) wird von einer einzelnen Punktlast beansprucht.

Die Seilkräfte und die Auflagerreaktionen sind mit der grafischen Vektorenrechnung bestimmbar.

Durch die Vorgabe eines bestimmten Stichmaßes am Angriffspunkt der Belastung „F" sind die (gradlinigen) Richtungen der Seilteile von der Last zu den Auflagern definiert und die Belastungskraft „F" ist mit dem Kräfteparallelogramm in die Seilkräfte F_{SA} und F_{SB} zerlegbar. In den gelenkigen Auflagern A und B können die Seilkräfte in die Auflagerreaktionen F_{VA} und F_{HA} sowie F_{VB} und F_{HB} mit derselben Methode zerlegt werden.

Die Seilkräfte F_{SA} und F_{SB} sind in den Auflagern bereits als Reaktionskräfte dargestellt.

Bei schrägen (nicht vertikalen) Belastungen können die entsprechenden Untersuchungen nur in derselben Ebene durchgeführt werden, in der sich der Seilzug und die Last F in wahrer Größe darstellen.

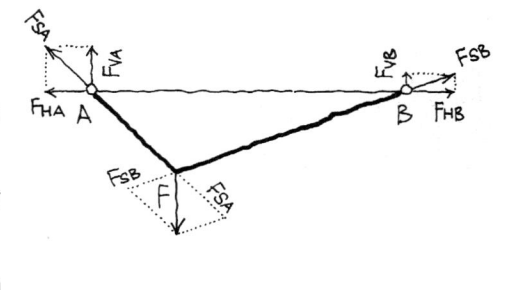

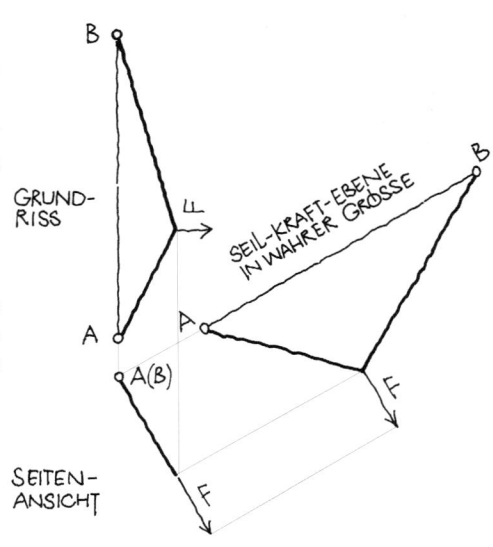

---

[30] über Näherungsrechnungen
[31] vergl. Seite 33

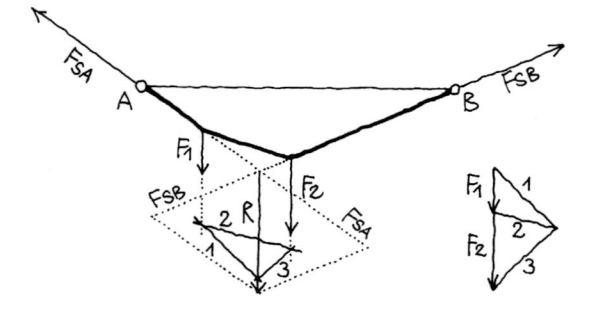

11 Stabsysteme

Beispiel 2

Ein Seil (mit geringem, vernachlässigten Eigengewicht) wird mit zwei Punktlasten F_1 und F_2 beansprucht.

Die Bestimmung der Kräfte im Seil und in den Auflagern erfolgt mit der grafischen Vektorenrechnung.

Zuerst werden über ein Seileck[32] die Größe und die Position der Resultierenden bestimmt. Durch die Vorgabe eines bestimmten Stichmaßes auf der Wirkungslinie der Resultierenden „R" sind die Richtungen der Seilteile von der Resultierenden zu den Auflagern definiert und die Seilkräfte F_{SA} und F_{SB} zu bestimmen. Die Schnittpunkte des Seiles mit den Wirkungslinien der Kräfte F_1 und F_2 werden verbunden und ergeben den Seilverlauf zwischen diesen beiden Kräften. In den Auflagern können die Seilkräfte wie im Beispiel 1 in vertikale und horizontale Auflagerreaktionen zerlegt werden.

Übrigens: Die Summe der vertikalen Kräfte F_1 + F_2 − F_{VA} − F_{VE} muss nach der Gleichgewichtsbedingung $\Sigma V = 0$ Null sein.

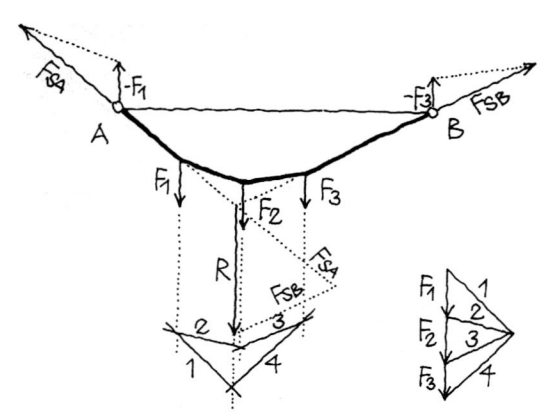

Beispiel 3

Ein Seil (mit geringem, vernachlässigten Eigengewicht) wird mit drei Punktlasten F_1 bis F_3 beansprucht.

Auch hier erfolgt die Bestimmung der Kräfte im Seil und in den Auflagern mit der grafischen Vektorenrechnung.

Zunächst wird aus den Belastungskräften F_1 bis F_3 sinngemäß wie vor beschrieben eine Resultierende „R" und ihre Lage bestimmt. Unter Annahme eines bestimmten Stichmaßes auf der Wirkungslinie der Resultierenden sind die Seilrichtungen von der Wirkungslinie der Resultierenden zu den Auflagerpunkten „A" und „B" bestimmt. Aus der Resultierenden sind die Seilkräfte F_{SA} und F_{SB} über die damit vorgegebenen Kraftrichtungen mit dem Kräfteparallelogramm (hier reduziert auf das Kräftedreieck) bestimmbar. Die Seilrichtung beim Auflager „A" bleibt konstant bis zur Wirkungslinie der Kraft F_1. Diese Kraft F_1 verändert die Größe der Seilkraft F_{SA} in die als punktierter Vektor beim Punkt „A" dargestellte neue Seilkraft mit ihrer neuen Richtung. Diese neue Richtung (des Seiles) wird parallel ab der Wirkungslinie von F_1 bis zum Schnitt mit der Wirkungslinie von F_2 angetragen. Analog ist im Punkt „B" die Konstruktion der Richtungsänderung des Seiles zwischen den Wirkungslinien von F_3 und F_2 dargestellt, die durch Parallelverschiebung ab der Wirkungslinie von F_3 anzutragen ist.

R wird hier durch ein Kräftedreieck (halbes Kräfteparalellogramm) in F_{SA} und F_{SB} zerlegt.

Die Kräfte sind hier als Reaktionskräfte angetragen, wie die Pfeilrichtungen und die negativen Bezeichnungen ausweisen.

---

[32] vergl. Seite 32, 63

11 Stabsysteme

Auf der Wirkungslinie von F_2 müssen sich die beiden neuen Seilrichtungen schneiden. In den Auflagern A und B können die Seilkräfte wieder in vertikale (F_V) und horizontale (F_H) Auflagerreaktionen aufgeteilt werden.

Bei noch mehr Einzellasten wiederholen sich die beschriebenen Schnitte der zeichnerischen Bestimmung des Seilverlaufs und der Kräfte und liefern die Form des Seilzuges ebenso wie die Kräfte in den Seilabschnitten.

Wurden in den oben behandelten Beispielen Zugkräfte direkt in die Seile eingeleitet oder durch Kraftumlenkungen von Punktlasten hervorgerufen und führten (bei Vernachlässigung des Eigengewichtes der Seile) zu gradlinigen oder polygonalen Seilformen, so bewirken gleichmäßig verteilte Belastungen kurvierte Seilzüge. Eine Vorstellungsbrücke kann über ein gedachtes Seil hergestellt werden, das mit sehr vielen Einzellasten beansprucht wird, die einen sehr engen Abstand zueinander haben. Der dadurch bedingte vielteilige Polygonzug geht in eine Kurve über, wenn der Abstand der Einzellasten gegen Null geht.

Auch bei gleichmäßig belasteten Seilen ist die Festlegung einer Stichhöhe „f" einfacher, als von einer vorgegebenen Seillänge auszugehen.

Ein Seil, das mit einer gleichmäßig verteilten Belastung „q", bezogen auf eine Horizontale, beansprucht wird, nimmt die Form einer Parabel an.

Die Größe der vertikalen Auflagerreaktionen ist bei symmetrischer Geometrie und Belastung über $\Sigma V = 0$ leicht bestimmbar:

$$F_{AV} = F_{BV} = \frac{q \cdot l}{2}$$

Da das Seil ausschließlich Zugkräfte aufnehmen kann, müssen die Momente an jedem Punkt auf dem Seil null sein. Wenn weiterhin die vertikale Auflagerreaktion, wie oben dargestellt, bekannt ist, so ist über $\Sigma M = 0$ im Scheitelpunkt S die horizontale Auflagerkraft bestimmbar:

$$F_{HA} \cdot f - F_{VA} \cdot \frac{l}{2} + q \cdot \frac{l}{2} \cdot \frac{l}{4} = 0$$

setzt man für F_{VA} den oben berechneten Wert ein, so folgt:

$$F_{HA} \cdot f - q \cdot \frac{l}{2} \cdot \frac{l}{2} + q \cdot \frac{l}{2} \cdot \frac{l}{4} = 0$$

und daraus, sowie unter Berücksichtigung von $_{max}M_{Feld} = \frac{q \cdot l^2}{8}$ [33], folgt:

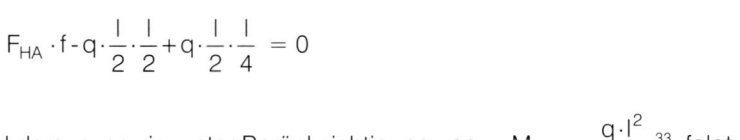

---

[33] vergl. Seite 118

11 Stabsysteme

$$F_{HA} = \frac{q \cdot l^2}{8 \cdot f} = \frac{\max M_{Feld}}{f}.$$

Da keine weiteren horizontalen Lasten wirken, ist diese Horizontalkraft über die gesamte Seillänge wirksam. Sie ist gleichzeitig die Horizontalkomponente jeder Seilkraft in jedem Punkt des Seiles. So kann man allgemein schreiben:

$$F_H = \frac{\max M_{Feld}}{f}.$$

Das entspricht auch der Gleichgewichtsbedingung $\Sigma H = 0$.

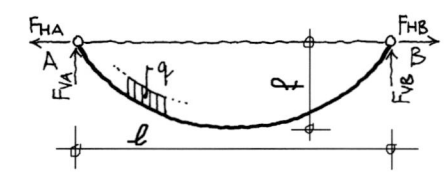

Wirkt eine gleichmäßig verteilte Belastung q je Meter Seillänge, so nimmt das Seil die Form einer Kettenlinie[34] an. Die vertikalen Auflagerreaktionen werden dadurch größer als oben beschrieben. Jedoch müssen auch bei dieser Belastung die Horizontalkräfte entlang der Kettenlinie konstante Größe haben.

Die Kettenlinie ist eine transzendente Kurve, die nur iterativ berechnet werden kann.

Da jedoch im Hochbau in der Regel Seilkonstruktionen vorkommen, die einen verhältnismäßig kleinen Stich „f" haben, kann in einer ersten Näherung auch mit einer Parabelform und einer auf die Horizontale bezogenen gleichmäßig verteilten Belastung „q" gerechnet werden.

Die Kettenlinie hat die Gleichung

$$y = \frac{a}{2} \cdot \left(e^{\frac{x}{a}} + e^{-\frac{x}{a}} \right) \text{ mit}$$

der Eulerscher Zahl $e = 2{,}71828\ldots$

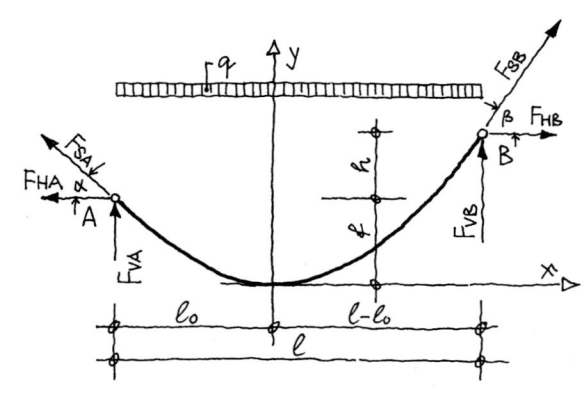

Für diejenigen, die es etwas genauer wissen wollen, sei das Verfahren an einem allgemeinen Beispiel mit unterschiedlich hohen Auflagern (Höhendifferenz = h [m]) erläutert.
Die Spannweite sei l [m] und der Stich f [m].

Aus der allgemeinen Parabelgleichung

$$x^2 = 2 \cdot p \cdot y$$

ergibt sich für die Punkte A und B (Auflager):

$$l_0^2 = 2 \cdot p \cdot f \text{ und}$$

$$(l - l_0)^2 = 2 \cdot p \cdot (f + h).$$

Aus diesen beiden Gleichungen ist der Horizontalabstand l_0 [m] des Scheitels der Parabel vom Auflager A zu berechnen mit:

$$l_0 = \frac{l}{1 + \sqrt{\frac{f+h}{f}}}$$

---

[34] Die Belastung muss gleichmäßig je m Seil wirken. Vergleiche Skizze.

11 Stabsysteme

sowie p mit:

$$p = \frac{l_0^2}{2 \cdot f}.$$

Im Scheitelpunkt ist die Tangente horizontal. Daher wirkt dort keine Vertikalkraft im Seil.

Aus $\Sigma V = 0$ für den Scheitelpunkt des Koordinatensystems ist:

$$F_{VA} = q \cdot l_0$$

und

$$F_{VB} = q \cdot (l - l_0)$$

Da vom Seil keine Biegemomente aufgenommen werden können, ist in jedem Fall F_H über die gesamte Länge des Seiles gleichgroß.

Wie bereits oben abgeleitet, ist auch hier:

$$F_H = \frac{q \cdot l^2}{8 \cdot f} = F_{HA} = F_{HB}.$$

Aus den vertikalen und horizontalen Komponenten der Auflagerkräfte sind die Neigungswinkel α und β der Seilkräfte F_{SA} und F_{SB} zu bestimmen und damit schließlich die Seilkräfte in den Auflagern selbst:

$$\alpha = \operatorname{atan} \frac{F_{VA}}{F_H}$$

$$\beta = \operatorname{atan} \frac{F_{VB}}{F_H}.$$

$$F_{SA} = \frac{F_H}{\cos \alpha}$$

$$F_{SB} = \frac{F_H}{\cos \beta}.$$

11.3.3 Parabelform und Kettenlinie

Sieben Beispiele sollen darlegen, dass die Berechnung der Seilbeanspruchung (F_S) und der Beanspruchung der Auflager F_{VA}, F_{VB} und F_H (Lastfluss) über die einfacheren und nachvollziehbareren Formeln unter der Annahme einer parabolischen Verformung auch für gleichmäßig verteilte Lasten entlang der Kettenlinie im Vergleich zu den komplizierten Näherungen für die Kettenlinie hinreichend genau sind.

			für q/m Horizontale	für q/m Kettenlinie	Fehler
q =	5,0 kN/m				
l =	30,0 m	$\alpha = \beta$	21,801°	22,057°	
f =	5,0 m	$F_{VA} = F_{VB}$	75,0 kN	76,96 kN	1,3%
h =	0,0 q	F_H	187,5 kN	189,95 kN	1,3%
		$F_{SA} = F_{SB}$	201,94 kN	204,95 kN	1,5%

11 Stabsysteme

			für q/m Horizontale	für q/m Kettenlinie	Fehler
q =	25,0 kN/m				
l =	50,0 m	α = β	21,801°	22,057°	
f =	5,0 m	$F_{VA} = F_{VB}$	625,0 kN	641,37 kN	2,6%
h =	0,0 q	F_H	1.562,5 kN	1.582,91 kN	1,3%
		$F_{SA} = F_{SB}$	1.682,9 kN	1.707,91 kN	1,5%
q =	5,0 kN/m		für q/m Horizontale	für q/m Kettenlinie	Fehler
l =	40,0 m	α = β	16,699°	16,816°	
f =	3,0 m	$F_{VA} = F_{VB}$	100,0 kN	101,49 kN	1,5%
h =	0,0 q	F_H	333,3 kN	335,80 kN	0,7%
		$F_{SA} = F_{SB}$	348,0 kN	350,80 kN	0,8%
q =	10,0 kN/m		für q/m Horizontale	für q/m Kettenlinie	Fehler
l =	70,0 m	α = β	21,801°	22,057°	
f =	7,0 m	$F_{VA} = F_{VB}$	350,0 kN	359,17 kN	2,6%
h =	0,0 q	F_H	875,0 kN	886,43 kN	1,3%
		$F_{SA} = F_{SB}$	942,4 kN	956,43 kN	1,5%
q =	10,0 kN/m		für q/m Horizontale	für q/m Kettenlinie	Fehler
l =	100,0 m	α = β	19,799°	19,991°	
f =	9,0 m	$F_{VA} = F_{VB}$	500,0 kN	510,64 kN	2,1%
h =	0,0 q	F_H	1.388,9 kN	1.403,64 kN	1,0%
		$F_{SA} = F_{SB}$	1.476,1 kN	1.493,64 kN	1,2%
q =	10,0 kN/m		für q/m Horizontale	für q/m Kettenlinie	Fehler
l =	100,0 m	α = β	30,964°	31,671°	
f =	15,0 m	$F_{VA} = F_{VB}$	500,0 kN	528,84 kN	5,8%
h =	0,0 q	F_H	833,3 kN	857,23 kN	2,9%
		$F_{SA} = F_{SB}$	971,8 kN	1.007,23 kN	3,6%
q =	15,0 kN/m		für q/m Horizontale	für q/m Kettenlinie	Fehler
l =	120,0 m	α = β	14,931°	15,014°	
f =	8,0 m	$F_{VA} = F_{VB}$	900,0 kN	910,58 kN	1,2%
h =	0,0 q	F_H	3.375,0 kN	3.394,81 kN	0,6%
		$F_{SA} = F_{SB}$	3.492,9 kN	3.514,81 kN	0,6%

11 Stabsysteme

Solange der Durchhang „f" oder die Summe von Durchhang und Höhendifferenz der Auflagerpunkte „f+h" ca. 1/10 der Spannweite „l" nicht überschreiten, ergeben sich auch bei Streckenlasten entlang der Kettenlinie keine größeren Abweichungen der Seilkräfte und der Auflagerkräfte gegenüber der Annahme einer Streckenlast auf einer Horizontalen wie die dargestellten Vergleichsrechnungen belegen.

11.3.4 Stabilisierung von Seiltragsystemen

Die tragenden Seile stellen also, abhängig von den Positionen, den Richtungen und den Größen der Lasten, ihre Form so ein, dass im Seil nur Zugkräfte auftreten.

Veränderungen der oben genannten Lastparameter führen also auch zu anderen Formen. Die Last „F" in der linken Position verursacht die punktiert dargestellte Seilform während sie in der rechten Position die ausgezogene Seillinie herstellt.

Solche Belastungsänderungen resultieren vornehmlich aus Windlasten – insbesondere aus Unterwind oder Windsog.

Dramatisch werden Formveränderungen, wie sie in der rechten Skizze dargestellt sind. Die Kraft „F_U" verursacht die punktierte dargestellte Seilform. Wirkt dann eine Kraft[35] in derselben Position entgegengesetzt, so wird die Kraft „F_U" abgebaut und kann einen negativen Wert „F_O" annehmen. Es entsteht die ausgezogene Form des Seiles. Das verhältnismäßig geringe Eigengewicht der Dachflächen und der Seilkonstruktionen fördert derartige Kraftänderungen und damit verbundene große Formänderungen.

Derartig extreme Verformungen sind im Bauwesen nicht tolerierbar und müssen konstruktiv verhindert werden. Dies kann auf dreifache Weise geschehen:

- die Dachhaut wird (z.B. durch Betonbauteile) so schwer ausgebildet, dass Sogkräfte oder Unterwind keine Umkehrung der Kraftrichtung bewirken können,

- die negativen Lasten werden durch eine eigene Seilkonstruktion aufgenommen,

oder

- die Seilkonstruktion wird mit einer biegesteifen Konstruktion kombiniert.

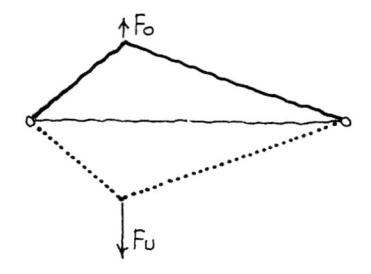

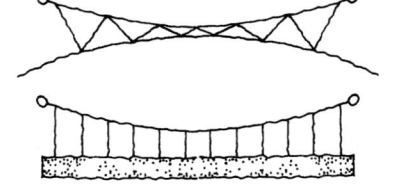

Als negative Lasten werden hier von unten nach oben (gegen die Erdanziehung) wirkende Kräfte bezeichnet.

Die elegantere und im Sinne leichter weit gespannter Tragwerke sinnvollere Lösung besteht darin, eine eigene Seilkonstruktion zur Aufnahme negativer Lasten einzuplanen. Eine derartige Seilkonstruktion wird also eine nach unten offene Parabel- oder Kettenlinienform haben. Eine solche Seilform würde jedoch nicht allein beständig sein können. Sie würde aus ihrem Eigengewicht sofort wieder eine nach unten durchhängende Form annehmen, wenn die negativen Lasten (z.B. Windsog) nicht wirksam sind.

---

[35] vergl. auch Seite 56 ff

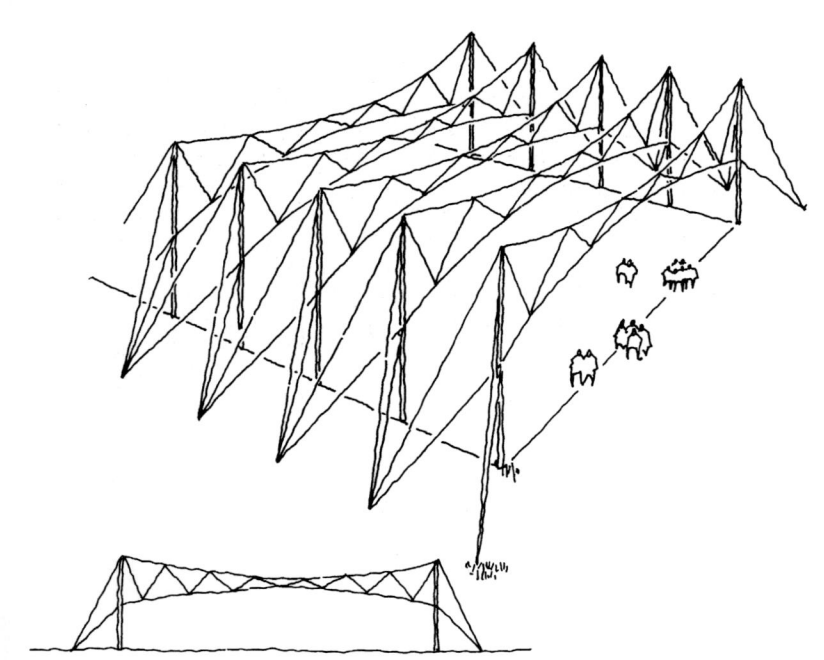

Um dies zu verhindern, muss das Seil zur Aufnahme der negativen Kräfte unter dem Haupttragseil angeordnet werden und durch Zugstäbe mit ihm verbunden werden.

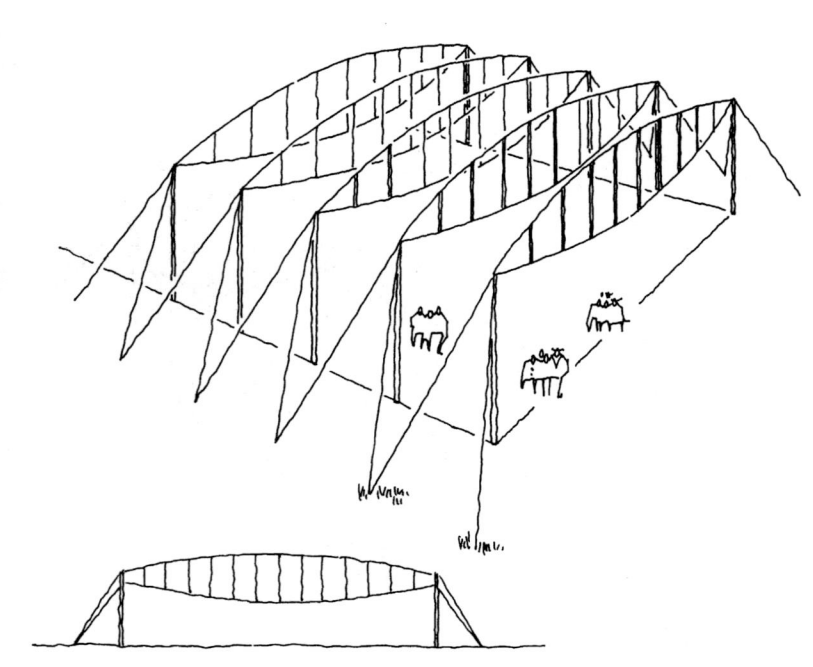

Das Seil zur Aufnahme der negativen Kräfte kann auch über dem Haupttragseil angeordnet werden und ist dann durch Druckstäbe im erforderlichen Abstand gehalten.

In beiden Fällen kann die Dachhaut auf dem unteren oder dem oberen Seil angeordnet werden sowie shedähnlich auf dem unteren und dem oberen Seil.

Hier bieten sich vielfältige Gestaltungsmöglichkeiten an, wobei die Raumform weder rechteckig noch gleichhoch sein muss.

Sinnvolle Spannweiten für derartige Seilkonstruktionen beginnen bei ca. 20 Meter auf einer Skala, die nach oben fast unbegrenzt ist, wie weitgespannte Hängebrücken belegen.

11 Stabsysteme

Die Stabilisierung der Seilkonstruktionen muss jedoch nicht in der Ebene des Haupttragseiles angeordnet werden, sie kann auch um eine halbe Achse versetzt ausgebildet werden. Der Innenraum und die Dachfläche erhalten dadurch eine spannungsreiche Gliederung. Nicht unbedeutend sind auch die Verbesserungen in der Regenwasserführung.

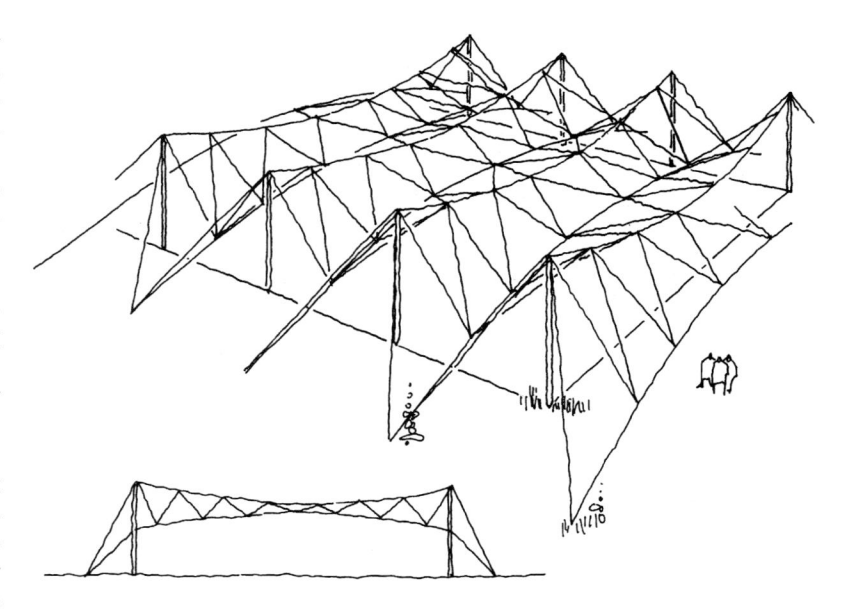

Die rechte Skizze zeigt das Prinzip einer Unterspannung der Haupttragseile bei halbachsiger Versetzung. Zugstäbe (Seile) verbinden die Tragseile.

Für den Fall einer achsversetzten Überspannung der Haupttragseile zur Aufnahme von Negativlasten sind Druckstäbe erforderlich, um den Abstand der Tragseile zu sichern.

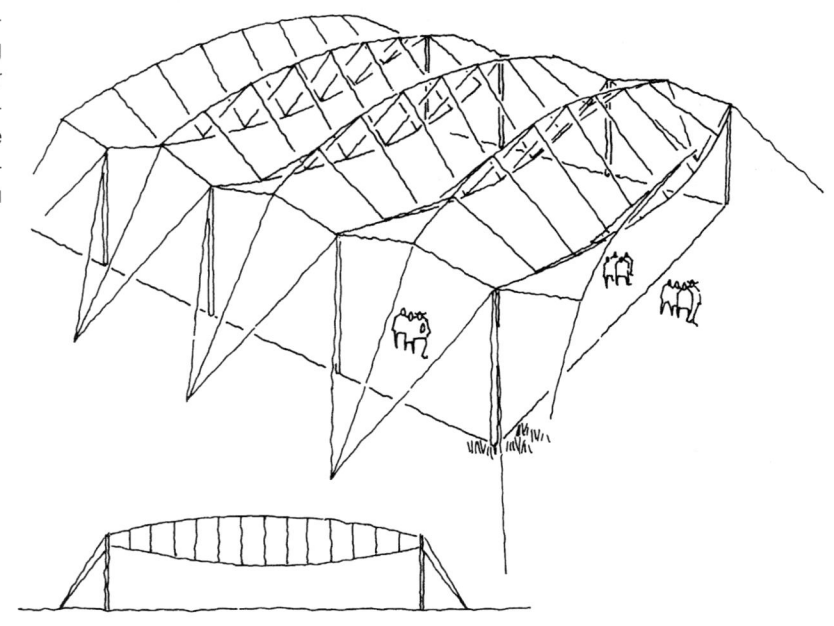

11 Stabsysteme

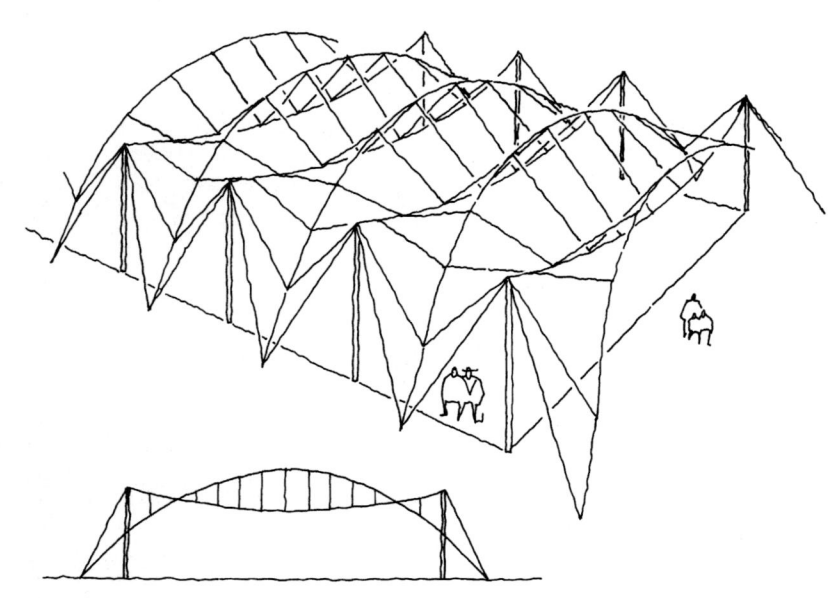

Bei achsversetzten Anordnungen der Seile zur Aufnahme der Negativlasten sind auch Ausformungen möglich, bei denen das Seil für die Negativlasten teils über teils unter dem Haupttragseil verläuft. Dabei ist es dort mit Druckstäben abzustützen, wo es über dem Haupttragseil verläuft und an das Haupttragseil mit Zugstäben (Seilen) anzuhängen, wo es unter dem Haupttragseil liegt.

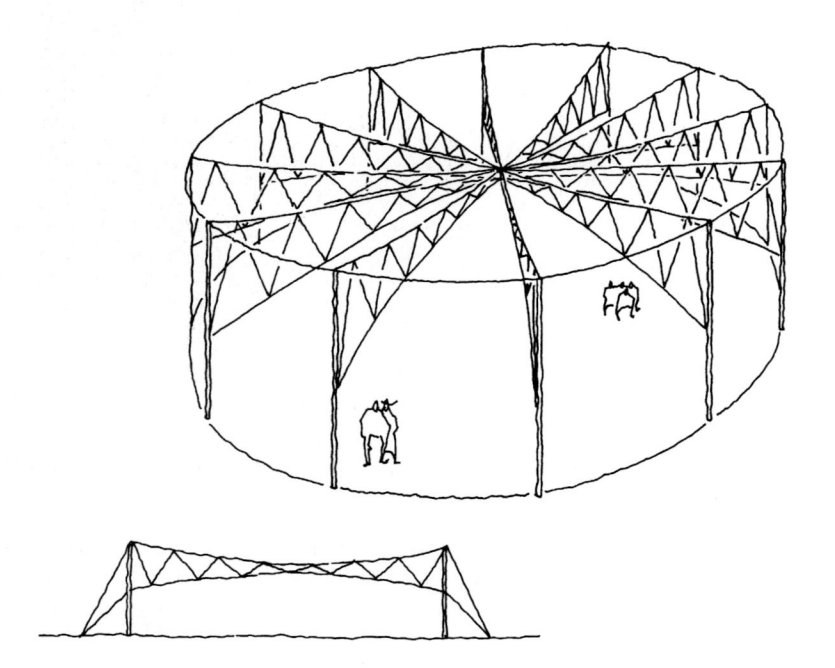

Die Seiltragsysteme können aber auch radial angeordnet sein, wie die nebenstehende Skizze für eine in der Tragebene unterspannte Konstruktion zeigt.

Alle oben dargestellten Grundsysteme sind auch für radiale oder völlig freie Anordnungen denkbar und eröffnen kreativen Gestaltern ein weites Feld der Anwendungen bei entsprechenden Bauaufgaben.

11 Stabsysteme

11.4 Bogensysteme

11.4.1 Allgemeines

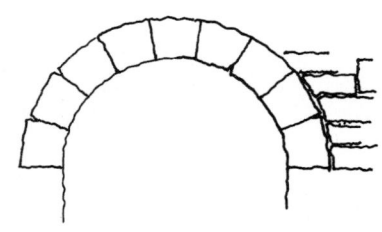

Seit der Antike sind Bogenkonstruktionen zur Überbrückung größerer Spannweiten aus dem Brückenbau und von Hochbauten bekannt. Im Verlauf der Jahrhunderte haben sie aus ästhetischen oder konstruktiven Gründen verschiedene Formen angenommen.

Es kann als gesichert angesehen werden, dass Bogenkonstruktionen unabhängig in verschiedenen Kulturen aus dem Scheingewölbe[36] entwickelt wurden.

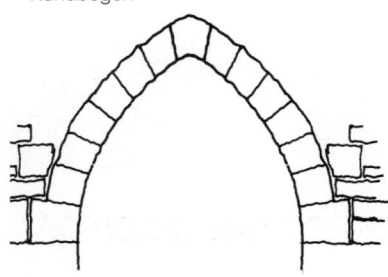

Rundbogen

Die nur druckfesten Natursteine und Ziegel, die seit der Antike zur Herstellung von Bogenkonstruktionen verwendet wurden, erforderten, abhängig von der Bogenform, teilweise mächtige Bogendicken im Verhältnis zur Spannweite, die der Bogen überbrücken sollte. Auch der Einsatz des opus cementitium[37], eines betonähnlichen Baustoffes, eröffnete keine weitergehenden Möglichkeiten, da er ebenfalls nur druckfest war. Dennoch gelang es den Römern, unter Kaiser Hadrian 110 n. Chr. mit gewichtsmäßig abgestuften Mischungen des opus cementitium das Pantheon mit einer lichten Weite von 43,3 m zu errichten, einer Spannweite, die erst im 20. Jahrhundert überschritten wurde. Nun, das Pantheon ist mit einer Kuppel[38] und keinem Bogen überspannt. Man kann sich jedoch die Kuppel als eine radiale Addition einzelner Bögen denken. Aber es wurden auch mit reinen Bogenkonstruktionen bei Schiffsbauhallen, Brücken oder Aquädukten mächtige Spannweiten überbrückt. Aber auch Wasser- und Abwasserleitungen mit kleineren Spannweiten wurden mit Tonnengewölben[39] überspannt, die als linear addierte Bögen vorstellbar sind.

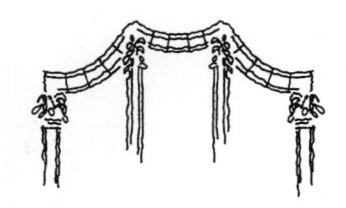

Spitzbogen

Gotischer Vorhangbogen

Auch wenn die Spitzbogenform und die Schwippbögen der Gotik ein subtileres Einfühlungsvermögen und Kenntnisse der Baumeister über Kraftflüsse in Bögen vermuten lassen, muss daran gezweifelt werden, wenn man die gotischen Vorhangbögen oder Leonardo da Vinci´s (1452-1519) fehlerhafte Erklärungsversuche über das Tragverhalten von Bogenkonstruktionen beachtet.

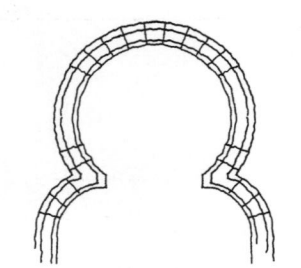

Sofern die Bogenkonstruktionen zur Überspannung von Fenster- und Türöffnungen in Wänden verwendet wurden, haben auch stark formalistisch geprägte Konstruktionen gehalten, wenn sich darüber im Mauerwerk ein Bogentragverhalten aufbauen konnte oder tatsächlich „Entlastungsbögen" eingebaut wurden. Dafür ist auch der „Scheitrechte Bogen" ein noch heute verwendetes Beispiel. Er ist daher auch nur geeignet, geringe Spannweiten (ohne dahinter liegende verdeckte Balken) zu überbrücken.

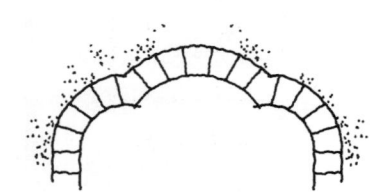

Maurischer (Hufeisen-)Bogen

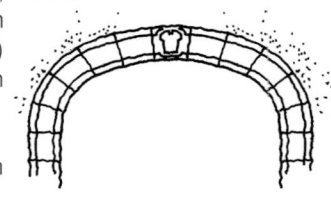

Korbbogen

Arabeske Bogenform

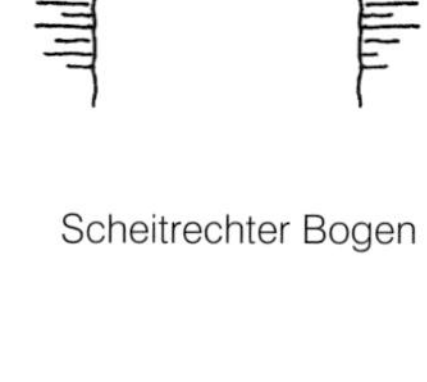

Scheitrechter Bogen

---

[36] vergl. Seite 129 ff
[37] vergl. Seite 12
[38] vergl. Seite 297
[39] vergl. Seite 295 ff

11 Stabsysteme

11.4.2 Tragverhalten der Bogensysteme

Ursprünglich sind Bögen typische Konstruktionsformen für natürliche oder künstliche Steine, d.h. für Baumaterialien, die nur mit Druckkräften beansprucht werden können.

Die Skizzen zeigen Stützlinien, über die im oberen Bild eine einzelne Last F in die Auflager A und B geleitet wird; unten links wird eine Reihe von Einzellasten F über ihre jeweiligen Resultierenden in die Auflager A und B abgeleitet; im Bild unten rechts wird eine auf die Horizontale bezogene Streckenlast über eine parabolische Stützlinie in die Auflager A und B eingeleitet. In den Auflagern sind die entsprechenden Reaktionskräfte dargestellt.

In Bögen über einer Öffnung oder über einem Raum werden dabei die Lasten auf einer so genannten „Stützlinie"[40] abgeleitet. Dabei ist die Stützlinie bei vertikaler Steckenlast entlang der Stützlinie die exakte vertikale Spiegelung der Kettenlinie[41], über die bei ausschließlich zugfesten Materialien die Lasten abgeleitet werden. Diese Erkenntnis nutzte bereits der katalanische Architekt Antonio Gaudí (1852-1926) bei der Entwicklung seiner Gewölbe- und Stützenführungen. Bei Belastungen durch Streckenlasten bezogen auf eine Horizontale hat die Stützlinie Parabelform.

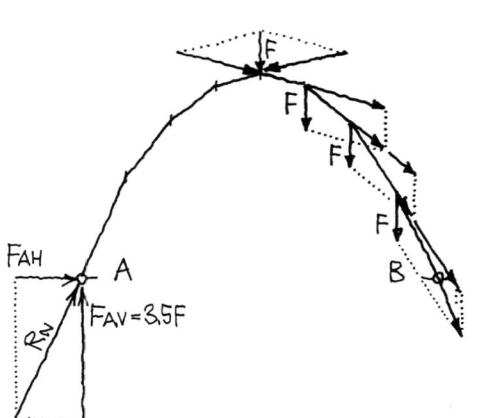

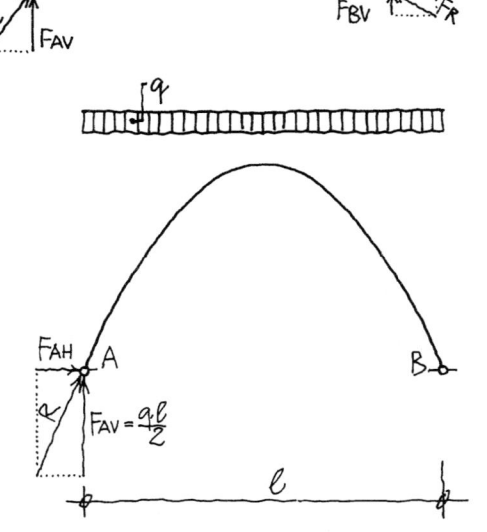

Die Form der Stützlinie ist abhängig von der Größe und Richtung der Belastung[42].

Veränderliche Lasten sind hierbei insbesondere Wind und Schnee.

Veränderungen (Schwankungen) der Stützlinie aus veränderlichen Belastungen sind bei schweren antiken oder mittelalterlichen Bogenkonstruktionen ohne größere Bedeutung. Sofern diese Stützlinie im Kern[43] des Bogenquerschnittes verläuft, entstehen im Bogentragwerk ausschließlich Druckkräfte. Bei leichteren Bogenkonstruktionen aus Stahlbeton, Holz oder Stahl sind die Veränderungen der Stützlinie jedoch von großer Bedeutung.

Die kreisrunden römischen Bögen[44] haben eine flach verlaufende Stützlinie, die in den Auflagern (hier Widerlager genannt) aus dem Bogenschub F_S große horizontale Kraftkomponenten F_{AH} einleiten. Bei spitzen gotischen Bögen kann die Stützlinie im Scheitel unterhalb der Systemlinie verlaufen. Die daraus resultierenden Momente können von rein druckfesten Materialien nicht aufge-

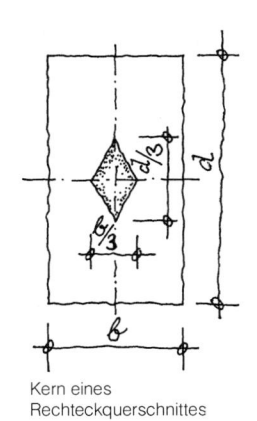

Kern eines Rechteckquerschnittes

---

[40] vergl. Seite 129
[41] vergl. Seite 250 ff
[42] sowie evtl. zusätzlich von Setzungen und Temperaturdehnungen.
[43] vergl. Seite 269 ff
[44] vergl. Seite 130

11 Stabsysteme

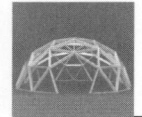

nommen werden. Erfahrene gotische Baumeister haben daher schwere Schlußsteine in Bögen und Gewölbe eingefügt.

Die beiden folgenden Skizzen zeigen – bei gleichen Belastungen „q" und den daraus resultierenden gleichgroßen Auflagerreaktionen F_{AV} – die von der Steigung der Stützlinie im Auflagerpunkt A abhängigen verschieden großen Bogenschübe F_S und die horizontalen Kraftkomponenten F_{AH}.

Als Steigung bezeichnet man die Neigung der Tangente an die (hier parabolische) Stützlinie, gemessen gegen die Horizontale.

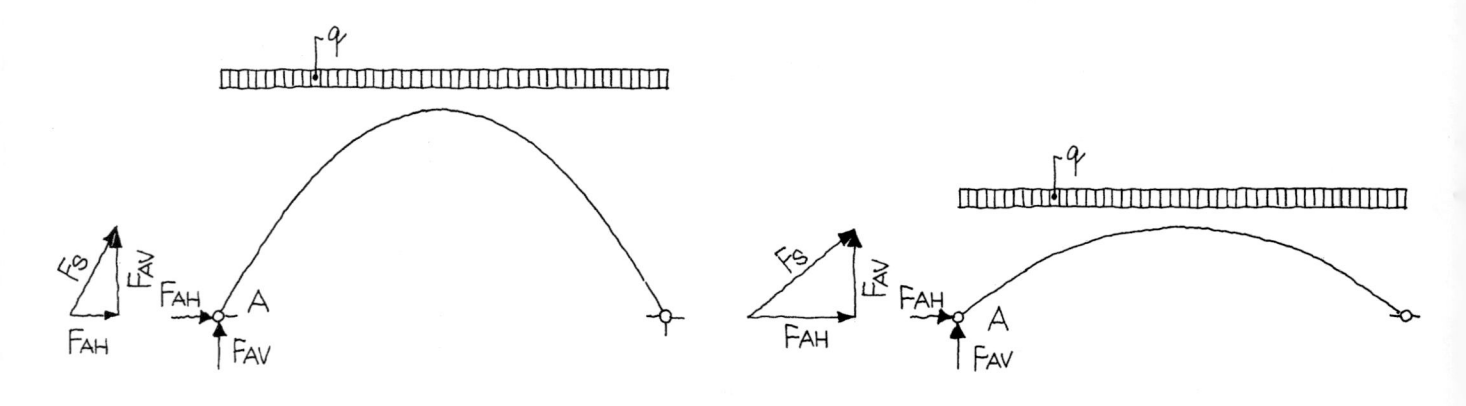

Die Herstellung tragender Bogenkonstruktionen mit modernen Baustoffen wie Stahlbeton, Holz oder Stahl sowie anderen druck- und zugfesten Baustoffen ist nicht zwingend an die Form der Stützlinie gebunden. Das ist oft auch wegen der geringen Eigengewichte und der geringen Abmessungen nicht möglich.

Bei geringem Eigengewicht haben die Veränderungen der Stützlinie aus veränderlichen Lasten größere Auswirkungen. Bei kleineren Querschnitten ist auch der Kernquerschnitt kleiner.

Bedingt durch die Abweichung der Stützlinie von der Systemachse haben die (auf der Stützlinie verlaufenden Kräfte) einen Hebelarm zur Systemachse und verursachen dadurch zusätzliche Momente im System[45].

Sinnlos erscheinen jedoch modische Verwendungen von Bogenformen, bei denen die Stützlinien in keinem Bezug zur Systemlinie des Bogens stehen.

Die bereits 1910 von Robert Maillard (1872-1940) geplante und errichtete Salginatobel-Brücke folgt mit der Form ihrer Bogenachse der Stützlinie auch im Bereich ihrer flachen polygonalen Form, die durch die dichte Folge der Einzellasten gebildet wird.

---

[45] vergl. Kapitel 11.4.3

11 Stabsysteme

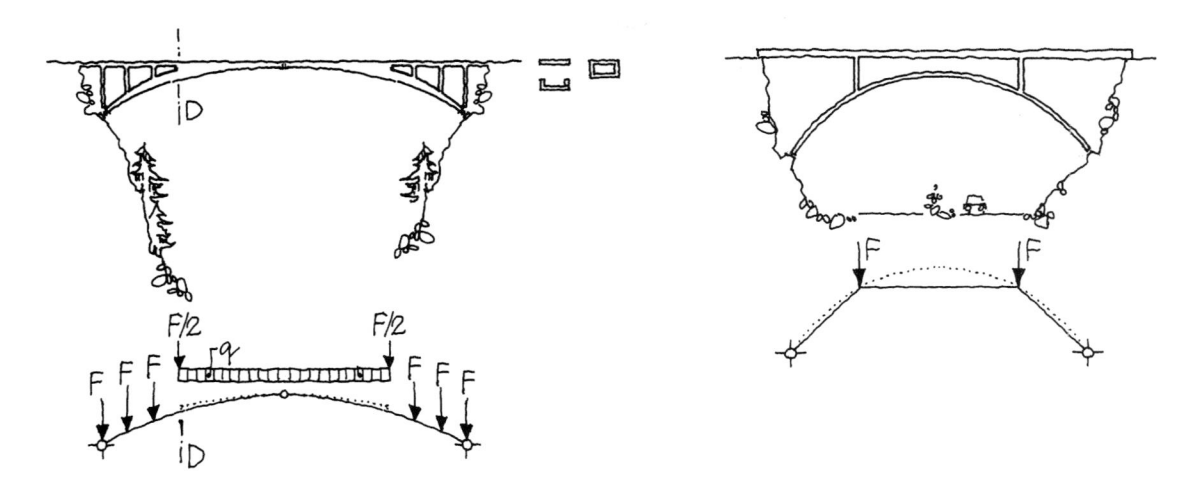

Dagegen weicht die Bogenform einer anderen Brücke extrem von der Stützlinie ab, was zu einem unbefriedigenden Gesamteindruck führt.

11.4.3 Zwei- und Dreigelenkbogen

Moderne Bogenkonstruktionen werden als Zwei- oder Dreigelenkbögen ausgeführt. Wie oben ausgeführt, können dabei die Stützlinien auch bei guter formaler Anpassung derart variieren, dass Biegemomente entstehen. Solche Verformungen der Stützlinie aus einer gleichmäßig verteilten Belastung entlang der Stützlinie, die hier gleichzeitig die Systemlinie sein soll, sind nachfolgend mit ihren Spezifika für Zwei- und Dreigelenkbögen dargestellt.

Die Stützlinie hat bei der gleichmäßig verteilten Belastung entlang der Stützlinie die gespiegelte Kettenlinie als Funktion.

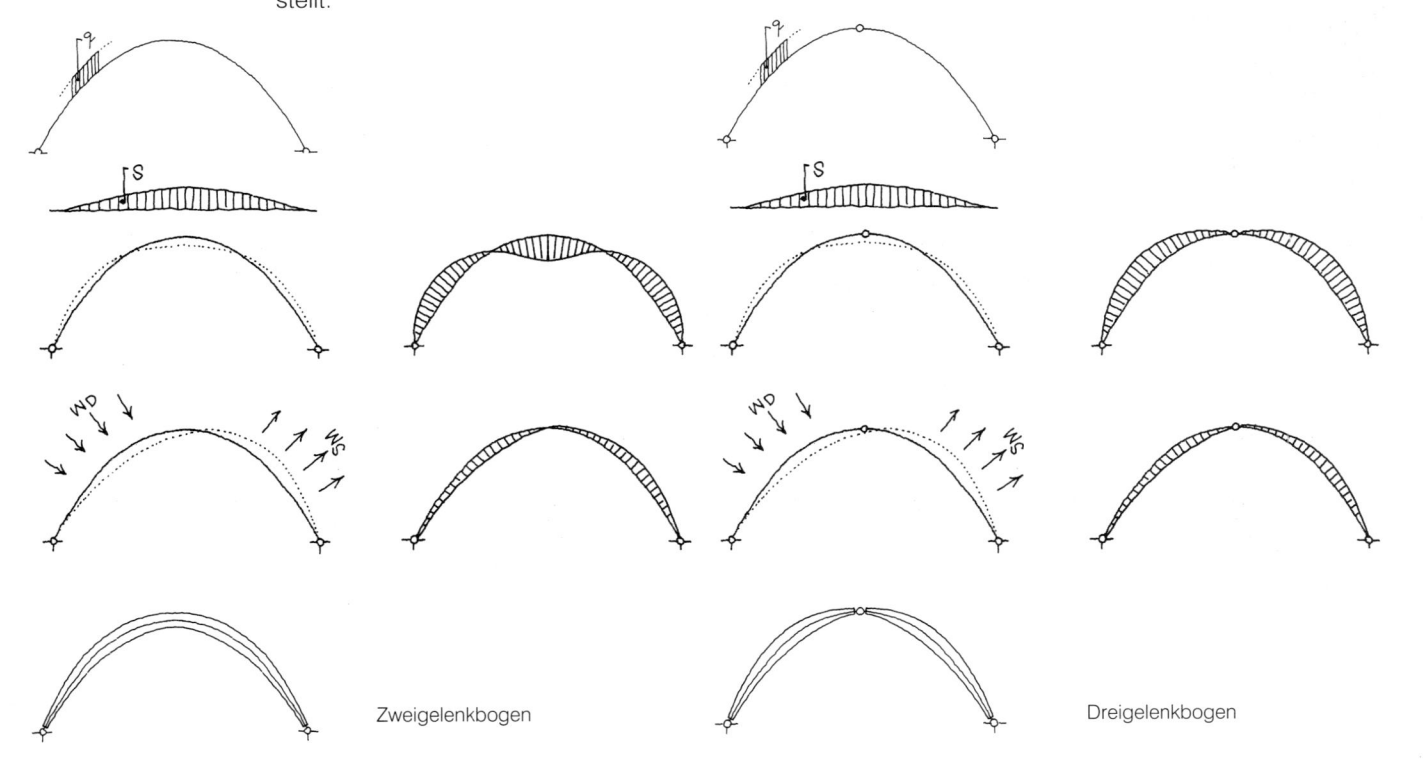

Zweigelenkbogen

Dreigelenkbogen

261

11 Stabsysteme

In einem Zweigelenkbogen verteilen sich also die Momente aus veränderlichen Belastungen in der Regel günstiger als in Dreigelenkbögen, während solche Tragsysteme anfälliger sind gegen ungleichmäßige Setzungen und Temperatur-Dehnungen. Darüber hinaus sind Dreigelenkbögen meist einfacher vorzufertigen sowie leichter zu transportieren und zu montieren.

11.4.4 Formale Gestaltungen und Anordnungen

Zwei- und Dreigelenkbögen sollten grundsätzlich so ausgeformt sein, wie dies in der obigen Skizze dargestellt ist.

Die einzelnen Bögen können linear oder radial gruppiert werden. Die Widerlager können je nach den Erfordernissen der Aufgabenstellung oder den topografischen Gegebenheiten unterschiedlich hoch angeordnet werden. Bei gleichhohen Widerlagern kann zur Aufnahme der horizontalen Auflager-Kraftkomponenten ein Zugstab zwischen den Widerlagern angeordnet werden.

Durch eine Anordnung der Dachhaut oberhalb der Bogentragwerke wird eine ungegliederte Dachhaut und eine stark Deckenreliefierung erreicht.

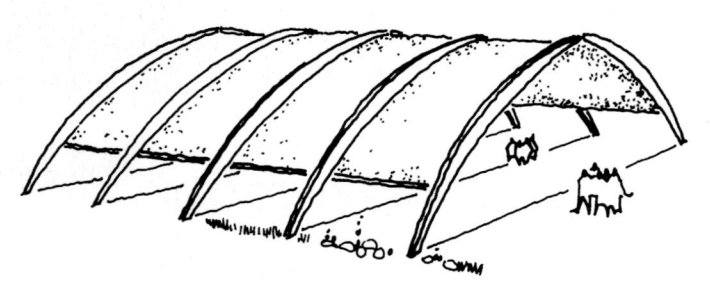

Durch eine Anordnung der Dachhaut unter den Bogentragwerken entsteht ein strukturierter Baukörper und ein Innenraum ohne eine markante Gliederung der Dachhaut.

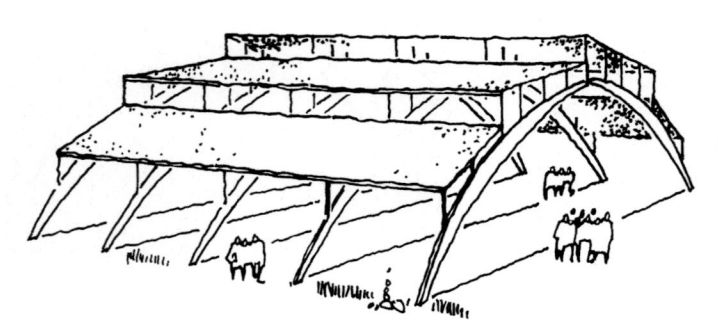

Die Dachhaut kann auch in einem größeren Abstand auf den Bögen aufgeständert werden. Die Stützglieder sollten in einem geringen Abstand angeordnet werden, damit die Dachlasten möglichst gleichmäßig in den Bogen eingeleitet werden. Durch die Ausformung der aufgeständerten Dachflächen können Lichtbänder formal überzeugend eingeplant werden.

11 Stabsysteme

Eine Abhängung der Dachhaut von den Bögen mit filigranen Zugelementen ermöglicht ebenfalls differenzierte Baukörper- und Innenraumgestaltungen und eine formal stimmige Integration von Belichtungsöffnungen.

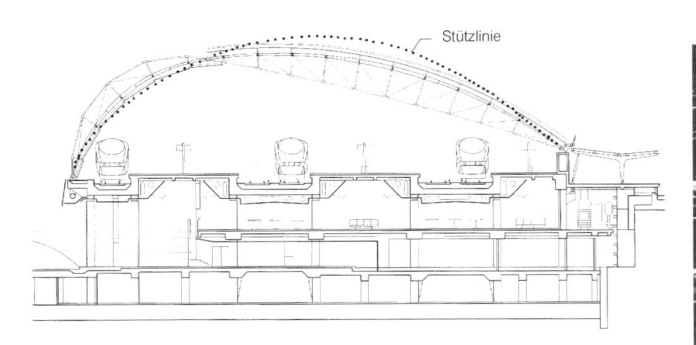

Schließlich kann die Dachhaut auch teilweise über und teilweise unter den Bögen angeordnet werden, wie die Railway Station Waterloo[46] in London zeigt. Das Beispiel zeigt gleichfalls auf, dass die tragenden Bögen auch als mehrstäbige (hier auch räumliche) Systeme ausgebildet werden können. Die gestalterisch konsequent in die asymmetrische Gliederung integrierte natürliche Belichtung betont gleichzeitig die Gestaltung des Bogentragsystems.

---

[46] vergl. Seite 319

11 Stabsysteme

Bögen können jedoch auch andere räumlichen Anordnungen haben, wie die Verwendung von zwei Bogensystemen für die geplante kippbare Brücke über die Tyne in Newcastle in Großbritannien von Keith Brownlie zeigt oder die Verwendung von Bögen zur Aufnahme der Kräfte aus dem Netzwerk für das Dach der Arena in Raleigh in den USA von Matthew Novicki.

12 Flächensysteme

In diese Hauptgruppe sind alle Tragsysteme einfügbar, deren Tragverhalten und Tragfähigkeit durch das Zusammenwirken verschiedener Flächen aus entsprechend tragfesten Materialien entstehen. Die einzelnen Flächentragelemente können dabei vertikal (stehend) oder horizontal (liegend) angeordnet sein. Sie können aber auch gefaltet oder ein- oder zweiachsig gekrümmt sein. Flächentragelemente können aber auch aus einzelnen Stäben aufgebaut werden, die in ihrem Zusammenspiel das Tragverhalten einer Fläche haben. Fachwerkträger[1] können ebenso auch zu den Flächensystemen gerechnet werden wie die Netzwerke und Zeltmembranen, die aus einer dichten Anordnung einzelner Stäbe bestehen.

Dabei sind Flächen, die als tragende Scheiben eingesetzt werden, durch eine geringe Dicke „d" im Verhältnis zu ihrer Breite „b" und ihrer Höhe „h" gekennzeichnet.

Flächensysteme, die als liegende tragende Scheiben eingesetzt werden, haben eine geringe Dicke „d" im Verhältnis zu Ihrer Breite „b" und ihrer Spannweite „l".

Beton, Holz und Stahl sind auch für die Herstellung von Flächensystemen die vorrangig verwendeten Materialien. Für Zeltmembranen werden natürliche oder künstliche Fasern mit verschiedenartigen Appreturen verwendet.

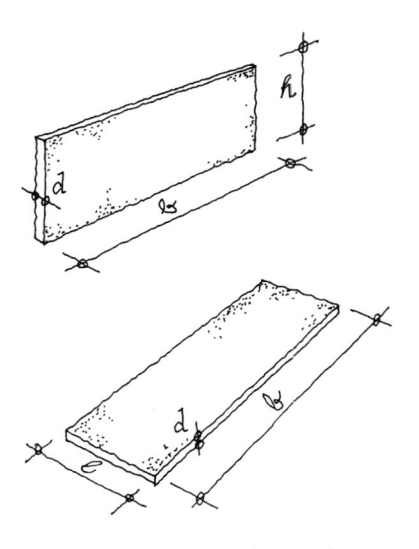

> Die Spannweite „l" tritt hier an die Stelle der Höhe „h". Kreuzweise gespannte Scheiben tragen zusätzlich auch über die Breite.

12.1 Tragende Scheiben

Tragende Scheiben können anstelle von Balken und Stützen zur Ableitung vertikaler Lasten eingesetzt werden. Darüber hinaus können die Scheiben wegen ihrer großen Breite jedoch auch horizontale Lasten aufnehmen und ableiten oder wegen ihrer großen Höhe auch als Biegeträger große Lasten tragen und/oder über große Spannweiten ableiten.

Tragende Scheiben werden zur Aufnahme und Weiterleitung von Lasten aus Geschossdecken und Dächern bzw. Dachdecken vornehmlich dann eingesetzt, wenn bestimmte Raumgrößen oder Raumstrukturen dauerhaft und unveränderbar geschaffen werden müssen.

Solche Gebäudetypen können u.a. sein:

Hotelbauten, Sanatorien, Seniorenheime,
Bettentrakte in Krankenhäusern,
Wohnhäuser mit unveränderbaren Grundrissen oder
Bürobauten mit fest installierten Einzelbüros.

---

[1] vergl. Seite 226

12 Flächensysteme

Neben der Tragfähigkeit übernehmen die Scheiben dann oft zusätzlich andere Funktionen wie Raumbegrenzung, Schallschutz, Wärmeschutz, Feuerschutz o. ä.. Dabei können äußere oder innere Scheiben zum Einsatz kommen.

Ähnlich wie bei Balken- und Stützenanordnungen im Skelettbau[2] können auch die tragenden Scheiben verschiedenartig angeordnet sein.

12.1.1 Tragende Scheiben in paralleler Anordnung

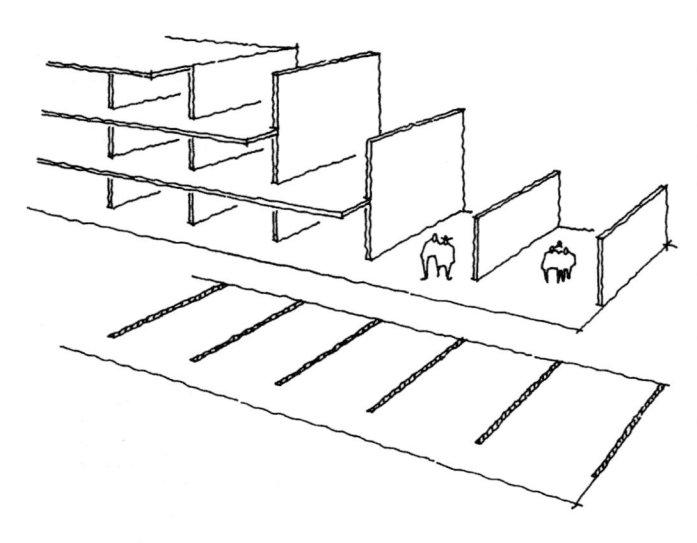

Häufig sind die tragenden Scheiben quer zur Gebäudelängsrichtung angeordnet – sowohl, wie in der Skizze dargestellt, einbündig als auch zweibündig. Bei Verwendung dieses Konstruktionssystems in mehrgeschossigen Gebäuden sollten die tragenden Scheiben übereinander angeordnet werden. Ist dies aus zwingenden Gründen nicht möglich – beispielsweise wegen einer andersartigen Nutzung des Erdgeschosses – so müssen die Lasten auf Stützen unter den Scheiben abgefangen werden. Durch die große Höhe der Scheibe (mindestens eine Geschosshöhe) kann eine Stahlbetonscheibe selbst leicht die Abfangung ihrer Lasten auf die Stützen übernehmen.

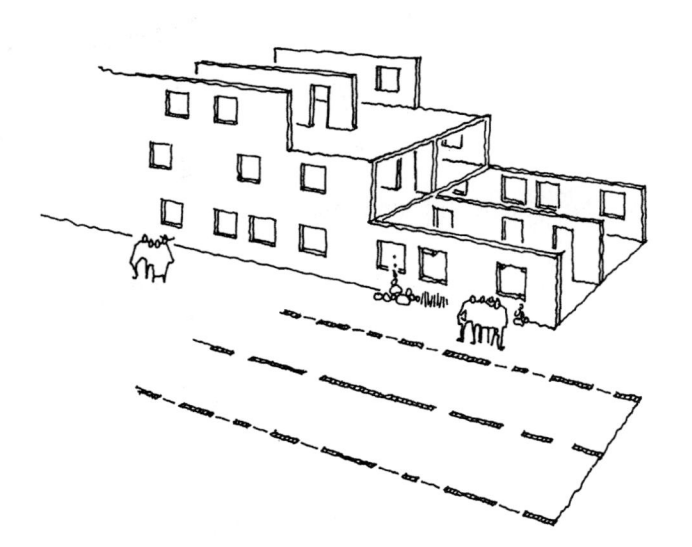

Die tragenden Scheiben können bei entsprechenden Aufgabenstellungen für die Grundrissnutzung jedoch auch in der Längsrichtung des Gebäudes zwei-, drei- oder mehrbündig angeordnet werden.

In den tragenden Scheiben können kleinere Öffnungen für Türen oder Fenster eingeschnitten werden. Eine regelmäßige Anordnung der Öffnungen, wie sie sich beim Skelettbau eigentlich selbstverständlich ergibt, ist hierbei nicht erforderlich.

---

[2] vergl. Seite 207 ff

12 Flächensysteme

12.1.2 Tragende Scheiben in kreuzweiser Anordnung

Grundrisse mit festgelegten unveränderbaren Raumgrößen sowie besonderen bauphysikalischen Anforderungen an die Trennwände können den Einsatz quer- und längsgerichteter tragenden Scheiben erfordern.

Solche Anforderungen können beispielsweise in Bürobauten oder in mehrgeschossigen Wohnungsbauten gegeben sein.

Die in der Skizze dargestellte eingeschossige Anordnung tragender Längs- und Querscheiben ist in Beachtung der oben beschriebenen Folgen auf mehrgeschossige Gebäude sinngemäß übertragbar. Ebenso sind ähnliche Anordnungen mehrbündig möglich.

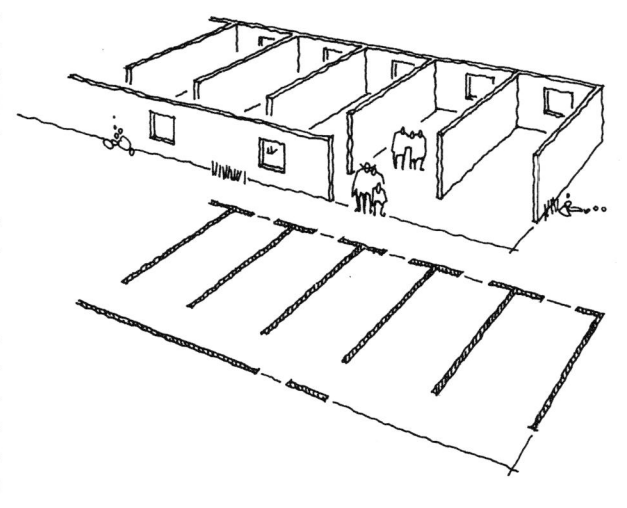

12.1.3 Tragende Scheiben in freier Anordnung

Tragende Wandscheiben können aber auch ohne Rasterbezüge so angeordnet werden, dass bestimmte Raumqualitäten und Orientierungen und Aussichten entstehen. So ergeben sich beliebig zu gestaltende freie Anordnungen ebener oder geknickter tragender Scheiben.

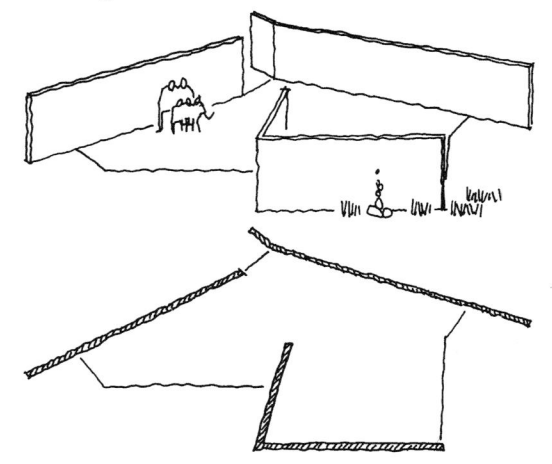

12.1.4 Tragende Scheiben in kurvierter Form und Anordnung

Um weitere andersartige gestalterische Wirkungen zu realisieren, können die tragenden Scheiben auch kurviert sein und zueinander frei angeordnet werden.

Beide beliebig freien Anordnungen sind natürlich auch in mehrgeschossigen Gebäuden anwendbar.

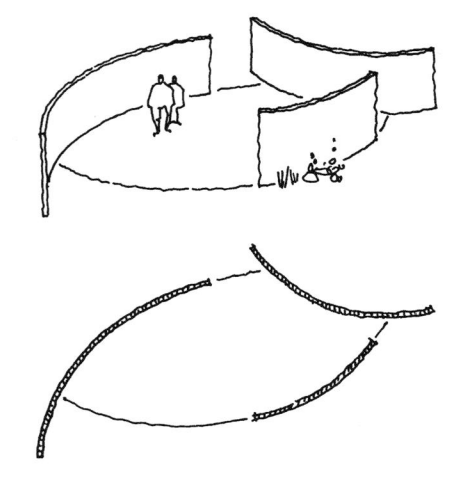

12 Flächensysteme

Um kostenintensive Kraftumleitungen (Abfangungen) zu vermeiden, sollten, wie ausgeführt, in mehrgeschossigen Gebäuden tragende Scheiben aus natürlichen oder künstlichen Steinen übereinander stehen. Solche tragenden Scheiben werden in der Regel zur Herstellung der räumlichen Steifigkeit mit „Queraussteifungen" ausgeführt, um ein Ausknicken[3] zu verhindern. Länge, Dicke und die Abstände der aussteifenden Querwände sind abhängig von:

- der Dicke der auszusteifenden Wand,
- der Geschosshöhe

und

- der Zahl der Vollgeschosse.

Die neue Fassung von DIN 1053 gibt hierfür keine genaueren Hinweise.

Ist nicht eindeutig erkennbar, ob die räumliche Steifigkeit durch genügend vertikale und horizontale Scheiben gewährleistet ist, sind besondere Nachweise zu führen[4].

Die Mindestdicke tragender Wandscheiben aus künstlichen Steinen beträgt bei ausreichender Festigkeit 11,5 cm.

Scheiben aus Beton oder Stahlbeton werden in ihrem Tragverhalten verbessert, wenn sie ähnliche Queraussteifungen erhalten. Die sind jedoch stets rechnerisch nachzuweisen.

Die Holz verarbeitende Industrie hat verschiedene plattenförmige Baustoffe entwickelt, die gleichfalls Scheibenkonstruktionen ermöglichen. Es können aber auch Scheibenwirkungen durch beplankte oder unbeplankte Fachwerkverbände[5] erreicht werden.

In Stahl werden tragende Scheiben in der Regel als Fachwerkverbände erstellt. Neben dem Einsatz zur Überbrückung großer Spannweiten oder zum Ableiten großer Lasten[6] werden sie häufig in mehrgeschossigen Stahlskelettbauten zur Aufnahme der horizontalen Lasten (Aussteifung)[7] eingesetzt.

12.1.5 Scheiben und horizontale Kräfte

Scheiben aus nur druckfesten Materialien können horizontale Kräfte aufnehmen und in ihre Lagerfuge (hier genannt I-I) ableiten. Dabei entsteht ein Zusammenspiel von vertikalen und horizontalen Kräften, die zusammen eine Resultierende[8] bilden. Wie die Beispiele zeigen, ist die Fähigkeit, horizontale Kräfte aufzunehmen, von der Größe der vertikalen Kräfte in der Scheibe abhängig. Wäre die Summe aller vertikalen Kräfte gleich null, so gäbe es in der Lagerfuge keine Reibung und es könnte keine horizontale Kraft aufgenommen werden. Die Steilheit der Resultierenden ist bei gleich bleibender Horizontalkraft von der Größe der Vertikalkraft abhängig. Müssen also große Horizontalkräfte

Nur druckfeste Materialien sind üblicherweise natürliche und künstliche Steine sowie Beton.

Diese Annahme ist hypothetisch, da auf der Erde alle Körper ein Eigengewicht haben.

---

[3] vergl. Seite 154
[4] vergl. auch Nachweis bei ausreichender räumlicher Steifigkeit.
[5] vergl. Seite 273
[6] vergl. Seite 226
[7] vergl. Seite 276 ff
[8] vergl. Seite 269 ff

12 Flächensysteme

aufgenommen werden, so sollten auch große Vertikalkräfte in die Scheibe aus nur druckfesten Materialien eingeleitet werden.

An drei Beispielen mit definierten Abmessungen und Lasten sollen diese Zusammenhänge verdeutlicht werden. Natürlich bilden die drei Gleichgewichtsbedingungen dieser Untersuchungsebene wieder die Grundlage für die rechnerischen Bestimmungen und die Vektorenrechnung[9] die Grundlage für die zeichnerische Lösung.

Beispiel 1

Eine Scheibe aus unbewehrtem Beton mit einer Dicke von 18 cm wird neben ihrem Eigengewicht „G" mit einer horizontalen Kraft H = 22,0 kN an ihrer Oberkante belastet.

$$G = 5{,}74 \cdot 2{,}99 \cdot 0{,}18 \cdot 24{,}0 \approx 74{,}2 \text{ kN}$$

Das Eigengewicht G wirkt im Schwerpunkt der Scheibe.

Die Skizze zeigt die grafische Lösung mit dem Kräfteparallelogramm[10]. Zu beachten ist, dass „G" und „H" auf ihren Wirkungslinien bis zu deren Schnittpunkt verschoben werden.

Die Wirkungslinie der Resultierenden schneidet die Lagerfuge I-I, in der die Untersuchung durchgeführt wird, in einem Abstand e = 0,887 m von der Achse der Scheibe.

Die entsprechende rechnerischen Untersuchung erfolgt über die Gleichgewichtsbedingung $\Sigma M = 0$ um den Drehpunkt, den die vertikale Scheibenachse mit der Untersuchungsfuge (Lagerfuge) I-I bildet. Für diesen Drehpunkt ist:

Die Wirkungslinie von G verläuft durch den Drehpunkt und verursacht daher kein Moment!

$$M = 22{,}0 \cdot 2{,}99 = 65{,}780 \text{ kNm}$$

Dasselbe Moment entsteht, wenn man anstatt der Horizontalkraft die Vertikalkraft (hier „G") um ein Maß „e" aus der Achse verschiebt. Damit wird:

$$M = 74{,}2 \cdot e = 66{,}780 \text{ kNm}$$

und „e" errechnet sich daraus zu:

$$e = \frac{65{,}780}{74{,}2} = 0{,}887 \text{ m}.$$

Dies entspricht dem Abstand des Schnittpunktes der Resultierenden mit der Lagerfuge, gemessen gegen die vertikale Achse der Scheibe.

---

[9] vergl: auch Seite 66 ff
[10] vergl. Seite 30

12 Flächensysteme

Die Spannungen in der Lagerfuge **I-I** ergeben sich aus der Addition[11] der Spannungen aus der zentrischen Belastung „G" und aus der Momentenbeanspruchung „M" zu:

$$\sigma = \frac{N}{A} \pm \frac{M}{W} \quad [12]$$

Darin sind:

$N = G = 74{,}2 \text{ kN}$

$M = 65{,}780 \text{ kNm}$

$A = 5{,}74 \cdot 0{,}24 = 1{,}378 \text{ m}^2$

$W = \dfrac{0{,}24 \cdot 5{,}74^2}{6} = 1{,}318 \text{ m}^3$.

> A = Fläche und W = Widerstandsmoment in der Fuge **I-I**.

Somit ergibt sich die Spannung in der Lagerfuge **I-I** mit:

$$\sigma = \frac{74{,}2}{1{,}378} \pm \frac{65{,}780}{1{,}318} = 53{,}846 \text{ kN/m}^2 \pm 49{,}909 \text{ kN/m}^2$$

und daraus:

$\sigma_{max} = 103{,}755 \text{ kN/m}^2$

$\sigma_{min} = 3{,}937 \text{ kN/m}^2$. [13]

In Beachtung der Randnotiz und der Fußnote 11 wäre hier zunächst festzustellen, dass

$e = 0{,}887 \text{ m} < 5{,}74 / 6 = 0{,}957 \text{ m}$ ist.

> Bei exzentrisch belasteten Lagerfugen bei nur druckfesten Materialien darf die Exzentrizität „e" nicht größer als 1/3 der Länge (hier 5,74 m) sein. Sofern „e" ≤ 1/6 der Länge ist, sind die Spannungen in der Lagerfuge ≥ 0, auch σ_{min}. Ist d/6<e<d/3, so entsteht eine klaffende Fuge und die Spannungen aus der Belastung dürfen in der Restfläche die zulässigen Spannungen nicht überschreiten.

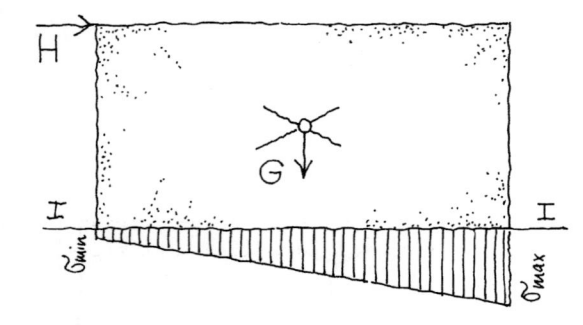

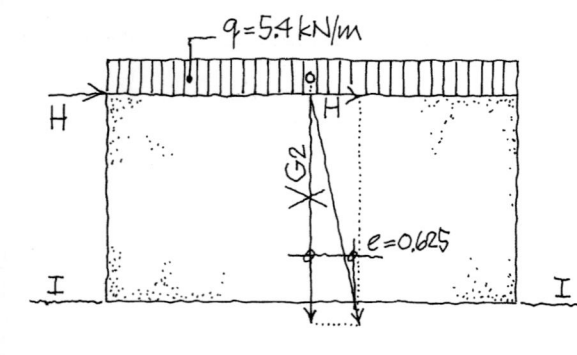

Beispiel 2

Dieselbe Scheibe wie im Beispiel 1 wird nunmehr zusätzlich mit einer Auflast (z.B. aufliegende Decke) von q = 5,4 kN/m beansprucht. Dadurch vergrößert sich die Vertikallast und die Resultierende verläuft steiler, sie durchschneidet die Lagerfuge **I-I** in einem Abstand e = 0,625 m von der Vertikalachse der Scheibe.

$G_2 = G + 5{,}4 \cdot 5{,}74 = 74{,}2 + 30{,}996 = 105{,}196 \text{ kN}$

---

[11] vergl. auch Seite 107
[12] Die Formel gilt nur, wenn „e" ≤ d/6 ist.
[13] Wenn σ_{min} negativ sein sollte, ist die Exzentrizität „e" ≥ d/6.

12 Flächensysteme

Die entsprechende rechnerische Betrachtung dieses Beispiels ergibt analog zum Beispiel 1 folgende Werte:

$$N = G_2 = 105,196 \text{ kN}$$

$$M = 65,780 \text{ kNm}$$

$$A = 1,378 \text{ m}^2$$

$$W = 1,318 \text{ m}^3.$$

Daraus ist:

$$e = \frac{65,780}{105,196} = 0,625 \text{ m} < \frac{5,74}{6} = 0,957 \text{ m}$$

$$\sigma = \frac{105,196}{1,378} \pm \frac{65,780}{1,318}$$

Es kann wiederholt festgestellt werden, dass die zeichnerische Methode anschaulicher, aber ungenauer und komplizierter zu erstellen ist – die rechnerische Bearbeitung des Problems schneller und genauer ist.

daraus ist:

$$\sigma_{max} = 126,249 \text{ kN/m}^2$$

$$\sigma_{min} = 26,431 \text{ kN/m}^2.$$

Beispiel 3

Dieselbe Scheibe wie im Beispiel 1 wird neben ihrem Eigengewicht „G" von einer Auflast q = 5,4 kN/m und von einer horizontal wirkenden Streckenlast w = 3,9 kN/m belastet.

Bei der zeichnerischen Lösung mit dem Kräfteparallelogramm ist zu beachten, dass die Streckenlast „w" im Schwerpunkt des Lastpaketes, also mit einem Abstand von 2,99 / 2 = 1,495 m von der Lagerfuge I-I wirkt.

$$W = 3,9 \cdot 2,99 = 11,661 \text{ kN}$$

$$G_2 = G + 5,4 \cdot 5,74 = 74,2 + 30,996 = 105,196 \text{ kN}$$

Die zeichnerische Lösung ergibt, dass die Wirkungslinie der Resultierenden die Lagerfuge I-I in einem Abstand e = 0,166 m von der vertikalen Achse der Scheibe schneidet.

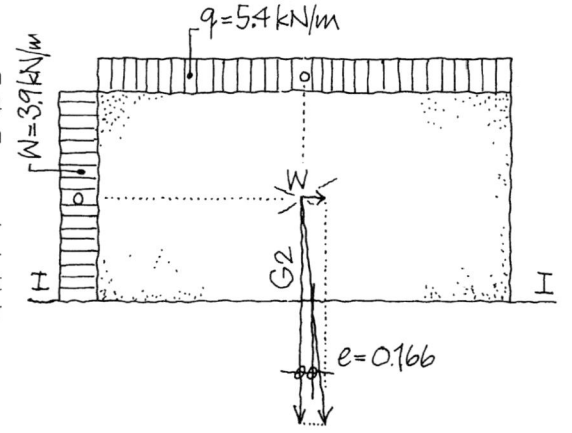

12 Flächensysteme

Die entsprechende rechnerische Betrachtung dieses Beispiels ergibt analog zum Beispiel 1 folgende Werte:

$$N = G_2 = 105{,}196 \text{ kN}$$

$$M = \frac{3{,}9 \cdot 2{,}99^2}{2} = 17{,}433 \text{ kNm}$$

$$A = 1{,}378 \text{ m}^2$$

$$W = 1{,}318 \text{ m}^3.$$

Daraus ist:

$$e = \frac{17{,}433}{105{,}196} = 0{,}166 \text{ m} < \frac{5{,}74}{6} = 0{,}957 \text{ m}$$

$$\sigma = \frac{105{,}196}{1{,}378} \pm \frac{17{,}433}{1{,}318}$$

daraus ist:

$$\sigma_{max} = 89{,}566 \text{ kN/m}^2$$

$$\sigma_{min} = 63{,}113 \text{ kN/m}^2.$$

Die hier angenommene Lagerfuge I-I kann auch eine Gründungsfuge unter einem Fundament sein, denn der Boden kann in der Regel auch nur Druckkräfte aufnehmen. Vergl. Skizzen auf Seite 83 und 259

Die Darstellung der Spannungen in der Lagerfuge I-I ist sinngemäß wie in der Skizze auf Seite 270.

Scheiben aus biegefesten Materialien, d.h. druck-, zug- und schubfesten Materialien, können auch Zugkräfte aufnehmen. In der Praxis sind dies in der Regel Scheiben aus Stahlbeton. Bei ganzheitlicher Betrachtung können aber auch in Fachwerke aufgelöste Scheiben aus Holz oder Stahl dazu gezählt werden.

An zwei Beispielen punktgelagerter Scheiben soll deren Tragverhalten erläutert werden.

Beispiel 1

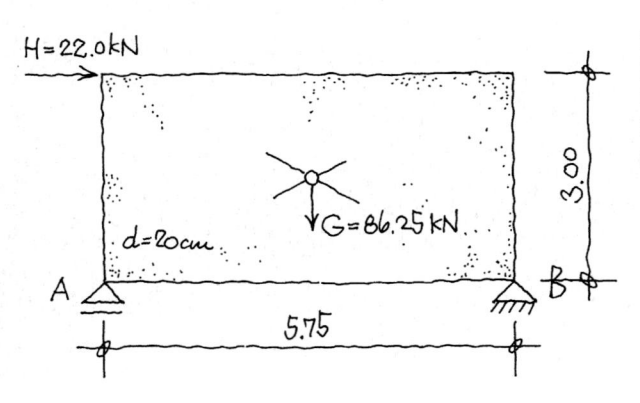

Eine 20 cm dicke Stahlbetonscheibe mit den in der Skizze angegebenen Abmessungen hat neben ihrem Eigengewicht „G" eine horizontale Last H = 22,0 kN gemäß nebenstehender Skizze zu tragen.

$$G = 5{,}75 \cdot 3{,}00 \cdot 0{,}20 \cdot 25{,}0 = 86{,}250 \text{ kN}$$

12 Flächensysteme

Die Auflagerreaktionen errechnen sich über die Gleichgewichtsbedingungen wie folgt:

über $\Sigma H = 0$

$22{,}0 - F_{BH} = 0$

$F_{BH} = 22{,}0 \text{ kN}$

Die Scheibe will bei dieser gegebenen Horizontallast um Punkt B kippen. Dadurch wird die Vertikalkraft im Auflager A reduziert und im Auflager B um denselben Wert vergrößert. Würde dabei eine negative Auflagerkraft entstehen, so müsste die vertikale Auflast vergrößert werden oder eine wirksame Zugverankerung dieses Auflagers erfolgen.

über $\Sigma M = 0$ mit Drehpunkt in B ist:

$F_{AV} \cdot 5{,}75 + 22{,}0 \cdot 3{,}00 - 86{,}25 \cdot \dfrac{5{,}75}{2} = 0$

$F_{AV} = 31{,}647 \text{ kN}$

über $\Sigma M = 0$ mit Drehpunkt in A ist:

$F_{BV} \cdot 5{,}75 - 86{,}25 \cdot \dfrac{5{,}75}{2} - 22{,}0 \cdot 3{,}0 = 0$

$F_{BV} = 54{,}603 \text{ kN}$

Beispiel 2

Die Deckenlast ist Beispiel 1 von Seite 172 entnommen, jedoch für eine Deckendicke von 20 cm.
$g = 4{,}955 + 6{,}5 \cdot 0{,}25 = 6{,}58 \text{ kN/m}^2$.

Zu beachten ist, dass bei der Überprüfung der Standsicherheit nur die ruhenden Lasten in Ansatz gebracht werden. Das Eigengewicht der Scheibe wurde hier nicht berücksichtigt.

Die Giebel eines kleinen Gebäudes sind als Fachwerkverbände in Stahl ausgebildet. Sie sollen die Queraussteifung des Gebäudes gegen Windlasten übernehmen. Die Längsträger der Deckenkonstruktionen liegen an den Giebeln auf dem Fachwerkverband auf und leiten Lastanteile ein (G_1 und G_2). Die horizontalen Windlasten werden von den Deckenscheiben auf die Fachwerkverbände übertragen (W_1 bis W_4).

$G_1 = 1{,}5 \cdot \dfrac{7{,}50}{2} \cdot 6{,}58 = 37{,}013 \text{ kN}$

$G_2 = 3{,}0 \cdot \dfrac{7{,}50}{2} \cdot 6{,}58 = 74{,}025 \text{ kN}$

$W_1 = 3{,}50 \cdot \dfrac{30{,}00}{2} \cdot 0{,}65 = 34{,}125 \text{ kN}$

Windlasten vergl. Seite 53

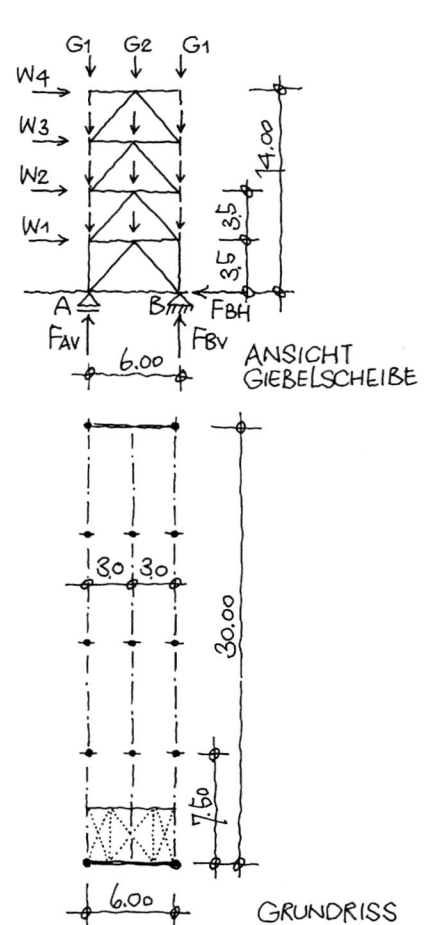

$W_2 = (2{,}75 \cdot 0{,}65 + 0{,}75 \cdot 1{,}04) \dfrac{30{,}00}{2} = 38{,}513 \text{ kN}$

$W_3 = 3{,}50 \cdot \dfrac{30{,}00}{2} \cdot 1{,}04 = 54{,}600 \text{ kN}$

$W_4 = \dfrac{W_3}{2} = 27{,}300 \text{ kN}$

12 Flächensysteme

Aus $\Sigma H = 0$ ergibt sich:

$$F_{BH} - 27{,}300 - 54{,}600 - 38{,}513 - 34{,}125 = 0$$

$$F_{BH} = 154{,}538 \text{ kN}$$

aus $\Sigma M = 0$ mit Drehpunkt in B folgt:

$$F_{AV} \cdot 6{,}00 - 4 \cdot 37{,}013 \cdot 6{,}00 - 4 \cdot 74{,}025 \cdot 3{,}00 + 34{,}125 \cdot 3{,}50$$
$$+ 38{,}513 \cdot (2 \cdot 3{,}50) + 54{,}600 \cdot (3 \cdot 3{,}50) + 27{,}300 \cdot (4 \cdot 3{,}50) = 0$$

$$F_{AV} = 56{,}008 \text{ kN}$$

aus $\Sigma M = 0$ mit Drehpunkt in A folgt:

$$F_{BV} \cdot 6{,}00 - 4 \cdot 37{,}013 \cdot 6{,}00 - 4 \cdot 74{,}025 \cdot 3{,}00 - 34{,}125 \cdot 3{,}50$$
$$- 38{,}513 \cdot (2 \cdot 3{,}50) - 54{,}600 \cdot (3 \cdot 3{,}50) - 27{,}300 \cdot (4 \cdot 3{,}50) = 0$$

$$F_{BV} = 536{,}196 \text{ kN}$$

Auch dieses Beispiel einer als Stabwerk aufgelösten Scheibe zeigt, dass bei ausreichend großen Vertikallasten eine Standsicherheit ($F_{AV} > 0$) gewährleistet ist.

Sofern es für die weitere gestaltende Planung erforderlich ist, können aus diesen äußeren Kräften die einzelnen Stabkräfte über das Ritter'sche Schnittverfahren[14] bestimmt werden.

Als Hilfsmodell nehme man ein Buch, stelle es hochkant und belaste es an der oberen Ecke durch einen horizontalen Fingerdruck. Es wird sich horizontal verschieben (ungenügende Reibung in der Standfläche). Setzt man einen Widerstand entgegen (entsprechend F_{BH}), so wird es leicht um diesen Punkt kippen. Drückt man gleichzeitig vertikal auf das Buch (Vergrößerung der vertikalen Belastung), so wird die Kipptendenz deutlich reduziert.

Wie das vorangegangene Beispiel zeigt, kann man sich vorstellen, dass „ausgemagerte" oder „ausgeschnittene" Scheiben (dort war es ein Fachwerkträger) hinsichtlich der Belastung mit horizontalen Kräften dieselben Tragfähigkeiten entwickeln wie eine „wahre" Scheibe. Nach diesem Denkmodell sind folgende Variationsformen möglich:

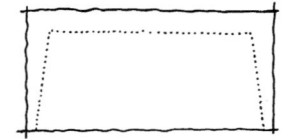

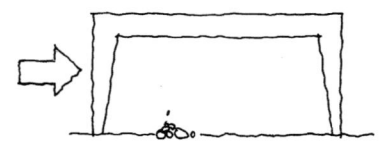

Die Scheibe kann (gedacht) so ausgeschnitten werden, dass Rahmenformen entstehen. In Kapitel 11.2 wurde bereits darauf hingewiesen, dass Rahmenkonstruktionen auch horizontale Belastungen in ihre Auflager ableiten können.

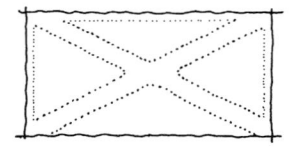

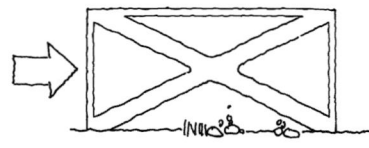

Eine Scheibe kann auch so ausgeschnitten werden, dass eine Kreuzform entsteht, die bei kleinen Abmessungen in auskreuzende Diagonale (Andreaskreuz) übergehend gedacht werden kann. Ähnlich würden sich auch einseitige Abspannungen verhalten. Für kreative Gestalter eröffnen sich vielfältige ähnliche Möglichkeiten.

---

[14] vergl. Seite 230 ff.

12 Flächensysteme

Das Flächensystem ist in ein Stabsystem über gegangen.

Aus diesem Denkmodell heraus ist auch eine Reduzierung der Breite „b" einer Scheibe bis auf das Maß der Dicke „d" der Scheibe[15] denkbar. Dann ist die Scheibe in eine Stütze übergegangen, die in ihrer „Lagerfuge" eingespannt[16] sein muss, wenn sie horizontale Kräfte übernehmen soll. Die Untersuchungsfuge I-I verlagert sich in die Bodenfuge unter dem Fundament.

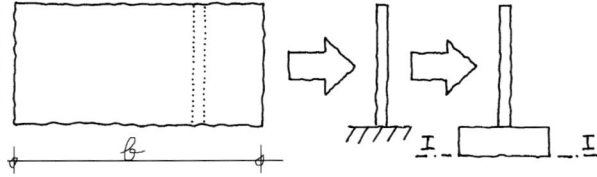

12.1.6 Aussteifung von Gebäuden

Die Aufnahme von horizontalen Kräften, die von außen auf ein Gebäude wirken (vornehmlich Windbelastungen oder Anpralllasten), oder im Gebäude auftreten (z.B. Kranbahnschübe oder Erdbebenlasten) und deren Ableitung in die Bodenfugen bezeichnet man als Aussteifung.

Für Messestände in Hallen ist 1/20 der vertikalen Verkehrslast als horizontale Belastung in Decken- bzw. Dachebenen anzunehmen.

Bei Möbeln sind ggf. ähnliche Annahmen zu berücksichtigen.

Die weitergehenden Betrachtungen beziehen sich exemplarisch auf Windbelastungen. Sie beschreiben Lösungen, die auf andere horizontale Belastungen übertragbar sind, und gelten vergleichsweise für Bauten oder Möbel, bei denen keine Windbeanspruchungen zu berücksichtigen sind.

Die Behandlung der Aussteifung für Gebäude mit rechtwinkligen oder quadratischen Grundrissen ist ebenfalls exemplarisch und kann sinngemäß auf andere Gebäudeformen übertragen werden.

Belastungen aus Unterwind (Windkräfte, die von unten nach oben wirken) oder aus Windsogkräften, die auf einzelne Bauteile wirken, ist besondere Aufmerksamkeit zu widmen, wenn diese Gebäude- oder Bauteile leicht sind. Hier sind eventuell besondere konstruktive Maßnahmen zur Aufnahme und Ableitung solcher Kräfte zu treffen[17].

Für außergewöhnliche Gebäudelagen und Gebäudeformen sind in den DIN-Vorschriften keine Angaben über die Windkraftgrößen und -richtungen angegeben. Zur Bestimmung relevanter Belastungen sind in solchen Fällen Modelluntersuchungen erforderlich.

Nach den grundlegenden Ausführungen in Kapitel 12.1.5 hinsichtlich der Belastbarkeit von Tragelementen durch horizontale Lasten kann zusammen gefasst werden, dass folgende Elemente zur Aussteifung von Gebäuden zur Verfügung stehen und vornehmlich aus den genannten Materialien herstellbar sind. Sie können daher auch gemischt eingesetzt werden und geben den Gestaltern fast unbegrenzte Möglichkeiten:
1. Scheiben aus nur druckfesten Materialien (Beton, künstliche oder natürliche Steine) und aus Stahlbeton.

---

[15] vergl. Seite 265
[16] vergl. Seite 48
[17] vergl. Kapitel 12.6 und 13.

12 Flächensysteme

2. Rahmenkonstruktionen aus Stahlbeton, Stahl oder Holz,
3. Fachwerkverbände aus Stahl oder Holz,
4. eingespannte Stützen aus Stahlbeton, Stahl oder Holz,
5. Abspannungen und Verstrebungen aus Stahl

sowie im Vorgriff auf Kapitel 12.4

6. stehende einachsig gekrümmte Schalen aus Stahlbeton.

12.1.6.1 Anordnung aussteifender Elemente im Grundriss

Sofern nicht Scheiben als Tragelemente zur Verfügung stehen, die selbst horizontale Lasten übernehmen und in die Bodenfuge ableiten können, sind in der Regel mindestens zwei aussteifende Elemente zur Aufnahme von Windkräften in jeder Hauptachse eines Gebäudes oder eines durch Dehnfugen getrennten Gebäudeteils erforderlich. Die Gesamtzahl aussteifender Elemente kann auf minimal drei reduziert werden, wenn die Grundrissachsen der Scheiben sich nicht in einem Punkt treffen.

Aussteifungen durch eingespannte Stützen sind in der Regel nur bei eingeschossigen Gebäuden ohne größeren Aufwand realisierbar.

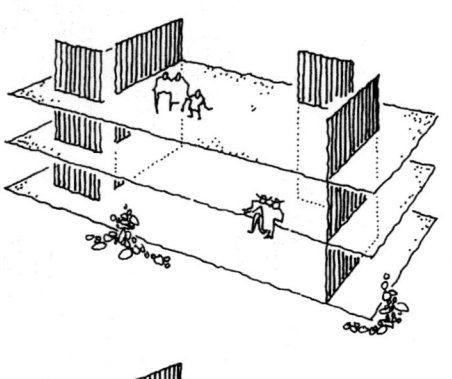

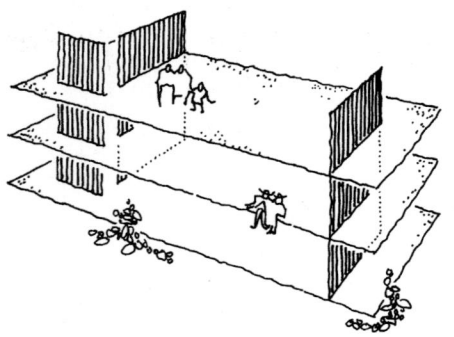

Die Anordnung der aussteifenden Elemente im oder am Gebäude ist beliebig. In Gebäuden mit recheckigen oder quadratischen Grundrissen sind prinzipiell folgende Anordnungen möglich:

1. Die aussteifenden Elemente werden innerhalb des Grundrisses angeordnet. Sie sollten konstruktiv in einem Bezug zum Skelettbausystem[18] stehen und mit möglichst großen Vertikalkräften belastet werden, um die erforderliche Standsicherheit[19] gewährleisten zu können.

1a Anordnungsmöglichkeit für vier Aussteifungselemente.

1b Anordnungsmöglichkeit für drei Aussteifungselemente.

---

[18] vergl. Seite 207 ff
[19] vergl. Seite 269 ff

12 Flächensysteme

1c Anordnungsmöglichkeit der vier Aussteifungselemente als Kern[20]. Kernbildungen sind auch in rechtwinkligen Grundrissen möglich. Die konstruktiven Kerne können Treppenanlagen und/oder Aufzugsanlagen aufnehmen. Zur Herstellung großer Vertikallasten können die Decken aus dem Kern auskragen oder Außenstützen am Kern aufgehängt werden.

2. Die aussteifenden Elemente werden am Rand des Grundrisses (in der Fassade) angeordnet. Es ist möglich, dass die Aussteifungselemente dadurch geringere Vertikallasten erhalten als bei der Anordnung 1.

2a Anordnungsmöglichkeit für vier Aussteifungselemente.

2b Anordnungsmöglichkeit für drei Aussteifungselemente.

3. Die Aussteifungselemente werden außerhalb des Grundrisses angeordnet. Da sie nur punktuell mit dem Skelettbausystem in Verbindung stehen, werden sie geringere vertikale Auflasten erhalten, als dies in den vorangegangenen Möglichkeiten gewährleistet ist.

3a Anordnungsmöglichkeit für vier Aussteifungselemente.

3b Anordnungsmöglichkeit für drei Aussteifungselemente.

---

[20] Vier Scheiben werden zum Kern zusammen gezogen.

12 Flächensysteme

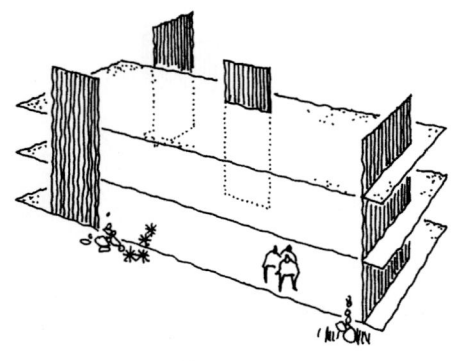

Um bestimmte gestalterische Wirkungen zu erreichen, kann die Anordnung der aussteifenden Elemente auch aus den verschiedenen Anordnungsmöglichkeiten kombiniert werden:

a Anordnungsmöglichkeit für vier Aussteifungselemente.

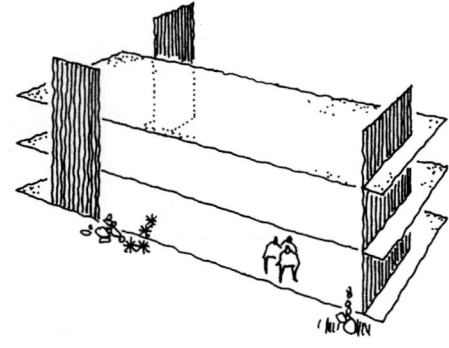

b Anordnungsmöglichkeit für drei Aussteifungselemente.

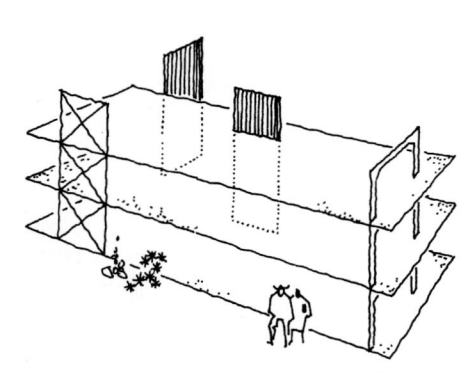

Die Gestaltung kann auch durch die Verwendung verschiedenartiger Aussteifungselemente beeinflusst werden, wie die nebenstehende Skizze zeigt

Dabei muss in allen Fällen sicher gestellt sein, dass die Deckenscheiben in der Lage sind, die an den Außenfronten angreifenden Windkräfte auf die aussteifenden Elemente zu übertragen. Das ist bei Stahlbetondecken in der Regel gegeben. Bei anderen Deckenkonstruktionen ist die erforderliche Scheibenwirkung konstruktiv herzustellen. Versetzte Geschossebenen (Split-Level-Systeme) können die erforderliche Anzahl aussteifender Elemente vergrößern, wenn die Deckenscheiben eine Ableitung der Windlasten in die aussteifenden Elemente anderweitig nicht gewährleisten können.

Die zusätzliche Beanspruchung von Stahlbetondecken aus horizontalen Windkräften ist bei normalen Gebäudeabmessungen völlig unproblematisch und kann zunächst vernachlässigt werden.

12 Flächensysteme

Die Verteilung der Windbeanspruchung auf die aussteifenden Elemente soll nachfolgend an zwei Beispielen mit definierten Abmessungen und Lasten für eine Windbeanspruchung quer zur Gebäudelängsachse exemplarisch dargestellt werden:

Beispiel 1

Eine Geschossdecke liegt in einer Höhe zwischen 8,0 und 20,0 m[21]. Die Geschosshöhe beträgt 3,50 m. Durch die Fassadenkonstruktion wirkt die Windlast gleichmäßig verteilt auf die Geschossdecke. Für diese Windbeanspruchung (quer zum Gebäude) sind die aussteifenden Elemente in A und B angeordnet.

Aus den Vorgaben berechnet sich die Windlast zu:

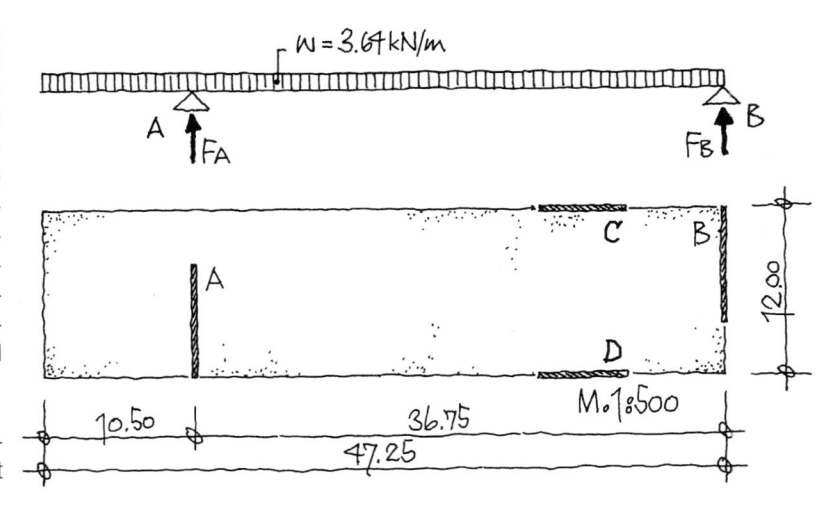

$w = 3{,}50 \cdot 1{,}04 = 3{,}64$ kN/m

Da heraus erhalten die Windscheiben folgende Horizontallasten[22]:

aus $\Sigma M = 0$ mit Drehpunkt in B:

$$F_A \cdot 36{,}75 - 3{,}64 \cdot \frac{47{,}25^2}{2} = 0$$

$F_A = 110{,}565$ kN

aus $\Sigma M = 0$ mit Drehpunkt in A:

$$F_B \cdot 36{,}75 - 3{,}64 \cdot \frac{36{,}75^2}{2} + 3{,}64 \cdot \frac{10{,}50^2}{2} = 0$$

$F_B = 61{,}425$ kN.

Die aussteifenden Scheiben C und D bleiben bei dieser Windbeanspruchung unbelastet. Sie sind erforderlich zur Aufnahme der Windbelastungen in Längsrichtung des Geländes. Die Berechnung ist vergleichbar.

Grundlage der Berechnung sind (natürlich) wieder die drei Gleichgewichtsbedingungen.

---

[21] Die Angabe ist für die Größe der Windlast relevant, vergl. Seite 53 ff.
[22] vergl. auch Beispiel 2 auf Seite 273.

12 Flächensysteme

Beispiel 2

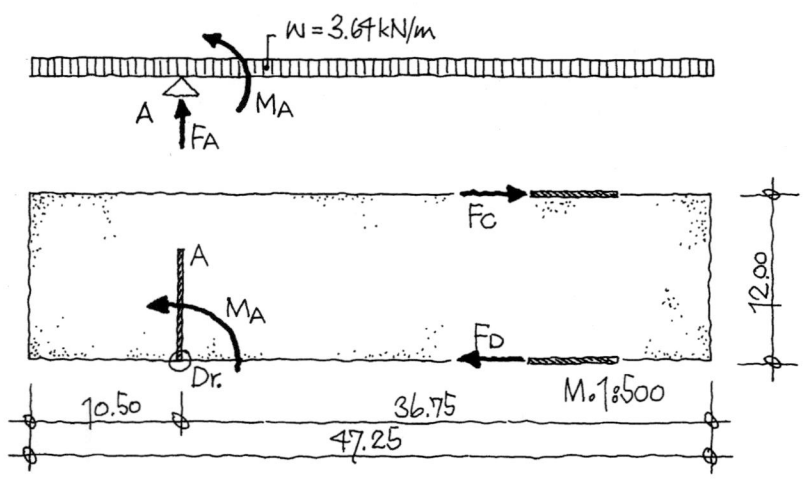

Lasten und Abmessungen entsprechen dem Beispiel 1. In Querrichtung des Gebäudes wird jedoch bei A nur ein aussteifendes Element eingebaut. Dafür müssen die beiden Aussteifungselemente bei C und D, die primär für die Aufnahme der Windkräfte in Längsrichtung des Gebäudes vorgesehen sind, zusätzlich ein Verdrehen des Gebäudes durch das Moment M_A verhindern und auch die Kräfte F_C und F_D aus der Windbelastung quer zur Gebäudelängsachse aufnehmen.

Die Aussteifung der Ebene erfolgt nur durch drei Aussteifungselemente insgesamt.

Aus $\Sigma H = 0$ ergibt sich:

$$F_A - 3{,}64 \cdot 47{,}25 = 0$$

$$F_A = 171{,}990 \text{ kN}.$$

Gleichzeitig entsteht um Punkt A ein Drehmoment, das sich über $\Sigma M = 0$ errechnet:

$$3{,}64 \cdot \frac{36{,}75^2}{2} - 3{,}64 \cdot \frac{10{,}50^2}{2} - M_A = 0$$

$$M_A = 2257{,}369 \text{ kNm}.$$

Aus dem Grundriss ist ablesbar, dass eine Kraft F_C in dem Aussteifungselement bei C mit dem Hebelarm 12,00 m einen Gleichgewichtszustand herstellen kann. Wir setzen daher über $\Sigma M = 0$ an:

$$M_A - F_C \cdot 12{,}00 = 0$$

Setzt man für M_A den oben berechneten Wert ein, so folgt:

$$2257{,}369 - F_C \cdot 12{,}00 = 0$$

Zu beachten ist die (geschickte) Wahl des Drehpunktes im Grundriss. F_D erhält dadurch den Hebelarm null und entfällt aus dem Gleichungsansatz $\Sigma M = 0$.

und daraus:

$$F_C = 188{,}114 \text{ kN}.$$

Da die Summe aller Kräfte in der Längsrichtung des Gebäudes (auch) null sein muss, ist:

$$F_C - F_D = 0 \rightarrow F_D = 188{,}114 \text{ kN}$$

Die Übereinstimmung von Pfeilrichtung (im Grundriss) und Vorzeichen (in der Formel) ist zu beachten.

12 Flächensysteme

Für die Bezeichnung „aussteifendes Element" können im Rahmen ihrer Tragfähigkeit alle auf Seite 275 ff genannten Konstruktionsformen treten.

Die Fähigkeit, horizontale Lasten zu übertragen, wurde für die Deckenplatten in den Beispielen stets unterstellt.

Das Beispiel zeigt, wie sich das Tragverhalten bei einer Reduktion auf drei aussteifende Elemente verändert. Es zeigt aber auch, dass alle aussteifenden Elemente höhere Lasten erhalten und entsprechend zu dimensionieren sind. Dies gilt auch für die Scheiben bei C und D, die hier für die untersuchte Queraussteifung mit herangezogen werden müssen. Wie der Einsatz tragender Scheiben als Konstruktionselemente[23] zeigte, können damit jedoch auch wesentlich mehr aussteifende Elemente (als minimal nur drei) verfügbar sein.

Die Untersuchung der Aussteifung der Gebäude in Längsrichtung erfolgt nach derselben Methode, wie sie in den vorangegangenen Beispielen für die Untersuchung der Queraussteifung angewendet wurde.

Die jeweils gewählten Ausführungsformen für die „aussteifenden Elemente" wären anschließend zu dimensionieren. Dem Nachweis der Standsicherheit[24] ist in der Entwurfsphase jedoch primäre Aufmerksamkeit zu schenken.

12.2 Deckenplatten

Flächenförmige Bauteile werden in Decken- und Dachkonstruktionen verwendet. Dabei haben diese Flächensysteme neben der Tragfunktion oft auch anderen Anforderungen zu genügen wie Schall-, Wärme- oder Feuerschutz. Diesen kombinierten Anforderungen kann das scheibenförmige Bauteil allein oder durch mehrschaligen Aufbau entsprechen.

Die üblichen Baumaterialien zur Herstellung von Deckenplatten sind:

1. Stahlbeton,
2. Stahl,
3. Holz

und zunehmend auch

4. Glas.

Aluminium und andere Metalle finden seltener Verwendung, doch wenn, dann in ähnlicher Verarbeitung wie Stahl. Diese üblichen Baumaterialien genügen in unterschiedlicher Weise den oben genannten zusätzlichen Beanspruchungen.

---

[23] vergl. Kapitel 12.1
[24] vergl. Beispiele 1 und 2 auf Seite 272 ff.

12 Flächensysteme

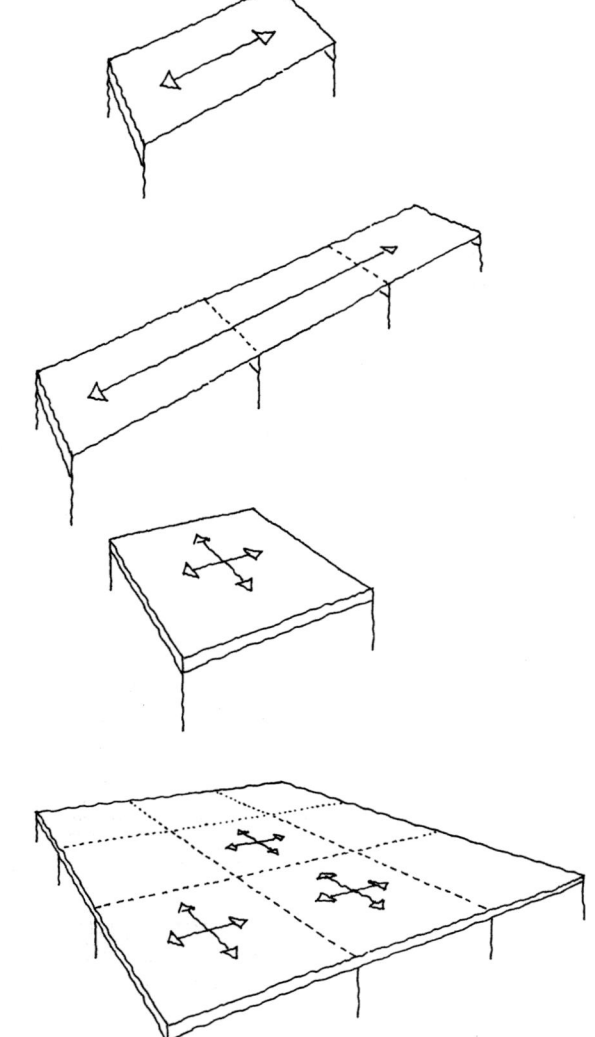

Flächentragwerke als Deckenplatten werden auf Balken[25], auf Scheiben[26] oder unmittelbar auf Stützen gelagert. Sie können einfeldrig[27] oder mehrfeldrig[28] ausgeführt werden sowie mit einachsiger[29] oder zweiachsiger[30] Tragrichtung.

Wenn Decken- oder Dachplatten zur Aussteifung von Gebäuden[31] herangezogen werden sollen, müssen sie in der Lage sein, Kräfte in ihrer Ebene aufzunehmen und an aussteifende Elemente weiter zu leiten. Sie dürfen sich unter horizontalen Beanspruchungen nicht parallelogrammartig verformen.

12.2.1 Deckenplatten aus Stahlbeton

Deckenplatten aus Stahlbeton sind als Massivdecken[32] oder als Rippendecken[33] herstellbar, sie können einfeldrig, durchlaufend oder kreuzweise gespannt sein. Damit sind Deckenplatten aus Stahlbeton allen Lagerbedingungen und Spannrichtungen anpassbar und finden in der Praxis vielfältige Anwendung.

Kreuzweise gespannte Rippendecken werden als Kassettendecken ausgebildet.

Ihre örtliche Herstellung mit Schalung, Bewehrung, Betonierung, Abbindung und Ausschalung ist zeitraubend und arbeitsintensiv. Daher werden zunehmend teilvorgefertigte oder vollständig vorgefertigte Deckenplatten verwendet, die wegen ihres hohen Eigengewichts und, abhängig von den Bedingungen der Baustelle, oft schwere Hebezeuge erfordern. Teilvorgefertigte Deckenplatten finden Anwendung, wenn günstigere Tragwirkungen erreicht werden sollen wie durchlaufende Konstruktionen oder Plattenbalkenausbildungen durch entsprechende Verbindungen der Deckenteile mit den Unterzügen.

Das relativ hohe Eigengewicht kann nachteilig sein für das eigene Tragverhalten der Decke[34]. Durch die hohe Belastung der unterstützender Bauteile (Scheiben, Unterzüge, Stützen und Fundamente) können größere Abmessungen für diese Bauteile erforderlich werden.

---

[25] vergl. Seite 182 ff
[26] vergl. Seite 265 ff
[27] vergl. Seite 46
[28] vergl. Seite 179, 222
[29] vergl. Seite 95
[30] vergl. Seite 181
[31] vergl. Seite 276 ff
[32] vergl. Seite 171 ff
[33] vergl. Seite 177 ff
[34] vergl. Seite 173 ff

12 Flächensysteme

Das relativ hohe Eigengewicht kann aber auch vorteilhaft sein, wenn es um die Sicherung der Standfestigkeit[35] (Kippsicherheit) höherer Gebäude geht oder um die Erfüllung höherer Anforderungen an die Luftschalldämmung.

12.2.2 Deckenplatten aus Stahl

Massive Stahlplatten (Bleche) scheiden als flächenförmige Tragelemente wegen ihres hohen Eigengewichtes aus. Deckenplatten aus Stahl werden aus aufgefalteten dünnen Blechen hergestellt. Im Sinne der Systematik handelt es sich eigentlich um Faltwerke[36] – jedoch mit verhältnismäßig geringen Höhen und nur einer einachsigen Tragfähigkeit.

Es gibt viele Herstellerfirmen mit einer Fülle von Produktvarianten. Die Kennzeichnung der Profile erfolgt in der Form: „Profilhöhe / Achsabstand der Rippen / Blechdicke".

Die Beispiele zeigen einige Ausführungsformen:

Die angegebenen Stützweiten sind Richtwerte und gelten nur für reine Biegebeanspruchung in zweifeldrigen Konstruktionen mit einer gleichmäßig verteilten Belastung von q = 2,2 kN/m².

Bezeichnung:	Eigengewicht:	Stützweite:
35/207/1,00	0,097 kN/m²	2,21 m
48,5/250/1,00	0,100 kN/m²	2,83 m
111/275/1,00	0,121 kN/m²	5,34 m
165/250/1,00	0,160 kN/m²	7,25 m

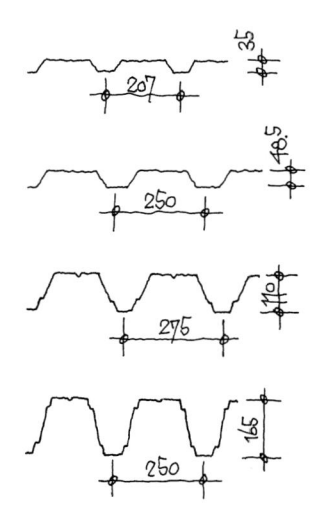

Eine Stahlbetonplatte müsste mindestens 10,0 cm dick sein und würde ein Eigengewicht von 2,500 kN/m² haben.

Solche Trapezprofile sind verhältnismäßig leicht, so dass ein günstiges Verhältnis von Eigengewicht zu Verkehrslast entsteht, was sich im gesamten Lastfluss[37] bis in die Fundamente auswirkt.

Beim Nachweis der Standsicherheit kann sich dieser Vorteil nachteilig auswirken und besondere Maßnahmen erfordern, um in die aussteifenden Elemente ausreichend große Vertikallasten[38] einzuleiten.

---

[35] vergl. Seite 274
[36] vergl. Kapitel 12.3.
[37] vergl. Seite 78 ff
[38] vergl. Seite 268

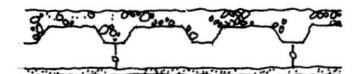

12 Flächensysteme

Gegen Feuerbeanspruchung sind Stahlkonstruktionen durch geeignete Ummantelungen zu schützen. Zwar brennt Stahl nicht, er verliert jedoch bei Erwärmung seine Festigkeit, was zum Einsturz der Konstruktionen führt. Daher erhalten Decken aus Trapezblechen in mehrgeschossigen Gebäuden in der Regel einen oberen Betonbelag sowie eine untere Beschichtung oder eine entsprechend konstruierte abgehängte Decke. In diesem Fall tragen die Trapezbleche allein und der Beton sichert die Decke lediglich bei einer oberen Brandbelastung.

Alle konstruktiven Stahlbauteile müssen feuersicher ummantelt sein

Die Betonbeschichtung verbessert auch die Luftschalldämmung.

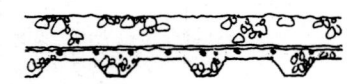

Trapezbleche können jedoch auch lediglich als Schalmaterial verwendet werden. Über dem Trapezblech wird eine selbsttragende Stahlbetondecke hergestellt.

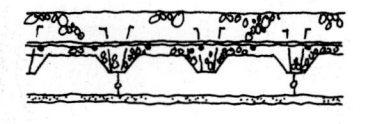

Schließlich ist auch eine Kombination möglich, wobei bei kraftschlüssiger Verbindung zwischen Beton und Trapezblech der Stahlquerschnitt des Trapezbleches in die Zugbewehrung eingerechnet wird. Hierdurch wird eine echte und wirtschaftliche Stahlbeton-Verbundbauweise erreicht. Dabei ist ein unterseitiger Feuerschutz wieder zwingend erforderlich.

Der kraftschlüssige Verbund wird in der Regel durch Dübel erreicht, die am Steg des Trapezbleches angeschweißt sind.

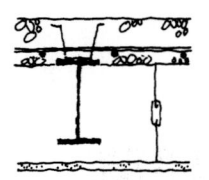

In ähnlicher Weise können auch wirtschaftliche Stahlbeton-Verbundbauweisen mit Walzprofilen hergestellt werden, die jedoch einen zusätzlichen Schalungsaufwand erfordern.

12.2.3 Deckenplatten aus Holz

Die Holz verarbeitende Industrie hat in der jüngsten Vergangenheit plattenförmige Elemente entwickelt, die für Dach- und Deckenkonstruktionen verwendet werden können. Der traditionelle Holzdeckenaufbau[39] tritt daher in den Hintergrund, zumal die plattenförmigen Bauteile einseitig oberflächenfertig angeboten werden, die Hohlräume werkseitig oder bauseitig unterschiedlich befüllbar sind (Dämmstoffe / Wärmedämmung oder Deckenbeschwerung / Luftschallschutz) und Vorkehrungen zur Installationsführung getroffen sind. Je nach werkseitigem Aufbau erreichen sie durch die kraftschlüssige Verbindung von Beplankung und Stegen eine hohe Tragfähigkeit bei geringem Eigengewicht und Materialverbrauch – vor allem bei kastenförmig aufgebauten Elementen mit Stegen. Hinzu kommt eine nicht zu unterschätzende Formstabilität durch die sachgerechte Verarbeitung des Holzwerkstoffs sowie eine vollwertige Scheibenwirkung, die eine Übertragung der Windlasten von den Fassaden zu den aussteifenden Elementen gewährleistet.

---

[39] vergl. Seite 204

12 Flächensysteme

Die beispielhafte Übersicht zeigt einige Ausführungen und beschreibt die Leistungsfähigkeit dieser scheibenförmigen Bauteile, die in ein- und mehrfeldrigen Konstruktionen eingesetzt werden können.

1. Massivbauteile

Bezeichnung / System	Abmessungen Dicke [cm]	Breite [m]	Fertigungslänge [m]
1.1 Merk-Dickholz	2,5 – 24,3	≤ 4,80	≤ 14,0
1.2 K-Profildecke	10 – 24	0,625	≤ 18,0

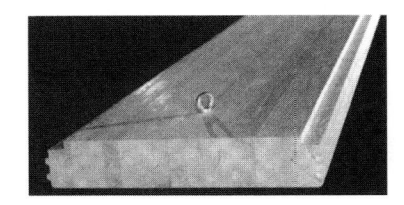

2. Rippen- / Kastenbauteile

Bezeichnung / System	Abmessungen Dicke [cm]	Breite [m]	Fertigungslänge [m]
2.1 Lignotrend-Deckenelemente	≤ 29	0,625	≤ 16,0
2.2 Merk-Rippenplatten	nach Bedarf	≤ 1,82	≤ 23,0
2.3 K1 – Multibox Holztafelelement	10 – 100	≤ 5,00	≤ 30,0

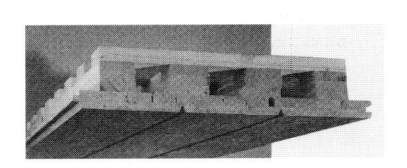

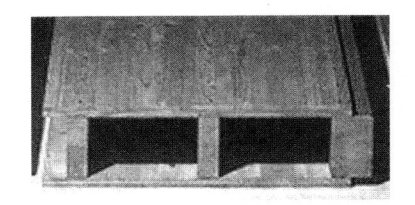

12 Flächensysteme

Fortsetzung Rippen- / Kastenbauteile	Abmessungen Dicke [cm]	Breite [m]	Fertigungs- länge [m]
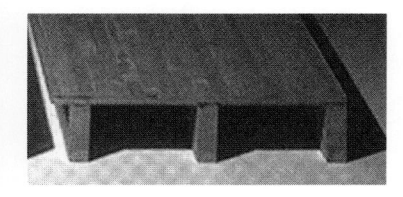 2.4 K1 – Multisteg Holztafelelement	10 – 100	≤ 5,00	≤ 30,0
 2.5 Lignatur- Kastenelement	8 – 32	0,195	≤ 12,0
 2.6 Lignatur- Flächenelement	12 – 32	0,514 und 1,00	≤ 16,0

12.2.4 Deckenplatten aus Glas

Eine stürmische Entwicklung hat die Verwendung von Glas als plattenförmige tragende Elemente – vornehmlich aus vergütetem Verbundglas – genommen. 1987 wurde Glas erstmals zur Herstellung von Trittstufen verwendet. Verwendet wurde 25 mm starkes Verbundglas bei einer vierseitigen Lagerung. 1990 wurden erstmals 19 mm starke Platten aus vergütetem Verbundglas zur Herstellung vierseitig gelagerter Deckenplatten in den Abmessungen 1,10 / 3,90 m verwendet. Seitdem wurden vielfältige Versuche mit verschiedenartig aufgebauten Verbundgläsern und verschiedenen Lagerungen durchgeführt. Es wurden sogar Glasträger und Glasstützen entwickelt, erfolgreich getestet und baulich realisiert.

Insbesondere wurden punktförmige Lagerungen entwickelt und getestet.

Dennoch gibt es bisher keine allgemein zugelassenen Berechnungssysteme. Die erforderlichen komplizierten Versuchsaufbauten sind aufwändig und zeitraubend und behindern augenblicklich noch weitergehende Anwendungen. Bei großflächigen Fassadenverglasungen werden Glastafeln jedoch vielfältig zur Aufnahme und Weiterleitung der Windlasten eingesetzt.

12 Flächensysteme

12.3 Faltwerke

Flächenförmige Bauteile aus biege- und schubfesten Materialien haben liegend eine Plattenwirkung[40] und stehend die Wirkung einer frei gespannten Scheibe[41]. Bei Schrägstellung mehrerer flächenförmiger Bauteile entstehen Faltwerke, die nicht nur formal, sondern auch konstruktiv beide Eigenschaften miteinander verbinden. Die einzelnen Flächen der Faltwerke bleiben eben.

Biege- und schubfest mit großen formalen Anpassungsmöglichkeiten ist insbesondere Stahlbeton. Aber in Form von Fachwerken auch Stahl und Holz[42].

Es wird Stahlbeton unterstellt.

Die einfachste Form eines Faltwerkes ist eine harmonikaähnlich gefaltete Platte.

Das daran erläuterte Tragverhalten[43] gilt sinngemäß für die vielen Formvariationen dieses Grundtyps.

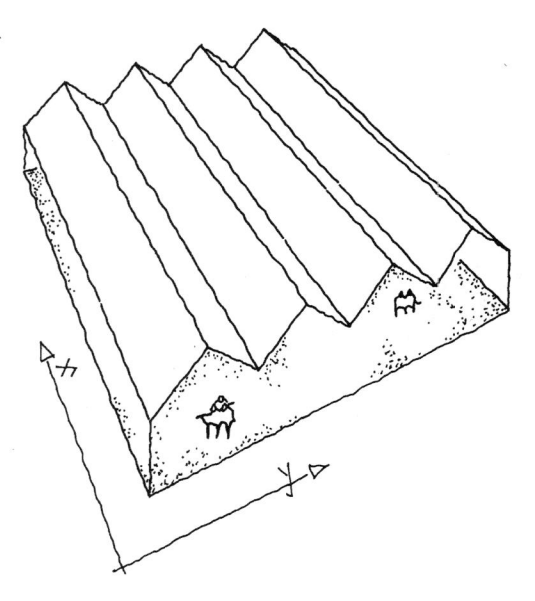

Die gefalteten Flächen übernehmen bei Belastung gleichzeitig Tragaufgaben in zwei Richtungen. In der y-Richtung, also quer zu den Kehlen und Graten, wirkt das Faltwerk als schräge Platte, durchlaufend über Stützungen in den Kehlen und Graten. Es wird wie eine schräge Platte berechnet[44].

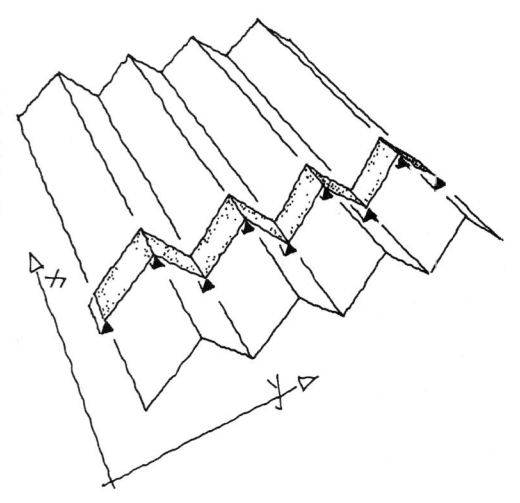

---

[40] vergl. Seite 265
[41] vergl. Seite 272
[42] vergl. Seite 291
[43] vergl. auch Seite 92 ff.
[44] vergl. Seite 121

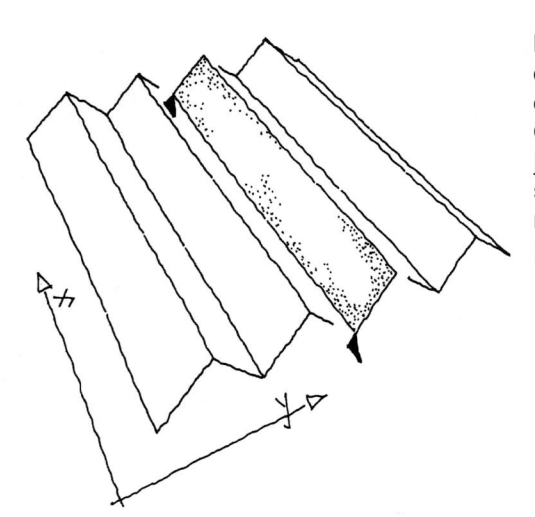

12 Flächensysteme

Die Auflagerkräfte aus den Flächenlasten (oder bei der Untersuchung eines 1,0 m breiten Streifens aus der Streckenlast je Meter) werden an den Kehlen und Graten als Streckenlasten in die Platten eingeleitet, die jetzt als schräg stehende, frei in der x-Richtung gespannte Scheiben wirksam werden. Sie können berechnet werden wie Balken mit einer großen Höhe (hier „b") und einer geringen Breite (hier „d").

Die Scheiben können auch über mehrere Felder gespannt sein oder auch Kragarme haben.

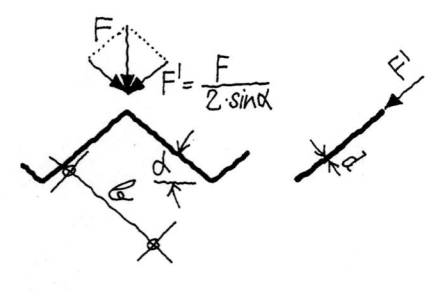

„F" [kN/m] sei die Belastung aus der geknickten Platte, die auf eine Scheibe wirkt. Diese Last wird in die Tragrichtungen beider angeschlossenen scheibenförmigen Balken zerlegt. Sind die Scheiben gleich groß und ihr Neigungswinkel einheitlich gleich „α", so entfällt auf jede Scheibe die Last

$$F' = \frac{F}{2 \cdot \sin \alpha},$$

die die Scheibe mit einer Breite von „d" und einer Höhe von „b" über die entsprechende Spannweite zu tragen hat.

Zu beachten ist, dass sich die in Kehle und Grad eingeleiteten Auflagerreaktionen auf zwei scheibenförmige Balken verteilen.

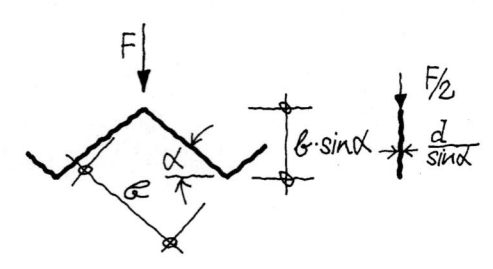

Alternativ kann man auch mit dem vertikal wirkenden Lastanteil F/2 rechnen. In diesem Fall hat der scheibenförmige Balken jedoch nur die projektierte Höhe $b \cdot \sin \alpha$ und die entsprechend umgerechnete Breite $d / \sin \alpha$.

Daraus kann gefolgert werden, dass die Tragfähigkeit bzw. die Spannweite der Faltwerke mit ihrer Höhe bzw. mit dem Winkel α wächst.

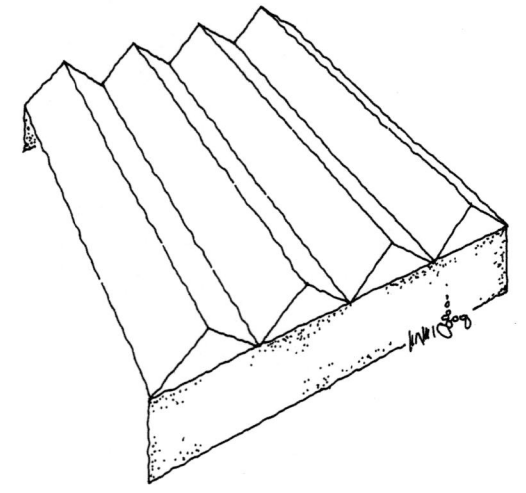

Die tragenden Scheiben können in ihren Auflagern gelagert werden auf:

Wandscheiben,

12 Flächensysteme

Stützen

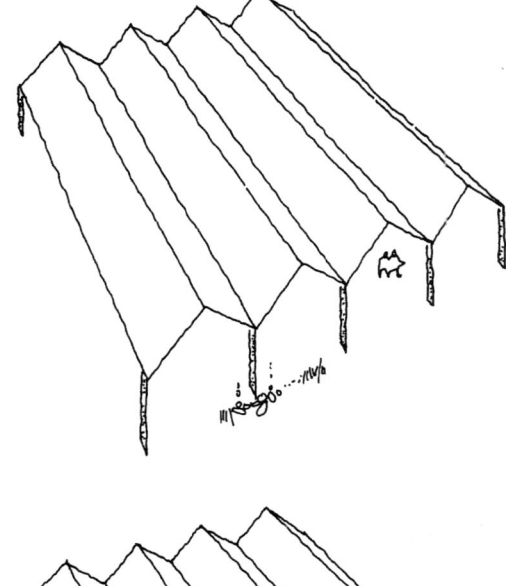

oder in y- Richtung verlaufende Unterzüge, die in größeren Abständen unterstützt werden können.

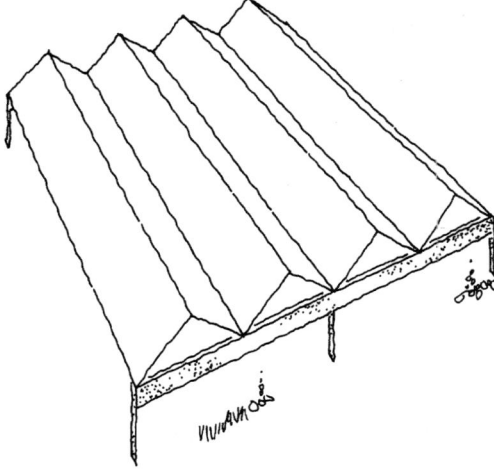

Schotten oder entsprechende andere Bauelemente sollten stets in der Unterstützungsebene liegen. Bei Zwischenstützungen sind also auch Zwischenschotten vorzusehen.

Durch asymmetrische Belastungen (z.B. Wind) und durch eine Ausbeulgefahr der schmalen scheibenförmigen Balken wird die Tragfähigkeit der Faltwerke reduziert. Andererseits wird die Tragfähigkeit wesentlich gesteigert, wenn diesem Verhalten durch Querschotten oder Tragelementen, die ähnliche Wirkungen erzielen, begegnet wird:

durch Scheiben oberhalb des Faltwerkes,

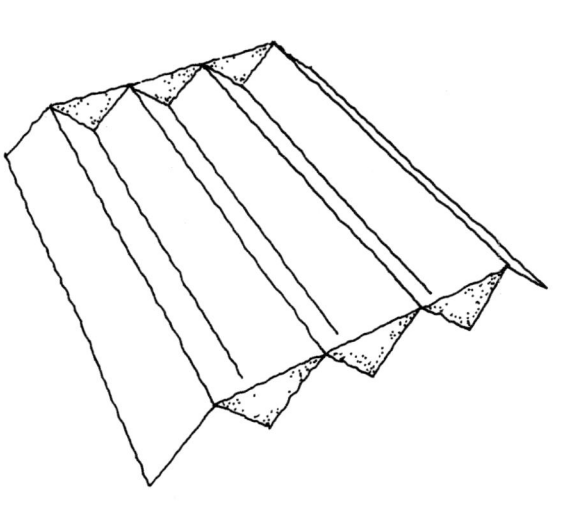

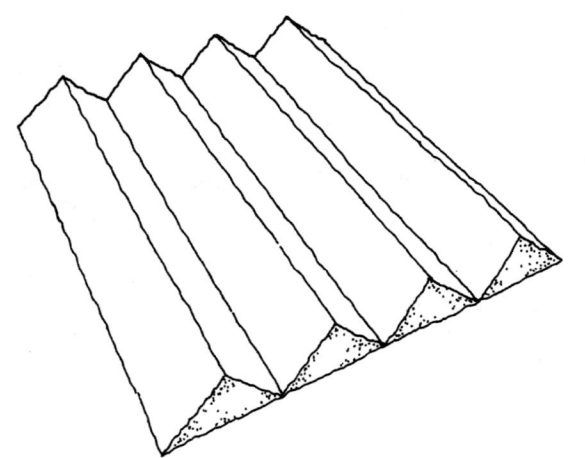

12 Flächensysteme

durch Scheiben unterhalb des Faltwerks,

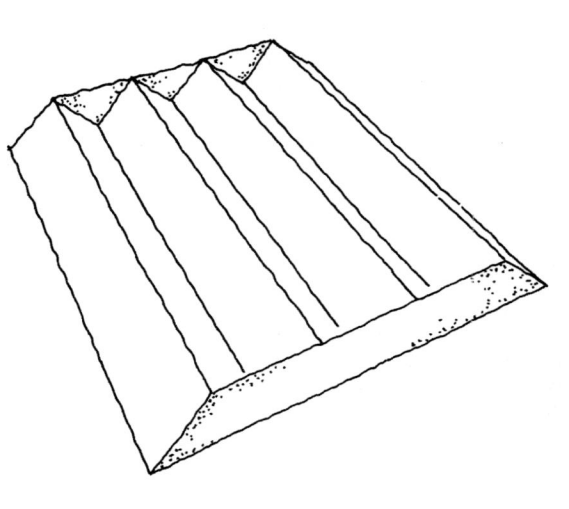

durch Querscheiben, die gleichzeitig eine oben beschriebene Abfangung der Lasten aus dem Faltwerk über größere Spannweiten ermöglichen,

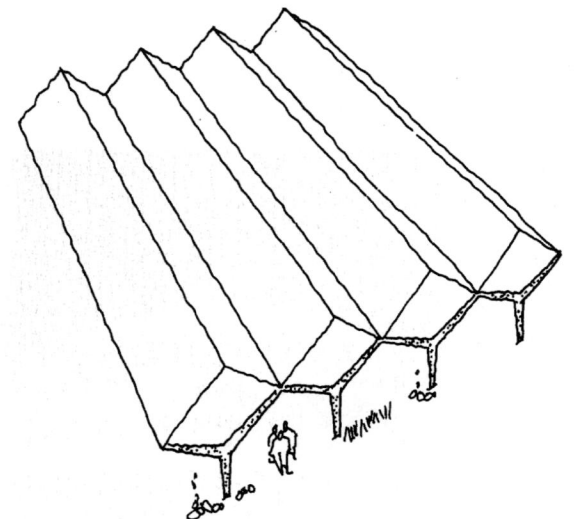

durch Rahmenunterstützungen wie z.B. durch Dreigelenkrahmen,

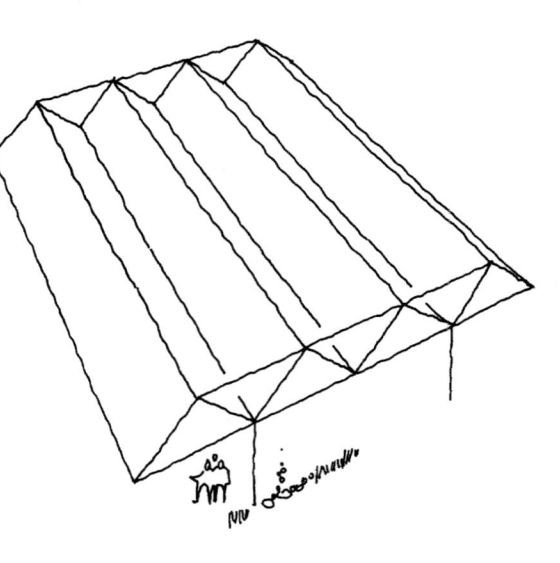

oder durch Fachwerkträger, die ebenfalls eine Abfangung im Bedarfsfall ermöglichen.

12 Flächensysteme

Eine andere Stabilitätsschwächung ist für die Endfalte gegeben. Hier ist formal und konstruktiv eine überzeugende Gestaltung zu entwickeln. Den am freien Ende wirksamen vertikalen und horizontalen Verformungen muss durch in der Skizze schematisch dargestellten Aufkantungen oder Abkantungen begegnet werden.

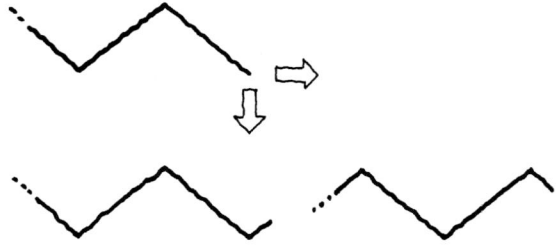

Es gibt vielfältige Modifikationen der beschriebenen Grundform eines Faltwerkes, so dass der Erfindungsfreude der Architekten fast keine Grenzen gesetzt sind. Unverzichtbare Bedingung ist, dass die Scheibenelemente nicht gekrümmt, sondern eben sind. Anderenfalls entsteht ein anderes Tragverhalten[45].

Die einzelnen Scheiben:

- können dreieckig oder mehreckig sein,
- sie können linear in gleichen Rasterschritten addiert werden,
- sie können radial regelmäßig kombiniert werden,
- sie können quer zum Grat geknickt werden und
- sie können frei über unregelmäßigen Grundrissen mit unterschiedlichen Höhen und Schrägstellungen angeordnet werden.

Es kann sinnvoll sein, bei entsprechender Belastung, Faltwerke vertikal zu stellen oder mit Dachfaltwerken zu Rahmenkonstruktionen zu kombinieren.

Die folgenden Skizzen können daher nur einige der vielen Möglichkeiten aufzeigen und sollen Anregungen geben, andere, vielleicht noch ausdrucksstärkere Lösungen, aufgabenspezifisch zu entwickeln.

Wie bereits ausgeführt, können die Faltwerke auch aus Fachwerken (besonders bei Stahl- und Holzkonstruktionen) hergestellt werden. Dadurch, und durch eine subtilere Analyse des Kraftflusses und der Beanspruchungen des Materials, können formal überzeugende und organisch integrierte Öffnungen in den Faltwerken hergestellt werden, die auch den Kraftfluss verdeutlichen können.

Durch Vorfertigungen (im Bildbeispiel aus Holz) lassen sich auch kurze Montagezeiten erreichen.

---

[45] vergl. Seite 296

12 Flächensysteme

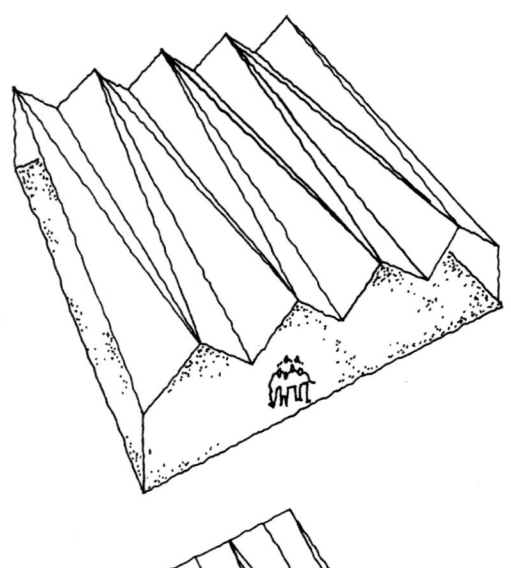

Faltwerk aus gegeneinander verdrehten dreieckigen Flächen über einer rechteckigen Grundfläche.

Die Grundrisse sind zugehörig perspektivisch dargestellt.

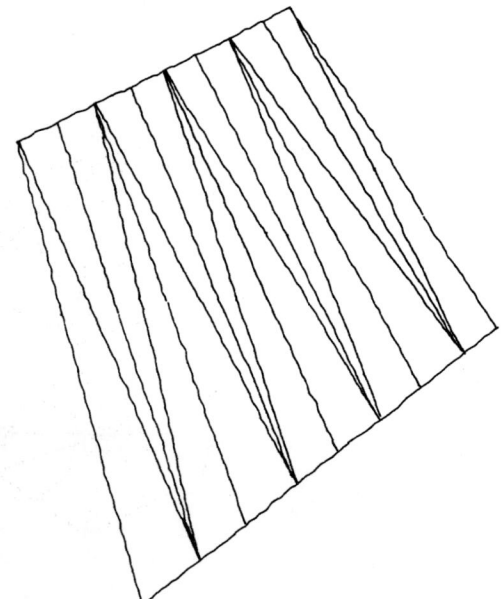

Faltwerk aus dreieckigen Flächen mit angehobenem First über einer rechteckigen Grundfläche.

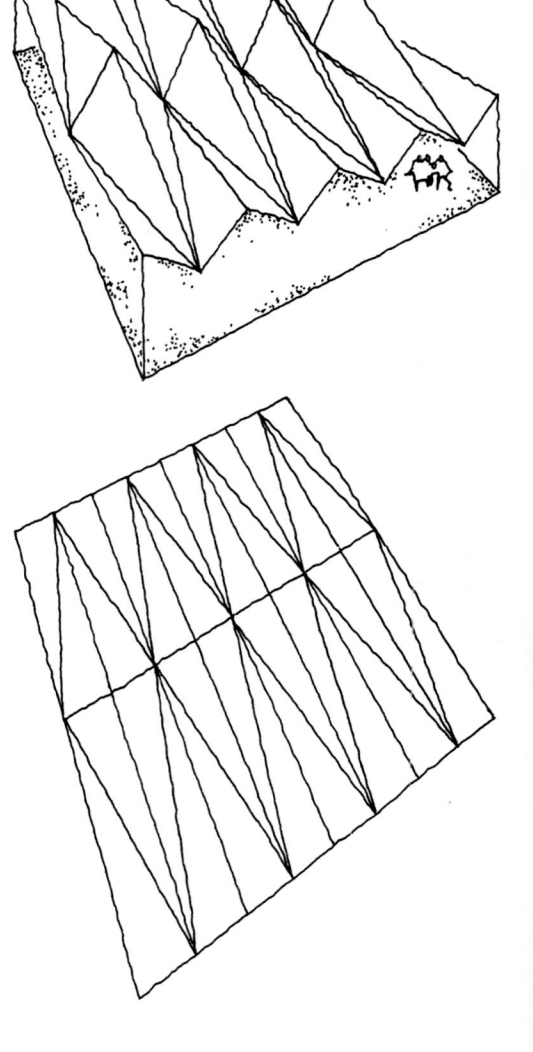

12 Flächensysteme

Zwei Varianten radialer Anordnung über einer dreieckigen Grundfläche.

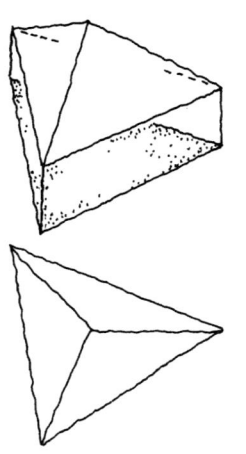

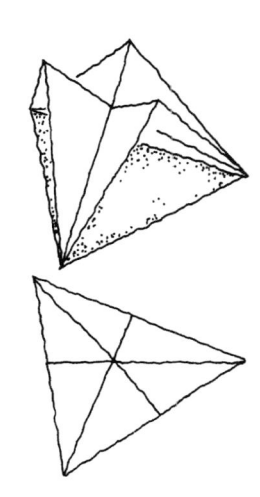

Regelmäßige radiale Anordnungen dreieckiger Flächen über einer quadratischen Grundfläche und über einem regelmäßigen Fünfeck.

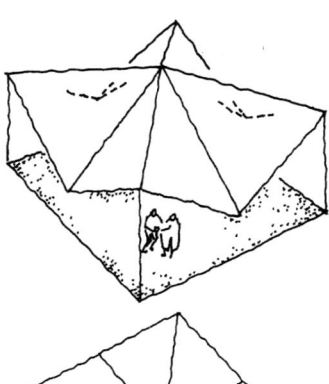

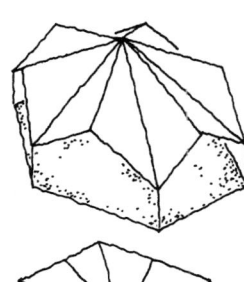

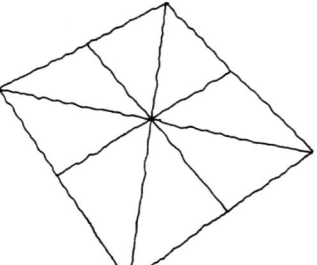

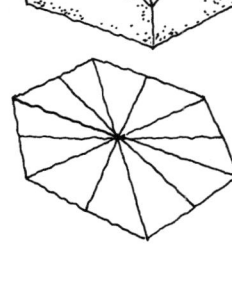

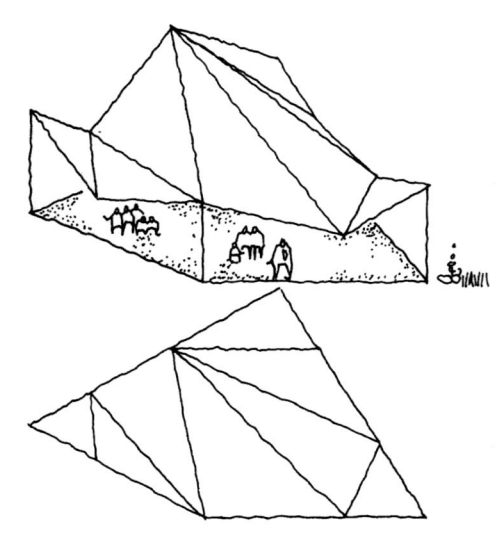

Faltwerk aus dreieckigen Flächen über einer unregelmäßigen Grundfläche mit unterschiedlichen Höhen der Eckpunkte.

12 Flächensysteme

12.4 Schalensysteme

Die Schalenformen sind in drei Gruppen einteilbar:

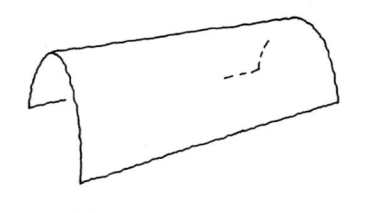

- einachsig gekrümmte Schalen,

- zweiachsig gekrümmte Schalen,

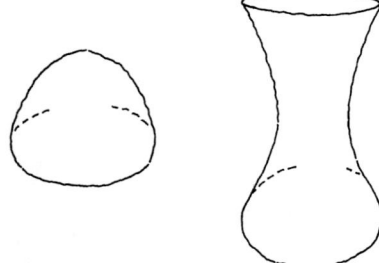

- Rotationsschalen.

Die Rotationsschalen können auch den zweiachsig gekrümmten Schalen zugeordnet werden.

Die Methodik, Schalen durch Translation von Erzeugenden auf Leitlinien zu kreieren, ist hilfreich für die Formentwicklung und für die räumliche Vorstellungsfähigkeit. Erzeugende und Leitlinien müssen dabei Kurven in einer Ebene sein (zweidimensionale Kurven).

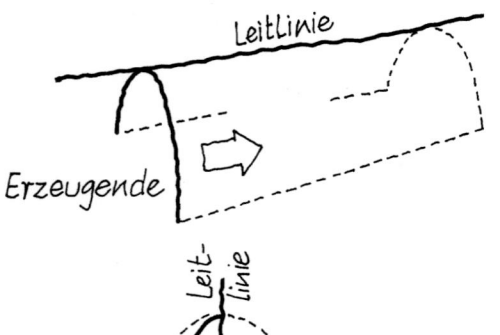

Ist die Leitlinie eine Gerade, so entstehen einachsig gekrümmte Schalen oder Rotationsschalen.

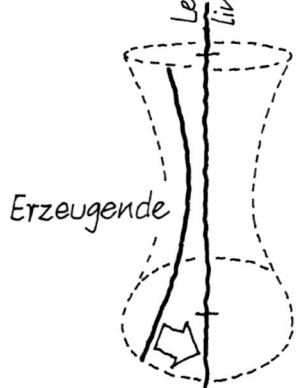

12 Flächensysteme

Sind Leitlinie und Erzeugende ebene Kurven höherer Ordnung, so entsteht nach dieser Methodik eine zweiachsig gekrümmte Schale. In der Richtung der Leitlinie hat die Schale die Form der Leitlinie, quer dazu die Form der Erzeugenden.

Die Beschreibung der Erzeugenden und der Leitlinie erfolgt in der Regel durch mathematische Formeln, die auch die Bestimmung von Koordinaten der Schale ermöglichen.

So kann jede beliebige Schalenform erzeugt und beschrieben werden. Weitere Möglichkeiten der Ausformung ergeben sich durch Beschneidungen der Ausgangsform oder durch Einschnitte für Öffnungen. Weiterhin können Variationen durch Kombinationen, lineare und radiale Additionen sowie Durchdringungen erzeugt werden. Auf diese Weise können fast unbegrenzt Schalen mit verschiedenen Formen erzeugt werden – darunter auch viele, die aus der Sicht des Tragverhaltens nicht sinnvoll sind. Es ist daher eine Betrachtung des Tragverhaltens angezeigt.

12.4.1 Tragverhalten von einfach gekrümmten Schalensystemen

Die grundsätzliche Betrachtung des Tragverhaltens von Schalensystemen soll am Beispiel einer einachsig gekrümmten Tonnenschale dargelegt werden.

Für eine liniengelagerte Tonnenschale können wir auf den Kenntnissen über die Stützlinien und ihre Formen bei Bogensystemen[46] aufbauen. Diese Ausführungen gelten grundsätzlich auch für liniengelagerte Tonnenschalen, wenn man sich diese Schale zusammen gesetzt denkt aus vielen einzelnen bogenartigen Streifen. Die Schalenform sollte danach bei gleichmäßig verteilter Belastung etwa parabelförmig sein. Alle Abweichungen von dieser Form oder dieser Belastung (z.B. durch Wind) führen zu zusätzlichen Biegebeanspruchungen, wie sie für den Zweigelenkbogen[47] schematisch dargestellt wurden. Wegen der geringen Schalendicke und des damit verbundenen kleinen Kernquerschnitts[48] ist eine kraftflussspezifische Ausformung besonders wichtig. Schalen werden heute aus biege- und schubfesten Materialien – vornehmlich Stahlbeton – hergestellt, der sich fertigungstechnisch leicht den formalen Gegebenheiten anpasst und durchaus Biegespannungen aufnehmen kann. Das entbindet den Gestalter jedoch nicht davon, die optimale Form zu

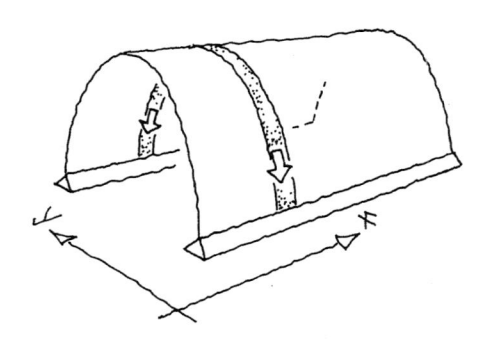

---

[46] vergl. Seite 259 ff.
[47] vergl. Seite 261
[48] vergl. Seite 259

12 Flächensysteme

entwickeln, da sonst unverhältnismäßig große Abmessungen (Dicken) der Schale erforderlich werden.

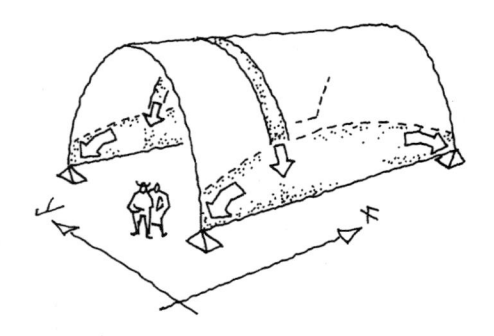

Eine Schale aus biege- und schubfesten Materialien kann aber auch punktförmig gelagert werden. Dann übernimmt die Schale, wie bei den Faltwerken beschrieben, gleichzeitig eine Tragfähigkeit in der y-Richtung, wie oben beschrieben, und in der x-Richtung. Insbesondere der untere Streifen übernimmt dann die Lasten und leitet sie in ähnlicher Weise wie eine Scheibe in die punktförmigen Unterstützungen. Die tatsächlichen Verteilungen der Kräfte, die hier Membrankräfte genannt werden, sind durch die heute verfügbare Computersoftware detailliert erfassbar und bei der Dimensionierung (Schalendicke und Bewehrung) zu berücksichtigen.

Auskragungen und Zwischenstützungen sind selbstverständlich auch möglich.

Bei parallel neben einander liegenden Tonnenschalen gleichen sich, insbesondere aus ungleichförmigen Belastungen resultierende Horizontalkräfte gegenseitig weitgehend aus. Die Tragfähigkeit des Tragwerks wächst. In den Endfeldern ist jedoch ein seitliches Ausweichen möglich und durch konstruktive Maßnahmen auszuschließen. Das kann durch Randträger erfolgen oder wirksamer durch horizontal liegende Scheiben.

Diese Randproblematik tritt bei radialen Anordnungen oder Durchdringungen von Tonnenschalen nicht auf. Es sind vielfältige radiale regelmäßige und unregelmäßige Additionsformen denkbar, wobei die Leitlinien auch steigend oder fallend im Raum angeordnet gedacht werden können. Die beiden dargestellten Beispiele können die Fülle der Möglichkeiten, die kreativen Gestaltern einfallen, nur andeuten.

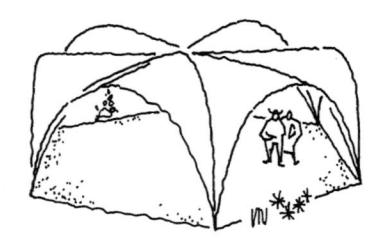

12 Flächensysteme

Ein ähnliches Tragverhalten entwickeln auch die Rotationsschalen, was am Beispiel einer parabolischen Kuppelschale dargelegt werden soll.

Man darf ruhig an Fassreifen denken.

In den einzelnen Segmenten fließen die Lasten nach unten und wirken als Schräglasten auf die Grundfuge. Hier (wie auch in den oberen Schalenbereichen) werden die auftretenden horizontalen Kraftkomponenten durch Ringanker, die dadurch auf Zug beansprucht werden, zusammengehalten.

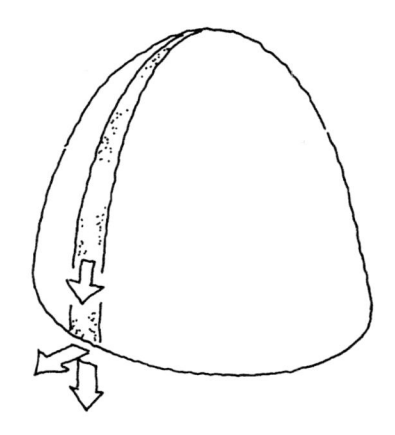

Bei Kuppelschalen, die in der unteren Zone ausgeschnitten sind, erfolgt die Ableitung der Kräfte wie oben beschrieben – bis über die Öffnungen. Bis dahin werden die Kraftflüsse durch Ringanker zusammen gehalten. Über den Öffnungen baut sich in der Schale (stets ausreichende Festigkeit vorausgesetzt) ein räumliches Bogensystem auf, das die Lasten in die Bodenfuge ableitet.

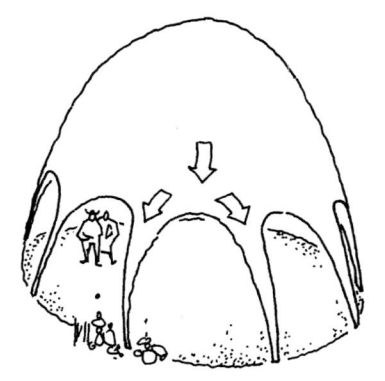

Diese, zugegeben, recht allgemeinen Betrachtungen des Tragverhaltens von Grundformen der Schalentragsysteme sollen aus zwei wesentlichen Gründen einen subtilen Umgang mit den vielfältigen formalen Möglichkeiten anregen:

Dies gilt auch für die erforderlichen Vorgaben zur baulichen Realisierung vor Ort.

1. damit die filigrane Ausformung der Schalensysteme erhalten bleibt und

2. damit die Körper geometrisch oder über mathematische Funktionen sinnvoll bestimmbar und darstellbar bleiben.

Liefert doch schon das gestalterische Arbeiten mit einfachen einachsig gekrümmten Schalen eine fast unbegrenzte Fülle von Variationen, die sicher auch Lösungsmöglichkeiten für bestimmte Aufgabenstellungen aufzeigen!

12 Flächensysteme

12.4.2 Das hyperbolische Paraboloid

Vergleichbare Bescheidenheit wird angeraten bei zweiachsig gekrümmten Schalensystemen. Wenn Kräfte (aus gleichmäßiger vertikaler Belastung) als Druckkräfte über eine Stützlinie abgeleitet werden, die etwa einer Parabel entspricht, dann ist es sinnvoll, eine zweiachsig gekrümmte Schale zu entwickeln aus einer nach oben offenen Parabel als Leitlinie und einer nach unten offenen Parabel als Erzeugenden (oder umgekehrt). Eine solche Translationsfläche wird als „hyperbolischer[49] Paraboloid" bezeichnet und oft auch abgekürzt „HP-Schale" genannt. Die Koordinaten (x_n, y_n, z_n) eines jeden Punktes auf einer HP-Schale sind also bestimmbar aus zwei Parabelgleichungen:

$$z = \frac{x^2}{2 \cdot p_1} \text{ für die Leitparabel und}$$

$$z = \frac{y^2}{2 \cdot p_2} \text{ für die Erzeugende.}$$

Die HP-Schale ist also eine antiklastische[50] Translationsfläche, die manchmal auch als Sattelfläche[51] oder als „Fläche 2. Ordnung" bezeichnet wird.

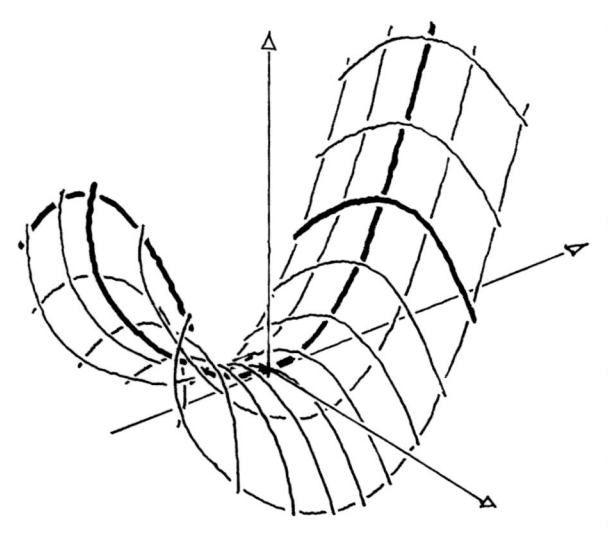

Auf der folgenden Seite wird grafisch verdeutlicht, dass die HP-Schale auch zur Gruppe der „Regelflächen" gehört und daher über zwei gerade Leitlinien und eine Gerade als Erzeugende konstruiert werden kann. Diese Tatsache vereinfacht ganz wesentlich die Darstellung der HP-Schale wie auch die Bestimmung von Punktkoordinaten mit dem über zwei Achsen anzuwendenden Strahlensatz. Die Zeichnung geht von einer geometrischen Darstellung der links abgebildeten perspektivischen Darstellung der Translationsfläche aus. Dabei wird das x-y-z-Koordinatensystem so gewählt, dass sich die leitende und die erzeugende Parabel im x-y-Diagramm (Grundriss) als Gerade darstellen. Die Parabelscharen[52] sind nur im rechten unteren Feld[53] dargestellt, um die Zeichnung übersichtlich zu gestalten.

Als Regelflächen werden Flächen 2. Ordnung bezeichnet, die Gerade als Erzeugende haben. Regelflächen sind neben dem Hyperbolischen Paraboloid das Hyperboloid und das Konoid.

---

[49] „Hyperbolisch" beschreibt hier den nicht-euklidischen Zustand.
[50] „Antiklastisch" bedeutet umgekehrt doppelt gekrümmt.
[51] Vergleichbar der Form eines Pferdesattels.
[52] Parabeln, die in regelmäßigen x- und y-Abständen auf der Oberfläche des hyperbolischen Paraboloids liegen.
[53] x-Koordinaten positiv, y-Koordinaten negativ.

12 Flächensysteme

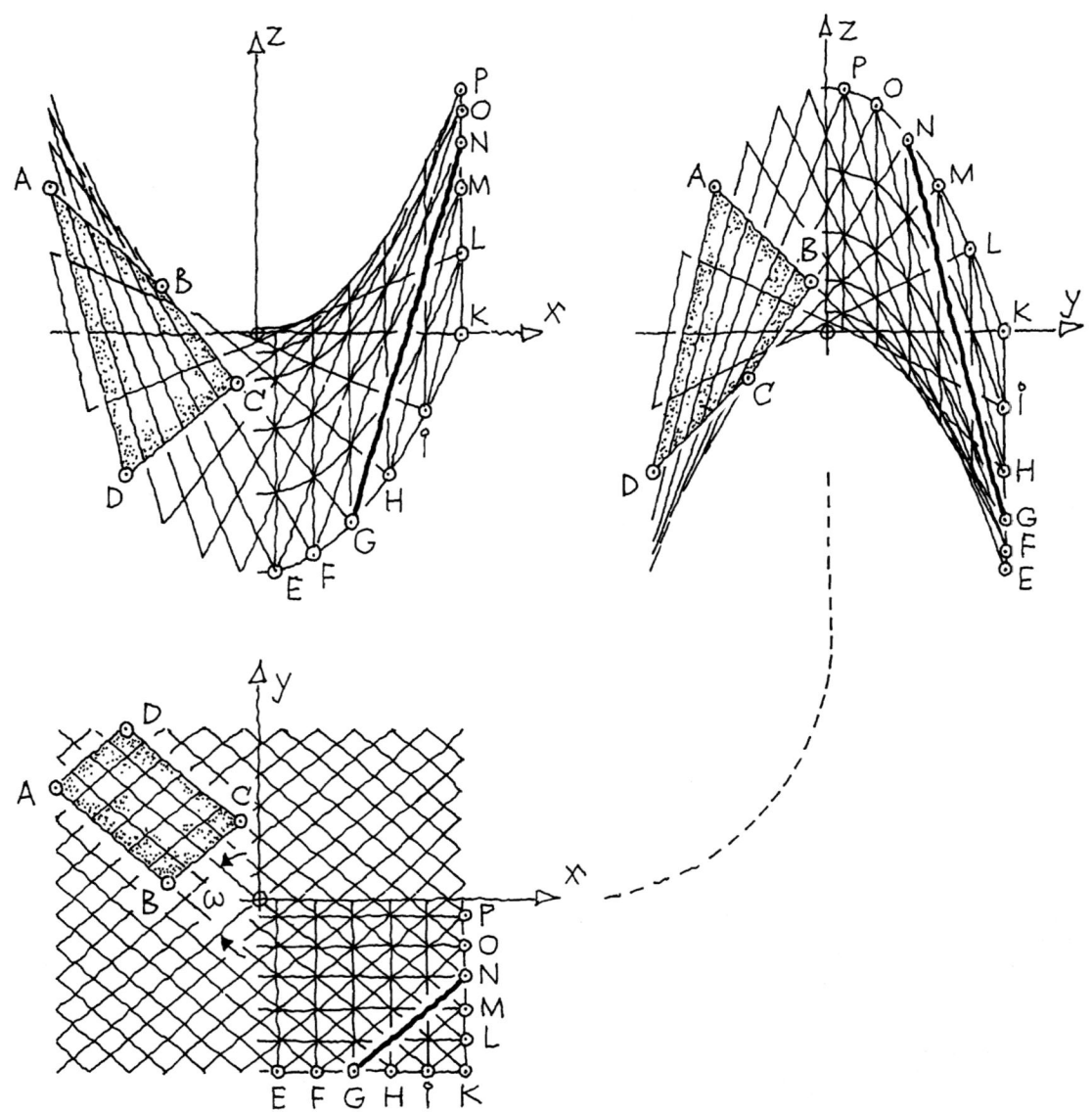

Geometrische Darstellung des hyperbolischen Paraboloids als Translationsfläche.

Die Leitlinie mit ihren Parallelen und die Erzeugenden stellen die HP-Schale als ein Netzwerk dar.

Im Koordinatensystem sind (nur im vierten Quadranten) die Parabeln der Leitlinie (auf der x-Achse liegend und parallel dazu an die Erzeugenden angepasst) und der Erzeugenden (parallel zur y-Achse liegend) dargestellt. Die Erzeugenden und die Leitlinie mit ihren Parallelen haben im Grundriss (x-y-Diagramm) jeweils gleiche, aber, abhängig von den Parametern der Parabeln, voneinander unterschiedliche Abstände. Überträgt man die Parabeln in die Ansichten (x-z-Diagramm und y-z-Diagramm) und verbindet deren Schnittpunkte, so erhält man durchgehende Gerade in allen Rissen, wie dies am Beispiel der herausgehobenen Geraden G-N dargestellt ist. Diese Geraden liegen auf der Oberfläche des hyperbolischen Paraboloids. Daher begrenzen (und gliedern) diese Geraden auch Ausschnitte aus der Translationsfläche, wie

299

12 Flächensysteme

dies beispielsweise mit der Fläche ABCD dargestellt ist und rechtfertigen, den hyperbolischen Paraboloid den Regelflächen zuzuordnen. Aus der Zeichnung ist ablesbar, dass zwei gegenüber liegende Gerade gegen einander gerichtete Neigungen haben und in (beliebig viele) gleichlange Strecken geteilt ist. Verbindet man die Teilungspunkte miteinander, so bilden sie die HP-Schale. Die zweiachsig gekrümmte HP-Schale ist also durch Gerade zeichnerisch darstellbar und in der Praxis herstellbar. Der Winkel ω, den die Geradenscharen im Grundriss einschließen, ist abhängig von den Parametern der Parabelgleichungen, der Leitlinie und der Erzeugenden. Haben beide Parabeln denselben Parameter, so ist $\omega = 90°$. Im Grundriss (x-y-Diagramm) stellt sich die Fläche ABCD stets als Parallelogramm oder im Grenzfall für $\omega = 90°$ als Rechteck oder Quadrat dar.

Wenn aus der Translationsfläche abgeleitet ist, dass die HP-Schale auch der Gruppe der Regelflächen zugeordnet und aus Geraden konstruiert werden kann, dann ist ihre geometrische Darstellung einfach nach folgender Methode möglich:

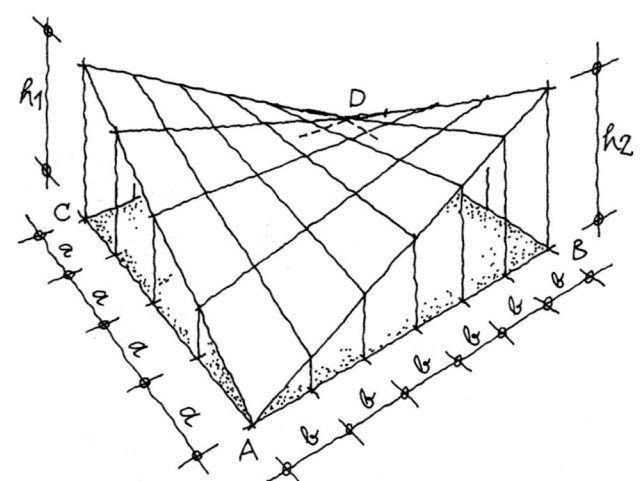

Hierauf wird bei der Behandlung von HP-Schalen über unregelmäßigen Vierecken zurück zu kommen sein.

Über einer (zunächst) rechteckigen oder parallelogrammförmigen Grundfläche werden zwei diagonal gegenüber liegende Eckpunkte (im Beispiel die Punkte B und C) über die Grundfläche um beliebige Höhen (im Beispiel h_2 und h_1) angehoben. Verbindet man die so gefundenen (Hoch-)Punkte über B und C mit den (Tief-)Punkten auf der Grundfläche, so erhält man die Ränder der HP-Schale. Die Fläche stellt sich dar, wenn man die jeweils gegenüber liegenden Seiten in eine gleiche Anzahl gleichlanger Abschnitte (im Beispiel jeweils 4 mal a für die kurzen Seiten und 6 mal b für die langen Seiten) teilt und die (etwa) gegenüberliegenden Punkte miteinander verbindet.

Diese Formbestimmung ist geometrisch viel einfacher und gestattet gleichzeitig, Koordinaten von Punkten auf der HP-Schale über den Strahlensatz leicht zu bestimmen.

300

12 Flächensysteme

12.4.3 Tragverhalten von HP-Schalen

Diese Zusammenhänge sind der Darstellung des hyperbolischen Paraboloids als Translationsfläche zu entnehmen.

Vertikale Lasten, die auf HP-Schalen wirken, treffen jeweils auf zwei gegensinnig gekrümmte Parabeln (Leitlinie und Erzeugende). Von ihnen werden die Lasten anteilig (abhängig von der Spannweite und dem Parabelparameter) als F_D und F_Z an den Schalenrand transportiert. Beide vereinigen sich (Kräftedreieck) zu einer Normalkraft N_R im Schalenrand. Im Randglied der HP-Schale addieren sich die Normalkräfte bis zur Gesamtlängskraft N_{R1} auf und bilden am Widerlager mit der Längskraft aus dem anderen Randglied die Auflagerkraft •N (Kräfteparallelogramm).

Eine gelenkige Lagerung beeinflusst den Lastfluß im Randglied nicht und ist diesbezüglich optimal. Damit befindet sich die HP-Schale jedoch in einem labilen Gleichgewichtszustand und bedarf – insbesondere bei einer asymmetrischen Form oder ungleichförmiger Belastung (z.B. Wind) – einer Stabilisierung, die optimal durch angehängte Gewichte (wie durch eine Rückverankerung im Fundament) erfolgt. Besteht, auch für die ungünstigste asymmetrische Belastung, aus einer unregelmäßigen Form eine Kipptendenz nur nach einer Richtung, so ist am gegenüberliegenden Hochpunkt eine entsprechende Rückverankerung erforderlich. Besteht aus unterschiedlich wirkenden Lasten (z.B. Wind) eine Kipptendenz nach beiden Seiten, so ist an beiden Hochpunkten eine Rückverankerung auszubilden.

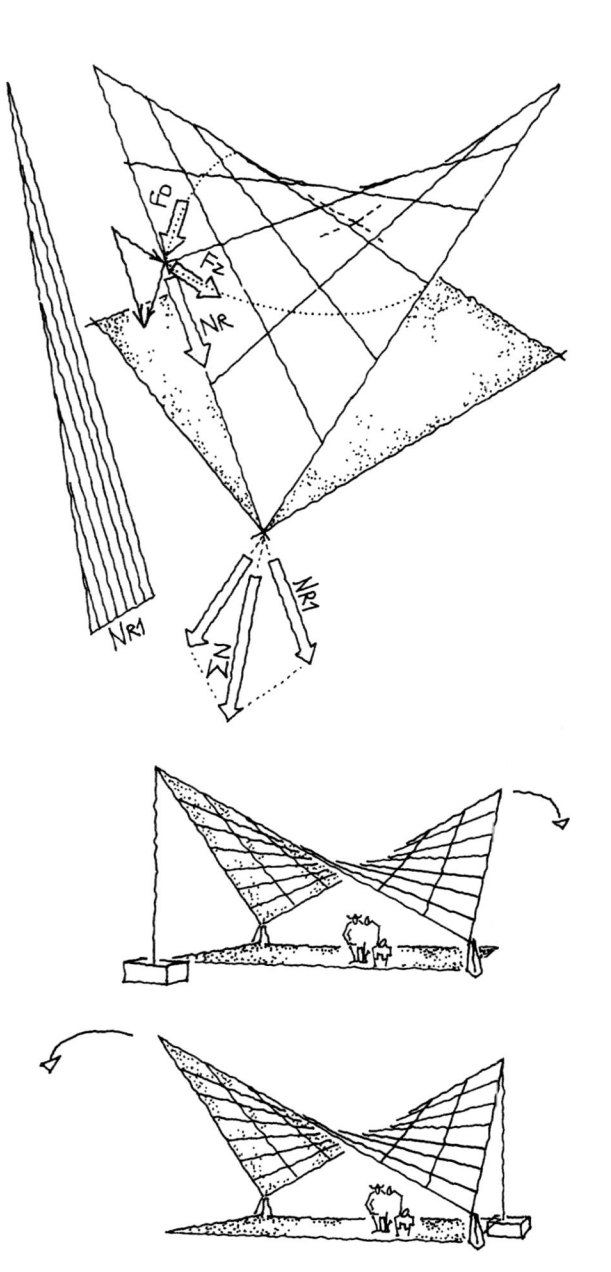

12.4.4 Formen und Kombinationen der HP-Schalen

Aus der Darstellung der HP-Schale als Translationsfläche war erkennbar, dass hyperbolische Paraboloide als Regelflächen nur über rechteckigen und parallelogrammförmigen Grundrissen herstellbar sind. Da aber jeder beliebige viereckige Grundriss als ein im Raum (dreidimensional) verdrehtes Rechteck oder Parallelogramm darstellbar ist, sind nach der oben beschriebenen vereinfachten Methode auch HP-Schalen über unregelmäßigen Vierecken konstruierbar. Die Achsen dieser HP-Schalen sind dann ebenfalls im Raum verdreht.

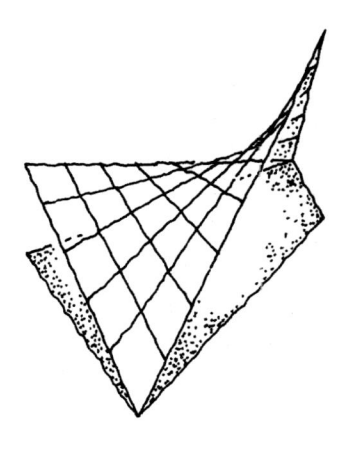

12 Flächensysteme

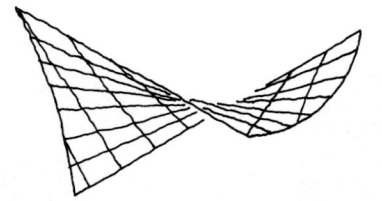

Werden HP-Schalen nach ihrer Entwicklung an den freien Rändern im bezogenen Grundriss schräg gradlinig beschnitten, so entstehen je nach Schnittführung (Hinzufügungen oder Abschnitte) konvexe oder konkave parabolische Randformen.

Damit stehen fast unbegrenzt viele Formen zur Verfügung, die darüber hinaus linear oder radial, flächenschlüssig oder mit Öffnungen kombinierbar sind, so dass eigentlich keine Notwendigkeit besteht, weniger sinnvolle Schalen zu konstruieren, die nicht das optimale Tragverhalten der HP-Schalen haben.

Es ist unmöglich, alle Kombinationsformen darzustellen, so dass die folgenden Beispiele die kreativen Gestalter nur zu eigenständigen Lösungen nach den gegebenen Aufgabenstellungen und dem vorhandenen Umfeld anregen sollen. Ausgeprägte Schalenformen erhält man jedoch nur, wenn die Differenzen zwischen Hoch- und Tiefpunkten deutlich unterschiedlich sind.

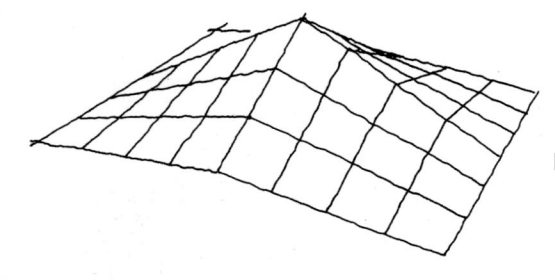

Lineare flächenschlüssige Addition von HP-Schalen

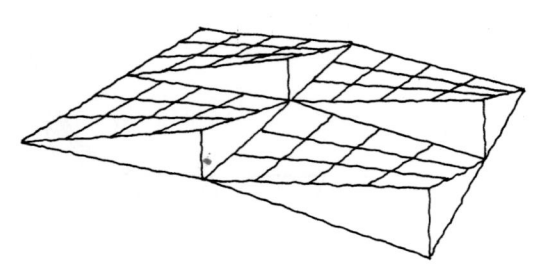

Lineare nicht flächenschlüssige Addition von HP-Schalen

12 Flächensysteme

Radiale flächenschlüssige Addition von
HP-Schalen

Radiale nicht flächenschlüssige Addition von HP-Schalen

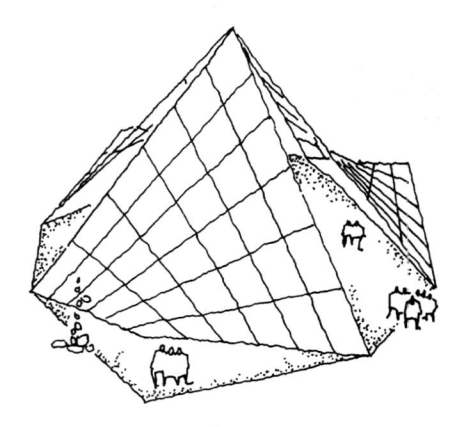

Schalen müssen nicht in jedem Fall aus „vollflächigem" Material hergestellt werden, es sind, ähnlich wie bei den tragenden Scheiben[54] oder den Faltwerken[55], auch Ausführungen mit „ausgemagerten"[56] Flächen (Fachwerken)[57] möglich.

---

[54] vergl. Seite 274
[55] vergl. Seite 287
[56] vergl. Seite 274
[57] vergl. Foto Seite 297

12 Flächensysteme

12.5 Netzsysteme

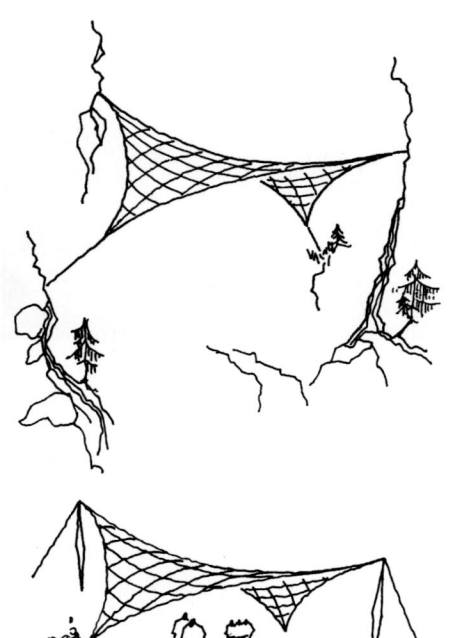

Netzsysteme werden aus sich kreuzenden Seilscharen gebildet. Sie können daher – wie die Seile selbst – ausschließlich Zugkräfte aufnehmen und stellen sich selbstständig auf entsprechende Formen ein. Sofern keine natürlichen Felswände zur direkten Befestigung vorhanden sind, müssen die Netzsysteme auf Stützen, die hier oft auch Pylone genannt werden, aufgelagert werden.

Wie bereits bei den Seilsystemen dargestellt, sind auch die Netzsysteme empfindlich gegen Laständerungen und erfordern daher Stabilisierungen durch Vorspannungen. Dies kann

Die häufigste Ursache für Laständerungen sind die unterschiedlichen Windbeanspruchungen.

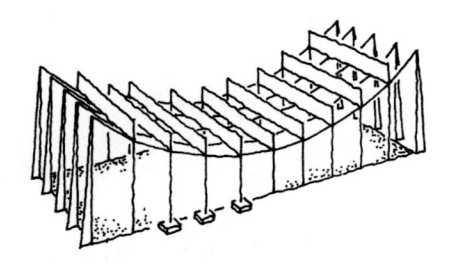

- durch Auflasten bzw. Kombinationen mit biegefesten Stabwerken erfolgen

oder

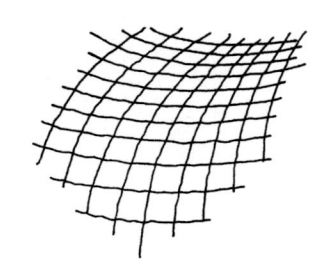

- durch entgegengesetzt gekrümmte Seilscharen, deren Spannrichtung, um ein Netz zu erzeugen, gegenüber der Spannrichtung der Haupttragseile verdreht ist.

Die Richtung der überspannenden Seilscharen liegt in der Regel quer zur Richtung der Haupttragseile. Es entsteht eine antiklastisch gekrümmte Fläche.

12 Flächensysteme

Die Zugkräfte aus den Netzsystemen werden an ihren Außenkanten in biegesteife Randglieder eingeleitet, deren Form dem Netzwerk angepasst werden muss, von Scheiben aufgenommen oder von Seilen, die ihre Form entsprechend den Größen und Richtungen der Belastungen selbstständig einstellen. Dies gilt sowohl für die Haupttragseile als auch für die überspannenden Nebentragseile.

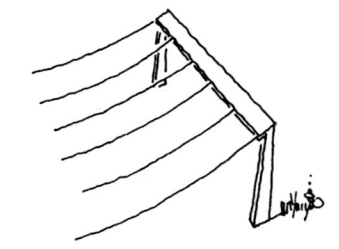

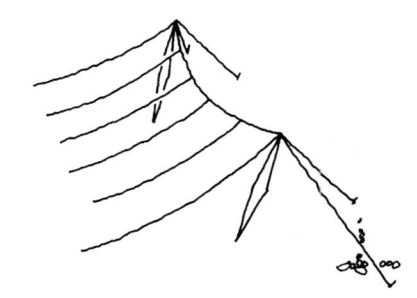

Die Lasten aus den Randtragwerken F_S werden in der Regel in Pylone eingeleitet, die entweder in ihre Fundamente eingespannt sind oder, bei gelenkiger Lagerung, durch Seile verspannt (stabilisiert) werden. Es ist auch möglich, die Netzsysteme direkt zwischen tragende Wandscheiben zu spannen.

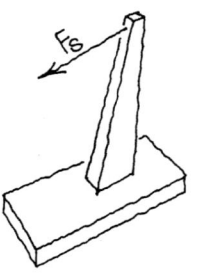

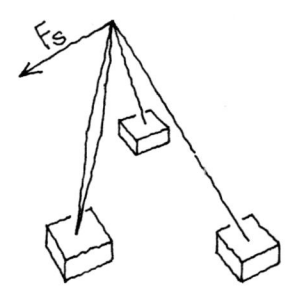

Alle massiven Randausbildungen erfordern für ihre Ausformung von den Architekten ein subtiles Einfühlungsvermögen in die Kraftflüsse in Netzsystemen.

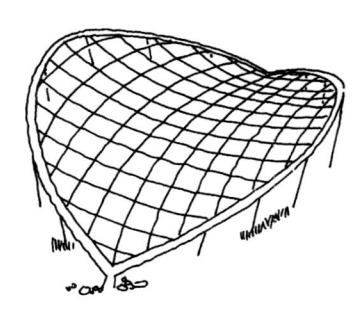

12 Flächensysteme

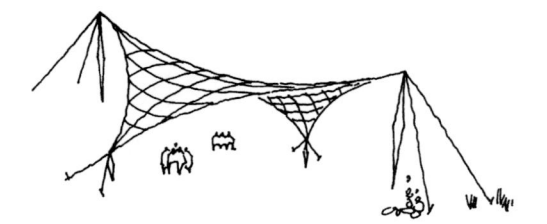

Auch die Positionierung von Stützen, deren Gestaltung und Festlegung der Neigung stellen hohe Anforderungen an die Gestaltungsfähigkeiten der Architekten. Pylonneigungen und die Winkel der Abspannungen haben Einfluss auf die Größe der Kräfte[58] in diesen Konstruktionselementen.

Die Stützungen der Netze erfolgt stets an den Hochpunkten der Systeme.

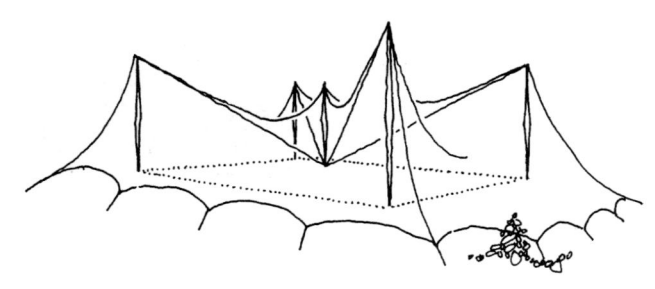

Bei Bedarf können Stützen bei entsprechenden Seilunterspannungen auch „fliegend"[59] ausgeführt werden, um übergroße Systemhöhen zu reduzieren.

---

[58] vergl. Seite 70
[59] vergl. Seite 246

12 Flächensysteme

Mehrfache Randstützungen und innere Unterstützungen von Netzwerken führen, wie „fliegende Unterstützungen" oder Aufhängungen, zu Unterteilungen solcher Netzsysteme in Kombinationen aus verschiedenen (oder auch gleichen) Grundelementen.

Diese Teilflächen können linear oder radial addiert sein und flächenschlüssige oder nicht flächenschlüssige Dachflächen ergeben.

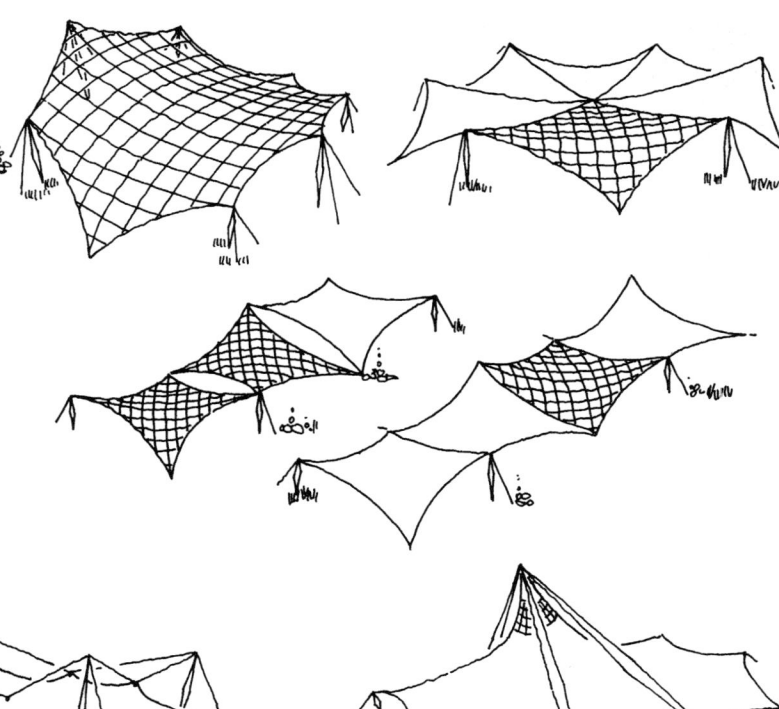

12 Flächensysteme

Neben den Unterstützungen durch einzelne, im Inneren der Gebäude angeordnete Pylone oder durch punktförmige Aufhängungen können Netzsysteme auch durch innen liegende Bogensysteme unterstützt und unterteilt werden.

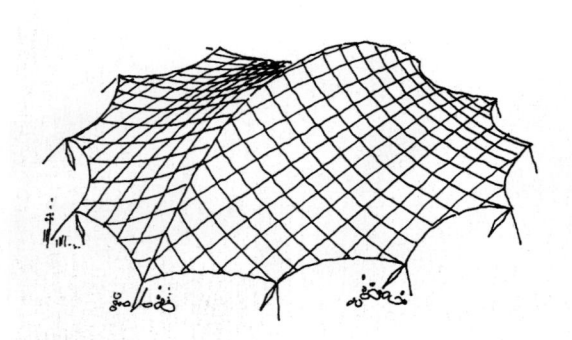

Die Seile oder Seilgruppen der Netzsysteme liegen je nach den verwendeten Verbindungselementen nur um ihren Seildurchmesser gegen einander versetzt praktisch in einer Ebene und haben untereinander Abstände, die vorrangig von den verwendeten flächigen Deckelementen abhängig sind.

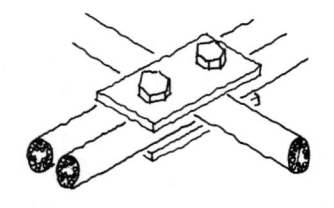

Durch das verhältnismäßig geringe Eigengewicht der Dachfläche und die hohe Tragfähigkeit der Seile können große Spannweiten überbrückt werden. Andererseits wächst dadurch die Empfindlichkeit gegen Beanspruchungen durch Windsogkräfte und Unterwind[60] und erfordert entsprechende Maßnahmen durch Auflasten oder Vorspannungen.

---

[60] vergl. Seite 53

12 Flächensysteme

12.6 Flächensysteme aus Membranen

Es werden auch andere Verbundstoffe mit Chemiefasern aus Polyamid, Polypropylen, Polyäthylen und Kunststoffbeschichtung hergestellt.

Antiklastisch gekrümmte Flächen sind nicht abwickelbar.

Textile Membranen sind beschichtete und einfärbbare Verbundstoffe aus Glas-, Polyesterfasern oder Glasgittergewebe. Die Beschichtung erfolgt in der Regel durch PVC. Beschichtungen aus PTFE erhöhen die durchschnittliche Lebensdauer und verbessern die Selbstreinigungsfähigkeit und das Brandverhalten, sind jedoch auch knickgefährdeter und etwa doppelt so teuer. Die Membranen sind, wie Seile, ausschließlich zugfest und ermöglichen daher Tragwerkgestaltungen mit antiklastischen Formgebungen. Dabei erfordern die ebenflächig hergestellten Gewebebahnen entsprechende Zuschnitte und Konfektionierungen, um die zweiachsig gekrümmten Flächen zu bilden.

Membranen sind als verdichtete Netzsysteme aus Seilen vorstellbar und unterliegen prinzipiell denselben Konstruktionsgrundlagen:

- alle belastenden Kräfte werden in der Membrane als Zugkräfte abgeleitet,
- die Membrane muss zweiachsig antiklastisch gekrümmt sein, um von oben nach unten vertikal wirkende Belastungen ebenso als Zugkräfte in die Auflager zu leiten wie vertikal von unten nach oben wirkende Belastungen (Windsog),
- die Durchhänge (Kurvenstiche) sollten relativ groß sein, um die Zugkräfte in der Membrane möglichst klein zu halten[61],

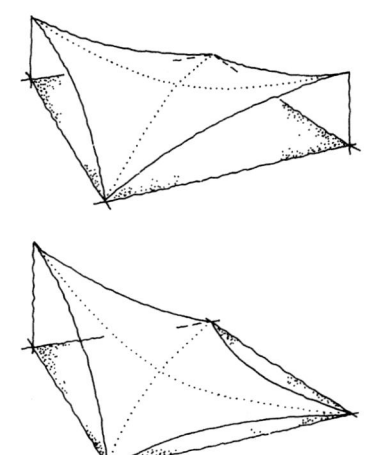

---

[61] vergl. Seite 250

12 Flächensysteme

- punktförmige Belastungen der Membrane sind durch konstruktive Detailausbildungen zu vermeiden,
- an allen Stellen ist ausreichendes Gefälle nach außen sicher zu stellen, um Schnee- oder Wassersäcke zu verhindern.

Zu beachten ist, dass auch Stützen oder Aufhängungen punktförmige Lasten einleiten.

Die im Bauwesen häufig verwendeten Membranen haben im Mittel ein Eigengewicht von ca. 0,01 kN/m² und erreichen dabei Reißfestigkeiten von ca. 100 kN/m. Die Lichtdurchlässigkeit beträgt je nach Gewebeaufbau 10 bis 65%. Die Membranen sind aber auch mehrlagig aufbaubar, um besonderen Anforderungen, wie Lichtundurchlässigkeit für Kinos und Vorführräume oder Wärmedämmung zu gewährleisten.

Bei größerer Garnfeinheit von 2200 dtex und 14 Fäden je Kette und Schuss sind auch Reißfestigkeiten bis zu 196 kN/m realisierbar.

Dank der hohen rechnerisch ansetzbaren Zugfestigkeit und des geringen Eigengewichtes der textilen Membranen können bei Dachtragwerken große Spannweiten stützenfrei überbrückt werden. Dabei sind die Randausbildungen wegen der erforderlichen Vorspannung materialspezifisch kurviert.

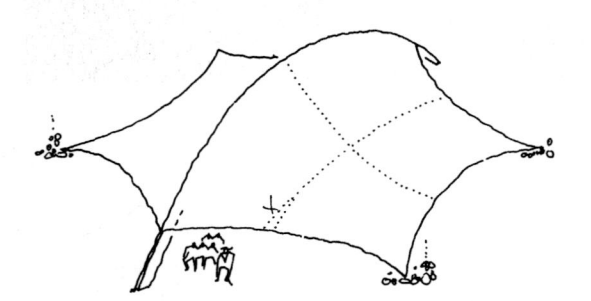

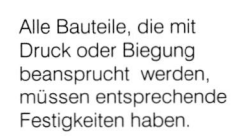

Tragsysteme aus Membranen können aber auch (über die Ausbildung der Pylone hinaus) mit Stabwerken (vornehmlich aus Holz, Stahl oder Aluminium) kombiniert werden. Mit der dadurch veränderten Lastableitung entstehen auch formal andere Ausformungen an den unterstützenden Rändern oder an den linienförmigen Zwischenunterstützungen. Durch solche Kombinationen werden in der Regel die Membrantragwerke strukturiert und übergroße Höhendifferenzen vermieden, die aus den erforderlichen Stichhöhen bei großen Spannweiten resultieren.

Alle Bauteile, die mit Druck oder Biegung beansprucht werden, müssen entsprechende Festigkeiten haben.

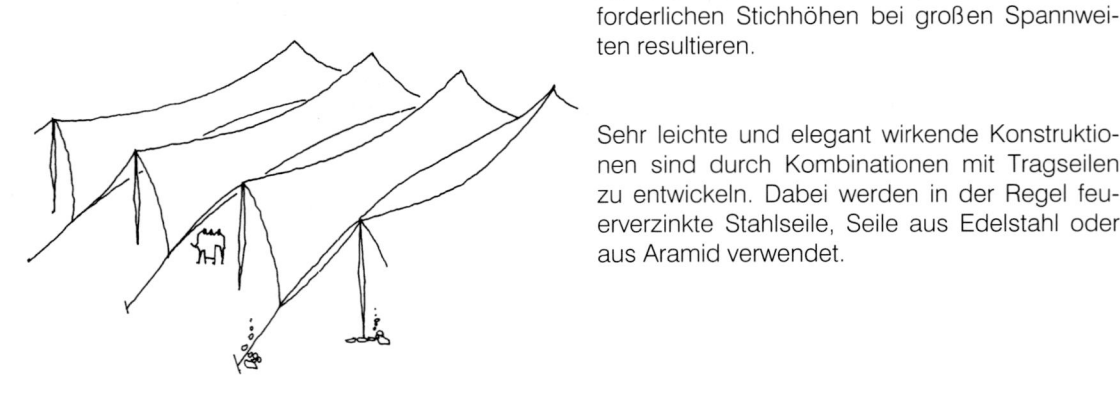

Sehr leichte und elegant wirkende Konstruktionen sind durch Kombinationen mit Tragseilen zu entwickeln. Dabei werden in der Regel feuerverzinkte Stahlseile, Seile aus Edelstahl oder aus Aramid verwendet.

Aramid hat bei 50% geringerem Eigengewicht vergleichbare Zugfestigkeit wie Stahlseile – ist aber UV-lichtempfindlich.

12 Flächensysteme

Alle Formen der Flächentragwerke aus textilen Membranen sind durch die ausschließliche Zugfestigkeit des Materials (wie bei Seil- und Seilnetztragwerken) bedingt und stellen sich „selbstständig" ein. Sie sind nur durch Kräfte, deren Einleitung und Kraftflußsteuerung beeinflußbar.

Wie bei den Seilnetzen sind auch Flächentragsysteme aus Membranen aus gleichen oder ungleichen Teilen zusammensetzbar. Dies kann durch lineare oder radiale Addition der Teile erfolgen, wobei die Einzelelemente flächenschlüssig oder nicht flächenschlüssig zusammen gefügt sein können.

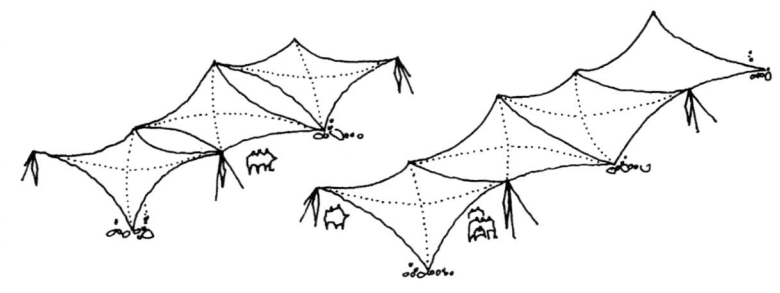

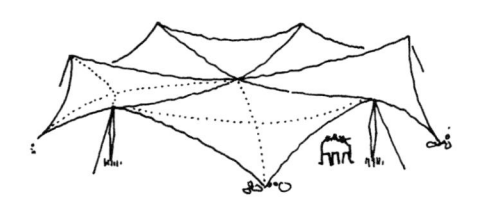

12 Flächensysteme

Wegen des geringen Eigengewichtes der Membranen und wegen ihrer Verformbarkeit sind Flächentragsysteme aus diesen Materialien auch leicht demontabel oder als mobile Dachflächen ausführbar.

Zwei prinzipielle Möglichkeiten für die Ausführung mobiler Dachflächen sind realisierbar:

- an äußeren Pylonen aufgehängte textile Flächentragwerke werden nach Aufhebung der Bodenverankerung hoch gezogen,

oder

- die textilen Flächentragwerke werden auf Laufschienen wie Raffstores zusammen gefahren.

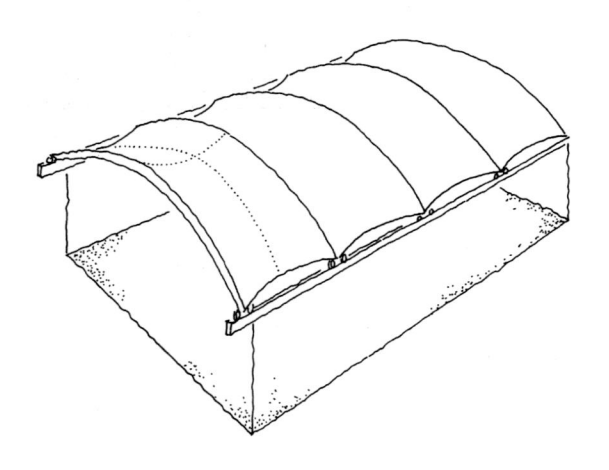

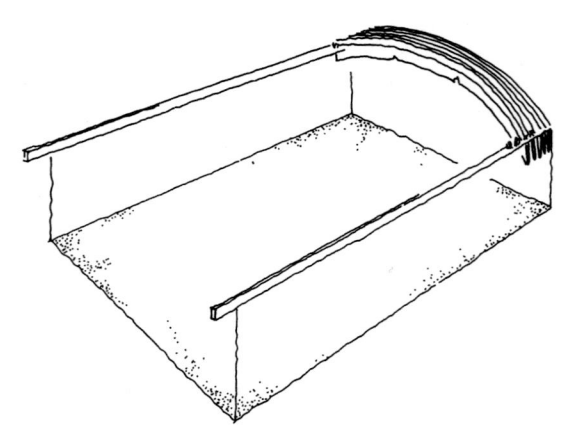

13 Pneumatische Tragsysteme

Wie jedermann von Autoreifen weiß, können sie entsprechend der Luftfüllung – genauer: entsprechend dem Luftdruck – große Lasten tragen. Das bedeutet: sie können große Kräfte aufnehmen, sofern die Hülle dem Luftdruck standhalten kann. Dieselbe physikalische Gesetzmäßigkeit ist auch für bauliche Tragsysteme anwendbar.

Um die Spannungen aus dem Luftüberdruck gleichmäßig auf die umhüllende Membrane zu verteilen, ist die Kugel die ideale Körperform. Bei ihr wirkt der innere Überdruck gleichmäßig auf die gesamte Innenfläche der Membrane.

Die Membrane muss zugfest, elastisch und luftdicht sein. Der innere Luftdruck muss konstant und so groß sein, dass von außen wirkende Kräfte aufgenommen werden können.

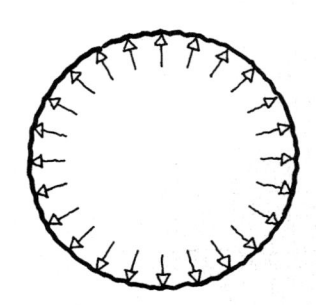

Da für Bauwerke nur sehr selten (Biogasbehälter) kugelförmige Räume benötigt werden, eignen sich besser alle Körper, die, errichtet über festem Untergrund, der Kugelform nahe kommen, wie Kugelabschnitte, Additionsformen oder Fusionen von Kugelformen sowie halbkuppelartig abgeschlossene Halbzylinder.

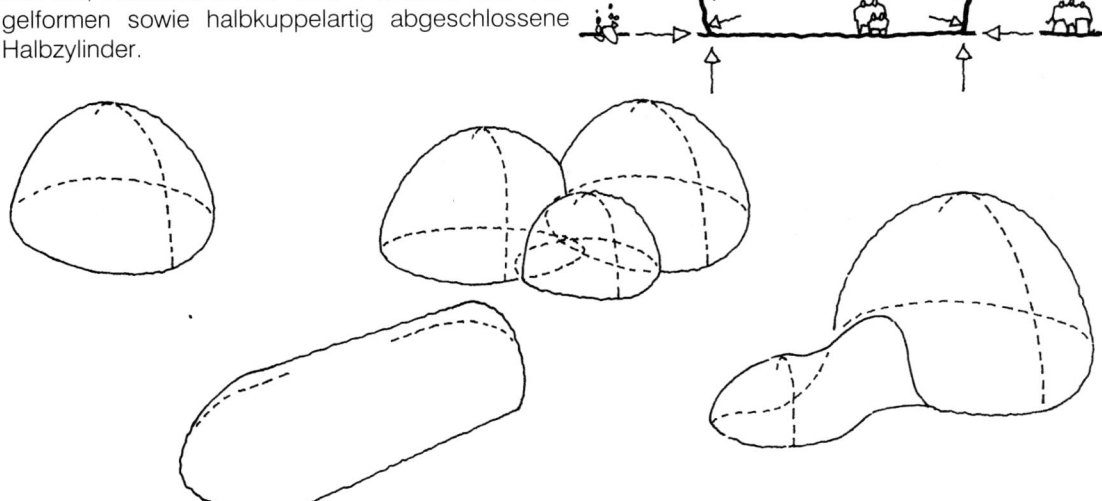

13 Pneumatische Tragsysteme

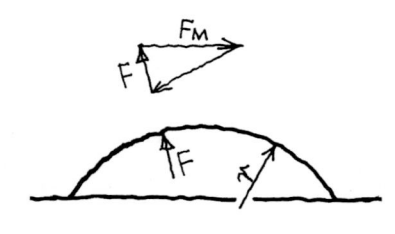

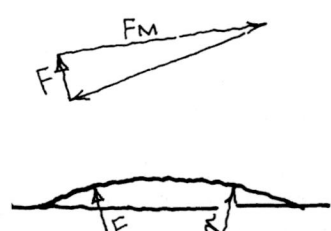

Die Kräfte in der Membrane F_M sind bei konstantem Innendruck (der die Kraft F auf eine Flächeneinheit der Membrane erzeugt) abhängig vom Radius der Kugel und vergleichsweise entsprechend in den von der Kugel abgeleiteten Körpern. Je kleiner der Radius ist, um so kleiner sind die Zugkräfte in der Membrane.

Aus diesen Gegebenheiten erklärt sich das Tragverhalten pneumatischer Konstruktionen:

Wirken äußere Kräfte (vornehmlich Wind- und Schneelasten) auf eine pneumatische Konstruktion, so wird die Hülle verformt und das Volumen reduziert. Sie erhält im Bereich des Lastangriffs einen größeren Radius und wird verkürzt. Der dadurch erhöhte Innendruck wirkt der lastbedingten Verformung entgegen. Die regionale Formänderung erzeugt Kräfte in der Membrane, die ihrer Vorspannung durch den Innendruck entgegen wirken und diese teilweise reduzieren.

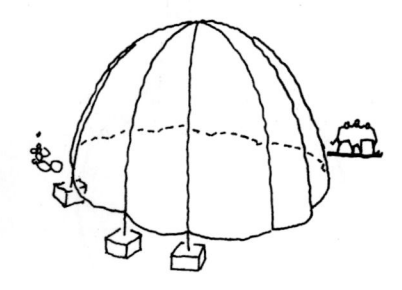

Pneumatische Flächentragsysteme haben sehr geringe Eigengewichte und sind daher besonders anfällig gegen wechselnde Windbeanspruchungen. Dem kann durch Überspannungen mit Seilen, die ihrerseits in Fundamenten verankert sind, entgegen gewirkt werden. Die überspannenden Seile bewirken gleichzeitig Veränderungen der Form, Verringerungen der Krümmungsradien der Membrane und eine Reduktion der Volumina. Fertigungstechnisch lassen sich Seile auch besser gegen abhebende Sogkräfte in den Fundamenten oder in massiven Unterkonstruktionen verankern.

Die Formänderung durch die Seile erfolgt durch die damit eingeleiteten Kräfte.

Die Tragfähigkeit pneumatischer Konstruktionen wächst mit dem Luftüberdruck im Gebäude. In vielen Fällen genügt jedoch bereits ein Überdruck, der nur wenige mbar über dem äußeren Luftdruck liegt, um der Konstruktion eine ausreichende Stabilität zu geben. Da sich der äußere Luftdruck auf der Erde bei einer Höhendifferenz von 100 m um ca. 12,7 mbar ändert, werden die geringen Überdrücke praktisch nicht wahrgenommen, so dass Traglufthallen als Sport- und Lagerhallen o.ä. verwendet werden können.

13 Pneumatische Tragsysteme

Daneben besteht bei temporären Überdachungen die Möglichkeit, pneumatische Konstruktionen bei größeren Wind- oder Schneebelastungen einfach zu demontieren. Dadurch wären auch Kosten für Heizgebläse und Lüfter, die sonst den konstanten Innenüberdruck sichern müssen, einsparbar. Besonders sinnvoll sind pneumatische Konstruktionen bei Lagergebäuden für gasförmige Stoffe (Biogaslager), bei denen der erforderliche innere Überdruck direkt mit dem Lagergut erzeugt werden kann.

In Ausnutzung dieser leichten Bauweise sind auch Luftkissen als Dachkonstruktionen herstellbar, die zwischen seitlichen Stützungen montiert werden, die über ihre vertikalen und horizontalen Auflagerkräfte den äußeren Gleichgewichtszustand herstellen. Dadurch kann in einem kleineren Körper, der nicht begangen wird, leichter der erforderliche Überdruck mit kleineren Ventilatoren konstant gehalten werden. Zugänge benötigen nicht mehr die Schleusenausbildung mit zwei Türen.

Der innere Überdruck kann auch höher eingestellt werden und ist, wie in einem Autoreifen, leichter konstant zu halten.

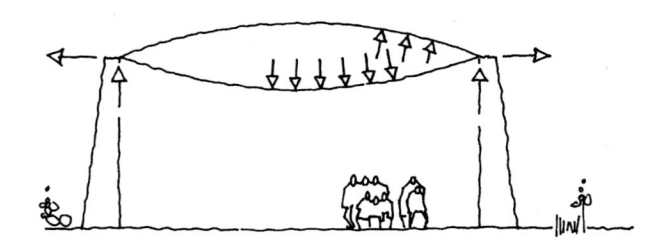

Auch Luftkissenkonstruktionen können, wie andere pneumatische Flächentragsysteme, durch Seilüberspannungen geformt und stabilisiert werden.

14 Konstruktive Gestaltung von Details

Die Entwicklung und Ausformung einzelner tragender Bauteile als Elemente der Tragsysteme oder gar deren Details bilden ein weites Anwendungsfeld für die Grundkenntnisse, die Gestalter von der Tragwerklehre haben müssen.

Die folgende Auswahl von Beispielen kann beliebig erweitert werden und soll lediglich Verständnis erwecken für die Notwendigkeit profunder Grundlagenkenntnisse wie auch für die Chancen, mit diesen Kenntnissen gestalterische Lösungen zu entwickeln.

Beispiel 1
Größere Aussparungen in tragenden Bauteilen.

Ein Treppenloch in einer Decke herzustellen ist eine dafür typische und häufig vorkommende Problemstellung.

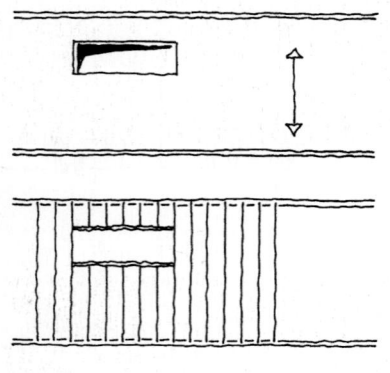

Wird die Längsrichtung des Treppenlochs quer zur Spannrichtung der Decke angeordnet, so sind umfangreiche Lastabfangungen erforderlich, was hier am Beispiel einer Holzbalkendecke verdeutlicht werden soll. Zwei Wechselbalken an den Längsseiten mit relativ großen Spannweiten werden erforderlich, um den Deckenbalken am Treppenloch ein Auflager zu geben. Diese Wechselbalken leiten ihre Lasten in diejenigen Deckenbalken, die die Kopfseiten des Treppenlochs flankieren. An den Auflagerstellen der Wechselbalken werden diese Deckenbalken durch große punktförmige Lasten beansprucht. Zusätzlich muss der flankierende Balken am Treppenaustritt bzw. Treppenantritt Lasten aus dem Treppenlauf tragen. Die Darstellung der Deckenbalken lässt erkennen, dass die flankierenden Balken sehr große Abmessungen haben müssen, ja vielleicht die Lasten garnicht aufnehmen können. Dieselbe Problematik tritt in Stahlbetondecken auf.

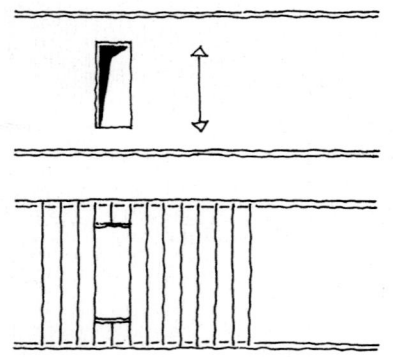

Die Skizze der alternativen Anordnung des Treppenlochs mit seiner Längsseite in Spannrichtung der Decke zeigt, wieder am Beispiel der Holzbalkendecke verdeutlicht, dass weniger Deckenbalken ausgewechselt werden müssen und die Wechselbalken kleinere Spannweiten haben. Die flankierenden Deckenbalken erhalten geringere punktförmige Belastungen aus den Wechselbalken, die häufig auch näher an den Auflagern dieser Flankierenden Balken eingeleitet werden.

Punktlasten in Feldmitte führen zu größeren Biegemomenten.

14 Konstruktive Gestaltung von Details

Beispiel 2
Stützen und ihre Knickgefahr.

Der erforderliche Querschnitt eines gedrückten Stabes ist neben der Belastung abhängig von der Lagerung[1] und einem Knickfaktor ω, der abhängig von der Schlankheit λ ist[2]. Der Knickfaktor erreicht schnell Werte über zwei und führt damit zu entsprechend vergrößerten erforderlichen Querschnitten im mittleren Bereich des gedrückten Stabes. In vielen Fällen werden gedrückte Stäbe über ihre ganze Länge nach diesem erforderlichen Maximalquerschnitt dimensioniert (Skizze a).

Sofern es fertigungstechnisch möglich ist, kann der gedrückte Stab so geformt werden, dass er im mittleren Bereich den erforderlichen Maximalquerschnitt hat und in den Endpunkten den Minimalquerschnitt aufweist, der sich ohne Berücksichtigung eines Knickfaktors aus Belastung und Materialfestigkeit ergibt (Skizze b).

Der gedrückte Stab kann (als schlanker Rechteckquerschnitt) auch so dimensioniert werden, dass er nur über eine Achse besonders knickgefährdet ist und durch zweiseitige Abspannungen über diese Achse am Knickversagen gehindert werden muss (Skizze c).

Eine besonders materialsparende Lösung wird erreicht, wenn die Stütze nach dem erforderlichen Minimalquerschnitt dimensioniert wird und über beide Hauptachsen (vierseitig) abgespannt wird (Skizze d).

a b c d

Neben den Materialkosten sind die fertigungsbedingten Lohnkosten zu beachten.

Beispiel 3
Baumstütze aus Stahlrohren.

Eine weitergehende Gliederung zeigt die abgebildete Baumstütze. Da die Lasten (in der Regel vertikal wirkend) schräg zu den Achsen der einzelnen Äste angreifen, treten in den Stützenästen Längskraft- und Biegebeanspruchungen gleichzeitig auf. Die Stützenform vermittelt durch die Abmessungen der „Äste" und des „Stammes" den Fluss der Lasten.

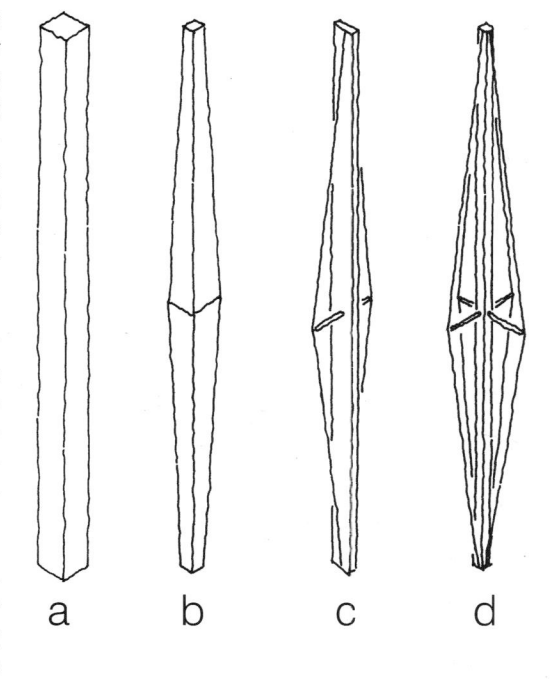

---

[1] Eulerfälle vergl. Seite 151
[2] vergl. Seite 151 ff

14 Konstruktive Gestaltung von Details

Beispiel 4
Lastfluss in einer V-förmigen Stütze.

Eine V-förmige Stütze im Erdgeschoss wird aus den tragenden Querscheiben der Obergeschosse belastet. Die Scheibendicke „a" ist in der Unterstützung durch die V-förmige Stütze zu übernehmen. Aus der Gesamtbelastung aus der Scheibe „F" und der Druckfestigkeit ergibt sich der obere Querschnitt a · b. Diese Belastung fließt mit F_S in den Stützenfuß, während die Horizontalkomponenten F_H über die Deckenplatte ausgeglichen werden. Die in beiden Ästen eingeleiteten Kräfte F_S vereinen sich am Stützenfuß wieder zu 2 · F und erfordern, vergrößert um das Eigengewicht der Stütze, die Fläche c · d.

Mögliche Asymmetrien der Lasten F können durch Einspannung des Fußpunktes kompensiert werden.

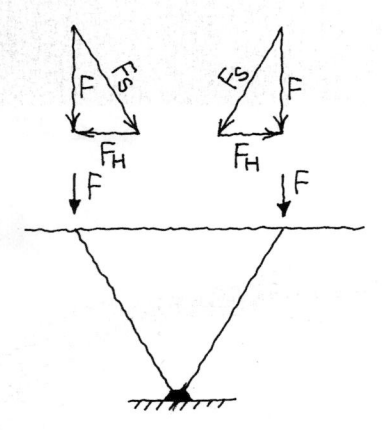

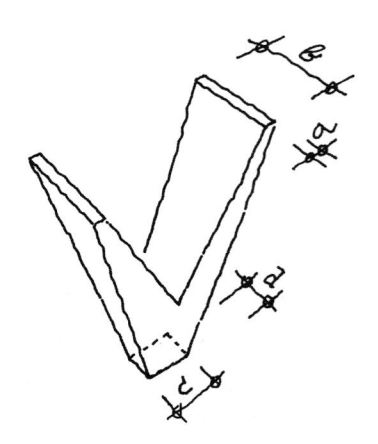

14 Konstruktive Gestaltung von Details

Beispiel 5
Asymmetrischer Dreigelenkbogen.

Die Stützlinie ist in der Skizze punktiert dargestellt.

In einer Bahnhofshalle erfordern die unterschiedlichen Lagerbedingungen der Fußgelenke und die vorgegebenen Fahrprofile eine asymmetrische Ausbildung des Dreigelenkbogens. Unter diesen Bedingungen wurde die Formfindung dahingehend optimiert, dass das Scheitelgelenk auf der kontinuierlich verlaufenden Stützlinie liegt. Dadurch verläuft die Stützlinie im rechten Bereich unter dem Bogen und verursacht Zugkräfte im oberen Teil der Konstruktion. Im linken Teil liegt der Bogen unter der Stützlinie und erhält Zugkräfte im unteren Bereich der Konstruktion. Konsequent wurde der räumliche Fachwerkträger im rechten Teil über der Dachdeckung, die hier in Glas ausgeführt wurde, und im linken Teil unter der geschlosssenen Dachhaut angeordnet. Durch den Wechsel der Deckmaterialien des Daches wurde die Gestaltung, ihre raum- und baukörperbestimmende Wirkung und Erlebbarkeit zusätzlich gesteigert.

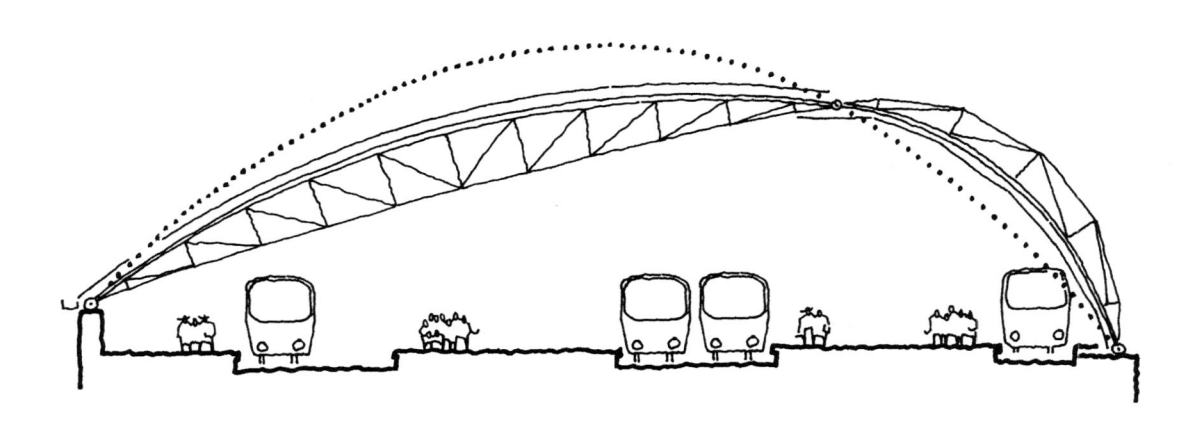

14 Konstruktive Gestaltung von Details

Beispiel 6
Aufhängung einer gewendelten Treppe.

Die Stufen der gewendelten Treppe sind beidseitig mit Edelstahlstangen aufgehängt und untereinander mit Bolzen ø 12 mm verbunden. Jede Stufe hat ein Eigengewicht von 6,5 kN. Es stimmt zunächst verwunderlich, dass nur am inneren Treppenauge eine Abspannung der Stufen nach unten vorhanden ist und gerade dort die Aufhängestäbe stärker geneigt sind (Winkel gegen die Vertikale).

Eine Abspannung nach unten verhindert seitliches Schwingen.

Eine genauere Analyse belegt ein subtiles Einfühlungsvermögen des Planers in die Kraftflüsse, das ihn befähigt, eine ungewöhnliche Gestaltung für diese Aufgabenstellung zu entwickeln.

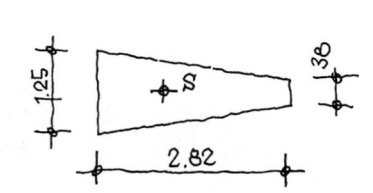

Jede Stufe ist trapezförmig. Da die Last im Schwerpunkt wirkt[3], ist dieser für die Grundfläche zuerst zu bestimmen.

$$A_1 = 0{,}38 \cdot 2{,}82 = 1{,}072 \text{ m}^2$$

$$A_2 = \frac{1{,}25 - 0{,}38}{2} \cdot 2{,}82 = 1{,}227 \text{ m}^2$$

$$A_{gesamt} = A_1 + A_2 = 2{,}299 \text{ m}^2$$

Bezogen auf die Außenkante der Stufe ist der Abstand des Schwerpunktes x:

$$1{,}072 \cdot \frac{2{,}82}{2} + 1{,}227 \cdot \frac{2{,}82}{3} = 2{,}299 \cdot x$$

Daraus ist:

$$x = 1{,}159 \text{ m.}$$

Die im Schwerpunkt wirksame Last ergibt sich aus den Eigengewicht der Stufe und der Verkehrslast mit:

Die Verkehrslast ist DIN 1055 zu entnehmen.

$$F = 6{,}5 + 2{,}299 \cdot 3{,}5 = 14{,}547 \text{ kN}$$

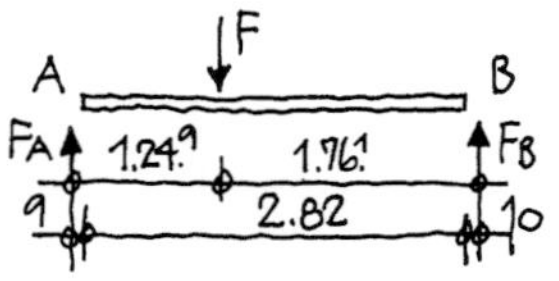

Die (vertikalen) Auflagerkräfte ergeben sich daraus zu:

$$F_A = \frac{14{,}547 \cdot 1{,}761}{3{,}01} = 8{,}511 \text{ kN}$$

$$F_B = \frac{14{,}547 \cdot 1{,}249}{3{,}01} = 6{,}036 \text{ kN}$$

---

[3] vergl. Seite 34

14 Konstruktive Gestaltung von Details

Die geometrischen Gegebenheiten sind für jede Stufe anders. Die Untersuchung erfolgt für die 5. Stufe. Bei höheren Stufen sind die Verhältnisse noch günstiger.

Aus dem Schnitt und dem Grundriss ergeben sich gemäß nebenstehender Skizze die Winkel für die Abweichung der Aufhängungen von der Vertikalen:

$$\alpha = \operatorname{atan} \frac{0{,}51}{4{,}655 - 0{,}625} = 7{,}212°$$

$$\beta = \operatorname{atan} \frac{0{,}96}{6{,}60 - 0{,}625} = 9{,}128°$$

Mit diesen Winkeln lassen sich aus den skizzierten Kraftdreiecken die Horizontalkomponenten in den Punkten „A" und „B" aus den vertikalen Auflagerkräften bestimmen:

$$F_{AH} = 8{,}511 \cdot \tan \alpha = 1{,}077 \text{ kN}$$

$$F_{BH} = 6{,}036 \cdot \tan \beta = 0{,}970 \text{ kN}$$

Daraus ergibt sich eine von „B" nach „A" gerichtete Differenz von:

$$\Delta F_H = 1{,}077 - 0{,}970 = 0{,}107 \text{ kN},$$

die von beiden Zugstäben in „B" aufgenommen werden kann.

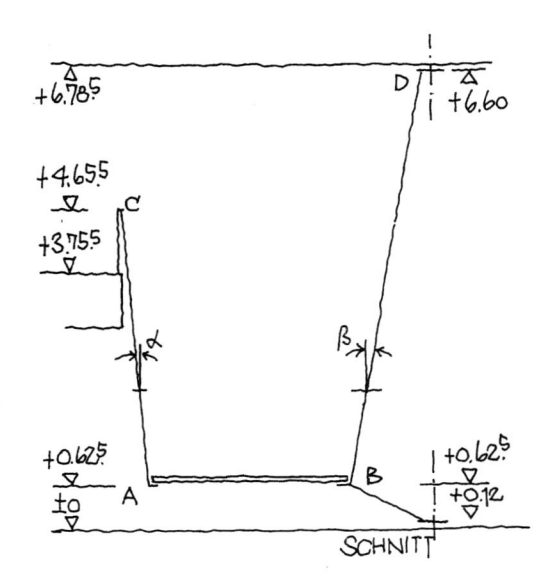

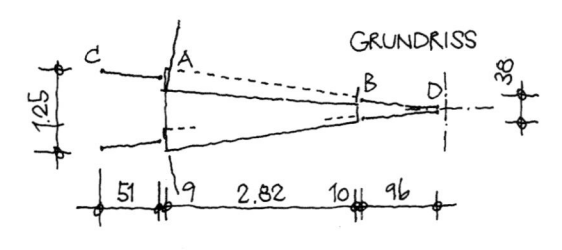

Horizontale Belastungen der Stufen blieben unberücksichtigt.

14 Konstruktive Gestaltung von Details

Beispiel 7
Formale Gestaltungsmöglichkeiten eines Dachbinders.

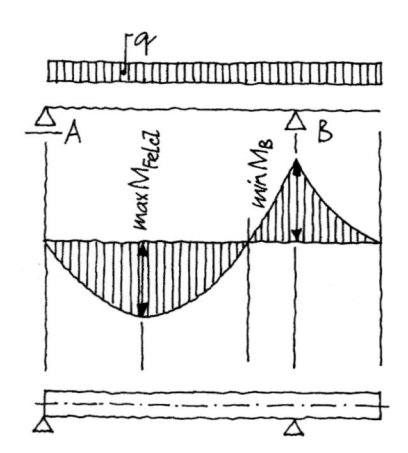

Ähnlich wie bei druckbeanspruchten Stäben werden Dachbinder häufig nach dem größten Moment dimensioniert. Am Beispiel eines Einfeldträgers mit einseitigem Kragarm sollen daher Variationsmöglichkeiten aufgezeigt werden.

Die Formentwicklungen werden nur für einen Volllastfall dargestellt. Andere Lastfälle ändern an den grundsätzlichen Erkenntnissen nichts.

Variiert man die Höhen des Balkens entsprechend den jeweiligen Erfordernissen
- am Auflager A,
- an der Stelle des maximalen Feldmoments,
- am Momentennullpunkt,
- am Auflager B

und
- an der Spitze des Kragarmes

und trägt die Abmessungen von einer waagerechten Oberkante des Balkens an, so entsteht das in Skizze und Modell dargestellte Erscheinungsbild. Die Systemlinie ist geknickt. Die Höhenmaße der Auflager variieren.

Aus der Erkenntnis, dass die Systemlinie geknickt werden kann und die Auflager unterschiedliche Höhenkoten haben können, lassen sich weitere Ausformungen ableiten. Geht man davon aus, dass die mittlere Unterkante des Balkens waagerecht sein soll, so entsteht dieses Erscheinungsbild.

Geht man von einer waagerechten Oberkante des Balkens im Feld aus, so ergibt sich dieses Erscheinungsbild.

14 Konstruktive Gestaltung von Details

Geht man von einem satteldachähnlichen Erscheinungsbild aus, so entsteht die als Skizze und im Modell dargestellt Form des Binders.

Durch ein deutliches Abknicken der Binderunterkante im Auflager B entsteht unterseitig eine prägnantere Ausformung.

Kann das Auflager B bei einer realen Problemstellung weiter abgesenkt werden, so ist das Erscheinungsbild ausdruckstärker zu gestalten.

Beispiel 8
Formale Gestaltung von Rahmenkonstruktionen.

Formale Anpassungen der Abmessungen sind, wie bei anderen Konstruktionen auch, materialspezifisch unterschiedlich ausführbar. Zeigen die einfachen zweigeschossigen Stahlrahmen lediglich eine Gestaltung der Verbindungen von Riegel und Stiel mit Gurtblechen, so erfolgt im Beispiel des Stahlbetonrahmens eine spannungsreichere Anpassung der Abmessungen an die unterschiedlichen Beanspruchungen. In der Querrichtung wirken die Fußpunkte als Gelenke (kleine Abmessung). In Längsrichtung des Gebäudes sind die Füße eingespannt (große Abmessungen). Die biegesteife Verbindung des Riegels mit den Stielen wird durch Vouten betont. Das System wird also dreidimensional gesehen und gestaltet.

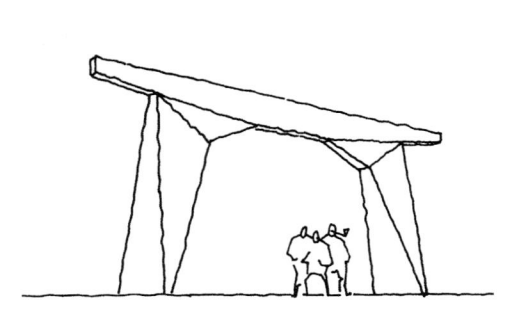

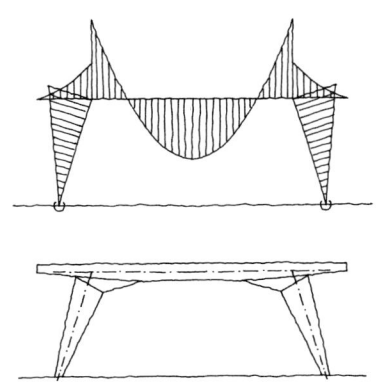

14 Konstruktive Gestaltung von Details

Beispiel 9
Abfangkonstruktion im Erdgeschoss.

Eine Abfangkonstruktion wurde in der dargestellten Form ausgeführt. Ein Blick auf das Momentenbild zeigt, dass am Fußpunkt, bedingt durch die Windbelastung „W", ein größeres Moment wirksam ist als am Stützenkopf. Deshalb wäre die in der Skizze dargestellte Verbreiterung am Stützenfuß die adäquate Ausformung gewesen. Das ungute Gefühl, dass die Konstruktion jeden Moment im Uhrzeigersinn umfallen kann, würde nicht aufkommen.

Es wird nur die Beanspruchung aus Volllast betrachtet. Andere Lastfälle ändern an den grundsätzlichen Erkenntnissen nichts.

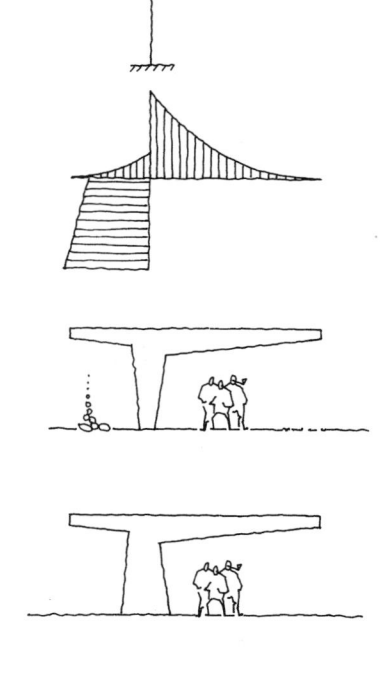

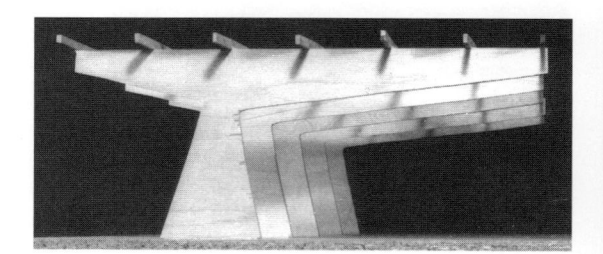

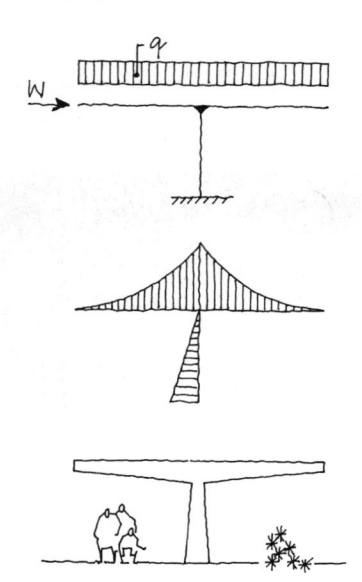

Ob diese „richtigere" Ausformung gestalterisch befriedigen kann, mag dahin gestellt sein. Dies gilt auch für die „langweilige" mittlere Unterstützung. Hier entsteht am Stützenfuß nur ein relativ kleines Moment aus der Windbeanspruchung, während aus der vertikalen Belastung durch die zentrische Anordnung des Stützgliedes kein Moment entsteht.

14 Konstruktive Gestaltung von Details

Baut man auf dieser Erkenntnis auf, so ist die Verschiebung des Fußpunktes mittig unter die Konstruktion eine konsequente und richtige Entscheidung. Der Momentenüberschuß aus den ungleich großen Kragarmen baut sich vom Kopf der Stütze bis zu ihrem Fuß kontinuierlich bis auf Null ab. Es verbleibt nur das Moment aus der Windbeanspruchung „W".

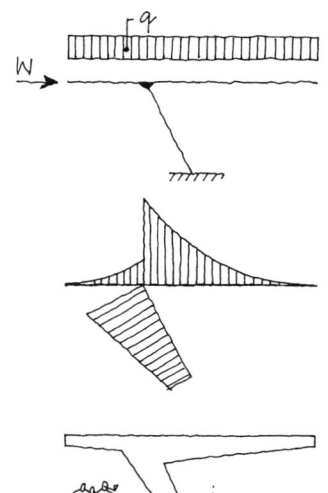

Bedenkt man gleichzeitig, dass ein Gebäude auch in Längsrichtung ausgesteift sein muss, so kann auch eine Einspannung in dieser Richtung erforderlich werden und durch eine entsprechende Ausformung das ganzheitliche Erscheinungsbild positiv beeinflussen.

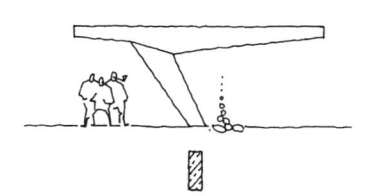

15 Literaturhinweise

Literaturhinweise

Ackermann, K.	Tragwerke in der konstruktiven Architektur, 1988
Albrecht, Uwe	Stahlbetonbau nach EC 2, 1997
Altenbach, H.	Ebene Flächentragwerke, 1998
Architectural Forum	Frank Lloyd Wright, 1959
Avak, R.	Stahlbetonbau aktuell 2000, 1999
Bieger, K.-W.	Stahlbeton- und Spannbetontragwerke, Berechnung, Bemessung und Konstruktion, 1995
Bieger, K.-W.	Stahlbeton- u. Spannbetontragwerke nach Eurocode 2, 1995
Blumer, H.	Brettschichtholz, Material, Bemessung, Ausführung, Qualitätssicherung, 1996
Bode, H.	Euro-Verbundbau - Konstruktion und Berechnung, 1998
Bofinger, Helge	Architektur in Deutschland
Bognar, Botond	Die neue japanische Architektur
Bundesverband der Deutschen Zementindustrie	Betonatlas. Verschiedene Jahresausgaben seit 1980
Ceno Tec	Textile Architektur, 1999
Curbach, Manfred	Bemessung im Betonbau, 1998
Cziesielski, Erich	Holzbau, Statische Berechnungen, 1992
Deutscher Betonverein e.V.	Beispiele zur Berechnung von Betontragwerken nach EC 2, 1994
De Solà-Morales, Ignasi	Gaudi, 1983
De Vallée, Sheila	Architektur der Zukunft, 1995
Dietrich, Richard J.	Faszination Brücken, 1998
Eibl, Josef	Betonkalender 2000, 2000
Egger, H.	Tragwerkselemente, 1996
Engel, Heino	Tragsysteme, 1997
Faber, Colin	Candela und seine Schalen, 1965
Fachverlag Holz Düsseldorf	Holzbauatlas Zwei, 1996
Faegre, Torvald	Tents, Architecture of the nomads, 1979
Flierl, Bruno	Hundert Jahre Hochhäuser, 1999
Fritsch, Reinhold	Stahlbau, Grundlagen und Tragwerke, 1999
Führer, Wilfried	Der Entwurf von Tragwerken, 1995
Gavinelli, Corrado	Die Neue Moderne, 1996
Hart, Franz	Skelettbauten
Hartisch, Karl	Treppen in Stahl, Beton und Holz, 1993
Heinrich, Bert	Brücken, vom Balken zum Bogen, 1983
Heller, Hanfried	Padia 1 Tragwerklehre Grundlagen, 1998
Herget, Werner	Tragwerkslehre, Skelettbau und Wandbau, 1993
Hirschfeld, K.	Baustatik, 1998
Hirt, Manfred A.	Stahlbau, Grundbegriffe und Bemessungsverfahren, 1998
Hoffmann, Kurt	Stahltreppen, 1960
Hugi, Hans R.	Einführung in die Statik der Tragkonstruktionen, 1992
Huxtable, Ada Louise	pier luigi nervi, Große Meister der Architektur –V., 1960

15 Literaturhinweise

Irmschler, Hans-Jörg	Mauerwerk-Kalender 2000, 1999
Jodidio, Philip	Santiago Calatrava, 1998
Joedicke, Jürgen	Schalenbau, 1962
Joedicke, Jürgen	25 Jahre Deutscher Architekturpreis, 1997
Joedicke, Jürgen	Architektur in Deutschland 1991, 1991
Jurecka, Charlotte	Brücken, Historische Entwicklung, Faszination der Technik, 1979
Kind-Barkauskas, Friedbert	Beton Atlas Entwerfen mit Stahlbeton im Hochbau, 1995
Kind-Barkauskas, Friedbert	Gestaltung von Ingenieurbauwerken an Straßen, Brücken Tunnel Stützwände, 1990
Kindmann, Rolf	Stahl- und Verbundkonstruktionen, 1999
Klotz, Heinrich	Vision der Moderne, Das Prinzip Konstruktion, 1986
Krätzig, W.B.	Tragwerke, 1999
Krauss, Franz	Grundlagen der Tragwerklehre I, 1996
Krauss, Franz	Grundlagen der Tragwerklehre II, 1997
Krauss, Franz	Tabellen zur Tragwerklehre, 1996
Lamprecht, Heinz-Otto	Opus Caementitium, Bautechnik der Römer, 1987
Landsberg, Heike	Holzsysteme für den Hochbau, 1999
Lesnikowski, Wojciech	Die neue französische Architektur
Lohmeyer, Gottfried C.O.	Baustatik, 1996
Lohmeyer, Gottfried C.O.	Stahlbetonbau, 1994
Lohse, Wolfram	Stahlbau, 1997
Mann, Walther	Vorlesungen über Statik und Festigkeitslehre, 1997
Mann, Walther	Tragwerkslehre in Anschauungsmodellen, 1985
Mann, Walther	Lehrbuch des Mauerwerksbaus, 2000
Meskouris, K.	Statik der Stabtragwerke, 1999
Mönck, Willi	Holzbau, 1998
Neuhaus, Helmuth	Lehrbuch des Ingenieurholzbaus, 1994
Orbis Verlag	Weltatlas der Architektur, 1990
Otto, Frei	Natürliche Konstruktionen, 1982
Patzelt, Otto	Wachsen und Bauen, Konstruktionen in Natur und Technik, 1973
Pauser, A.	Beton im Hochbau, 1998
Petrik, H.	Entwicklung von Konstruktionsdetails für Hausdächer in Holzbauweise, 1998
Pflüger, A.	Statik der Stabtragwerke, 1978
Piechatzek, Erwin	Formeln und Tabellen, Stahlbau nach DIN 18800, 1999
Polano, Sergio	Hendrik Petrus Berlage, Complete works, 1988
Portmann, D.	Konstruieren von Skelettbauten, 1995
Puthli, R.	Hohlprofilkonstruktionen aus Stahl, 1998
Readymix-Gruppe Ratingen	Betonbau im Wandel der Zeit
Rickenstorf, Günther	Tragwerke für Hochbauten, 1989
Roland, Conrad	Frei Otto – Spannweiten, 1965
Rüter, E.	Bauen mit Stahl, 1997

15 Literaturhinweise

Schmidt, Hans-Henning	Grundlagen der Geotechnik, 1996
Schneider K.-J.	Mauerwerksbau aktuell 2000, 1999
Schneider K.-J.	Bautabellen für Architekten, 1998
Schulitz, Helmut C.	Stahlbau Atlas, 1999
Schulze, W.	Kleine Baustatik, 1994
Schulze, W.	Holzbau, 1998
Schweda, Erwin	Baustatik, Beispielsammlung, 1996
Schweger, Peter	Architektur der Gegenwart
Sharp, Dennis	Architektur im zwanzigsten Jahrhundert, 1973
Siegel, Curt	Strukturformen der modernen Architektur, 1960
Simmer, Konrad	Grundbau, 1999
Stahl-Informations-Zentrum	Stahl und Form, 1997
Steinle, Alfred	Bauen mit Betonfertigteilen im Hochbau, 1998
Stromeyer L. & Co. GmbH	Textiles Bauen, 1971
ThomSing, Martin	Spannbeton, 1998
Ullrich, Michael	Erhaltung und Instandsetzung von Tragwerken
Van Büren, C.	Neuer Holzbau im Bild, 1997
Wagner, Walter	Praktische Baustatik, 1998
Werner, G.	Holzbau1, 1999
Werner, G.	Holzbau 2, 1999
Wetzell, Otto W.	Wendehorst Bautechnische Zahlentafeln, 1998
Wörzberger, Ralf	Stabflechtwerkschalen (in „Bauen mit Textilien"), 1998
Zimmerli, Bruno	Mauerwerk Bemessung und Konstruktion, 1998

16 Stichwortverzeichnis

A
Auflager 48
Abminderung von Verkehrslasten 56
Anprallkraft 54
Antiklastisch 298
Auflagerbedingungen 48
Auflagerkräfte 71 ff
Auflagerreaktionen 71 ff
Äußere Kräfte 71 ff
Aussteifende Scheiben 276 ff
Aussteifung 268, 276 ff

B
Balken 46
Belastung 52 ff, 94 ff
Bemessung auf Biegung 148 ff
Bemessung auf Druck 150
Bemessung auf Zug 149
Bemessung Stahlbetonstützen 192
Beton 95, 137 169
Betondeckung 171
Betonstahl 95, 169
Bewehrung 171 ff, 192, 196
Bewehrung von Stahlbetonbalken 172 ff, 182, 191
Bewehrungsgrad bei Stahlbetonstützen 194, 197
Bewehrungsplan 191
Biegemoment 114
Biegespannung 158 ff
Biegesteife Ecken 323
Biegeträger aus Holz und Stahl 160
Biegeverformung 107
Biegung 107
Bodenfuge 156
Bogensysteme 257
Bügel 191, 192
Bügelbewehrte Stahlbetonstützen 192

D
Deckendicke 171
Deckendurchbrüche 316
Deckenplatten 171, 281
Dehnung 105
Diagonalstab 227
Dreidimensionaler Raum 64 ff
Dreigelenkbogen 261
Dreigelenkrahmen 240
Druckkraft 113
Druckspannung 142, 151
Druckstab Dimensionierung 150
Durchbiegung 107 ff
Durchlaufträger 179, 222

E
Eigengewicht 95 ff
Einachsig gekrümmte Schalen 294
Einachsig gespannte Platten 80
Einfeldträger 80
Einspannung 48
Einwertiges Auflager 48
Einzelfundament 165 ff
Einzellast 20 ff
Einzugsfläche 56, 80, 208 ff
Elastische Verformung 105
Elastizität 105
Elastizitätsmodul 105
Erzeugende 294 ff, 298 ff
Eulerfälle 151

F
Fachwerkträger 226
Faltwerke 92, 287
Faserrichtung 154
Feldmoment 21, 169 ff
Flächenlasten 52
Flächensysteme 265
Fliegende Stützen 246
Fundament zentrisch belastet 156

G
Gelenk 49
Gelenkträger 222
Gerberträger 222
Gleichgewicht 22
Gleichgewichtsbedingungen 21, 22
Gleichmäßig verteilte Belastung 52 ff, 80
Gravitationsgesetz 19

H
Halbrahmen 239
Holmendruck 54
Holz 127
Holzbalkendecke 97, 204
Holzleimbinder 222
Hookesches Gesetz 105
Horizontalkomponente 34, 68
HP-Schale 298 ff
Hüllkurve 125, 191
Hyperbolischer Paraboloid 298

I
Innere Kräfte 110, 114

K

Kehlbalkenlage 43
Kern 259, 269 ff
Kettenlinie 250 ff
Kippsicherheit 274, 283
Klaffende Fuge 259
Knickfaktor 151
Knickgefahr 150 ff, 193, 196
Knicklänge 150 ff, 193, 196
Knoten 227
Kombinierte Verformungen 107
Konstruktionsmaterialien 127
Kraft 52
Kräftedreieck 67
Krafteinheiten 19
Kräfteparalellogramm 30 ff
Kraftfluss 45, 78 ff
Kraftkomponenten 23, 33
Kraftrichtung 54
Kraftvektor 61
Kraftzerlegung 23, 33 ff
Kragarm 21
Kragmoment 21
Kreuzweise gespannte Stahlbetondecken 181

L

Längskraft 113
Längskraft und Biegung 107
Last 52, 54
Lastabminderung 56
Lastenaufstellung 52 ff, 94 ff
Lastfälle 56 ff
Lastfluss 45, 78 ff
Leitlinie 294 ff, 298 ff
Linienlasten 56

M

Massivplatte 171 ff
Mauerwerk 127
Mehrfeldträger 179, 222
Mehrstielige Rahmen 240
Membranen 309
Mindestdicken von Stahlbetondecken 171
Momente 20, 118
Momentenhüllkurve 191
Momentenlinie 191
Momentennullpunkt 322

N

Nadelholz 127
Naturstein 127
Negative Momente 60
Netzsysteme 304

Normalkraft 113
Nutzlast 53 ff

O

Obergurt 227

P

Parabel 251
Pfeiler Dimensionierung 154
Plattenbalken 182
Pneumatische Tragsysteme 313
Positive Momente 60
Punktlast 52

Q

Querbewehrung 171 ff
Querdehnung 106
Querkraft 114, 117
Querkraftnullpunkt 160 ff
Querschnitt 145

R

Rahmenkonstruktionen 237
Räumliche Fachwerkträger 235
Reaktionskraft 28
Resultierende Kraft 28
Riegel 237
Rippendecke 171, 174, 177 ff
Rittersche Schnittverfahren 230 ff
Rotationsschalen 294

S

Sattelfläche 298
Schalensysteme 294
Scheiben 265 ff
Scheibenanordnungen 276
Schlankheit 150 ff
Schlusslinie 63
Schneelasten 53
Schnittkräfte 110, 114
Schub 190 ff
Schubspannung 190 ff
Schwerpunkt 34
Seildurchhang / Stichhöhe 69, 249
Seileck 32, 63
Seilstabilisierung 253
Seilstrahlen 63
Seilsysteme 245 ff
Skelettbausysteme 207 ff
Sortierklasse 97, 105
Spannung 142
Spannungs-Dehnungsdiagramm 106
Spiralbewehrte Stahlbetonstützen 196

16 Stichwortverzeichnis

Stabsysteme 207 ff
Stahl 128
Stahlbeton 137
Stahlbetonfertigteile 200
Stahlbetonplatte 171
Stahlbetonrippendecke 171, 174, 177 ff
Stahlbetonstützen 192 ff
Stahlbetonträger 182
Ständige wirkende Lasten 53
Standsicherheit 274, 283
Statisch bestimmtes System 50
Statisch unbestimmtes System 50
Statische Höhe 171
Steifigkeit 171
Stichhöhe 69, 249
Stiel 237
Stockwerksrahmen 240
Streckenlast 52
Streifenfundament 157 ff
Stützlinie 129, 259
Stützmoment 21, 160 ff
Systemlinie 94
Systemskizze 45 ff

T
Temperatureinflüsse 106
Trägheitsmoment 146
Trägheitsradius 148
Tragsysteme 202
Translationsfläche 298
Trapezblech 283

U
Untergurt 227
Unterspannte Träger 223

V
Vektor 27
Veränderliche Lasten 53 ff
Verkehrslast 53 ff
Vertikalkomponente 34, 68
Vertikalstab 227
V-förmige Stützen 244, 318
Volllastfall 57
Vorspannung 138, 222
Vorzeichenregel 21
Vouten 323

W
Wanddicke Dimensionierung 154
Weitgespannte Träger 221
Widerstandsmoment 147
Windlasten 53 ff

Windsog 53
Windverbände 273, 276 ff
Winkelfunktionen 27

Z
Zugspannung 142
Zugstab Dimensionierung 149
Zweiachsig gekrümmte Schalen 295
Zweigelenkbogen 261
Zweigelenkrahmen 240
Zweiwertiges Auflager 28

Abbildungsnachweis

Seite 12 (unten links), Seite 139 (oben rechts), Seite 139 (Mitte), Seite 300 (unten rechts) Seite 302: Colin Faber, Candela und seine Schalen, München, S. 208, 139, 89 (Callwey Verlag). Seite 11ff. (oben), Seite 139 (Mitte und Mitte rechts), Seite 296: G. Gherardi, A. Fiorelli, Florenz. Seite 303 (links und rechts): Jürgen Joedicke, Schalenbau – Konstruktion und Gestaltung (=Dokumente der modernen Architetur 2) Stuttgart 1962, 228, 237 (Karl Krämer). Seite 12 (unten rechts), Seite 49 (rechts), Seite 264 (unten): Curt Siegel, Strukturformen der modernen Architektur, München, Seite 161, 169, 285 (Callwey). Seite 135: Bildarchiv Foto Marburg. Seite 297: Heinrich Klotz (Hrsg.): Vision der Moderne. Das Prinzip der Konstruktion. München 1986, S. 287. Seite 308 (rechts): Reg. v.. Obb G. 30/71/98. Seite 65 ff. (oben), Seite 144, Seite 226: Institut für Leichte Flächentragwerke, Universität Stuttgart. Seite 13 (oben), Seite 61, Seite 139 (links, zweites Bild von unten): Frei Otto, Natürliche Konstruktionen. Formen und Konstruktionen in Natur und Technik und ihre Entstehung. Stuttgart 1982, S. 48, S. 34 (DVA). Seite 14 (oben), Seite 320: Kurt Hoffmann/Helga Griese: Stahltreppen. Stuttgart 1992, Seite 137 (Julius Hoffmann). Seite 139 (oben Mitte): Philip Jodidio: Santiago Calatrava. Köln 1998, Seite 141 (Taschen). Seite 45, Seite 228, Seite 242 (oben), Seite 257: Informationsdienst Holz, Arbeitsgemeinschaft Holz e.V. Seite 14, Seite 50, Seite 86, Seite 92, Seite 104, Seite 134, Seite 221, Seite 229 (unten), Seite 230, Seite 246 (Mitte), Seite 311 (oben), Seite 314 (links und rechts): Institut für Tragwerklehre und Entwerfen, Fachhochschule Düsseldorf. Seite 141 (unten links): OKALUX Kappilarglas GmbH, Altfeld. Seite 141 (Mitte links): K.H. Krewinkel, Böblingen. Seite 141 (rechts): Dewhurst Macfarlane and Partners, London. Seite 189: Bamtec. Seite 285: Fa. Merk, Aichach. Seite 286 (oben): Fa. Anton Heggenstaller AG. Seite 291: DBZ 1/2000, Seite 58. Seite 311 (unten), Seite 312 (oben und unten), Seite 313: Fa. CenoTec, Greven. Seite 311: Conrad Roland: Frei Otto – Spannweiten. Berlin 1965, S. 19.